Der Autor

Prof. Dr. Karl Bosl, geb. 1906 in Cham, war nach seiner Habilitation zunächst im Schuldienst tätig, wurde 1953 Ordinarius für mittlere und neuere Geschichte an der Universität Würzburg und übernahm 1960 den Münchner Lehrstuhl für bayerische Landesgeschichte; Mitglied mehrerer wissenschaftlicher Akademien, Herausgeber der ›Zeitschrift für bayerische Landesgeschichte‹, des Jahrbuchs ›Bohemia‹ und des ›Handbuchs zur Geschichte der böhmischen Länder‹. Zahlreiche Veröffentlichungen, vor allem zur bayerischen Landesgeschichte und zur Wirtschafts- und Gesellschaftsgeschichte des europäischen Mittelalters, u. a.: ›Die Reichsministerialität der Salier und Staufer‹ (2 Bde., 1950/51); ›Geschichte des Mittelalters‹(1950); ›Bayerische Geschichte‹ (2 Bde., 1952/55); ›Franken um 800‹ (1959); ›Frühformen der Gesellschaft im mittelalterlichen Europa‹ (1964); ›Die Grundlagen der modernen Gesellschaft im Mittelalter‹ (2 Bde., 1972).

Gebhardt
Handbuch der deutschen Geschichte

Neunte, neu bearbeitete Auflage,
herausgegeben von
Herbert Grundmann

Band 7

Karl Bosl:
Staat, Gesellschaft, Wirtschaft
im deutschen Mittelalter

Deutscher
Taschenbuch
Verlag

Band 7 der Taschenbuchausgabe enthält den ungekürzten Text des HANDBUCHS DER DEUTSCHEN GESCHICHTE, Band 1: Frühzeit und Mittelalter, Teil VII.
Unsere Zählung Kapitel 1–41 entspricht den §§ 216–256 im Band 1 des Originalwerkes.

1. Auflage Juli 1973
8. Auflage August 1985: 57. bis 62. Tausend
Deutscher Taschenbuch Verlag GmbH & Co. KG, München
© 1970 Ernst Klett Verlag, Stuttgart
Umschlaggestaltung: Celestino Piatti
Gesamtherstellung: C. H. Beck'sche Buchdruckerei, Nördlingen
Printed in Germany · ISBN 3-423-04207-9

Inhalt

Abkürzungsverzeichnis 9
Allgemeine Bibliographie 13

    Kapitel 1: Probleme und Aspekte 15
    Kapitel 2: Quellen und Methoden 19

A. Germanische Voraussetzungen für Herrschaft, Staat, Gesellschaft im Mittelalter
    Kapitel 3: Horde – Stamm – Volk. Kultverband – Herrschaft – Held 24
    Kapitel 4: Germanisches Bauerntum und bäuerliche Grundlagen des Lebens 28
    Kapitel 5: Adel und Freiheit, Gefolgschaft und Herrschaft 32
    Kapitel 6: Königtum und germanisches Herzogtum . 39

B. Staat und Reich der Franken
    Kapitel 7: Eigenart und Aufgaben der merowingischen Reichsbildung 42
    Kapitel 8: Das Reichsgut als Element des Staatsaufbaus und fränkischer Raumerfassung. Staatskolonisation und Zent 49
    Kapitel 9: Gesellschaftsentwicklung im Zeitalter der Merowinger und Karolinger
        a. Die adligen Oberschichten und ihre politisch-herrschaftliche Funktion im fränkischen Reich 52
        b. Die Unterschichten und ihre gesellschaftlich-wirtschaftliche Entwicklung . 57
        c. Christentum und Kirche im frühfeudalen Gesellschaftsaufbau 69
    Kapitel 10: Feudale Gesellschaft, Vasallität und Lehenswesen 79
    Kapitel 11: Das Gesetzgebungswerk Karls des Großen. Die Staatsauffassung unter den Karolingern 89
    Kapitel 12: Das karolingische Kaisertum 91

Kapitel 13: Strukturwandel des Staatsgefüges beim Zerfall des karolingischen Großreiches . . 94
Kapitel 14: Das Stammesherzogtum. Die staatsbildende Kraft der Stämme 98

C. Deutschlands staatlich-politisches Gewicht im Zeitalter der Ottonen und ersten Salier
Kapitel 15: Die allgemeine Entwicklung 102
Kapitel 16: Die staatliche und gesellschaftliche Funktion der Grundherrschaft 104
Kapitel 17: Die Grundherrschaft als Wirtschaftsform 108
Kapitel 18: Vogtei und Schutzherrschaft. Ihre innere Entwicklung im Mittelalter 115
Kapitel 19: Die Immunität als Element der Herrschaft 120
Kapitel 20: Staat, Reich, Kaisertum der Ottonen. Staatskirchentum. 121
Kapitel 21: Stilwandel der Staatspolitik unter den ersten Saliern. Reichsitalien 129
Kapitel 22: Zentralgewalt, Königsgericht, Heer- und Lehenswesen am Vorabend des Investiturstreits 133

D. Krise der deutschen Königsherrschaft im Investiturstreit. Spätsalische Reformversuche
Kapitel 23: Umbruch der Zeiten. Die »Freiheit« . . . 138
Kapitel 24: Die kirchliche Friedensbewegung und ihre politischen, sozialen und geistigen Wirkungen 142
Kapitel 25: Auswirkungen des Investiturstreits auf die deutsche Verfassung 147
Kapitel 26: Neue Wege zu einer königsstaatlichen Einheit unter Heinrich IV. und Heinrich V. 151

E. Der Staat der Staufer
Kapitel 27: Staat und Reich im hohen Mittelalter . . 158
Kapitel 28: Das Lehensrecht in der staufischen Verfassungspolitik 161
Kapitel 29: Die staufische Reichsland- und Territorialstaatspolitik 168
Kapitel 30: Thronfolge, Königswahl, Kurfürstenkollegium, Reichstag 178

Kapitel 31: Landesherrschaft und Territorialstaat . . 181
Kapitel 32: Rechtserneuerung und Reichsgesetzgebung der Staufer. 184

F. Wirtschaft, Gesellschaft, Recht im Spätmittelalter
Kapitel 33: Grundzüge der Entwicklung in Land und Stadt 189
Kapitel 34: Wesen und Typen der deutschen Stadt 193
Kapitel 35: Kaufmann und Gilde. Einung, Kommune, Stadtrecht 205
Kapitel 36: Organisationsformen der bürgerlichen Wirtschaft und Gesellschaft. Produktion und Kapital. 210
Kapitel 37: Rittertum und Adel. Volksbewegung und Religiosität 216
Kapitel 38: Die Rezeption des römischen Rechts . . 219

G. Ständische Bewegung und ständische Gesellschaft. Der Dualismus im Reich und in den Territorien
Kapitel 39: Die ständische Bewegung 222
Kapitel 40: Die Verfassungsstruktur des spätmittelalterlichen Reiches. Wahlreich – Territorien – Stände 229
Kapitel 41: Reichsreformbestrebungen im 15. Jahrhundert 235

Hilfsmittel, Quellensammlungen und allgemeine Darstellungen zur Geschichte des deutschen Mittelalters . 239
Übersicht der Taschenbuchausgabe des GEBHARDT . . . 246
Namen- und Sachregister 247

Abkürzungsverzeichnis

Abh. Ak.	Abhandlung(en) der Akademie der Wissenschaften ..., phil.-hist. Klasse (wenn nicht anders angegeben)
ADB	Allgemeine Deutsche Biographie (56 Bde. München 1875–1912)
AHR	The American Historical Review (New York 1895 ff.)
AKG	Archiv für Kulturgeschichte (1903 ff.)
Anal. Boll.	Analecta Bollandiana (Zeitschr. der Acta Sanctorum, 1882 ff.)
AnnHVNiederrh.	Annalen des Historischen Vereins für den Niederrhein (Köln 1855 ff.)
AÖG	Archiv für österreichische Geschichte (Wien 1848 ff.)
AUF	Archiv für Urkundenforschung (18 Bde. 1908–1939), fortgesetzt im Archiv für Diplomatik (1955 ff. = Arch. f. Dipl.)
B.	Bischof; Bt. = Bistum
BECh	Bibliothèque de l'Ecole des Chartes (Paris 1839 ff.)
BFW	J. Fr. Böhmer, Regesta Imperii, 5. Aufl., neu bearbeitet von J. Ficker u. E. Winkelmann (4 Bde. 1881–1901)
BIStIAM	Bulletino dell'Istituto Storico Italiano per il medio avo e archivio Muratoriano
Bll.	Blätter
Const.	Constitutiones (Abteilung der MGH)
DA	Deutsches Archiv für Geschichte des Mittelalters (1937 ff., seit Bd. 8: für Erforschung des Mittelalters; Zeitschrift der MGH, Fortsetzung des NA)
DALVF	Deutsches Archiv für Landes- und Volksforschung (8 Bde. 1937 bis 1944)
DD	Diplomata (Hauptabteilung der MGH); DD H. I. = Urkunde Heinrichs I. usw.
Diss.	Dissertation; Diss. Ms. = ungedruckte Dissertation in Maschinenschrift
DLZ	Deutsche Literaturzeitung (1880 ff.)
Dt., dt.	deutsch; Dtld. = Deutschland
Dt. O.	Deutscher Orden
DVLG	Deutsche Vierteljahrsschrift für Literaturwissenschaft und Geistesgeschichte (1923 ff.)
DW[9]	Dahlmann-Waitz, Quellenkunde der deutschen Geschichte, 9. Aufl., hg. v. H. Haering (1931, Registerband 1932)
DW[10]	dasselbe, 10. Aufl., hg. v. H. Heimpel u. H. Geuss (seit 1965 im Erscheinen)
DZG	Deutsche Zeitschrift für Geschichtswissenschaft (14 Bde. 1890 bis 1898), fortgesetzt in HV
Eb.	Erzbischof; Ebt. = Erzbistum
EHR	The English Historical Review (London 1886 ff.)
ELJb.	Elsaß-Lothringisches Jahrbuch (21 Bde. 1922–1943)
Epp.	Epistolae (Hauptabteilung der MGH)
FBPG	Forschungen zur brandenburgischen und preußischen Geschichte (55 Bde. 1888–1944)
FDG	Forschungen zur deutschen Geschichte (26 Bde. 1862–1886)
FRA	Fontes rerum Austriacarum
GBll.	Geschichtsblätter

Abkürzungsverzeichnis

GdV	Geschichtschreiber der deutschen Vorzeit
Gf.	Graf; Gfsch. = Grafschaft
GGA	Göttingische Gelehrte Anzeigen (1739 ff.)
GV	Geschichtsverein
GWU	Geschichte in Wissenschaft und Unterricht, Zeitschrift des Verbandes der Geschichtslehrer Deutschlands (1950 ff.)
Hdb.	Handbuch
Hdwb.	Handwörterbuch
hg. v.	herausgegeben von; (Hg.) = Herausgeber
Hg.	Herzog; Hgt. = Herzogtum
HJb	Historisches Jahrbuch der Görresgesellschaft (1880 ff.)
HM	Hochmeister
HV	Historische Vierteljahrschrift (Fortsetzung der DZG, 31 Bde. 1898-1938). – In anderen Zeitschriften-Titeln HV = Historischer Verein
HZ	Historische Zeitschrift (1859 ff.)
Jb.	Jahrbuch; Jbb. = Jahrbücher
JE, JK, JL	Ph. Jaffé, Regesta pontificum Romanorum, 2. Aufl. bearb. von P. Ewald, F. Kaltenbrunner, S. Löwenfeld (2 Bde. 1885/88)
K.	Kaiser
Kf.	Kurfürst; Kft. = Kurfürstentum
Kg.	König; Kgr. = Königreich
KiG	Kirchengeschichte
KiR	Kirchenrecht
LG	Landesgeschichte
Lgf.	Landgraf
LL	Leges (Hauptabteilung der MGH)
LThK	Lexikon für Theologie und Kirche, hg. v. M. Buchberger (10 Bde. 1930 bis 1938); 2. Aufl. hg. v. J. Höfer u. K. Rahner (11 Bde. 1957-1967)
MA	Mittelalter; mal. = mittelalterlich
MG, MGH	Monumenta Germaniae Historica (s. im Anhang unter Quellensammlungen
Mgf.	Markgraf; Mgfsch. = Marktgrafschaft
Migne, PL	Abbé J. P. Migne, Patrologiae cursus latinus (221 Bde. 1844-64)
MIÖG	Mitteilungen des Instituts für österreichische Geschichtsforschung (Wien 1880 ff.); Bd. 39-55 (1923-1944): MÖIG = Mitteilungen des österreich. Inst. f. Geschichtsforschung
N	Neu, News
NA	Neues Archiv der Gesellschaft für ältere deutsche Geschichtskunde (50 Bde. 1876-1935; Zeitschrift der MGH, fortgesetzt im DA)
NDB	Neue Deutsche Biographie (1953 ff.)
Ndr.	Neudruck, Nachdruck
NF	Neue Folge
NS, n. s.	Nova series
NZ	Neuzeit
PBB	Beiträge zur Gesch. der deutschen Sprache und Literatur, begründet von H. Paul und W. Braune (1874 ff.)
Pfgf.	Pfalzgraf
PRE	Realenzyklopädie für protestantische Theologie und Kirche, begr. v. J. J. Herzog, 3. Aufl. hg. v. A. Hauck (24 Bde. 1896 bis 1913)

Abkürzungsverzeichnis

QFItA	Quellen und Forschungen aus italienischen Archiven und Bibliotheken (1897 ff., Zeitschrift des Preußischen bzw. Deutschen Historischen Instituts in Rom)
RG	Rechtsgeschichte
RGG	Die Religion in Geschichte und Gegenwart, 3. Aufl. hg. v. K. Galling (6 Bde. 1957–1962)
RGK	Römisch-German. Kommission
RH	Revue historique (Paris 1876 ff.)
RHE	Revue d'histoire ecclésiastique (Louvain 1900 ff.)
Rhein.Vjbll.	Rheinische Vierteljahrsblätter, Mitteilungen des Instituts für geschichtl. Landeskunde der Rheinlande an der Universität Bonn (1931 ff.)
RI	Regesta Imperii, begründet von J. Fr. Böhmer
RNI	Regestum super negotio Romani imperii
RQH	Revue des questions historiques (134 Bde. Paris 1866–1939)
RQs	Römische Quartalschrift für christliche Altertumskunde und für Kirchengeschichte (1887 ff.)
RT	Reichstag
RTA	Dt. Reichstagsakten
Sa(chsen) u. Anh.	Sachsen und Anhalt, Jahrbuch der landesgeschichtlichen Forschungsstelle für die Provinz Sachsen und Anhalt (17 Bde. 1925 bis 1943)
SB	Sitzungsberichte der Akad. d. Wiss...., phil.-hist. Klasse
SS	Scriptores (Hauptabteilung der MGH)
SSCI	Settimane di Studio del Centro Italiano di Studi sull'Alto Medioevo (Spoleto 1954 ff.)
Tb.	Taschenbuch
UB.	Urkundenbuch
V	Verein
Vfg.	Verfassung
VG	Verfassungsgeschichte
Vjh.	Vierteljahrshefte
VSWG	Vierteljahrsschrift für Sozial- und Wirtschaftsgeschichte (1903ff.)
VuG	Vergangenheit und Gegenwart, Zeitschrift für den Geschichtsunterricht und für staatsbürgerliche Erziehung (34 Bde. Leipzig 1911–1944)
WaG	Die Welt als Geschichte, Zeitschrift für universalgeschichtliche Forschung (23 Bde. 1935–1963)
WB	Wörterbuch
WG	Wirtschaftsgeschichte
ZA	Zeitalter
ZdA	Zeitschrift für deutsches Altertum und deutsche Literatur (1841 ff.)
ZGORh	Zeitschrift für die Geschichte des Oberrheins (1850 ff., NF seit 1886)
ZKiG	Zeitschrift für Kirchengeschichte (1876 ff.)
ZRG	Zeitschrift für Rechtsgeschichte (13 Bde. 1861–1878)
ZRG GA	Zeitschrift der Savigny-Stiftung für Rechtsgeschichte, Germanistische Abteilung (1880 ff.)
ZRG KA	dasselbe, Kanonistische Abteilung; bei Sonderzählung ihrer Bände entspricht Bd. 1 (1911) dem Jahrgang 32 der gesamten Zeitschrift

Abkürzungsverzeichnis

ZRG RA   dasselbe, Romanistische Abteilung
Zs.   Zeitschrift

Quellen- und Literaturverweise innerhalb des Handbuchs wurden auf die neue Einteilung in Taschenbücher umgestellt. So entspricht z. B. Bd. 7, Kap. 4 dem § 219 im Band 1 der Originalausgabe.

Bei Verweisen innerhalb eines Bandes wurde auf die Angabe des Bandes verzichtet und nur das Kapitel angegeben.

Allgemeine Bibliographie

Eine Übersicht über die Hilfsmittel, Quellensammlungen und allgemeinen Darstellungen zur Geschichte des deutschen Mittelalters findet sich am Schluß des Bandes.

Verfassungsgeschichte (= VG): G. WAITZ, Dt. VG (bis 12.Jh., 8 Bde. 1844-1878, Bd. 1/2 ³1880/82, Bd. 3-6 ²1883-1896; Ndr. 1953-1956); A. HEUSLER, Dt. VG (1905); A. MEISTER, Dt. VG von d. Anfängen bis ins 15.Jh. (Grundriß d. Gesch.wiss. II 3, ³1922); F. HARTUNG, Dt. VG vom 15.Jh. bis z. Gegenwart (ebd. II 4, ⁸1964); A. WERMINGHOFF, VG d. dt. Kirche im MA (ebd. II 6, ²1913); G. v. BELOW, Der dt. Staat d. MA (²1925); F. KEUTGEN, Der dt. Staat d. MA (1918); A. SCHULTE, Der dt. Staat. Verfassung, Macht u. Grenzen 919-1914 (1933); H. MITTEIS, Der Staat d. hohen MA, Grundlinien einer vergleichenden VG d. Lehnszeitalters (⁸1968); ders., Lehnrecht u. Staatsgewalt, Untersuch. z. mal. VG (1933, Ndr. 1957); O. STOLZ, Grundriß d. österreich. Verf.- u. Verwaltungsgesch. (1951); E. C. HELBLING, Österreich. Verf.- u. Verwaltungsgesch. (1956). – Neue Ansätze: Th. MAYER, Fürsten u. Staat, Studien z. VG d. dt. MA (1950); O. BRUNNER, Land u. Herrschaft, Grundfragen d. territorialen VG Südostdtlds. im MA (⁴1959); W. SCHLESINGER, Die Entstehung d. Landesherrschaft, vorwiegend nach nichtdt. Quellen (1941, Ndr. ²1969). Aufsatzsammlungen: Th. MAYER, Mal. Studien (1959); O. BRUNNER, Neue Wege d. Verf.- u. Sozialgesch. (²1968); W. SCHLESINGER, Beiträge z. dt. VG d. MA (2 Bde. 1963); ders., Mitteldt. Beiträge z. dt. VG d. MA (1961); K. BOSL, Frühformen d. Gesellschaft im mal. Europa (1964); ders., Die Gesellschaft in der Gesch. d. MA (²1969); H. DANNENBAUER, Grundlagen d. mal. Welt (1958); G. BARRACLOUGH, History in a Changing World (1955), dt.: Gesch. in einer sich wandelnden Welt (1957); ders., The Origins of Modern Germany (1946), dt. (v. F. Baethgen): Die mal. Grundlagen d. mod. Dtld. (1953); R. W. SOUTHERN, The Making of the Middle Ages (1953), dt.: Die gestaltenden Kräfte d. MA (1960).

Rechtsgeschichte (= RG): O. GIERKE, Das dt. Genossenschaftsrecht (4 Bde. 1868 bis 1913); H. BRUNNER, Dt. RG (2 Bde. 1887/92; Bd. 1 ²1906; Bd. 2, bearb. v. Cl. v. SCHWERIN ²1928); R. SCHRÖDER u. E. v. KÜNSSBERG, Lehrbuch d. dt. RG (⁷1934); Cl. v. SCHWERIN, Grundzüge d. dt. RG (²1941, bearb. v. H. THIEME ⁴1950); K. v. AMIRA, Grundriß d. german. Rechts (³1913, bearb. v. K. A. ECKHARDT ⁴1960), Bd. 2: Dt. Rechtsaltertümer (⁴1967); H. FEHR, Dt. RG (⁶1962, kulturhistorisch interessant); H. PLANITZ, Dt. RG (1950), zugleich 4. Aufl. seiner German. RG (Ndr. 1962, mit Einleitung v. K. A. ECKHARDT); Cl. v. SCHWERIN, Germ. RG (²1944); H. CONRAD, Dt. RG 1: Frühzeit u. MA (²1962), 2: Neuzeit (1966); W. EBEL, Gesch. d. Gesetzgebung in Dtld. (²1958); F. KERN, Recht u. Verfassung im MA, HZ 120 (1919), Ndr. Libelli 3 (²1958); H. E. FEINE, Kirchliche RG 1: Die kathol. Kirche (⁴1964).

Außerdeutsche VG u. RG: F. LOT u. R. FAWTIER, Hist. des institutions françaises au moyen âge 1: Institutions seigneuriales, 2: Inst. royales (1957/58); M. BLOCH, La société féodale 1: La formation des liens de dépendance, 2: Les classes et le gouvernement des hommes (²1949); E. CHENON, Hist. gén. du droit français public et privé (2 Bde. 1926/27); F. OLIVIER-MARTIN, Hist. du droit franç. des origines à la révolution (1948); R. HOLTZMANN, Französ. VG (1910). – J. E. A. JOLLIFFE, Constitutional History of Medieval England (²1947); F. W. MAITLAND, The Constitutional Hist. of Medieval England (Cambridge 1908); POLLOCK-MAITLAND, Hist. of English Law before the Time of Edward I (1952); in neuer Sicht: RICHARDSON u. SAYLES, Gov-

Allgemeine Bibliographie

ernance of Medieval England (Edinburgh 1963); E. JONES, Orbis Britanniae and other Studies (Leicester 1966); ders., English Feudalism and the Structure of Anglo-Saxon Society, Bull. John Rylands Library 46 (1963/64); E. E. KANTOROWICZ, The King's two Bodies, A Study in Medieval Political Thought (Princeton 1957), dazu F. KEMPF, Untersuch. über das Einwirken d. Theologie auf die Staatslehre d. MA, RQs 54 (1959); W. ULLMANN, Principles of Government and Politics in the Middle Ages (London 1961); ders., Individual and Society in the Middle Ages (Baltimore 1966). – E. BESTA, Il diritto publico italiano (2 Bde. 1929/30); ders., Storia del diritto italiano. Diritto publico 1 (1941); P. S. LEICHT, Storia di diritto publico italiano (1938); E. MAYER, Italien. VG (2 Bde. 1909). – G. LE BRAS, Institutions ecclésiastiques de la chrétienté médiévale (2 Bde. 1959–64).

Wirtschaftsgeschichte (= WG): J. KULISCHER, Allgem. WG d. MA u. d. NZ (2 Bde. 1928–29); R. HÄPKE u. E. WISKEMANN, WG (2 Bde. 1928–33); H. SIEVEKING, WG (1935); F. OPPENHEIMER, Abriß einer Sozial- u. WG Europas (3 Bde. 1929–35); F. LÜTGE, Dt. Sozial- u. WG (²1966); ders., Die Agrarverfassung d. frühen MA (²1966); ders., Studien z. Sozial- u. WG, Gesammelte Abhh. (1963); ders., Gesch. d. dt. Agrarverfassung vom frühen MA bis z. 19.Jh. (1963); W. ABEL, Gesch. d. dt. Landwirtschaft vom frühen MA bis z. 19.Jh. (1962); G. FRANZ, Gesch. d. Bauernstandes (1963); C. BRINKMANN, Wirtschafts- u. Sozialgesch. (²1953); R. KOETZSCHKE, Allgem. WG d. MA (1924); J. W. THOMPSON, An Economic and Social Hist. of the MA (²1951); H. PIRENNE, Le mouvement écon. et social (11.–15. Jh.) (1927), dt. v. M. Beck: Sozial- u. WG Europas im MA (1947); G. DUBY, L'économie rurale et la vie des campagnes dans l'occident médiévale (2 Bde., Paris 1962); H. BECHTEL, WG Dtlds. 1: Von der Vorzeit bis z. Ende d. MA (²1951); A. DOPSCH, Beiträge zur Soz.- u. WG (2 Bde. 1926–38); ders., Naturalwirtschaft u. Geldwirtschaft in der Weltgesch. (1930); Th. MAYER, Gesch. d. Finanzwirtsch. vom MA bis z. Ende d. 18.Jh. (Hdb. d. Finanzwiss. 1, hg. v. W. GERLOFF u. F. NEUMARK, ²1951); B. KUSKE, Die Entstehung d. Kreditwirtsch. 1 (1927); W. TAEUBER, Geld u. Kredit im MA (1933); H. GEBHART, Numismatik u. Geldgesch. (1949); E. KOEHLER, Einzelhandel im MA (1938); E. SCHMIEDER, Gesch. d. Arbeitsrechts im dt. MA 1 (1939); H. PROESLER, Hauptprobleme d. Sozialgesch. (1951); E. KEYSER, Bevölkerungsgesch. Dtlds. (³1943); B. KUSKE, Das mal. dt. Reich in s. wirtsch. u. sozialen Auswirkungen, VSWG 35 (1942); L. WHITE jr., Medieval Technology and Social Change (1966).

Quellensammlungen: K. ZEUMER, Quellensammlung z. Gesch. d. dt. Reichsverfassung (⁴1926); ALTMANN-BERNHEIM, Ausgew. Urk. zur Erläut. d. VG Dtlds. im MA (⁵1920); H. PLANITZ, Quellenbuch dt.-österr. u. schweiz. RG einschließl. des dt. Privatrechts (1948); SANDER-SPANGENBERG, Urk. zur Gesch. d. Territorialverfassung (1924, Ndr. 1965); SCHWIND-DOPSCH, Ausgew. Urk. zur VG der dt.-österr. Erblande (1895); F. KEUTGEN, Urk. zur städtischen VG (1899/1901); W. SCHLESINGER, Quellen z. Gesch. d. dt. Städtewesens im MA (2 Bde. 1948); H. WOPFNER, Urk. z. dt. Agrargesch. 1–3 (1925–28); G. FRANZ, Dt. Bauerntum im MA, Germanenrechte, NF (1940); H. HELBIG, Quellen z. älteren WG Mitteldtlds. (5 Bde. 1952–1953); H. HELBIG u. L. WEINRICH, Urk. u. erzählende Quellen z. dt. Ostsiedlung im MA 1: Mittel- u. Norddtld., Ostseeküste (1968); E. HERRMANN, Slawisch-german. Beziehungen im südostdt. Raum von der Spätantike bis z. Ungarnsturm. Ein Quellenbuch m. Erläut. (1965); B. KUSKE, Quellen z. Gesch. d. Kölner Handels u. Verkehrs im MA (3 Bde. 1917–1923); H. AMMANN, Mal. Wirtschaft im Alltag. Quellen z. Gesch. von Gewerbe, Industrie u. Handel d. 14. u. 15. Jh. aus den Notariatsregistern von Freiburg im Uechtland (1942–1951); F. BASTIAN, Das Runtingerbuch 1383–1407 u. verwandtes Material zum Regensburger südostdt. Handel u. Münzwesen (3 Bde 1935–1944); W. JESSE, Quellenbuch z. Münz- u. Geldgesch. d. MA (1924).

Kapitel 1
Probleme und Aspekte

Die älteste Auffassung vom deutschen »Staat« des Mittelalters und seiner »Verfassung«, nach der man zuerst aus der Sicht der Verfassungskämpfe des 19. Jh. fragte[1], ist in den letzten Jahrzehnten ins Wanken geraten. Hatte man im Staat allzusehr ein statisches und eigengesetzliches Gebilde gesehen, dessen jeweilige Institutionen nach den Erfahrungen und Maßstäben der eigenen Gegenwart erforscht und beurteilt werden könnten, so sind neue Fragestellungen vornehmlich aus eingehender Beschäftigung mit landesgeschichtlichen Quellen und Problemen erwachsen[2], aber auch aus der zunehmenden Einsicht in die kollektive Gebundenheit, die gesellschaftliche und wirtschaftliche Bedingtheit aller historischen Wirklichkeit und ihrer Wandlungen. Sie läßt eine isolierende Scheidung zwischen politischer Geschichte, Geistes- und Kulturgeschichte und Verfassungs-, Gesellschafts- und Wirtschaftsgeschichte kaum noch zu. Denn an alledem ist der Mensch, der als Einzelwesen ohne Gesellschaft nicht bestehen kann, mit Leib und Seele aktiv oder passiv, handelnd oder leidend, als Subjekt oder Objekt der Geschichte beteiligt[3]. Die unvermeidbare Spezialisierung der empirischen Wissenschaften vom Menschen auch im Bereich seiner Geschichte darf daher nie außer acht lassen, daß alles historische Geschehen, das politische Handeln wie das geistige Schaffen, auch die Staatsordnung und Verfassung verwurzelt sind in einem gemeinsamen gesellschaftlichen Mutterboden, aus dem sie hervorwachsen. Dabei sind die Menschen und ihre Gemeinschaften nach Zeit, Raum, Volk, Stamm, Kultur, Niveau und wechselnden Voraussetzungen gewiß recht verschieden; aber in allen Varianten werden doch auch immer wieder gewisse Grundstrukturen sichtbar und lassen bei vergleichender Strukturanalyse das jeweils Besondere im Verhältnis zum Typischen und Allgemeinen erst recht verständlich werden[4]. Wenn also hier die Formen und Kräfte der staatlichen, gesellschaftlichen und wirtschaftlichen Entwicklung des deutschen Mittelalters dargestellt werden sollen, so erfordert das stets auch einen vergleichenden Blick auf die europäische Gesellschaft und Kultur, ja auf die globale Geschichte der Menschheit; läßt sich doch z. B. für die Entstehung, Entwicklung und Kultur der frühen germanischen Klein- und Großstämme manche neue Erkenntnis aus dem

Vergleich mit afrikanischen Stämmen und Völkern der Gegenwart gewinnen[5].

Zwischen Staat, Gesellschaft und Wirtschaft bestehen unverkennbar besonders enge Zusammenhänge gegenseitiger Bedingtheit. Erkennt man dabei der Gesellschaft eine zentrale Bedeutung zu, da von ihren Strukturen und Wandlungen auch das politische Geschehen wie das geistig-religiöse Leben mitbestimmt werden[6], so braucht man doch nicht mit Karl Marx im ökonomischen Prozeß die Basis und Triebfeder aller menschlichen Entwicklung zu sehen, so wenig wie mit Hegel im Staat die höchste Manifestation des Weltgeistes. Ohne solche einseitige Alternativen fragt die Geschichte als Wissenschaft nach den jeweils wirklichen Zusammenhängen zwischen Gesellschaft, Wirtschaft und Staat. Sie kann dabei manche Begriffe, Kategorien, Typen und Erkenntnisse der Soziologie als hermeneutische Prinzipien verwenden und durch ihren gesellschaftlichen Aspekt eine Brücke zur Soziologie und Politologie schlagen[7]. Denn wenn die Soziologie eine Analyse der gegenwärtigen Gesellschaft mit ihren Entwicklungstendenzen, Hemmungen und Krisen erstrebt, darf dabei nie übersehen werden, wieviel Vergangenheit und Tradition in jeder menschlichen Gegenwart mitwirken, die ohne deren Kenntnis nicht sachgerecht zu analysieren ist. Europa und seine Nationen, nicht zum wenigsten Deutschland, haben an ihrer Vergangenheit nicht nur schwer zu tragen, sie leben auch alle aus ihrer Geschichte und wirken daraus noch immer auf die Welt.

Als »Staat« bezeichnen wir die jeweilige politische und rechtliche Ordnung eines Volkes, erzwungen oder freiwillig gewählt, zur Ausübung von Herrschaft und Macht über Untertanen und Unterworfene, über Land und Besitz, zum Schutze vor Willkür, zur Befriedung und Sicherung materieller und geistiger Bedürfnisse, zur Erreichung politischer und gesellschaftlicher Ziele, die sich ebenso wandeln wie die tragenden und bestimmenden Kräfte. Herrschaft und Staat gehören damit zu den wirksamsten Integrationsformen der Gesellschaft[8]; sie geben ihrer spannungsreichen Dynamik durch Gesetz und Verfassung Spielregeln, aber auch Spielraum zu steter Erneuerung. Die Kategorien »Statik« und »Dynamik« oder Mobilität verstehen sich dabei nur relativ nach der unterschiedlichen Beschleunigung der Bewegung und der Tiefe ihres Wandels. Statt vermeintlicher Kulturzäsur durch Kulturverfall ist meistens Kulturkontinuität und -konstanz zu beobachten[9]. Auch

1. Probleme und Aspekte

die eingebürgerten Epochenbegriffe Altertum-Mittelalter-Neuzeit sind unter gesellschaftsgeschichtlichem Aspekt zu modifizieren, da Kontinuität und Wandel diese Zeitgrenzen übergreifen. Im sogenannten Mittelalter ist eine »archaische« Zeit urtümlicher gesellschaftlicher und religiös-ideeller Gebundenheit und geringer Mobilität mit dominierender Naturalwirtschaft[10] und Adelsherrschaft (auch in der Kirche) vom 5. bis 11. Jh. zu unterscheiden von der Epoche des schöpferischen Aufbruchs der europäischen Kultur, sozialer Mobilität und Expansion, erwachender Rationalität und Nationalität (etwa 1050–1300). Ihr folgt ein Zeitalter der Besinnung, der Kritik, der Krisen und Reformen, der ständischen und religiösen Differenzierung, der Umwandlung des »Feudalismus«, das über die Reformation und Gegenreformation hinausreicht bis zur neuen Erstarrung im Absolutismus und Konfessionalismus und erst in der Barockzeit in die umstürzende Bewegung eines neuen wissenschaftlichen Geistes und des Kosmopolitismus umschlägt (ca. 1300–1750). Im Hinblick auf solche Epochengliederung nach jeweils dominierenden Kräften, Strukturen und Realtypen wird hier Staat, Gesellschaft und Wirtschaft im deutschen »Mittelalter« zu betrachten sein.

[1] E. W. BÖCKENFÖRDE, Die dt. verfassungsgeschichtl. Forschung im 19. Jh., zeitgebundene Fragestellungen u. Leitbilder (1961).
[2] Th. MAYER, Geschichtl. Grundlagen d. dt. Verf. (1933); ders., Der Staat der Herzoge von Zähringen (1935); ders., Besiedlung u. polit. Erfassung des Schwarzwaldes, ZGORh, NF 52 (1938); ders., Die Ausbildung d. Grundlagen d. mod. Staates im hohen MA, HZ 159 (1939); O. BRUNNER, Land u. Herrschaft ([2]1959); A. WAAS, Herrschaft u. Staat im dt. FrühMA (1938); W. SCHLESINGER, Die Entstehung d. Landesherrschaft (1941, Ndr. 1964); ders., VG u. Landesgesch., Hess. Jb. f. Ldsgesch. 3 (1953); H. DANNENBAUER, Grundlagen d. mal. Welt (1958); K. BOSL, Heimat- u. Landesgesch. als Grundlagen d. Universalgesch., in: Unser Geschichtsbild 1 (1954); ders., Franken um 800, Strukturanalyse einer fränk. Königsprovinz ([2]1969); ders., Die Sozialstruktur d. mal. Residenz- u. Fernhandelsstadt Regensburg. Die Entwicklung ihres Bürgertums vom 9. bis 14. Jh., Abh. Bayer. Akad. NF 63 (1966); F. PRINZ, Frühes Mönchtum im Frankenreich (s. u. Kap. 9c, Anm. 2); vgl. F. GRAUS, Grundfragen u. Schwerpunkte d. tschech. Mediävistik nach 1945, SSCI 16 (1969); für Frankreich vgl. G. DUBY, La société aux XIe et XIIe siècles dans la région maconnaise (1963); R. BOUTRUCHE, La crise d'une société: seigneurs et paysans du Bordelais pendant la guerre des cent ans (1947); E. MIRAUX, Une province franç. au temps du Grand Roi: La Brie (1958).
[3] K. BOSL, Der Mensch u. seine Werke. Eine anthropologisch-humanistische Deutung d. Gesch., in: Festschr. G. Franz (1967); ders., Der gesellschaftl.-anthropolog. Aspekt u. seine Bedeutung für einen erneuerten Bildungswert d. Gesch., Geschichte – Soziologie – Politologie, Zs. f. bayer. Ldsgesch. 31 (1968).
[4] Th. SCHIEDER, Der Typus in der Geschichtswissenschaft, Studium Gene-

17

Probleme und Aspekte

rale 5 (1952), auch in dess. Staat u. Gesellschaft im Wandel unserer Zeit (1958); ders., Strukturen u. Persönlichkeiten in d. Gesch., HZ 195 (1962); ders., Möglichkeiten u. Grenzen vergleichender Methoden in d. Gesch.wiss., HZ 200 (1965); E. Pitz, Geschichtl. Strukturen. Betrachtungen zur angebl. Grundlagenkrise d. Gesch.wiss., HZ 198 (1964); E. Rothacker, Die vergleichende Methode in den Geisteswissenschaften, Zs. f. vergl. Rechtswiss. 60 (1957); M. Bloch, Pour une histoire comparée des sociétés européennes, Revue de synthèse hist. (1928), auch in: ders., Mélanges hist. 1 (1963); L. Gottschalk, Categories of Historical Generalization, in: Generalization in the Writing of History (1963).

[5] P. Munz, The Concept of the Middle Ages as a Sociological Category (Wellington 1969); vgl. H. Baumann, Afrikan. Plastik u. sakrales Königtum. Ein sozialer Aspekt traditioneller afrikan. Kunst, SB Ak. München (1968), H. 5.

[6] Vgl. schon W. Dilthey, Der Aufbau d. geschichtl. Welt in den Geisteswissenschaften, Abh. Ak. Berlin (1910) = Ges. Schr. 7 (³1961), S. 99ff.

[7] C. Antoni, Vom Historismus zur Soziologie (dt. v. W. Goetz 1950); K. Bosl, Gesch. u. Soziologie, Grundfragen ihrer Begegnung, in: ders., Frühformen d. Ges. (1964); ders., Der soziolog. Aspekt in der Gesch., in: Max Weber Gedächtnisschr. d. Univ. München (1966); ders., Kasten, Stände, Klassen im mal. Dtld., Zur Problematik soziolog. Begriffe u. ihrer Anwendung auf die mal. Gesellschaft, Zs. f. bayer. Ldsgesch. 32 (1969); O. Brunner, Abendländ. Geschichtsdenken (1954), auch in dess. Neue Wege d. Verf.- u. Sozialgesch. (²1968); ders., Das Problem einer europ. Sozialgesch., HZ 177 (1954) u. ebd.; W. Conze, Was ist Sozialgesch.? in: IIe Conférence internat. d'hist. économ., Aix en Prov. 1962 (1965); ders., Nation u. Gesellschaft. Zwei Grundbegriffe d. revolutionären Epoche, HZ 198 (1964); F. Wagner, Begegnung von Gesch. u. Soziologie bei der Deutung d. Gegenwart, HZ 192 (1961).

[8] Vgl. R. Smend, Die polit. Gewalt im Verfassungsstaat u. das Problem d. Staatsform, in: Festg. W. Kahl, Bd. 3 (1923).

[9] H. Aubin, Zur Frage d. histor. Kontinuität im allgemeinen, HZ 168 (1943), auch in: ders., Vom Altertum zum MA (1949); ders., Die Frage nach d. Scheide zw. Altertum u. MA, HZ 172 (1951); H. Mitteis, Die Rechtsgesch. u. das Problem d. histor. Kontinuität, Abh. Ak. Berlin (1947); F. Beyerle, Der Entwicklungsgedanke im Recht (1938); K. F. Stroheker, Um die Grenze zw. Antike u. abendländ. MA, Saeculum 1 (1950), auch in: ders., Germanentum u. Spätantike (1965); H. Bechtel, Ursprung u. Zustrom, Stilkrit. Beiträge zum Kontinuitätsproblem in der Wirtschaftsgesch. Dtlds., Schmollers Jb. 71 (1951); K. Bosl (s. Kap. 5, Anm. 1).

[10] Die Wirtschaftsgesch. fragte, von der Rechtsgesch. ausgehend, zunächst nach Wirtschaftsverfassung u. -system, wandte sich dann dem wirtschaftenden Menschen in seinen gesellschaftlich-kulturellen Zusammenhängen und seinem »Wirtschaftsstil« zu und verband sich mit Sozial- u. Geistesgesch.; H. Bechtel, Wirtschaftsstil d. dt. SpätMA, Der Ausdruck der Lebensform in Wirtschaft, Gesellschaftsaufbau u. Kunst von 1350 bis um 1500 (1930); A. Müller-Armack, Genealogie d. Wirtschaftsstile (1941); dazu O. v. Zwiedineck-Südenhorst, Weltanschauung u. Wirtschaft, SB München (1942); G. Weippert, Zum Begriff d. Wirtschaftsstils, Schmollers Jb. 67 (1943); M. Silberschmidt, Wirtschaftl. Denken u. moderne Gesch.Auffassung, Schweiz.Beitr. z. allg. Gesch. 10 (1952); S. Ratner, The Need for a Semantic Revolution in Economic Hist., in: IIe Conf. internat. d'hist. écon., Aix en Prov. 1962 (1965).

Kapitel 2
Quellen und Methoden

Als Quellen der Verfassungsgeschichte bieten sich neben den erzählenden Quellen vor allem Rechtskodifikationen (Stammesrechte), die kaiserlich-königlichen Erlasse, Verordnungen und Gesetze (Kapitulariengesetzgebung Karls des Großen), Weistümer der öffentlich-rechtlichen und privatrechtlichen Sphäre, Formularbücher, Kanzlei-Registerbücher, vor allem die Urkunden der Kaiser und Könige (z. B. Immunitäts- oder Vogteiurkunden, Stadtrechtsverleihungen, Forstprivilegien) und der Landesherren, Traditionsnotizen der Klöster wie auch Urkunden geistlicher und weltlicher Herrschaften, Güter- und Steuerverzeichnisse der Könige oder der Landesherren und der Grundherrschaften; daneben kommen auch in Betracht Staatsschriften, Reichstagsabschiede, Willebriefe, Stadtrechte, Landfrieden, Landrechte, Rechtsbücher, Satzungen, Papstbullen und -privilegien, kirchliche Canones usw.

Bei Urkunden spielen neben der *Echtheitsfrage* auch Umstand und Grund von *Fälschungen* eine entscheidende Rolle, die oft eine Quelle allerersten Ranges sind, wenn Zeit und Grund der Fälschung sowie die Zugehörigkeit zu einer Fälschergruppe ermittelt sind[1]. Andrerseits ist nicht jedes echte Rechtsdokument ein Zeugnis der Rechtsverhältnisse in der Zeit der Aufzeichnung oder des Rechtsaktes. Der Sachsenspiegel gibt z. B. oft älteren Rechtsbestand wieder als das 13. Jh. noch anerkannte. Verordnungen der Könige (z. B. Goldene Bulle Karls IV.) und der aufsteigenden Landesherren gegen die Städte können nicht über deren wirtschaftlichen und politischen Aufstieg hinwegtäuschen[2].

Einen besonderen Hinweis verdienen die *Zeugenreihen* der Urkunden, die uns in ihrer Art die Träger der Gesellschaft und des Staates vorführen und einen Eindruck von der *Doppelgleisigkeit deutschen Verfassungslebens* im Mittelalter vermitteln: der *herrschaftlichen* Seite, die in Intitulatio, Arenga und Dispositio der Urkunde vor allem aufscheint, der *genossenschaftlichen*, die in der Zeugenreihe zum Ausdruck kommt[3].

Neben den unmittelbaren Quellen ist aber die moderne Verfassungsgeschichte noch auf eine Reihe *anderer Erkenntnismittel* angewiesen. Neben der Wissenschaft des Spatens gewannen *Ortsnamen, Flurformen- und Siedlungsforschung* große Bedeutung[4]. Ausgrabungen, Ortsnamen und vertiefte Quelleninterpreta-

Quellen und Methoden

tion kombinierend, konnte z. B. H. Dannenbauer Adel, Burg und Herrschaft als Grundsäulen germanisch-deutscher Staatlichkeit von der Frühzeit bis zum Hochmittelalter erweisen.

Weitere Wege zu gesicherter Erkenntnis sind *Begriffsgeschichte* und *Prosopographie*. Erstere vermittelt einen gründlichen Einblick in den Wandel der Inhalte staatlicher, wirtschaftlicher und sozialer Begriffe und Einrichtungen. (Die Worte »ingenuus« und »liber« z. B. gewinnen bereits im Übergang zum Mittelalter einen schillernden Charakter.) Bei der Auswertung der Schriftquellen ist überhaupt auf das *Übersetzungsproblem* zu achten: Die Frage, ob und wieweit sich das lateinische Wort der Quelle und die germanisch-deutsche Sache decken, ermöglicht ein Urteil über das Ausmaß der Kulturmischung, die Durchsetzung eigener Substanz oder fremden Zustroms[5]. Wie fruchtbar prosopographische Studien für Verfassungsgeschichte und Sozialgeschichte sind, zeigen G. Tellenbachs Bild der »Reichsaristokratie« des 9. Jh. neben dem Reichsklerus und die Adelsstudien seiner Schule[6]. Eng damit zusammen hängt eine richtig betriebene *Genealogie*, die den »Mut zur Lücke« hat, wenn der Quellenbeweis nicht ausreicht. Für die Verfassungsgeschichte gewinnt sie vornehmlich in Verbindung mit *Besitzgeschichte* Wert[7]. Siedlungsgeschichte mit ihren Teildisziplinen (Flurformen-, Flurnamen-, Patrozinien- und Stadtplanforschung) führt weiter zur Ermittlung des Zusammenhangs zwischen kirchlichen und weltlichen Grenzen, der Pfarrei- und Zehntsprengel, der Archidiakonats-, Bistums- und Metropolitanorganisation[8].

Bei der Unvollkommenheit der staatlichen Organisation des Früh- und Hochmittelalters tritt als entscheidendes Machtmittel des zentralen Königsstaates das *Reichsgut* (Hausgut, Staatsgut) in den Vordergrund[9]. Damit hängt eine notwendige Bestandsaufnahme auch des *Reichskirchengutes* zusammen[10]. Aus der Rechtsfolge der Schenkung ergibt sich erst ein begründetes Urteil über die Säkularisationen von Kirchengut durch Arnulfinger und bayerische Luitpoldinger, den Umfang des verlehnten Reichsguts, das Wesen der ottonischen Immunität, die Funktion der Regalien und die verfassungsrechtliche Stellung der Reichsbistümer in ottonisch-salisch-staufischer Zeit.

Jegliche Art von *Territorialforschung*, die vor allem in Studien zu historischen Atlanten ihren Niederschlag findet, erhellt die Entwicklung des modernen Staates seit dem 13. Jh. wie auch die vorausgehenden Bemühungen der Könige um einen Ge-

2. Quellen und Methoden

samtstaat[11]. Als verheißungsvoller Weg, die Verfassungs-, Wirtschafts- und Sozialverhältnisse des Früh- und Hochmittelalters aufzuklären, erweist sich methodisch der Schluß von späteren Zuständen auf ihre geschichtlichen Grundlagen. Das scheinbar klare und sichere Bild der älteren Rechts- und Verfassungsgeschichte hat sich unter der Lupe lokaler und regionaler Detailforschung vielfach als unberechtigte Verallgemeinerung erwiesen; sie zwingt zu differenzierter und vorsichtiger Aussage und zur Ausbeute der in den Staats-, Provinz- und Privatarchiven ruhenden Akten aus den verschiedenen historischen Landschaften und Gebilden.

Gerade auf dem Gebiet der *Gesellschaftsgeschichte*[12] hatte sich die Rechtsgeschichte, die sich ihrer unter juristischem Aspekt annahm, totgelaufen. Wergeldrechnungen und reine Ständerechtsgeschichte konnten zu keinen wirklichen Ergebnissen führen, weil gerade die sehr dunklen Aussagen der Volksrechte über die Stände nicht durch philologisch-juristische Interpretation allein gedeutet werden konnten. Urbare und sonstige Güterverzeichnisse halfen da viel weiter[13].

Die Verfassungsgeschichte muß eine Vielfalt von Einzeldisziplinen und Detailergebnissen zum Gesamtbild zusammenschauen; dieses aber hat weniger scharfe Konturen, die Grenzen verfließen oft. An die Stelle klarer und »sauberer« Begriffe tritt die Unruhe einer nur begrenzten Aussage oder mühsamen Beschreibung, die viele Fragen offen läßt. Doch entschädigt dafür das Bewußtsein, daß man der historischen Wirklichkeit und der Vielfältigkeit des geschichtlichen Lebens auf diese Weise näher ist. Zu sehen, wie Herrschaft und Staat in den Strom des geschichtlichen, des gesellschaftlichen Lebens eingebettet sind[14], wie sie sich gegenseitig formen und beeinflussen, das stellt sich heute als Aufgabe einer modernen Verfassungs- und Gesellschaftsgeschichte. Sie kann keine nur beschreibende Faktengeschichte sein, sondern soll real- und idealtypische Beziehungsgefüge (Strukturen) erarbeiten und kann deshalb auch nicht außer acht lassen, welcher Geist, welches Lebensgefühl, welche Leitbilder[15], politischen und religiösen Ideen die Menschen jeweils bewegten, welche Ziele sie sich steckten, wie sie Beruf und Leben auffaßten und ihren Umgang mit den Menschen pflegten und ausgestalteten.

[1] H. FUHRMANN, Das ZA d. Fälschungen. Überlegungen zum mal. Wahrheitsbegriff, HZ 197 (1963) mit Diskussionsbeiträgen von A. Nitschke, K. Bosl u. H. Patzke; K. BOSL, Zu einer Soziologie d. mal. Fälschungen, in: ders., Frühfor-

men d. Ges. (1964); H. SILVESTRE, Le problème des faux au moyen âge, Le Moyen Age 66 (1960).

[2] Vgl. O. BRUNNER, Der Historiker u. sein Verhältnis zur Gesch. von Recht u. Verf., Beiheft zu GWU 20 (1969) mit Diskussionsbeitrr. v. H. Krause, H. Thieme, F. Wieacker, A. Nitschke.

[3] Die Bedeutung d. Zeugenreihe erhellt exemplarisch aus Studien wie: E. ZÖLLNER, Der bair. Adel u. die Gründung von Innichen, MIÖG 68 (1960), auch in: Zur Gesch. d. Bayern, hg. v. K. BOSL, Wege d. Forsch. 60 (1965), oder K. BOSL, Reichsministerialität (s. Kap. 29, Anm. 1); ders., Franken um 800 ([2]1969).

[4] Neue Ausgrabungen in Dtld., hg. v. W. KRÄMER (1958); H. JANKUHN, Probleme u. Ergebnisse heutiger Vorgesch.-forschung (1961); ders., Vorgesch. u. Landesgesch., Hess. Jb. f. Ldsgesch. 11 (1961); ders., Siedlungsarchäologie als Forschungsaufgabe, in: Probleme d. Küstenforschung 8 (1965); ders., Die mal. Königspfalzen als archäol. Forschungsproblem, in: Varia Archaeologica (Festschr. f. W. Unverzagt 1964); ders., Der Beitrag d. Archäologie zur Erforsch. d. frühmal. Städtewesens im 7. bis 11. Jh., in: Frühe Burgen u. Städte (Festschr. f. W. Unverzagt 1954); J. WERNER, Fernhandel u. Naturalwirtschaft im östl. Merowingerreich nach archäol. u. numismat. Zeugnissen, 42. Ber. d. Röm.-Germ. Komm. 1961 (1962); P. GRIMM, Zur Frage d. Konstanz von frühgesch. Siedlungen, in: Ausgrabungen u. Funde 3 (1957): zu unterscheiden zw. Siedlungskontinuität in bestimmten Räumen, Platzbeständigkeit u. Bevölkerungskonstanz! H. J. KUHLMANN, Siedlungshistor. Untersuchungsmethoden, Archaeol. Geogr. 5 (1956); H. JÄGER, Zur Gesch. d. dt. Kulturlandschaften, Geogr. Zs. 51 (1963); E. SCHWARZ, Sprache u. Siedlung in Nordostbayern (1960); ders., Die Ortsnamen d. Sudetenländer als Gesch.quelle ([2]1961).

[5] Exemplarisch für Übersetzungsprobleme ahd. Glossen: W. SCHLESINGER, Entstehung d. Landesherrschaft (1941, Ndr. 1964), S. 9ff. u. 113ff.; ders., Burg u. Stadt, in: Aus Verf.- u. Landesgesch. 1 (Festschr. f. Th. Mayer 1954), auch in dess. Beitr. z. dt. VG d. MA 2 (1963); Ph. HECK, Übersetzungsprobleme im frühen MA (1931); O. PLASSMANN in: Germanien 14/15 (1942/43); F. BLATT, Sprachwandel im Latein d. MA, HV 28 (1934); W. STACH, Wort u. Bedeutung im mal. Latein, DA 9 (1952); K. BOSL, Vorstufen d. dt. Königsdienstmannschaft, begriffl.-prosopograph. Studien zur frühmal. Soz.- u. VG, VSWG 39 (1952); ders., Potens u. Pauper, Begriffsgeschichtl. Studien zur gesellsch. Differenzierung im frühen MA u. zum Pauperismus d. HochMA, auch in: Frühformen d. Ges. (1964); ders.,'Ερημος – eremus. Begriffsgesch. Bemerk. zum hist. Problem der Entfremdung u. Vereinsamung d. Menschen, in: Polychordia 2 (Festschr. f. F. Dölger 1967); H. GRUNDMANN, Übersetzungsprobleme im SpätMA, Zs. f. dt. Philol. 70 (1947/48).

[6] G. TELLENBACH, Zur Bedeutung d. Personenforschung für die Erkenntnis d. früheren MA (1957); ders., Liturg. Gedenkbücher als hist. Quellen, in: Mélanges E. Tisserant, Bd. 5, Studi e Testi 235 (1964); ders., Krit. Studien zur großfränk. u. alemann. Adelsgesch., Zs. f. Württ.Ldsgesch. 15 (1956); s. auch Kap. 9a, Anm. 8; K. SCHMID, Über die Struktur d. Adels im früheren MA, Jb. f. fränk. Ldsforsch. 19 (1949); ders., Neue Quellen zum Verständnis d. Adels im 10. Jh. ZGORh 108 (1960), s. auch Kap. 5, Anm. 6; E. HLAWITSCHKA (s. Kap. 9a, Anm. 7); E. KLEBEL, Alemann. Hochadel im Investiturstreit, in: Vortr. u. Forsch. 1 (1955).

[7] O. v. DUNGERN, Kamillo Trotter, Bahnbrecher einer neuen dt. VG (1941); ders., Der Herrenstand im MA 1 (1908); ders., Adelsherrschaft im MA (1927); E. BRANDENBURG, Zur Methode mal. genealog. Forschung, Familiengesch.Bll. 9/10 (1938).

[8] K. LECHNER, Allgem. Gesch. u. Landesgesch., Bll. f. dt. Ldsgesch. 92 (1956); ders., Leistungen u. Aufgaben siedlungskundl. Forschung in den österr.

Ländern, DALVF 4 (1940); E. KLEBEL, Gedanken über den Volksaufbau im Südosten während d. MA, ebd. 2 (1938).

[9] K. BOSL, Probleme d. Reichsgutforschung in Mittel- u. Süddtld., Jb. f. fränk. Ldsforsch. 20 (1960); ders., Pfalzen, Klöster, Forste in Bayern. Zur Organisation von Herzogs- u. Königsgut in B., Verh. d. HV Oberpfalz u. Regensburg 106 (1966); K. VERHEIN, Studien zu den Quellen zum Reichsgut d. Karolingerzeit, DA 10 u. 11 (1954/55); W. METZ, Zum Stand d. Erforsch. d. karoling. Reichsgutes, HJb 78 (1959) mit Lit.; ders., Das karoling. Reichsgut (1960); A. WAAS, Das Kernland d. alten dt. Reiches an Main u. Rhein, DA 7 (1944); H. KRABUSCH, Untersuch. zur Gesch. d. Königsgutes unter d. Saliern (1949); A. TIMM, Krongutpolitik d. Salierzeit, Zs. d. Harzver. 10/11 (1959); A. WERLE, Das Erbe d. sal. Hauses, Untersuch. z. stauf. Hausmachtpolitik im 12. Jh. (1952); s. auch Th. MAYER (Kap. 8, Anm. 5), F. L. GANSHOF (Kap. 9c u. 13, Anm. 18 u. 1), J. W. THOMPSON (Kap. 8, Anm. 3), W. SCHLESINGER (Kap. 9a, Anm. 11).

[10] K. BOSL, Würzburg als Reichsbistum, in: Vortr. u. Forsch. 1 (1954). Die Stauferkönige u. andere Landesherren haben mit Vorliebe auf (Reichs-)Kirchenboden ihre (Gründungs-)Städte errichtet.

[11] Vgl. K. CZOK, Der Methodenstreit u. die Gründung d. Seminars f. Landesgesch. u. Siedlungskunde an der Univ. Leipzig, Jb. f. Regionalgesch. 2 (1967).

[12] Vgl. G. OESTREICH, Die Fachhistorie u. die Anfänge d. sozialgesch. Forschung in Dtld., HZ 208 (1969); K. E. BORN, Neue Wege d. Soz.- u. Wirtsch.-gesch. in Frankreich: Die Historikergruppe der Annales, Saeculum 15 (1964).

[13] O. HERDING, Das Urbar als ortszeitgesch. Quelle, Zs. f. Württ. Ldsgesch. 10 (1951); ders., Leibbuch, Leibrecht, Leibeigenschaft im Hgt. Württemberg, ebd. 11 (1951).

[14] K. BOSL, Macht u. Arbeit als bestimmende Kräfte in der mal. Gesellschaft, in Festschr. L. Petry (1968); ders., Herrscher u. Beherrschte im dt. Reich d. 10.–12. Jh., SB München (1963); F. GRAUS, Die Gewalt bei den Anfängen d. Feudalismus u. die »Gefangenenbefreiungen« d. merowing. Hagiographie, Jb. f. Wirtsch.gesch. (1961).

[15] F. PRINZ u. K. BOSL (s. Kap. 9a, Anm. 10); H. LEFEBVRE, Le langage et la société (1966); G. DOUTREPONT, La littérature et la société, Acad. R. de Belgique, Cl. d. lettres et d. sciences morales et polit. 42 (1942); P. FRANCASTEL, Peinture et société (1965); F. P. PICKERING, Literatur u. darstell. Kunst im MA (1966); H. KALLFELZ (s. Kap. 5, Anm. 2); M. DAVID, Les »laboratoires« du renouveau écon. du XIIe siècle à la fin du XIVe s., Rev. hist. du droit franç. et étr. 37 (1959); K. HAUCK, Haus- u. sippengebundene Literatur mal. Adelsgeschlechter, von Adelssatiren d. 11. u. 12. Jh. aus erläutert, MIÖG 62 (1954); ders., Mittellat. Literatur, in: Dt. Philol. im Aufriß 2 ([2]1960); F. GRAUS, Littérature et mentalité médiévales: Le roi et le peuple, Historica 16 (1969); ders., Volk, Herrscher u. Heiliger im Reiche d. Merowinger (1965); E. AUERBACH, Literatursprache u. Publikum in der lat. Spätantike u. im MA (1956); H. GRUNDMANN, Litteratus – illitteratus, Der Wandel einer Bildungsnorm vom Altertum zum MA, AKG 40 (1958); ders., Die Frauen u. die Literatur im MA, ebd. 26 (1935); J. LE GOFF, Les intellectuels du moyen âge (1957); ders., Métier et profession d'après les manuels de confesseurs au moyen âge, in: Miscellanea Mediaevalia 3 (1964); ders., Temps de l'église et temps du marchand, Annales 15 (1960); ders., Le temps du travail dans la »crise« du XIVe siècle, Le Moyen Age 69 (1963); G. DUBY, Au XIIe siècle: Les »Jeunes« dans la société aristocratique, Annales 19 (1964); U. T. HOLMES Jr., Daily Living in the 12th Cent. (Madison [2]1964). – K. BOSL, Über soziale Mobilität in der mal. Gesellschaft, in: Frühformen d. Ges. (1964); ders., Das HochMA in der dt. u. europ. Gesch., HZ 194 (1962).

A. Germanische Voraussetzungen für Herrschaft, Staat, Gesellschaft im Mittelalter

Literatur: DW[9] 4712ff. u. 5089ff.; Historia Mundi, hg. v. F. KERN, Bd. 1: Frühe Menschheit (1952); R. BENEDIKT, Urformen d. Kultur (dt. v. R. Salzer 1955); G. NECKEL, Altgerman. Kultur ([2]1934); ders., Vom Germanentum, Ausgew. Aufs. u. Vortr. (1944); F. GENZMER, Staat u. Gesellschaft, in: German. Altertumskunde, hg. v. H. SCHNEIDER ([2]1951); A. v. AMIRA, German. Recht, 4. Aufl. bearb. v. K. A. ECKHARDT (Grundriß d. germ. Philol. 5, 2 Bde. 1960/67); J. DE VRIES, Die geistige Welt d. Germanen ([2]1945); ders., Altgerman. Religionsgesch. (2 Bde. [2]1956/57); ders., Das Königtum bei den Germanen, Saeculum 7 (1956); R. KIENZLE, German. Gemeinschaftsformen (1939); W. GROENBECH, Kultur u. Religion d. Germanen (2 Bde. [5]1954); W. BAETKE, Die Religion d. Germanen in Quellenzeugnissen (1937); O. HÖFLER, German. Sakralkönigtum (s. Kap. 6, Anm. 4); W. SCHLESINGER, Über german. Heerkönigtum (ebd. Anm. 3); ders., Herrschaft u. Gefolgschaft (s. Kap. 5, Anm. 3); H. DANNENBAUER, German. Altertum u. dt. Gesch.wissenschaft (1935); ders., Adel, Burg u. Herrschaft bei den Germanen (s. Kap. 5, Anm. 3); K. HAUCK, Die geschichtl. Bedeutung d. german. Auffassung von Königtum u. Adel, Rapp. du XIe Congrès Internat. des Sc. Hist. (Stockholm 1960) mit Lit.; ders., Geblütsheiligkeit (s. Kap. 6, Anm. 5); ders., Lebensnormen u. Kultmythen in german. Stammes- u. Herrschergenealogien, Saeculum 6 (1955); ders., Heldendichtung u. Heldensage als Geschichtsbewußtsein, in: Alteuropa u. die mod. Gesellsch. (Festschr. f. O. Brunner 1963); ders., Carmina antiqua, Abstammungsglaube u. Stammesbewußtsein, Zs. f. bayer. Ldsgesch. 27 (1964); F. R. SCHRÖDER, Germanentum u. Alteuropa, Germ.-Rom. Monatsschr. 22 (1934); ders., Mythos u. Heldensage, ebd. 36 (1955); K. BOSL, Die german. Kontinuität (s. Kap. 5, Anm. 1). – Zum ethno-soziolog. Vergleich: W. EBERHARDS, Der Prozeß d. Staatenbildung bei mittelasiat. Nomadenvölkern, Forsch. u. Fortschr. 25 (1949); H. JOUNOD, The Life of South-African Tribes (New York [2]1962).

Kapitel 3
Horde – Stamm – Volk
Kultverband – Herrschaft – Held

Die Wurzel ethnischer Verbände sind die aus wenigen Köpfen bestehenden Horden und Banden der Urzeit. Sie schlossen sich zu den Primärstämmen zusammen. Diese Neustammbildung vollzog sich in archaischen Formen, unter denen das römische »ver sacrum« eine regional begrenzte, aber modellhafte Sonderform ist. Im weiteren Verlauf der Entwicklung bilden sich gefolgschaftsähnliche Verbände, die den Rahmen der neu entstehenden »gentes« bis in das sogenannte frühe Mittelalter hinein abgeben. Diese Vorgänge sind in sehr langen Zeiträumen erfolgt, für die es streckenweise fast keine Quellen gibt. *Stammesbildung*[1] ist ein Prozeß der Ein- und Aufgliederung, Überschichtung, Ausweitung und Abspaltung. Alles ist

3. Horde – Stamm – Volk

dabei ständig im Fluß, und ältere Gebilde halten sich noch lange neben neuen Formen, die sich erst allmählich durchsetzen. Weder gehörten einzelne Gruppen immer zu bestimmten Stämmen noch einzelne Stämme immer zu den gleichen Stammesgruppen. »Stämme« der verschiedensten Phasen und Entwicklungsstufen sind teils natürliche Gemeinschaften, teils gewachsene und geschaffene Gruppen. Stamm ist einmal Abstammungs- und Heiratsgemeinschaft, kann sich auch gautypisch und biologisch-rassisch ausprägen. Stamm kann sodann eine Friedensgemeinschaft sein, die sich gegen Fehde und Krieg (Volks- und Gefolgschaftskrieg) wendet und diese durch einen kultischen Verband zu bannen sucht. Bei längerem Zusammenleben werden Stämme Rechts- und Siedlungsgemeinschaften für Menschen verschiedener Abstammung und gruppenmäßiger Zugehörigkeit; sie entwickeln sich bei offensiver Wanderschaft oder defensiver Erhaltung eines gewonnenen Besitzstandes zu politischen Gemeinschaften mit mehr oder minder ausgeprägten Formen der Führung (mythisches Sakralkönigtum aus der Zeit des vegetativen Mythos, Heer- und Gefolgschaftskönigtum, das wieder zu Dauerkönigtum werden kann) und zu Traditionsgemeinschaften mit Führungsschichten, die zum Träger eines Stammesbewußtseins werden in einer ethnisch oft vieldifferenzierten Stämmegruppe. Aus Stämmen wachsen die Völker zusammen, auch das deutsche Volk, wobei allerdings politische und kulturelle[2] Faktoren schon weit wirksamer sind als beim Aufkommen der »gentes« älterer Zeit. War ein »germanisches Einheitsbewußtsein« höchstens schwach und nicht dauerhaft wirksam, so entstand das deutsche Volk aus den rechtsrheinischen »Stämmen« bereits vor der politischen Aussonderung aus dem fränkischen Großreich[3] – ähnlich wie die Angelsachsen sich schon vor der normannischen Eroberung ihrer Zusammengehörigkeit bewußt wurden –, wenn auch ein nationales Einheitsgefühl erst viel später im 19. Jh. das europäische Staatengefüge zu »Nationalstaaten« umzuwandeln vermochte.

Als älteste größere Einungen der Germanen wurden *Kultverbände* mit kollektiven Kultstätten angenommen. Im Gegensatz zu den Kultgemeinschaften des Hauses, der Sippe, des Stammes verstand man darunter zu gemeinschaftlichem Kult vereinte Völkerschaften. Bei der primären Stammesbildung, bei der herrschaftlich-politische Strukturen noch keine erkennbare Rolle spielen, können Kultvereinigungen Gewicht gehabt haben (gemeinsame Knabenweihe!)[4]. Wo solche Kultverbände politische Bedeutung gewinnen, sind sie Werkzeuge mächtiger Personen oder »Gruppen« zur Erreichung politischer Zwecke oder zur Sanktionierung bereits geschaffener politischer Tatsachen. Bei den Germanen läßt sich jedoch keine Entwicklung von einem anfangs vorwiegend kultisch bestimmten Verband ursprünglich unabhängiger Völkerschaften zu einer politischen Einung feststellen. Auch die bezeugten kultischen Bündnisse haben sich nicht in dauernden Kultgemeinschaften erhalten; eher haben politische Verbände nach ihrem Zerfall als kultische Gemeinschaften weitergelebt, wie ja in einzelnen Staaten auch das Königtum als sakrale Institution weiterlebte (»rex sacrorum« in Rom). Kultische Ordnungen haben oft ein längeres Leben als politische[5]. Kultverbände können also vorher politische Gemeinschaften gewesen sein, die durch Abspaltung ihren politischen Zusammenhang gelockert oder verloren, aber ihr ethnisches Gemeinschaftsgefühl bewahrt haben und in einer Kultfeier bewußt hielten. Die seit Müllenhoff als Kultverbände gedeuteten Ingväonen, Istväonen, Herminonen sind in der Zeit der schriftlichen Quellen ohne politische Bedeutung. Sie waren entsprechend dem ethnischen Charakter ihrer Namen ursprünglich Abstammungsgemeinschaften und Stammesverbände, waren oder wurden aber auch zugleich Kultverbände. Die langlebigeren ethnischen Traditionen haben dabei dann die ihnen zugrunde liegenden politischen Gebilde überdauert. Auf keinen Fall aber waren diese alten ethnischen Einheiten schon so stark und intensiv wie die jüngeren Gebilde der Völkerwanderungszeit, die schon um 500 v. Chr. einsetzte und an deren Ende (um 500 n. Chr.) die Großstämme (»gentes«) stehen: Goten, Langobarden, Alamannen, Franken, Sachsen, Friesen, Thüringer, Hessen und Bayern, die letzteren als Stamm erst in der Merowingerzeit (6. bis 8. Jh.) ausgeformt[6]. Erst diese »Unruhezeit« der Germanen schuf die Voraussetzungen politischer und gesellschaftlicher Art für ihre *Expansion* und den Sieg des *Herrschaftsprinzips*. Dabei verloren Kultverbände, alter Kult und vegetativer Mythos ihre kollektive sittlich-geistige Autorität. Der Einzelne wurde stärker auf sich selbst gestellt, auf seine Kraft, seinen Mut, seine Schlauheit. »Herren« traten auf und schwangen sich an die Spitze; sie hielten sich dort oder stiegen überhaupt erst auf durch das Werkzeug der *Gefolgschaft*, die Dienst bot und Macht bewirkte. Es entstand der dem ältesten Urbauerntum fremde Typ des vagabundierenden »Helden«,

3. Kultverband – Herrschaft – Held

des Recken, den nach Taten und persönlichem Ruhm dürstet, dem Sippe, Kult, archaisch-primitiver Urstamm keine Bühne der Wirksamkeit wegen ihrer Enge und Abschnürung mehr sind (vgl. die gemeingermanisch bedeutsamen Lebensbilder der Sagas!). Die Bildung des Germanentums ging kaum von den Gebieten der nordischen Bronzekultur aus, sondern von den südlichen Kontaktzonen, in denen sich durch Überschichtung und Herrschaftsbildung in Begegnung mit Nachbarstämmen ein Distanzbewußtsein formte (vielleicht hängt die erste germanische Lautverschiebung damit zusammen). Das Nordgermanische ist darum nicht das spezifisch Gemeingermanische, sondern eine Sonderform. Das »Germanische« ist sprachlich und geistig ein Ergebnis des Jahrtausends der germanischen Völkerwanderung, das mit der frühen Eisenzeit beginnt (Jastorfkultur). Freilich wirken kulturelle, politische und ethnische Traditionselemente der nordischen Bronzezeit herein.

Der archaische Verband und ältere Kultverband setzen schon auf Grund der Bevölkerungszahl und der primitiven Wirtschaft den *freien* und mehr oder minder *gleichberechtigten Sippen- und Großfamiliengenossen* voraus; die Wanderzeit ließ dagegen größere *Abhängigkeitsverhältnisse* und einen gesellschaftlich wie wirtschaftlich stärker differenzierten kleineren oder größeren, geschlosseneren oder vielfältigen, schwächeren oder stärkeren *Stammesverband* entstehen. In der Endzeit der germanischen »Völkerwanderung« und der Reichsgründungen (375–568) zogen selten ganze Stämme aus. Teile verschiedener Stämme schlossen sich zu *Heeren* zusammen; die Stammesversammlung (Thing) wurde zur Heeresversammlung (populus = das politisch entscheidende, mitbestimmende »Volk in Waffen«). Gruppen verschiedener Stämme blieben oft lange beisammen, siedelten auch gemeinsam für immer oder trennten sich wieder (in anderer Zusammensetzung). Germanische Eroberung ergoß sich genauso über Stammesgenossen wie über Fremde; das bewirkte Ständemischung, Abhängigkeit und Unterordnung, Freiheit und Unfreiheit in ihren verschiedenen Formen und Mischungsgraden (Heere des Ariovist, des Odowakar, der in Pannonien und Italien einwandernden Langobarden). Die Heere der nordgermanischen Wikinger waren immer gemischt; Stammesunterschiede waren oft noch zu gering, um aufzufallen.

Auf den Wanderzügen bewährte sich die Kraft des Einzelnen als Vorkämpfer, militärischer Führer, Organisator. Bei der

Landnahme und der Verteilung der Landlose fiel ihm das größere Stück Boden zu. Das spätgermanische »*Heldenideal*« ist nicht mehr von einer instinktiv-primitiven Triebhaftigkeit getragen, die auf Erhaltung des persönlichen Daseins und auf Bewahrung gerichtet ist; es ist erfüllt von der übersteigerten Entfesselung des persönlichen Willens. Dieser »Held« ist rücksichtslos und brutal gegen die Außenwelt, er verachtet Schmerz und Tod und obsiegt über seinen eigenen Körper. Das germanische »Reich«, der Herrschaftsstaat der Wanderzeit, war von diesen Menschen und ihrem Geist geprägt. Herrschaft und Gesellschaft aber ruhten auf dem germanischen Bauerntum (Kap. 4), dem wikinghaft abenteuernden Adel und seiner Gefolgschaft (Kap. 5), dem Heerführer und König (Kap. 6).

[1] R. WENSKUS, Stammesbildung u. Verfassung. Das Werden d. frühmal. gentes (1961). Die sogen. »Neustämme« im östl. Dtld. sind keine ursprünglich selbständigen »gentes«, sondern haben sich aus der übergeordneten Ganzheit des dt. Volkes im Zuge der spätmal. Ostbewegung ausgegliedert, s. K. BOSL, Die Entstehung d. ostdt. Neustämme, in: Leistung u. Schicksal, hg. v. E. G. SCHULZ (1967).

[2] W. SCHLESINGER, Die Grundlegung d. dt. Einheit im frühen MA, in: Die dt. Einheit als Problem d. europ. Gesch. (1960), auch in dess. Beitr. z. dt. VG d. MA (1961); G. BAESECKE, Das Nationalbewußtsein d. Deutschen d. Karolingerreiches nach den zeitgenöss. Benennungen ihrer Sprache, in: Der Vertrag v. Verdun, hg. v. Th. MAYER (1943).

[3] E. LEMBERG, Gesch. d. Nationalismus in Europa (1950).

[4] Vgl. W. E. MÜHLMANN, Krieg u. Frieden. Ein Leitfaden d. polit. Ethnologie (1940); J. F. GLÜCK, Zur Soziologie d. archaischen u. d. primitiven Menschen, in: Soziologie u. Leben, hg. v. C. BRINKMANN (1952).

[5] Vgl. W. E. MÜHLMANN, Staatsbildung u. Amphiktyonie in Polynesien (1938); ders., Soziale Mechanismen d. ethnischen Assimilation, Abh. d. 14. Internat. Soziol.-Kongr. Rom 2 (1951); ders., Ethnologie u. Gesch., Studium Generale 7 (1954).

[6] E. SCHWARZ, German. Stammeskunde (1956).

Kapitel 4
Germanisches Bauerntum und bäuerliche Grundlagen des Lebens

Die ›Germania‹ des Tacitus, lange als Hauptquelle angesehen, ist durch die Ergebnisse der germanischen Archäologie[1], Sprachgeschichte und Folklore weithin zu ergänzen und zu überprüfen. Von wirtschafts- und sozialgeschichtlicher Seite hat vor allem A. Dopsch[2] durch seine Studien über die Entwicklung der Markgenossenschaft, worunter man die All-

4. Germanisches Bauerntum und bäuerliche Grundlagen des Lebens

mende der Frühzeit, den Gemeinbesitz der freien »demokratischen« bäuerlichen Urgemeinde verstand, eine breite Bresche geschlagen[3], die F. Lütge[4] vertieft und erweitert hat. Beide Forscher betonten das Bestehen der Grundherrschaft schon bei den Germanen des Tacitus, lehnten die Hufe germanisch-freibäuerlicher Herkunft ab und deuteten sie als Produkt der Grundherrschaft[5].

Stammesbildung und Herrschaftsaufbau, Entstehung von Hörigkeits- und Abhängigkeitsverhältnissen gingen Hand in Hand. Von einer staatsbildenden Kraft des germanischen Bauerntums kann man nur bedingt und indirekt sprechen; das dafür herangezogene Modell des nordischen Großbauern mit zahlreicher Hausgenossenschaft und Hintersassen bewahrt schwerlich gemeingermanische Züge und ist auch in sich kaum rein bäuerlich, sondern herrschaftlich beeinflußt. Trotzdem ist die Urstruktur von Familie, Sippe, Horde und archaischem Stamm agrarisch-bäuerlich, und auch die »gentes« und Großstämme bleiben trotz aller Wandlungen so lange bäuerlich, als sich keine Städte, größeren Zentralorte und urbane Lebensformen bei Ausweitung von Handel und Verkehr bilden. Auch die Herrschaft der Heer- und Gefolgschaftskönige der Wanderzeit ist Herrschaft über Land und Leute. So mag wohl vor Beginn der Wanderzeit der Großbauer auf seinem Hof mit unverkennbarer Eigentumsfreude, starkem Familiensinn und Ahnenstolz in Zeiten und Räumen langer Seßhaftigkeit das Bild des Gesamtlebens prägen. Diese Großbauern aber müssen wie die späteren in Island, die als Modell teilweise herangezogen werden können, schon aristokratische Züge angenommen haben; denn sie führen Fehden mit ihrem Gesinde, Knechten und Sklaven, ihren Hintersassen, Verwandten, Freunden und Abhängigen[6]. Was diese Großbauern besonders auszeichnet, ist vermutlich das *»Odal«*. So heißt sein von Geschlecht zu Geschlecht *ererbter Besitz*; der zu diesem Besitz Berechtigte heißt adalborun (altnord.), adalporo (altbayr.), adaling, ediling (wstg.). Odal meint aber auch die auf dem bäuerlichen Erbrecht ruhende Unabhängigkeit; der »Adelbauer« brauchte niemand zu gehorchen und zu zinsen. Hier liegt die tiefste Wurzel des Widerstandes gegen alle Eroberer, Usurpatoren und Staatengründer nach römischem Muster, hier der Quell für das genossenschaftliche Element mittelalterlicher Staatsbildung, das sich in Königswahl und Widerstandsrecht äußert. Die Sachsen der Zeit Karls des Großen wie die Norweger bei der

Reichsgründung Harald Schönhaars (Ende 9. Jh.) klagen über die Wegnahme ihres Odals = Vatergutes (»ius paternae haereditatis«, später »praedium libertatis«, Handgemal); damit war zugleich die alte »Freiheit«, die Unabhängigkeit der Väter gemeint. Odal heißt 1. Besitz, Stammgut, Hof und Heimat, Erbrecht am Land; 2. Familie, Geschlecht, Verwandtschaft, womit der Kreis der differenzierten Erbgutbesitzer umschrieben wird, die sich aus der Menge der Urbauern bereits stark herausheben; 3. Wesen und Natur (Schmeller, Bayr. Wb. 1, 26); dies zeugt vom Werden einer aristokratischen Oberschicht bäuerlicher Art; die unter ihr Stehenden haben keinen »adel« (= ingenium, indoles), weil sie überhaupt nicht »frei« sind. Die erste Bedeutung reicht in die urgermanische Periode bäuerlicher Seßhaftigkeit, die zweite fordert die Annahme einer bewußten gesellschaftlichen Sonderung und setzt Leute voraus, die kein »Geschlecht« haben; die dritte gründet in der bewußten Kraft der Persönlichkeit und eignet am besten der Wanderzeit, in der die »adelige« Persönlichkeit sich bewähren konnte. Dieser Germane kämpft lieber, als daß er rodet und ackert; er kämpft auch lieber, als daß er gehorcht. Das Ackern und Roden besorgen die unfreien Knechte; das aber setzt Grundherrschaft voraus. Die Germanen, die sich in römischen oder romanisierten Gebieten niederließen, gründeten deswegen erobernd Grundherrschaften, weil sie es in Germanien auch taten, nicht nur, weil es ihnen die Römer vorgemacht hatten[7].

Gründe für den reisigen Aufbruch gab es mehrere: Sturmflut, Mißwachs, Übervölkerung, dann aber auch die Sitte der sommerlichen Kriegsfahrt der jungen Mannschaft, die Kunde von gutem Land in der Fremde heimbrachte (»sumorlida« ags., »sumarlidi« altnord., Sommersegler). Nach der Wanderung folgten wieder Zeiten langdauernder Seßhaftigkeit; niemals ging das ganze Volk auf Wanderschaft. Tacitus kennt die Goten als seßhaften Stamm an der unteren Weichsel; weit lag der Auszug aus der schwedischen Landschaft (Gotland!) schon zurück. Im 2. Jh. brachen dann wieder Teile der Weichselgoten südwärts auf, begründeten ein Reich in der Ukraine und haben deren fruchtbare Scholle bis zum Hunneneinbruch um 370 gepflügt. Für den Stammes- und Staatenbildungsprozeß muß man diese langen Zwischenräume in Anschlag bringen.

Island, England und der größte Teil Deutschlands waren germanisches Kolonialland, wenn auch kein Beda (Angelsächsische Kirchengeschichte) und kein Landnahmebuch (Island)

4. Germanisches Bauerntum und bäuerliche Grundlagen des Lebens

von der Besiedlung Süd- und Mitteldeutschlands berichten. Die Siedlung zu Lande hat sich zweifellos ähnlich abgespielt wie die erobernde Siedlung über See. Dabei trafen Germanen in Britannien und Süddeutschland auf Kelten[8]. Die Darstellung der gesellschaftlich-staatlichen Zustände der Kelten bei Cäsar regt zur Behauptung an, daß die Kelten auch das germanische Verfassungsleben beeinflußt haben. Begriffe wie Reich, Amt, Vassus (gwas) sind wohl keltische Lehnwörter im Germanischen; alle drei sind aber zugleich Zentralbegriffe des mittelalterlichen Staats- und Verfassungslebens; mit dem Wort wandert auch die Sache[9].

---

[1] Die Germania d. Tacitus, erläutert v. R. Much, unter Mitarb. v. H. Jankuhn hg. v. W. Lange (³1967); H. Jankuhn, Archäolog. Bemerkungen zur Glaubwürdigkeit d. Tacitus in d. Germania, Nachr. Ak. Göttingen 10 (1966); ders. in: Dt. Agrargesch., hg. v. G. Franz, Bd. 1: Vor- u. Frühgesch. (1968).

[2] A. Dopsch, Wirtschaftl. u. soziale Grundlagen d. europ. Kulturentwicklung aus der Zeit von Caesar bis auf Karl d. Gr. (2 Bde. ²1923/24); ders., Neue Forschungen zur Gesellschaftsordnung d. Germanen, Geistige Arbeit 6 (1939).

[3] A. Dopsch, Gesch. d. freien Marken in Dtld. (1933).

[4] F. Lütge, Die Agrarverfassung d. frühen MA im mitteldt. Raum, vornehml. in der Karolingerzeit (²1966); ders., Die Unfreiheit in der ältesten Agrarverf. Thüringens, in dess. Studien z. Sozial- u. WG, Ges. Abh. (1963); ders., Die Hufe in der thüring.-hess. Agrarverf. d. Karolingerzeit, ebd.; ders., Hufe u. mansus in den mitteldt. Quellen d. Karolingerzeit, insbes. im Breviarium St. Lulli, VSWG 30 (1937).

[5] G. Waitz erklärte »Hufe« als Habe eines Mannes schlechthin. Wir sehen darin ein Land-, Besitz- u. Ackermaß.

[6] H. Kuhn, Die Grenzen d. german. Gefolgschaft, ZRG GA 73 (1956); dagegen K. Wührer, Die schwedischen Landschaftsrechte u. Tacitus' Germania, ebd. 76 (1959), bes. S. 15 ff.; vor allem W. Schlesinger, Sippe, Gefolgschaft u. Treue (s. Kap. 5, Anm. 3).

[7] H. Meyer, Das Handgemal (1934); O. Behaghel, Odal, SB München (1935); G. Neckel, Adel u. Gefolgschaft, PBB 41 (1916), u. Vom Germanentum (1944); W Krogmann, Handmahal, ZRG GA 71 (1954); doch vgl. J. Balon, L'handgemal à l'épreuve du droit. Justice publique, justice privée, ebd. 73 (1956): Das Handgemal sei keine germanische Institution, sondern als röm. Erbe vom Recht der Franken übernommen worden, bezeichne ein mit richterl. Funktionen verbundenes beneficium, verschmolz mit Allod u. wurde so zum Kennzeichen von Freiheit u. Herrschaft des Adels.

[8] J. Filip, Keltové ve střední Evropě (Prag 1956); R. Lantier, Die Kelten, in: Historia Mundi 3 (1954); P. Laviosa-Zambotti, Die europ. Kulturen d Bronze- u. Eisenzeit, ebd.; W. Ensslin, Der Einbruch in die antike Welt, ebd. 4 (1956); T. G. Powel, The Celts. Ancient Peoples and Places (London 1958); K. Bittel, Die Kelten in Württemberg (1934); Dillon-Myles-Chadwick, The Celtic Realms (1967).

[9] H. Mitteis, Staatliche Konzentrationsbewegungen im großgerman. Raum, in: Festschr. A. Zycha (1941).

Kapitel 5
Adel und Freiheit, Gefolgschaft und Herrschaft

Hauptträger staatlicher Funktion in der Wanderzeit waren der wikinghaft abenteuernde Adel und seine Gefolgschaft. *Adel und Adelsherrschaft* sind die stärkste kontinuierliche Konstante des gesellschaftlich-staatlichen Lebens in germanischer Vorzeit, im Mittelalter und bis in die Neuzeit[1]. Das Problem des Adels ist eine Kernfrage mittelalterlicher Staatsentwicklung. Weil Adel und Adelsherrschaft von Anfang an tief im Leben der Stämme und Völker verwurzelt waren, wurde das Ringen der mittelalterlichen Könige mit ihnen um einen zentralen Staat jedesmal zu einer Auseinandersetzung mit Stämmen und Volk. Wir erkennen heute die besonderen Verdienste des Adels um Rodung, Landesausbau und staatlichen Aufbau; er war keineswegs nur eine destruktive Kraft des staatlich-politischen Lebens. Geist und Geschichte des germanischen Adels fanden ihren Niederschlag in Heldenliedern und Sagas, die Skop und Skalde dichteten und in der Adelshalle sangen. Ihre Nachwirkung tritt noch in der ritterlichen Dichtung nach 1200 zutage (Nibelungen- und Gudrunlied, Artusepen)[2].

Der *aristokratische Charakter von Gesellschaft, Staat und Kultur* ist ein den germanischen Völkern gemeinsamer Grundzug, die *Aristokratie mit monarchischer Spitze* die den Wandergermanen eigene Staatsform[3]. Über Land und Leute gebietet eine verhältnismäßig kleine Zahl adliger Großfamilien, die vornehme Abstammung, weit ausgebreiteter Besitz, gemeinsames Interesse und vielfache Versippung zusammenbindet. Aus ihren Reihen stammen König und Heerführer[4]. Die Adligen wählen ihn und regieren mit ihm (*Genossenschaftscharakter, Personenverband*), sie besetzen nach der Christianisierung die Bischofsstühle; sie umgeben den König am Hof, unterstützen ihn in Verwaltung und Rechtsprechung, begleiten ihn mit ihren Gefolgschaften und Vasallen auf dem Heereszug oder sagen ihm selber Fehde an und setzen ihn ab. Sie sind die Häupter (capita) des mittelalterlichen Reiches, ihre Erniedrigung würde dessen Untergang bedeuten (Worte Heinrichs V.). Um zu regieren, braucht der mittelalterliche König in Deutschland und England Rat und Willen der Großen; durch ihr Ja wird königliche Verfügung erst rechtskräftig. Neben dem König stellen sie im staatsrechtlichen Sinn das »(Staats-)Volk« und das »Reich« dar. Nur von ihrem Tun berichten die Quellen, da andere

5. Adel und Freiheit, Gefolgschaft und Herrschaft

Schichten noch nicht geschichtsbedeutend und staatsmächtig sind; das Volk auf dem Land hat eigentlich keine Geschichte; es ist zumeist vom Adel und seiner vielfältigen Herrschaft abhängig, in verschiedenen Abstufungen unfrei, es hat zu gehorchen, zu arbeiten und Abgaben zu entrichten. Als Gegenleistung sichert der Adel in seinem Umkreis das bescheidene Maß von Ordnung, Recht und Sicherheit, das für die Zeit genügte. Erst das Bürgertum durchbricht seit dem 12. Jh. die geschlossene Front der Adelsgesellschaft, die den Staat trägt und mit dem König regiert[5].

Wir kennen zwei Typen des Adels: Vom germanischen *Geblütsadel* (Uradel) ist das Gros des fränkischen Adels zu trennen, der sich aus Schichten zusammensetzt, die durch Königsdienst und Vasallität zu gehobener sozialer Stellung emporgestiegen sind: der *Dienstadel*[6]. Auch die Franken hatten ihren Geblütsadel vor der merowingischen Reichsgründung[7]. Dienst und Adel sind an sich ein Widerspruch; der germanische Geblütsadel ist älter als die aus Lehenswesen und Vasallität neuerwachsene Rangordnung der Gesellschaft.

Eine Grundfrage ist die nach *Entstehung und Wesen des Adels*[8]. Die herrschende Minorität (Elite) der ethelingi (fries.), edilingi (sächs.), adalingi (thüring.) bezeichnet Tacitus in seiner ‹Germania› als nobiles und principes. Das Wort Adel hatte ursprünglich keinen ständedifferenzierenden Sinn, es meinte den Vollbürtigen, der legitimen Anspruch auf ein Erbe hat[9], ganz gleich ob als Familienoberhaupt oder als jüngeres Mitglied der Sippe. Im ältesten Verstand ist also der Adlige Erbbauer auf Stammgut, freier legitimer Gutsbesitzer. Die spätere Adelsherrschaft beruhte immer auf Grundherrschaft[10]. Der Erbbauer aber scheidet sich von der Masse derer, die kein Stammgut und deshalb auch keine vornehme Abstammung von einer Familie haben. Die höhere soziale Stellung ist eine Spätentwicklung. Sie setzt größeren Grundbesitz vor den anderen und politische Macht infolge erhöhter Leistung für eine Gemeinschaft voraus. Diese Leistung galt dem Klein- und Großstamm, sie bestand in persönlicher Bewährung im Kampf, auf Raubzug und Wanderung. Raub und Beute brachten Wertzuwachs und politisches Übergewicht. Diese Entwicklungsstufe stellen die nobiles und principes der Taciteischen Germania dar. Zwischen ihnen und den Freien (ingenui) hat noch keine ständerechtliche, wohl aber eine machtmäßig-politische Differenzierung stattgefunden. Je stärker das Übergewicht der »nobiles« wird, um so mehr geraten die »ingenui« in ihre Abhängigkeit[11]. Die Schicht dieser Adelsmänner und Freien wurde im Kampf, auf Beutezug und Wanderung ständig dezimiert, weil auf ihnen die Hauptlast der Gefahr ruhte (Untergang der Burgunder im Nibelungenlied!). Der Übertritt des Königs und der proceres (nobiles) zum Christentum entschied immer die Christianisierung des ganzen Stammes (Chlodwig!)[12]. Die »ingenui« bilden die »plebs«; sie bilden den Umstand im Thing und entscheiden nur mit Ja oder Nein. Das Thing selber (concilium) wird aber von den Adligen vorbereitet, geleitet und beherrscht, den Leuten mit dem erdrückenden Gefolge.

Als das Altsiedelland zu klein, die Bevölkerung zu groß wurde, sicherten sich die Altbesitzer gegen die drängende Masse der nachgeborenen Söhne, indem sie ihr Stammgut (praedium libertatis) als Ganzheiten übergaben. So war aller vorhandene Grund in den »odals« organisiert, die Nachgeborenen aber hatten nur mehr die Wahl zwischen Eintritt in eine Hausgemeinschaft als freier, aber wirtschaftlich abhängiger »Hauskerl«[13] oder in die Gefolgschaft eines Grundherrn, der auf Raub auszog oder neues Siedlungsland erobernd gewinnen wollte. Am Ende stellen die alten »*Adelbauern*« eine Minorität dar, sie wachsen zu einem *Herrenstand* empor, der in seinem Kreis auf Gleichberechtigung hält[14].

Die Differenzierung des Adels als herrschende Elite wird nur in Gegenüberstellung zur *Beherrschtenschicht* verstanden. Bei den wandernden Westgermanen heißt ein Teil dieser Beherrschten »die *Freien*« (liberi, ingenui, alts. frilingôs)[15]. Sich frei zu nennen, hat nur Grund, wer in der Gefahr der Unfreiheit schwebt. Die »liberi« sind die »freien Kerle«, denen sich auch entwurzelte Edelinge zugesellen. »Frei« aber ist nach dem ältesten Wortsinn, wer zu den »Lieben«, zum Stamm gehört. »Lieb« bedeutet auch geschont und geschützt. Damit erweist sich der Begriff »frei« deutlich als der häuslichen Sphäre und dem Sippenverband zugehörig. Das Fundament der *alten Freiheit* ist die Sicherheit gegen die Willkür des Herrn und gegen Angriff von außen[16]. Von den »liberi« scharf getrennt wurden als eigene Oberschicht die alten »Adelbauern« in dem Augenblick, da sie *Ebenbürtigkeit* für die Aufnahme in ihren immer enger werdenden Kreis verlangten und damit soziale Schranken aufrichteten[17]. Schließlich aber hob sich sogar aus den Odalbauern eine dünne Oberschicht ganz großer Hofbesitzer mit zahlreichen Hintersassen und einem mächtigen Gefolge ab, das ihnen poli-

5. Adel und Freiheit, Gefolgschaft und Herrschaft

tischen Einfluß sicherte. Sie wurden die principes, proceres, satrapae, der Adel (nobiles) im besonderen Sinn.

Die politische Vorrangstellung des Adels besonders seit Beginn der Wanderzeit und das Zusammenwachsen zu den größeren Verbänden der Stämme ruhte zum guten Teil auf dem *Gefolgschaftswesen*[18]. Zum Gefolge gehören junge Standesgenossen des adligen Gefolgsherrn (Söhne von Odalsträgern)[19]. Der »comitatus«, das Gefolge eines princeps, war der ehrenvollste Weg zur Waffenfähigkeit und Vollbürtigkeit. Die Gefolgschaft band beide Partner, denn beide hatten Vorteile und Pflichten. Eide und enge Bande des Vertrauens verknüpften Gefolgsherrn und Gefolgsmann. Der königliche Hausmann genießt den Königsschutz und untersteht der Königsmunt, die Ausfluß der *Munt* des Hausherrn und Sippenhauptes der früheren Zeit ist[20]. Gefolgsherr und Gefolgsmann tauschen Freundschaftsgaben. Neben den Edelingen gab es im Gefolge des princeps auch »skalke«, die den niederen Dienst versahen und auch von den einzelnen Gefolgsmannen mitgebracht wurden (puer, cubicularius). Die Mehrzahl des Gefolges stellten aber die »Kerle«, d. h. Freie, die lohneshalber dienten[21]; sie sind die *Hausmacht* des alten Großbauern wie des Fürsten und wohl auch des Königs[22]. Neben dem eigentlichen *Heimgefolge* gab es die Form der *zerstreuten Gefolgschaft*, wobei die comites = Gefolgsleute auf ihren Gütern im Land draußen saßen und nur bei gegebenem Anlaß in die Fürstenhalle kamen. Hier liegen die Ansatzpunkte für eine *Stärkung der Königsherrschaft* und eines adligen Staatsverbandes, für den *aufkommenden Lehensstaat*.

Schon in der Völkerwanderungszeit beschenkt der König seine Gefolgsleute mit Land, das er nach dem Recht des Eroberers erwirbt. Nur ein reicher Herr kann ein Gefolge unterhalten, weil er seine Mannen ausrüsten und ihnen Lebensunterhalt gewähren muß. Das Herrenleben der principes, wie es Tacitus (Germ. 15) schildert, ist ohne Reichtum undenkbar. Es setzt *Großgrundbesitz und Grundherrschaft* voraus. Die aber machen eine große Zahl abhängiger Bauern nötig, die das Land bebauen[23]. Der adlige Gefolgsherr wohnt im Frieden in seiner Halle auf seinem bäuerlichen Hof; im Kriege sitzen er und seine Mannen auf der *Burg*, die auch als Fluchtburg für seine abhängigen Leute, für die Menschen der Umgebung in Notzeiten dient und darum weitläufig angelegt ist. Die Burg mit Mauer und Graben ist wesentliches Charakteristikum des ganzen europäischen Mittelalters, *Mittelpunkt und Fundament der Herr-*

schaft[24]. Weil das »Volk« in Gefahrenzeiten Schutz und Zuflucht in der Wehranlage findet, muß es sich an Bau und Instandsetzung beteiligen. Hier liegen die Wurzeln des sogenannten *Burgbanns*[25]. Wer Schutz gewähren kann, gewinnt immer Herrschaft. Früher hatte die Sippe Fehdehilfe und Blutrache gewährt. Jetzt übernimmt der Mächtigste in der Gegend diese Aufgabe und schwingt sich dadurch zum Herrn der Landschaft auf. Deshalb bringen (nach Tac., Germ. 15) alle Leute einer Völkerschaft, gleich ob frei oder unfrei, den führenden Adligen Vieh oder Getreide als Ehrengabe (Uranfänge der *Steuer*). Der Herr bekommt sie, weil er stark ist. Adel, Burg und Herrschaft sind die Keimzelle öffentlicher Ordnung, der Mutterboden staatlicher und gesellschaftlicher Entwicklung bei Germanen wie bei Griechen, Römern, Kelten.

[1] K. Bosl, Die german. Kontinuität im dt. MA, Adel – König – Kirche, in: Frühformen d. Ges. (1964); ders., Die aristokrat. Struktur d. mal. Gesellschaft, in: Die Ges. in der Gesch. d. MA (²1969); ders., Kasten, Stände, Klassen im mal. Dtld., Zs. f. bayer. Ldsgesch. 32 (1969).
[2] H. Kallfelz, Das Standesethos d. Adels im 10. u. 11. Jh. (1960).
[3] J. Haller, Der Eintritt der Germanen in die Gesch., in: ders., Reden u. Aufs. z. Gesch. u. Politik (1943); H. Dannenbauer, Adel, Burg u. Herrschaft bei den Germanen, Grundlagen d. dt. Verf.entwickl., HJb 61 (1941), auch in: ders., Grundlagen d. mal. Welt (1958); H. Mitteis, Formen d. Adelsherrschaft im MA, in: Festschr. F. Schulz (1951), auch in: ders., Die Rechtsidee in der Gesch. (1957); W. Schlesinger, Herrschaft u. Gefolgschaft in der german.-dt. VG, HZ 176 (1953), auch in: Wege d. Forsch. 2 (1955) u. in Schlesinger, Beitr. d. dt. VG d. MA 1 (1963), dort auch ders., Randbemerkungen zu drei Aufsätzen über Sippe, Gefolgschaft u. Treue, aus: Alteuropa u. die mod. Gesellsch. (Festschr. f. O. Brunner 1963), gegen H. Kuhn, Die Grenzen d. german. Gefolgschaft, ZRG GA 73 (1956); vgl. R. Wenskus, Stammesbildung (Kap. 3, Anm. 1), S. 319ff.; S. Corsten, Rheinische Adelsherrschaft im ersten Jahrtausend, Rhein. Vjbll. 28 (1963).
[4] Tacitus, Germ. c. 7; dazu K. Bosl, Reges ex nobilitate, duces ex virtute sumunt, in: Frühformen d. Ges. (1964).
[5] Diese neuere Auffassung widerspricht dem Bild der älteren klassischen Rechts- u. Verf.gesch., repräsentiert durch G. Waitz (VG 1, S. 159ff.), A. Heusler (VG, S. 5ff.), H. Brumer (RG ²1, S. 133ff.), K. Th. v. Inama-Sternegg (VG ²1, S. 64f.), R. Schröder (RG 7) u. Cl. v. Schwerin (Grundzüge, S. 20). Sie sahen als eigentlichen Träger staatlichen Lebens die sog. »Gemeinfreien« an, also das freie bäuerliche Element der Vorwanderzeit (Bronzezeit). Diese seien der Zahl wie der polit. u. wirtschaftl. Bedeutung nach der Kern des Volkes gewesen. Meistens Kleinbauern, besäßen sie alle gleiche Freiheiten u. Rechte, lebten in sog. Sippendörfern u. Markgenossenschaften mit gleichen Anteilen der Genossen an der Gemeinen Mark. Sie bildeten die Gerichtsversammlung u. wählten ihre »Beamten«, sie stellten das freie Volksheer, in dem sie unter selbstgewählten Führern kämpften. Ausgrabungsergebnisse u. germanische Literatur, vor allem eine Kenntnis primitiver Strukturen sind mit diesen Vorstellungen unvereinbar; Th. Mayer, Die Königsfreien u. der Staat d. frühen MA, in: Das Pro-

5. Adel und Freiheit, Gefolgschaft und Herrschaft

blem d. Freiheit in der dt. u. schweiz. Gesch. (1955).

[6] R. SPRANDEL, Der merowing. Adel u. die Gebiete östl. d. Rheins (1957); ders., Struktur u. Gesch. d. merowing. Adels, HZ 193 (1961); R. WENSKUS, Amt u. Adel in der frühen Merowingerzeit (1959); K. SCHMID, Zur Problematik von Familie, Sippe u. Geschlecht, Haus u. Dynastie beim mal. Adel. Vorfragen z. Thema »Adel u. Herrschaft im MA«, ZGORh 105 (1957); E. F. OTTO, Adel u. Freiheit im dt. Staat d. frühen MA (1937). Vgl. R. THURNWALD, Die menschl. Gesellschaft in ihren ethnosoziolog. Grundlagen (5 Bde. 1935).

[7] W. SCHLESINGER, Die Anfänge d. dt. Königswahl, ZRG GA 66 (1948), erhebt Bedenken gegen die Annahme einer völligen Ausrottung d. fränk. Uradels durch Chlodwig.

[8] K. v. MAURER, Das Wesen d. ältesten Adels d. dt. Stämme (Diss. München 1846).

[9] In den nordischen Sprachen ist das unständische »adal« am längsten erhalten geblieben. In merowingisch-karoling. Urkunden meint es neben legitimer Abstammung »vornehmes Geschlecht«; vgl. WAITZ (VG 4, S. 108, Nr. 3).

[10] Im Heliand (2541ff.) heißt der Sämann »adalesman« und ist ein stattlicher Bauer mit »hagastoldos« (Diener). Athalarich - ahd. Uodalrich, nhd. Ulrich ist der »Herrscher über Land«.

[11] Vgl. die römische Klientel u. das »patrocinium«, die »clientes« des keltischen Adels bei Caesar.

[12] H. KUHN, König u. Volk in der german. Bekehrungsgesch., ZdA 77 (1940).

[13] Der nichtedle Freie heißt im Germanischen »Kerl, Karl«, norweg. »huskarlar«; er besitzt selber keinen Hof und gehört zu einem »hiwisk«; dazu vgl. K. BOSL, Das Nordgaukloster Katl, Verh. d. HV Oberpfalz 86 (1939), bes. S. 38ff. u. 49ff., u. Jb. f. fränk. Ldsforsch. 19 (1959), S. 30ff.; H. JÄNICHEN, Heubisch, Digen u. Huntare, ebd. 20 (1960).

[14] Nach Beda (Kirchengesch. 5, 10) sind die »satrapae« der Altsachsen, die als Herrenstand aus ihrer Mitte den »dux« = Heerkönig für den Krieg auslosen, »suae gentis praepositi«. Im sächs. Stellinga-Aufstand von 841 (Nithard, Hist. 4, 2) werden die »edhilingi« (nobiles) von den beiden unteren Ständen (ingenuiles u. serviles = Freie u. Leibeigene) vertrieben; diese gewinnen vorübergehend die alte heidn. Freiheit vom Kirchenzehnt, den die Edelinge als Eigenkirchenherren einhoben; s. M. LINTZEL, Die Stände der dt. Volksrechte, hauptsächl. der Lex Saxonum (1933), auch in Ausgew. Schr. 1 (1961).

[15] F. METZGER, Zur Frühgesch. von Freiheit u. Frieden, in: Festschr. Th. Frings (1956); M. SCHELLER, Vedisch priyá u. die Wortsippe frei, freien, Freund (1959); vgl. H. STIMM, Die roman. Worte für »frei«. Zu ihrer Herkunft u. Bedeutungsgesch. (1967).

[16] Vgl. das Freienwergeld d. südgerman. Volksrechte. Für den getöteten Knecht (servus), der leibeigen (mancipium) ist, verlangt man Schadenersatz, das Freienwergeld aber erhalten die Erben des freien Kerls, dessen Ahnen vermutlich selber einmal Adelsbauern waren.

[17] Vgl. Translatio Alexandri cap. 1, MG SS 2, 675.

[18] Neben G. NECKEL (s. o. vor Kap. 3), U. MADER, Sippe u. Gefolgschaft bei Tacitus u. in der westgerman. Heldendichtung (1940); W. SCHLESINGER, Herrschaft u. Gefolgschaft, u. ders., Randbemerkungen (s. o. Anm. 3).

[19] Vgl. Beowulf-L 2426 ff. Unter den »aulici palatini« (Hofleuten) am Merowingerhof befanden sich Pflegesöhne (nutriti) aus vornehmen Häusern, die zu höchsten Würden aufstiegen (Gregor v. Tours, Hist. Franç. 5, 46; 10, 29). Im ›Waltharius manu fortis‹ sind Hagen u. Walther »magudegnas« = Gefolgsleute Etzels. Am Königshof befanden sich auch die Söhne unterworfener oder abhängiger Könige u. Adliger als Geiseln u. im Heergefolge. Vgl. E. PLOSS (Hg.), Waltharius u. Walthersage. Eine Dokumentation d. Forschung (1969).

[20] E. MOLITOR, Entwicklung d. Munt. Eine ständesgesch. Untersuchung, ZRG

GA 64 (1944), deutet Munt als Vorform des Lehenswesens. – Der altfränk. »antrustio« kommt in die Königspfalz u. schwört »trustem et fidelitatem«; dadurch wird er in die Reihen der durch dreifaches Wergeld geschützten Königsdiener aufgenommen. Gefolgschaft ist hier zu einer Art Dienst- u. Untertanenverhältnis zugleich geworden, vielleicht unter dem Einfluß der keltischen Vasallität.

[21] Bei Tacitus sind comites = Gefolgsleute, die »Freien«, die lohneshalber dienen. Bei den nordischen Skalden ist »huskarlar« eine Bezeichnung für Fürstengefolge.

[22] Die fränkische Karlburg (Karloburgo) bei Karlstadt (Ufr.) war eine Burg solcher kgl.(?) Karle, d. h. gefolgschaftlich organisierter Freier, s. Hj. DAUL, Karlburg – eine frühfränk. Königsmark (1961). Vgl. H. DÖLLING, Haus u. Hof in den german. Volksrechten (1958), eine Unters. über villa u. curtis.

[23] Nach Tacitus hat der german. Unfreie Heim u. Herd, seine eigene familia; er wird auf eine Stufe mit dem röm. colonus (= Gutspächter) gestellt. Darum folgt auf cap. 25 über die Sklaven cap. 26 über den Ackerbau. Die principes u. ihr Gefolge treiben keinen Ackerbau mehr, ihr Geschäft ist Krieg, Jagd, Gelage, Volksversammlung. Bauer (giburo) bedeutet Hausgenosse, zu einem Herrenhof gehöriger, von einem Herren abhängiger Mann, s. F. KAUFMANN, Wörter u. Sachen (²1910). Die Lex Alamann. (tit. 72 ff.) entwirft das lebendige Bild des Haushalts eines adeligen Gefolgsherrn, ähnlich die Lex Baiuar. (tit. 20 u. 21). Die Urkundenbücher von St. Gallen u. Lorsch, auch die Traditionen von Freising u. Fulda zeugen auf jeder Seite davon, daß auf alemann., bayer., fränkischem Boden ein reicher grundbesitzender Adel herrschte, der z. T. vielleicht älter ist als das möglicherweise stammesfremde Herzogtum (z. B. in Bayern). In den Baaren und Huntaren auf alemann. Boden, in fränk. Zeit nur noch Landschaftsnamen u. nach Personen bezeichnet, sind vielleicht noch Umrisse ehemaliger Gaukönigreiche u. Adelsherrschaftsbezirke zu erkennen; s. H. JÄNICHEN, Baar u. Huntari, Grundfragen d. alemann. Gesch., in: Vortr. u. Forsch. 1 (1955).

[24] Die französ.-normann. Bezeichnung »donjon« für die Turmhügelburg ist abgeleitet von dominatio; C. SCHUCHHARDT, Die Burg im Wandel d. Weltgesch. (1931); ders., Vorgesch. von Dtld. (²1943); P. GRIMM, Burgen d. 9. Jh. westl. d. Saale, Mannus 32 (1940). Die Reihe: German. Ringwall mit Fürstensitz – Ding-, Grab- u. Kultstätte – alemann. oder sächs., dann fränk. Grafenburg scheint vielfach kontinuierlich zu sein. Vgl. W. KRÄMER (Hg.), Neue Ausgrabungen in Dtld. (1958); P. GOESSLER, Grabhügel u. Dingplatz, in: Festg. K. Bohnenberger (1938); ders., Der Birtenlê im Neckartal bei Rottenburg, in: Tübinger Chronik (1939, August); J. MEIER, Ahnengrab u. Rechtsstein (1950).

[25] Urk. Ottos I. für Korvei 940: »Der Abt soll das Recht haben, das Burgbann heißt, über die Leute von drei Gauen, die in die Befestigung des Klosters zu flüchten pflegen.« Vgl. LIEBERMANN, Die Gesetze d. Angelsachsen 2, 331 u. 688.

Kapitel 6
Königtum und germanisches Herzogtum

Über Bauerntum und Adelsherrschaft steigt in der Zeit der Wanderung das Königtum bzw. Herzogtum als Kraft staatlicher Konzentration empor. Neben den königlosen tritt als zweiter Typ des altgermanischen »Staates« der monarchische[1]. Hauptvertreter der ersten Art ist der isländische mit seinem Thing (Volksversammlung), das 930 zuerst erscheint. Hier haben wir das Volk oder das Heer selber, in Sippen und Klientelen gegliedert, von seinen Häuptlingen angeführt und durch Akklamation beschließend. Dieser königlose Staat ist aber nicht demokratisch, sondern aristokratisch. Auch die Altsachsen haben nur einmal im Jahr eine Art gemeinsamer Staatsinstanz, wenn nämlich zu Marklô an der Weser ihr Zentralthing, die beschließende Landsgemeinde zusammentritt, die Volk oder Heer repräsentiert. Im Frieden aber gab es keine gemeinsame Oberbehörde, wie schon Cäsar (BG VI, 23) zu erkennen gibt, es gab nur *primitive Ansätze einer Staatsgewalt*. Im Gegensatz zu den Römern kennen Germanen und Deutsche nur ein Zusammenwirken von Initiativen, die von unten ausgehen, ein genossenschaftliches Prinzip. Die Häuptlinge des königlosen Staates (principes, primores = die Ersten des Volkes) sind Männer, die von Natur kraft ihrer Tüchtigkeit an erster Stelle stehen und Einfluß ausüben, ohne beamtet zu sein[2].

Ariovist ist der erste bekannte germanische Heerkönig. In den altgermanischen Staaten monarchischen Typs ist der *König* ein als Anführer im Krieg erwählter Diktator, ein Heerkönig. Urzelle königlicher Gewalt ist also der *Heerbann*, die den Germanen heilige Führerstellung im Kriege. Dazu kamen im Laufe der Zeit immer mehr herrscherliche Befugnisse. Das germanische Königtum erwuchs aus einer Verbindung königlicher Gewalt mit der nur im Kriege geltenden herzoglichen Gewalt, die im Königtum dauernd wurde. Das germanische *Herzogtum* war demnach keine Dauereinrichtung und unterschiedet sich vom Stammesherzogtum nach dem Ausklingen der Wanderzeit[3]. Das *Dauerkönigtum* ist jünger als das Heerkönigtum. Heerkönige mochten die Neigung verspüren, die für Kriegsdauer übertragene Macht auch im Frieden vielleicht bei latentem Fortdauern der Gefährung oder der Kriegsziele weiterzuführen. Heerkönig wird, wer virtus hat (vgl. die griech. ἀρετή!), wessen Abkunft von berühmten, königlich-adligen Ahnen »tugent«, außerordentliche Eigenschaften und damit Erfolg garantiert. König konnte nur der Mann adlig-königlichen Geblütes werden. So erwuchs die mittelalterliche Verbindung von Königswahl und Geblütsrecht; *Geblütsrecht* wurde zum Prinzip der Thronfolge (Auswahl der Königssippe)[4].

Die Lebendigkeit des Geblütsrechts beruhte auf den magischen Vorstellungen, die der geistig-religiöse Untergrund des frühen germanischen Heerkönigtums waren; diese stammten aus einer sakralen Sphäre, sie banden die Herrschergewalt an eine götterentstammte Königssippe mit besonderem »Heil« ($\chi\acute{\alpha}\rho\iota\sigma\mu\alpha$). Der bei Tacitus bezeugte Glaube an die göttliche Herkunft des Volkes wandelte sich zur Auffassung von der Göttlichkeit der Königsgeschlechter, die als Reinkarnation des Gottes verehrt wurden. Das »*Königsheil*« der Germanen wurzelt in der Auffassung des Gottkönigs als Fruchtbarkeits- und Friedensspender oder als einer Wiedergeburt Wodans[5].

Das *Königsrecht* läuft dem *Volksrecht* nicht zuwider, das vom Adel getragen wurde, der das »Volk« im staatsrechtlichen Sinne darstellte. Die autonome Gerichtsbarkeit des Volksrechts blieb deshalb lange vom Königsrecht unberührt. Das Thing, die *Landsgemeinde* blieb lebendiges Organ der Verfassung; indem sie über Krieg und Frieden entschied, kam ihr erhöhte Machtfülle zu. Die Volksversammlung als Heeresversammlung, die in Gefolgschaften, Klientelen, antrat, wurde wesentlich von den Gefolgsherren geleitet (»auctoritate suadendi«, Tac. Germ. 11), die das entscheidende Wort sprachen.

Die Königssippe ist die adligste unter den Adelssippen. Die adligen Häuptlinge leiten ihre Gewalt aber nicht vom König ab; darum mochte ein starker König auf ihre Unterwerfung oder Ausrottung hinarbeiten, wie man es Chlodwig zuschrieb. Soweit der germanische Uradel nicht unterging, mußte er sich unter das Joch eines königlichen Dienstadels beugen, als bei West- und Ostgermanen das Königtum herrschende Staatsform wurde. Das *Widerspiel von König und Adel* macht den wesentlichen Teil der mittelalterlichen Geschichte der germanisch-romanischen Völker aus, hat vor allem die verfassungsgeschichtliche Entwicklung Deutschlands im Mittelalter entschieden. Am germanischen Erbe, das Deutschland nicht meistern konnte, zerbrach der deutsche Gesamtstaat, aus ihm erblühte aber auch die mittelalterliche *Adelskultur und Adelsethik*[6].

[1] M. LINTZEL, German. Monarchien u. Republiken in der Germania des Tacitus, ZRG GA 54 (1934). Vgl. H. NACHTIGALL, Das sakrale Königtum bei

6. Königtum und germanisches Herzogtum

den Naturvölkern u. die Entstehung früher Hochkulturen, Zs. f. Ethnologie 83 (1958); J. WEISWEILER, Das altoriental. Großkönigtum u. die Indogermanen, Paideuma 3 (1948); R. EKBLOM, Germ. kuningaz »König«, Studia neophilolog. 17 (1944/45); K. OLIVE-CRONA, Das Werden eines Königs nach altschwed. Recht. Der Krönungsritus als magischer Akt (Lund 1947); H. JANKUHN, Gemeinschaftsformen u. Herrschaftsbildung in frühgerman. Zeit (1939); J. DE VRIES, Das Königtum bei den Germanen, Saeculum 7 (1956).

[2] Als einzigen Beauftragten d. altisländ. Staates können wir den Gesetzessprecher ansehen, der vor der Landsgemeinde das geltende Recht vorträgt u. Gesetzesänderungen vorschlägt. Ihm entspricht der fries. āsega (Ehsager), auch ĕwarto, der bayr. urteilo, êteilo oder êsago (lat. iudex). Er wird im Gericht um den Urteilsvorschlag befragt; er ist vornehmer Abstammung. Die Kenntnis des Rechts ist ein in adligen Familien treu gehüteter Besitz, der vom Vater auf den Sohn weitervererbt wird. Rechtskodifikationen sind ein Schlag gegen die Inhaber dieses Rechtswissens, den Adel. Darum ließen die Könige das Recht bei den Germanen aufzeichnen, wobei sie fremdes Rechtsdenken, wie das röm. Staatsdenken, einfließen ließen. Das zeigt der Codex Eurici, die Lex Burgundionum, daraus erklärt sich wohl auch der starke fränkisch-westgotische Rechtseinfluß in der Lex Baiuar., s. Fr. BEYERLE, Volksrechtl. Studien 1–3, ZRG GA 48 (1928), 49 (1929), 55 (1935); M. SCOVAZZI, Le origini di diritto germanico; fonti, preistoria, diritto publico (Mailand 1957).

[3] W. SCHLESINGER, Über german. Heerkönigtum, Vortr. u. Forsch. 3 (1956), auch in dess. Beitr. z. dt. VG d. MA 1 (1963); H. ZEISS, Herzogstitel u. Herzogsamt, Wiener Prähist. Zs. (1937); vgl. E. KLEBEL, Herzogtümer u. Marken bis 900, DA 2 (1938). Da das älteste Herzogtum kein Daueramt war, können die duces der Alamannen und Bayern nicht altgerman. Ursprungs sein, sondern Vertreter der Macht des fränk. Großkönigs bei den unterworfenen oder neubegründeten Stammesstaaten; O. FEGER, Zur Gesch. d. alemann. Herzogtums, Zs. f. Württ. Ldsgesch. 16 (1957); K. BOSL (Hg.), Zur Gesch. d. Bayern, Wege d. Forsch. 60 (1965), dort K. BOSL, Das bayr. Stammeshgt.; E. ZÖLLNER, Die Herkunft d. Agilolfinger.

[4] Bei der Schilderhebung Brinnos zum Anführer der Canninefaten betont Tacitus, Hist. 4, 15, daß dieser berühmte Ahnen hatte, einer angesehenen Häuptlingsfamilie entstammte; s. W. SCHLESINGER, Die Anfänge d. dt. Königswahl, ZRG GA 66 (1948); H. MITTEIS, Die Krise d. dt. Königswahlrechts, SB München (1950); F. R. SCHRÖDER, Ingunar Freyr (1941); O. HÖFLER, German. Sakralkönigtum 1 (1952); ders., Der Sakralcharakter d. german. Königtums, Vortr. u. Forsch. 3 (1956); K. BOSL, »Reges ex nobilitate« (s. Kap. 5, Anm. 4).

[5] F. KERN, Gottesgnadentum u. Widerstandsrecht im früheren MA (1914, Ndr. [4]1967); W. GRÖNBECH, Kultur u. Religion d. Germanen [2]1, S. 105ff.; H. NAUMANN, Altdt. Volkskönigtum (1940); ders., Die magische Seite d. altgerman. Königtums u. ihr Fortwirken in christl. Zeit, in: Wirtsch. u. Kultur (Festschr. f. A. Dopsch 1938); M. BLOCH, Les rois thaumaturges (1924); H. BEUMANN, Die sakrale Legitimierung d. Herrschers, ZRG GA 66 (1948); H L. MIKOLETZKY, Sinn u. Art d. Heiligung im frühen MA, MIÖG 57 (1949); K. HAUCK, Geblütsheiligkeit, in: Liber floridus (Festschr. f. P. Lehmann 1950); R. FOLZ, Zur Frage der heiligen Könige: Heiligkeit u. Nachleben in der Gesch. d. burgund. Kgtms., DA 14 (1958).

[6] H.-W. KLEWITZ, Germanisches Erbe im fränk. u. dt. Königtum, WaG 7 (1941); K. HAUCK, Herrschaftszeichen eines wodanistischen Königtums, Jb. f. fränk. Ldsforsch. 14 (1954); ders., Lebensnormen u. Kultmythen in german. Stammes- u. Herrschergenealogien, Saeculum 6 (1955), s. a. Kap. 2, Anm. 15; P. E. SCHRAMM, Herrschaftszeichen u. Staatssymbolik 1 (1954).

B. Staat und Reich der Franken

Quellen: MG Leges, Capitularia regum Francorum, Formulae Merowingici et Karolini aevi, Diplomata Merow., Karol. und regum Germ. ex stirpe Karolinorum; DW⁹ 5240ff., 5321ff.; Einzelausgaben der Volksrechte in der Sammlung ›Germanenrechte‹ (1935 ff.); heranzuziehen sind auch regionale Traditionsbücher u. Kopiare wie Th. BITTERAUF, Traditionen d. Hochstifts Freising (2 Bde. 1905/09); M. HEUWIESER, Die Traditionen d. Hochstifts Passau (1930); J. WIDEMANN, Die Traditionen d. Hochstifts Regensburg u. d. Klosters St. Emmeram (2 Bde. 1943); K. GLÖCKNER, Codex Laureshamensis (3 Bde. 1929–1936, Ndr. 1963); Polyptyque de l'abbaye de Saint Germain des Prés, ed. A. LOGNON (2 Bde. 1885/95); Polyptyque de S. Remi, ed. GUERARD (1882).

Kapitel 7
Eigenart und Aufgaben der merowingischen Reichsbildung

Das fränkische Großreich ist ein Werk merowingischer Eroberung, die Leistung einer Königssippe und eines großen Königs, Chlodwig[1]. Hand in Hand damit ging die »Landnahme« des fränkischen Volkes, die von Norden nach Süden und Westen über die römische Provinz Gallien bis zum westgotischen Südfrankreich (regnum Tolosanum) vorstieß, ohne die Räume gleichmäßig zu erfassen, geschweige denn aufzufüllen[2].

Der Gewinn des Syagriusreiches zwischen Somme und Loire war für Chlodwigs Großmachtbildung von erheblicher Bedeutung, weil hier über 476 hinaus ein selbständiges Restgebiet des Römerreiches mit seinen Verwaltungseinrichtungen und seinem entwickelten Staats- und Wirtschaftsapparat erhalten geblieben war. Ein Netz von Römerstraßen erschloß das Reich des Syagrius nach Ost und West (Amiens–Kammerich–Köln; Soissons–Reims–Mainz oder Straßburg). Hier waren vermutlich ausgedehnte Krondomänen (fundi rei privatae = Krongut), die einen ergiebigen Ertrag abwarfen. In die herrenlosen Latifundien und Besitzungen flüchtiger »possessores« rückten die Franken ein. Chlodwig gewann hier ein Machtpotential, wie es noch kein Germanenfürst diesseits der Alpen zur Verfügung hatte. König und Königssippe gewannen nach Eroberer- und Beuterecht das Privateigentum und vor allem die »res privata« des römischen Kaisers in Gallien. Dieses Gut wurde zugleich fränkisches Reichs- bzw. Königsgut, das für Merowinger und Karolinger, auch noch für die französischen

7. Eigenart und Aufgaben der merowingischen Reichsbildung

Karolinger nach 843 Machtgrundlage war. Nordfrankreich und die Rheinlande wurden Machtzentrum, die Achse des Abendlandes verlagerte sich aus dem Mittelmeerraum in den germanisch-romanischen Norden.

Erobertes Gut und »Reich« werden Privateigentum der Königssippe, die darüber auch rechtlich verfügt; das kommt am stärksten in den karolingischen Reichsteilungen zum Ausdruck. Kein deutsches Stammesrecht kennt den Grundsatz der Individualsukzession (= Erstgeburtsrecht); es gibt nur gleiches Erbrecht gleichnaher Erben. Das Erstgeburtsrecht hat sich erst spät im deutschen Fürstenrecht durchgesetzt.

In Gallien waren die Franken vor die Aufgabe gestellt, einen gemischtvölkischen Raum staatlich-politisch zu gliedern. Das Gebiet zwischen Loire und Kohlenwald war höchstens bis zu 25% fränkisch besiedelt[3]. Es war also militärisch zu sichern, außerdem mußte das dortige merowingische Königsgut erhalten werden; letzteres geschah durch Betrauung von Franken mit der Obhut der Domänen[4]. Mit dem Wachstum des Reiches, das um Stücke alamannischen Volksbodens und fränkische Teilreiche sowie um Südgallien erweitert wurde, stellte sich als dritte große Aufgabe für die Merowingerkönige die Regelung der politischen Führung in den neuen Räumen, wo der Wille des Eroberkönigs durchgesetzt werden sollte. Zu diesem Zweck bildeten die Merowinger einen neuen Dienst- und Amtsadel aus; aus ihm erwuchs die »Reichsaristokratie« des 8. und 9. Jh. (Tellenbach)[5]. Die vornehmen gallorömischen Familien, die großen Herren des gallorömischen Senatorenstandes, besonders in Südfrankreich um Bordeaux und Marseille, aber auch zwischen Loire und Kohlenwald, verwuchsen mit den fränkischen Grundherren zu einer neuen Gesellschaftsschicht, die »gemeinsam mit dem König als populus Francorum das Reich regierte«[6].

Der fränkische König ließ in den eroberten Gebieten keine bodenständigen Zwischengewalten zwischen neuem Herrscher und Volk bestehen. In den Germanenreichen am Mittelmeer wie im fränkischen Gallien war das germanische Siedlungsgebiet wesentlich kleiner als das Herrschaftsgebiet, ersteres war dazu noch von einheimischer Bevölkerung durchsetzt (Einquartierungssystem der hospitalitas). Im Merowingerreich fehlte der konfessionelle Gegensatz zwischen arianischen Eroberern und katholischen Eingeborenen[7], es fehlte auch ein ausgesprochen nationaler Gegensatz. Chlodwigs Stärke be-

Staat und Reich der Franken

ruhte auf der Einsicht, daß er zum Aufbau des Reiches die Waffenhilfe der Germanen brauche. Während sich der führende Adel der Ost- und Westgoten im Kampf verblutete, konnte sein Reich immer neue Kräfte aus dem fränkischen Volksraum heranziehen. Der schlagendste Beweis dafür ist der Aufstieg der karolingischen Hausmeier zum Königtum. Eine Vielzahl kraftvoller Männer erlaubte es den Nachkommen Chlodwigs, tief in den germanischen Raum auszugreifen. Dadurch aber wuchs das Frankenreich über die Alpen in die oberitalienische Tiefebene hinein und wurde die Großmacht des Westens.

Die Ostausdehnung stellte das fränkische Königtum vor neue und größere staatspolitische Aufgaben. Die germanischen Reichsteile standen auf einer anderen Kulturstufe als die romanischen, in denen die Errungenschaften des Römerreiches weiterlebten und der römische Verwaltungsapparat (Munizipalverfassung, civitas, Schriftlichkeit des Rechtsverkehrs) noch fortbestand[8]. Zwar hatten die Rhein- und Süddonaulande noch ein ausgebautes Straßennetz[9], jedoch nicht mehr die Ostlande. Ein Eroberstaat hängt aber in erster Linie von Straßen und einem funktionierenden Verwaltungsapparat ab. Seine Hauptbasis ist das Reichsgut (Krongut, Staatsgut), das durch Straßen zusammengehalten wird. Auch im Ostteil gab es ausreichendes Krongut, seine Verwaltung und Nutzbarmachung hielt aber keinen Vergleich mit der gallischen aus, in der römisches Vorbild noch nachwirkte. Das zeigt deutlich das berühmte Capitulare de villis Karls des Großen, das keine Reichswirtschaftsordnung, sondern nur Direktive zum Wiederaufbau des heruntergewirtschafteten Königsgutes in Aquitanien war (Dopsch, Th. Mayer). Der kulturelle Unterschied zwischen Ost- und Westteil verbietet es auch, verfassungsgeschichtlich eine einheitliche Organisation des Staates in beiden Hälften anzunehmen (»Grafschaftsverfassung«)[10].

Eine gesicherte Kenntnis der staatlichen Organisation der germanischen Ostteile des Frankenreiches ist an die Lösung zweier umstrittener Fragenkreise geknüpft. Es bleibt zu klären, ob die Franken dort fränkische oder bodenständige *Herzoge* einsetzten. Nach der 536 erfolgten Vereinigung aller Alamannen unter fränkischer Herrschaft erscheint dort ein Herzog aus alamannischem Geblüt[11]. Thüringen stand nur in loser Abhängigkeit zum Frankenreich, fränkische Machthaber sind dort nicht nachweisbar. Herzog Radulf, der in Gegensatz zu König Sigibert geriet, war wohl Anhänger der »machthungrigen

7. Eigenart und Aufgaben der merowingischen Reichsbildung

fränkischen Aristokratie«[12]. Der zu Würzburg urkundende Herzog Heden war offensichtlich Franke. Die Agilolfingerherzoge in Bayern waren aller Wahrscheinlichkeit nach Burgunder oder Franken, schon deshalb, weil die Stammeswerdung erst im 6. Jh. einsetzt[13]. Die damit zusammenhängenden Fragen führen zum Hauptproblem des Verhältnisses zwischen *fränkischem »Reichsrecht«* und den *Stammesrechten*.

In der vorliegenden Form zeugen die Stammesrechte[14] sowohl vom eigenen Rechtsleben der Stämme und dem Personalitätsprinzip des germanischen Rechts wie auch von der Geltung einer Art fränkischen Reichsrechts, das sich mit dem Gewohnheitsrecht der Stämme verband. Die in lateinischer Sprache abgefaßten Volksrechte enthielten neben eigenem Volksrecht auch königliche Satzung. Ihr Schwergewicht liegt auf Strafrecht und Rechtsgang; Privat- und Staatsrecht treten dagegen zurück[15]. Daß das *fränkische Recht*, bei den Merowingern das salische und bei den Karolingern das ribuarische, gegenüber den anderen Stammesrechten die Herrschaft erlangte, ist ganz natürlich. Auf ihm beruhen die königlichen Verordnungen, nach ihm urteilte das Königsgericht, in der Regel war es das Recht der Königsboten (missi dominici als Kontrollorgane und comites als Verwaltungs-, Gerichts- und Heeres»beamten«). Über den Einfluß des westgotischen Rechts (z. B. in der Lex Baiuar.) fanden auch Gedanken des römischen (Vulgar-) Rechts Eingang[16]. Der älteste erweisbare, aber schon erweiterte Text der Lex Salica gehört noch der Zeit Chlodwigs an (508 bis 511)[17]. Für das Verhältnis von »Reichsrecht« und Stammesrecht und die Aufzeichnung des letzteren ist die Lex Saxonum sehr aufschlußreich[18]. Die beiden oberdeutschen Leges (L. Alam. und L. Baiuar.) haben eine gemeinsame (unbekannte) Vorlage, sie hängen eng mit dem westgotischen Codex Euricianus zusammen und zeigen auffallende Verwandtschaft im Aufbau (Kirche, Herzog, volksrechtliche Fälle)[19].

---

[1] G. Kurth, Clovis (2 Bde. ³1923); R. Buchner, Das merowing. Königtum, in: Das Kgtm., Vortr. u. Forsch. 3 (1954).
[2] W. v. Wartburg, Umfang u. Bedeutung d. german. Siedlung in Nordgallien, Ak. Berlin Vortr. u. Schr. 36 (1950); H. Nesselhauf, Die spätröm. Verwaltung d. gallisch-german. Länder, Abh. Ak. Berlin 2 (1938); H. Büttner, Die Franken u. Frankreich, ZGORh 51 (1938); H. Zeiss, Die german. Grabfunde d. frühen MA zwischen Seine u. Loiremündung, 31. Ber. d. Röm.-germ. Komm. (1941); M. Roblin, Le terroir de Paris aux époques gallo-romaine et franque. Peuplement et défrichement dans la civitas des Parisii (1951); F. Petri, Zum Stand der Diskussion über die fränk. Landnahme u. die Entstehung

d. german.-roman. Sprachgrenze (1954); F. Lot, Les invasions germaniques. La pénétration mutuelle du monde barbare et du monde romain (1953); ders., La Gaule. Les fondements ethniques, sociaux et politiques de la nation française (1947).

[3] S. Bd. 2, Kap. 8; W. v. Wartburg, Die Entstehung d. roman. Völker (1939), S. 118 gegen F. Petri, German. Volkserbe in Wallonien u. Nordfrankreich (1937); S. Dill, Roman Society in Gaule in the Merovingian Age (1926).

[4] Vgl. E. Ganilscheg, Romania Germanica 1 (1934); F. Prinz, Frühes Mönchtum im Frankenreich (s. Kap. 9c, Anm. 3); A. Bergengruen, Adel u. Grundherrschaft im Merowingerreich. Siedlungs- u. standesgesch. Studie zu den Anfängen d. Adels in Nordfrankreich u. Belgien (1958); dazu F. Steinbach, VSWG 47 (1960), S. 381 ff.; H. Zatschek (s. Kap. 8, Anm. 4).

[5] Fustel de Coulanges, Les origines du système féodal (1890); P. Guilhermoz, Essai sur l'origine de la noblesse en France au MA (1902); E. F. Otto, Adel u. Freiheit im dt. Staat d. frühen MA (1937); dagegen U. Stutz, Vom Ursprung u. Wesen d. niederen Adels, Abh. Ak. Berlin (1937); R. Sprandel, Der merowing. Adel (s. Kap. 5, Anm. 6); ders., Dux u. comes in der Merowingerzeit, ZRG GA 74 (1957); K. Schmid, Über die Struktur d. Adels im früheren MA, Jb. f. fränk. Ldsforsch. 19 (1959); R. Wenskus, Amt u. Adel in der frühen Merowingerzeit, Mitt. d. Marburger Univ.-Bdes. (1959); K. F. Stroheker, Der senatorische Adel im spätantiken Gallien (1948); E. Vacandard, La scola du palais mérovingien, RQs, H 61 (1897); G. Kurth, De la nationalité des comtes francs au VIe siècle, Etudes franques 1 (1919), S. 174 ff.; P. Rolland, Les comtes francs à Tournais (Mons 1930); F. Prinz, Frühes Mönchtum (s. Anm. 4), bes. S. 121 ff. u. 485 ff.; H. Wieruszowski, Die Zusammensetzung d. gallischen u. fränk. Episkopats bis z. Vertrag von Verdun, Bonner Jb. 127 (1922/23); K. Bosl, Kasten, Stände, Klassen im mal. Dtld., Zs. f. bayer. Lds.-gesch. 32 (1969), bes. S. 484 ff.; O. Doppelfeld u. R. Pirling, Fränk. Fürsten im Rheinland. Die Gräber aus dem Kölner Dom, von Krefeld-Gellep u. Morken (1966); F. L. Ganshof, Merowing. Gesandtschaftswesen, in: Festschr. F. Steinbach (1960); J. P. Bodmer, Der Krieger d. Merowingerzeit u. seine Welt. Eine Studie über Kriegertum als Form d. menschl. Existenz im frühen MA (Diss. Zürich 1957).

[6] K. F. Stroheker, Der senatorische Adel (s. Anm. 5); H. Dannenbauer, Die Rechtsstellung d. Galloromer im fränk. Reich, WaG 7 (1941). Die verf.- u. ständerechtl. Deutung d. Begriffe »Francus« u. »Romanus« in den Quellen ist wichtig für die Erkenntnis d. Zusammenwachsens d. Völker im Frankenreich, sowohl im alten Gallien wie etwa im südl. Alemannien, in der Schweiz, in Bayern, Österreich (Alpenländern). Daß »Francus« im Reiche Chlodwigs den »Freien« schlechthin bedeutet, ist ein Indiz für polit. Stellung u. Wertung d. Nationalfranken bei d. Eroberung, aber auch für die Assimilation im Zeichen d. Merowingerherrschaft. E. Zöllner, Die polit. Stellung der Völker im Frankenreich (1950); H. Löwe, Von Theoderich d. Gr. zu Karl d. Gr., DA 9 (1951/52), Ndr. Libelli 29 (1956); W. Fritze, Die fränk. Schwurfreundschaft d. Merowingerzeit, ZRG GA 71 (1954); E. Ewig, Volkstum u. Volksbewußtsein im Frankenreich d. 7. Jh., SSCI 5 (1958); vgl. M. Lugge, »Gallia« u. »Francia« im MA, Unters. über den Zusammenhang zw. geogr.-hist. Terminologie u. polit. Denken vom 6. z. 15. Jh. (1960). Zur Entwicklung d. gens Francorum s. R. Wenskus, Stammesbildung, S. 512 ff.; L. Schmidt, Aus den Anfängen d. salfränk. Königtums, Klio 34 (1942). Es vollzieht sich vor allem auf dem Boden Galliens der Übergang von der gallo-röm. Kulturwelt zur merowing. Zivilisation u. zur german.-fränk. Reichskultur. E. Salin, La civilisation mérovingienne d'après les sépultures, les textes et le laboratoire (4 Bde. Paris

7. Eigenart und Aufgaben der merowingischen Reichsbildung

1949–59); F. LOT, La fin du monde antique et le début du MA (Paris ²1951); R. LATOUCHES, Gaulois et Francs de Vercingétorix à Charlemagne (Paris-Grenoble 1965); vgl. H. BÜTTNER, Frühes fränk. Christentum am Mittelrhein, Arch. f. mittelrhein. KiG 3 (1951); K. BOEHNER, Archäolog. Beiträge zur Erforschung d. Frankenzeit am Niederrhein, Rhein. Vjbll. 15/16 (1950/51); ders., Die fränk. Altertümer d. Trierer Landes (1958). – S. STEIN, Der Romanus in den fränk. Rechtsquellen, MIÖG 43 (1929), dagegen U. STUTZ, Römer-Wergeld u. Herrenfall, Abh. Ak. Berlin (1934); vgl. F. VERCAUTEREN, Le »Romanus« des sources franques, Revue Belge 11 (1932).

[7] Chlodwigs Taufe (s. Bd. 2, Kap. 6) ist ein persönliches u. ein politisches Problem; s. W. v. d. STEINEN, Chlodwigs Übergang zum Christentum, MIÖG, Ergbd. 12 (1932/33), Ndr. Libelli 103 (1969). Vgl. K. F. STROHEKER, Eurich, König d. Westgoten (1937).

[8] H. AUBIN, Vom Altertum z. MA. Absterben, Fortleben u. Erneuerung (1949); R. BUCHNER, Die Provence in merowing. Zeit (1933); ders., Die röm. u. die german. Wesenszüge in der neuen polit. Ordnung d. Abendlandes, SSCI 5 (1958); E. EWIG, Das Fortleben röm. Institutionen in Gallien u. Germanien, X. Congresso Internaz. (Rom 1955), Relazioni VI; ders., Trier im Merowingerreich. Civitas, Stadt, Bistum (1954); ders., Die Civitas Ubiorum, die Francia Rinensis u. das Land Ribuarien, Rhein. Vjbll. 19 (1954); ders., Das Bistum Köln im FrühMA, AnnHVNiederrh. 155/56 (1954); ders., Kirche u. civitas in der Merowingerzeit, SSCI 7 (1960); P. CLASSEN, Kaiserreskript u. Königsurkunde. Diplomat. Studien z. röm.-german. Kontinuitätsproblem, Arch. f. Dipl. 1/2 (1955/56). Vgl. J. VOGT, The Decline of Rome. The Metamorphosis of Ancient Civilization (1965); K. F. STROHEKER, Germanentum u. Spätantike, Ges. Aufs. (1965), über die Auseinandersetzungen zw. german. u. spätröm.-byzant. Welt v. 4. bis 7. Jh.; H. E. FEINE, Vom Fortleben d. röm. Rechts in der Kirche, ZRG KA 73 (1956), auch in: ders., Reich u. Kirche (1966).

[9] H. v. PETRIKOVITS, Das Fortleben röm. Städte an Rhein u. Donau, Vortr. u. Forsch. 4 (1958); H. VETTERS, Die Kontinuität von Antike zum MA im Ostalpenraum, ebd. 10 (1965); H. KOLLER, Der Donauraum zw. Linz u. Wien im FrühMA. Kulturkontinuität u. Kulturverlust d. Romanentums nördl. d. Alpen, Hist. Jb. d. Stadt Linz (1960).

[10] Das spätantike Municipium zerfällt in seine zwei Teile: civitas u. pagus, die auch in Gallien eine verschiedene Struktur annehmen und in der fränk. Ämterverwaltung, die auch nach Osten wandert, besonders dort, wo es vorher keine civitates gab, getrennte Wege gehen. Vgl. F. VITTINGHOFF, Zur Verfassung d. spätantiken Stadt, Vortr. u. Forsch. 4 (1958); E. EWIG, Civitas, Gau u. Territorium in den trierischen Mosellanden, Rhein. Vjbll. 17 (1952); D. CLAUDE, Topographie u. Verf. d. Städte Bourges u. Poitiers bis in das 11. Jh. (1960); ders., Die byzantin. Stadt im 6. Jh. (1969); O. DOPPELFELD, Das röm. Köln als Grundlage f. die mal. Stadt, in: Germania Romana 1 (1960); Villes épiscopales de Provence (Aix, Arles, Fréjus, Marseille et Riez) de l'époque gallo-romaine au MA (1954); M. GARAUD, Les classes sociales dans la cité de Poitiers à l'epoque mèroving., in: Etudes Mérov. (1953).

[11] O. FEGER (s. Kap. 6, Anm. 3).

[12] W. SCHLESINGER, Landesherrschaft (s. a. Kap. 1, Anm. 2), S. 42ff.

[13] H. LÖWE, Die Herkunft d. Bajuwaren, Zs. f. bayer. Ldsgesch. 15 (1949); E. ZÖLLNER, Die Herkunft d. Agilulfinger, MIÖG 59 (1951), auch in: Zur Gesch. d. Bayern, Wege d. Forsch. 60 (1965); vgl. E. KLEBEL, Zur Gesch. d. Herzogs Theodo, ebd.; K. F. WERNER, Die Entstehung d. Fürstentums. Studien zur fränk. Reichsstruktur u. zur Gesch. d. nichtkgl. Herrschertums (2 Bde. 1970).

[14] W. STACH, Gesch.wiss. u. RG im

Streit um die Stammesrechte, HV 26/27 (1931/32); G. BAESECKE, Die dt. Worte der german. Gesetze, PBB 59 (1939); H. K. CLAUSSEN, Die Bezieh. d. Lex Salica zu d. Volksrechten d. Alemannen, Bayern u. Ribuarier, ZRG GA 56 (1936); BUCHNER-BEYERLE, Untersuchungen zu den fränk. Stammesrechten 1, DA 9 (1951); F. BEYERLE, Die beiden süddt. Stammesrechte, ZRG GA 75 (1956); Textausgabe: Sammlung »Germanenrechte«; F. BEYERLE, Die Gesetze d. Langobarden (1947). Lex Baiwariorum, hg. v. E. v. SCHWIND, MG LL nat. Germ. V 2 (1926) u. v. K. BEYERLE (1926); W. METZ, Die hofrechtl. Bestimmungen d. Lex Baiuvar. I. 13 u. die fränk. Reichsgutverwaltung, DA 12 (1956).

[15] Die Stammesrechte wurden vielfach ergänzt und erweitert; die kgl. Satzungen dagegen erlebten keine Änderung, da man immer wieder neue Bestimmungen erließ. Auf Grund des geltenden Personalitätsprinzips konnte der einzelne nur nach der lex originis, dem ihm angeborenen Stammesrecht, beurteilt werden. Die Kirche wurde nach römischem Recht behandelt, der einzelne Kleriker nach Geburtsrecht, die Eigenkirche nach dem Recht des Eigentümers. S. L. GUTERMAN, The Principle of the Personality of Law in the Early Middle Ages. A Chapter in the Evolution of Western Legal Institutions and Ideas, University of Miami Law Review 21 (1966).

[16] E. LEVY, Vulgarization of Roman Law in Middle Ages, Medievalia et Humanistica 1 (1943).

[17] K. A. ECKHARDT, Zur Entstehungszeit d. Lex Salica, in: Festschr. z. 200jähr. Bestehen d. Ak. d. W. Göttingen (1951). Eine amtliche Neuredaktion d. Lex Salica hat nicht stattgefunden, die späteren salischen Rechtssätze wurden einfach dem Grundtext angefügt. Die bedeutsamsten Zusätze sind der Prolog u. Epilog. F. BEYERLE, ZRG GA 44 (1926) u. G. SEELIGER, AUF 6 (1918). Die Lex Rib. war überhaupt wohl nur ein Königsgesetz für den Bereich d. austras. Unterkönigtums. F. BEYERLE, ZRG GA 55 (1935). Die sog. Ewa Chamavorum, das Recht d. chamawischen Franken (Niederrhein, Yssel, Hamaland) beruhte auf einem Weistum d. Aachener Reichstags von 802/03.

[18] Leges Saxonum et Lex Thuringorum, hg. v. Cl. v. SCHWERIN, MG Fontes iur. Germ. ant. 1918. Die Lex Thuring. ist eine Aufzeichnung aus dem Anfang d. 9.Jh. für die im thüring. Gebiet ansässigen Angeln u. Warnen. Die sog. Lex Frisionum ist nur eine Vorarbeit zu einer amtl. Rechtsaufzeichnung für die gesetzgeberische Tätigkeit d. Aachener Reichstages von 802/03.

[19] Am Beginn der Aufzeichnung d. alemann. Stammesrechts steht das Fragment des »Pactus Alamannorum«, der auf kgl. fränkische Initiative oder Mitwirkung zurückging. Die vorliegende Fassung d. Lex. Al. gehört der Zeit d. Hg. Landfried (Lantfridana 710–720) an, der nach Zöllner ein Vater-Bruder des Bayernherzogs Odilo war. Auch die vorliegende Fassung der Lex Baiuvar., die weitgehend die Lex Al. ausschreibt, entstammt dem 8.Jh.; sie geht auf einen Text aus dem Anfang d. 7.Jh. zurück. Die Lex Baiuar., deren Prolog die Initiative des Frankenkönigs Dagobert (729–739) deutlich macht, wurde durch Beschlüsse bayerischer Stammesversammlungen unter Tassilo III. (771) ergänzt.

Kapitel 8
Das Reichsgut als Element des Staatsaufbaus und fränkischer Raumerfassung
Staatskolonisation und Zent

Das Schwergewicht des *Reichsgutes*[1] lag in Gallien. Seiner Herkunft nach war es römisches Domainialland, Grundbesitz römischer Aristokraten, herrenloses Land, das nach Erobererrecht usurpiert war. Die weitere Umgebung von Paris war das Herzstück; es lagerte sich breit um die Seine von Rouen bis Sens, an Oise und Aisne mit einem Kranz von Pfalzen und dem Reichsforst von Compiègne über Amiens bis in den Hennegau hinein. Der enge Zusammenhang zwischen Reichsgut und römischem *Straßennetz* ist erwiesen (auch für die bayrischen Süddonaulande)[2]. Von Paris führten Römerstraßen nach Rouen, Orléans und Sens, von Amiens nach Beauvais, Soissons, Arras, Tournai. Kernpunkte des Reichsgutes fallen mit Straßenknotenpunkten zusammen (Itinerarien und Aufenthaltsorte der Merowinger!). Weil aus Reichsgut Schenkungen und Verleihungen an den Adel gemacht wurden, entstand in den Gebieten mit geballtem Reichsgut auch die Machtgrundlage des »Reichsadels«. Darum bestand ein enger Zusammenhang zwischen Reichsgut und Grafschaft, einer der politischen Grundformen des fränkischen Reichsverwaltungssystems neben der personalen Herrschaft und dem Personenverband. Weil im Osten die Eigentümer der Karolinger lagen, die zum Reichsgut wurden, verlegte Karl d. Gr. den Schwerpunkt seines Reiches von Compiègne nach *Aachen* und führte das Königtum aus dem romanischen in das germanische Europa, mitten in das altfränkische Siedlungsgebiet zu beiden Seiten des Rheins (später Lothringien). Sein engeres Wirtschaftsgebiet führt an keiner Stelle über den fränkischen Volksboden nach Osten hinaus[3].

Von einer lückenlosen Erforschung des Reichsgutes in Deutschland und Frankreich hängt eine begründete Vorstellung vom staatlichen Aufbau im rechtsrheinischen Germanien durch die Franken und *der Besiedlung des ostfränkischen Gebietes* ab[4]. Im Gefolge der Eroberung stießen die Franken von ihrem Stammesgebiet um Mosel und Rhein auch siedelnd nach Osten vor. Man vermeint die verschiedenen Stoßrichtungen an den -heim-Orten und Königshöfen zu erkennen, die an Straßen aufgereiht sind (z. B. von Frankfurt über Würzburg nach Nürnberg). In diesem Raum gingen Siedlung und Staatsorganisation Hand in Hand. Man hat darum von einer fränkischen *Staatskolonisation* gesprochen und den fränkischen *Gemeinfreien*, der zum Kriegsdienst verpflichtet war und im Kriege dem Heerbann des Grafen unterstand, als Siedler auf fränkischem Königsgut angesprochen, der auch *Rodeland* erhielt[5]. Die *fränkische Zent* war wohl nicht unterste Verwaltungseinheit des fränkischen Staates (analog dem modernen Landkreis etwa), sondern der Königsgutsverwaltung, der königlichen Grundherrschaft (so Dannenbauer gegen Steinbach). Sie wurde im großen Stil außerhalb Galliens »als Werkzeug des Königtums zur politischen und militärischen Durchdringung und wirtschaftlichen Erschließung unterworfener Landschaften, zur Sicherung der fränkischen Herrschaft und zur Binnenkolonisation« verwendet[6]. Vermutlich wurde auf diese Weise Landschaft für Landschaft von Königshöfen aus politisch zu einer Einheit zusammengeschlossenen und durch Rodungen das siedelbare Land wirtschaftlich und politisch erfaßt. Rechtsgrund für die *Freiheit der Kolonisten* ist hier der Besitz eines Gutes auf Rodeland. Unter solcher Fragestellung ist eine erneute Gesamtbehandlung des Problems der fränkischen *Gemeinfreiheit* und damit der Gesellschaftsordnung der fränkischen Zeit erforderlich[7].

[1] Ältere Lit. über Pfalzen, Königs- u. Reichsgut bei C. BRÜHL, Fodrum, Gistum, Servitium Regis. Studien zu den wirtsch. Grundlagen d. Königtums im Frankenreich u. in den fränk. Nachfolgestaaten Dtld., Frankreich u. Italien vom 6. bis z. Mitte d. 14. Jh. (2 Bde. 1968), dazu HAVERKAMP, Königsgastung u. Reichssteuern, Zs. f. bayer. Ldsgesch. 31 (1968); C. BRÜHL, Königspfalz u. Bischofsstadt in fränk. Zeit, Rhein. Vjbll. 23 (1958); ders., Das fränk. Fodrum, ZRG GA 76 (1959), vgl. A. BERGENGRUEN (s. Kap. 7, Anm. 4).

[2] H. DACHS, Röm.-german. Zusammenhänge in der Besiedlung u. dem Verkehrswesen Altbaierns, Die ostbaier. Grenzmarken 13 (1924), dagegen H. ZEISS; vgl. E. HAMM, Herzogs- u. Königsgut, Gau u. Grafschaft im frühmal. Bayern (Diss. München 1949).

[3] H. WIERUSZOWSKI, Reichsgut u. Reichsrechte im Rheinland (500–1300), Bonner Jb. 131 (1926); B. STEINITZ, Die Organisation u. Gruppierung d. Krongüter unter Karl d. Gr., VSWG 9 (1911); F. J. HEYM, Reichsgut im Rheinland, Gesch. d. kgl. Fiskus Boppard (1956); K. GLÖCKNER, Das Reichsgut im Rhein-Main-Gebiet, Arch. f. hess. Gesch. NF 18 (1934); W. SCHLESINGER, Die Pfalzen im Rhein-Main-Gebiet, GWU 16 (1965); H. WEIGEL, Zur Organisation d. karoling. Reichsgutes zw. Rhein, Main u. Sieg, Nass. Annal. 68 (1959); R. KRAFT, Das Reichsgut im Wormsgau (1934); K. BOSL, Franken um 800 (s. Kap. 1, Anm. 2); H. WEIGEL, Studien z. Eingliederung Ostfrankens in das merowing.-karoling. Reich, HV 28 (1934); ders., Königshofen im Grabfeld. Eine Studie zum System d. ostfränk. Königshöfe Karl Martells 720–740, Jb. f. fränk. Ldsforsch. 14 (1954); J. W. THOMPSON, The Dissolution of the Carolingian Fisc in the 9th Cent. (1935).

[4] K. RÜBEL, Die Franken, ihr Eroberungs- u. Siedlungssystem im dt.

8. Das Reichsgut als Element des Staatsaufbaus

Volkslande (1904); H. ZATSCHEK, Wie das erste Reich d. Deutschen entstand. Reichsgut u. Ostsiedlung im ZA der Karolinger (1940); F. RANZI, Königsgut u. Königsforst im ZA d. Karolinger u. Ludolfinger u. ihre Bedeutung f. den Landesausbau (1939); H. EBERHARDT, Das Krongut im nördl. Thüringen von den Karolingern bis z. Ausgang d. MA, Zs. d. V. f. thür. Gesch. 37 (1943); G. MORO, Das Königsgut in Kärnten (800–1000), Carinthia I 131 (1941). – Über Quellen zur Reichsgut-Verwaltung s. Kap. 2, Anm. 9 (K. VERHEIN, W. METZ).

[5] Th. MAYER, Königtum u. Gemeinfreiheit im frühen MA, DA 6 (1943), auch in dess. Mal. Studien (1959); dort auch ders., Bemerkungen u. Nachträge zum Problem d. freien Bauern, u.: Staat u. Hundertschaft in fränk. Zeit; P. L. BOEREN, Het probleem van de salische kolonisatie, Bijdr. en Mededel. kon. Nederlandse Akad. 10 (1947); G. des MAREZ, Le problème de la colonisation franque et du régime agraire en Basse-Belgique (1926); Ch. VERLINDEN, Frankish Colonization: A New Approach, Transact. of the R. Soc. 5, ser. 4 (1954); ders., De frankische kolonisatie, in: Algem. Gesch. der Nederlanden I 6 (1949); ders., Les origines de la frontière linguistique en Belgique et la colonisation franque, in: Notre Passé (Brüssel 1955).

[6] H. DANNENBAUER, Hundertschaft, Centena u. Huntari, HJb 62/69 (1949), auch in dess. Grundlagen d. mal. Welt (1958); F. STEINBACH, Hundertschaft, Centena u. Zehntgericht, Rhein. Vjbll. 15/16 (1950/51); W. METZ, Zur Gesch. d. fränk. Centena, ZRG GA 74 (1957); K. KROESCHELL, Die Zentgerichte in Hessen u. die fränk. Centene, ebd. 73 (1956); A. K. HÖMBERG, Grafschaft, Freigrafschaft, Gografschaft (1949). – Mit der Centena neuerer Auffassung wurde die langobard. Arimannie verglichen, die röm.-byzantinischer Militärsiedlung nachgebildet sein soll; Anführer solcher Siedlergruppen (centenarii, langob. decani) waren vom König direkt abhängig. S. F. SCHNEIDER, Die Entstehung von Burg u. Landgemeinde in Italien (1924); P. G. BOGNETTI, Arimannie e guariganghe, in: Wirtsch. u. Kultur (Festschr. f. A. Dopsch 1938); ders., Arimannie nella città di Milano, Rendic. dell'Ist. Lombardo di scienze et lett. 72 (1938/39); dagegen G. TABACCO, I liberi del re nell'Italia carolingia e postcarol., Studi medievali 3, ser. 6 (1965); ders., Sulla protezione politica della libertà nell'alto medioevo, Studi medievali, ser. V 3 (1964); von einer neuen Interpretation d. Quellen d. späten 9.Jh. ausgehend, will Tabacco in den Arimannen das gesamte freie Volk in Waffen sehen, das vor Übergriffen d. Grafen u. Bischöfe geschützt werden soll, verkennt dabei aber die karoling. Gesellschaft u. Wirtschaft u. verfällt in die überholte Vorstellung von »Gemeinfreiheit« wie F. WERLI, Die Gemeinfreien d. FrühMA (1960); vgl. dagegen V. COLLORNI, Il territorio mantovano nel Sacro Romano Impero 1 (1959); K. BOSL, Potens u. Pauper, in: Frühformen d. Ges. (1964).

[7] A. WAAS, Die alte dt. Freiheit. Ihr Wesen u. ihre Gesch. (1939, Ndr. 1967); Th. MAYER, Kgt. u. Gemeinfreiheit (s. o. Anm. 5); ders., Die Königsfreien u. der Staat d. frühen MA, Vortr. u. Forsch. 2 (1954); K. BOSL, Die alte sdt. Freiheit. Geschichtl. Grundlagen d. mod. Staates, in: Frühformen d. Ges. (1964); ders., Freiheit u. Unfreiheit. Zur Entwicklung d. Unterschichten in Dtld. u. Frankreich, ebd.; ders., Über soziale Mobilität in der mal. »Gesellschaft«: Dienst, Freiheit, Freizügigkeit als Motive sozialen Aufstiegs, ebd.; K. JÄCKEL, Libertas. Der Begriff d. Freiheit in den Germanenrechten d. Westgoten, Langobarden u. Burgunder, in: Geschichtl. Landeskunde u. Universalgesch. (Festschr. f. H. Aubin 1950); H. SKERHUTT, Der Ständebegriff »Frei«. Ständerecht. Untersuch. auf Grund der ländl. Quellen Westfalens bis z. 13.Jh. (Diss. Hamburg 1954); E. MÜLLER-MERTENS, Karl d.Gr., Ludwig d. Fr. u. die Freien. Wer waren die liberi homines d. karoling. Kapitu-

larien (742/43–832)? (1963); G. TABACCO, I liberi del re (s. o. Anm. 6). – Den fränk. Ursprung d. Freigerichte u. Freien (Bargilden, Biergelden) in Westfalen u. den Zusammenhang zw. der Rodungsfreiheit d. SpätMA u. der fränk. Staatskolonisation stützte G. WREDE in: Festschr. E. E. Stengel (1950); s. F. STEINBACH, Das Ständeproblem d. frühen MA, Rhein. Vjbll. 7 (1937); Z. THIBAULT, La question des »Gemeinfreie« en pays germanique pendant la période franque, in: Mélanges Thérenin (1914); W. METZ, Zur Gesch. d. Bargilden, ZRG GA 72 (1955); A. JANDA, Die Barschalken (1926); H. ZEISS, Die Barschalken u. ihre Standesgenossen, Zs. f. bayer. Ldsgesch. 1 (1928); Th. MAYER, Baar u. Baarschalken, Mitt. d. Oböst. Ldsarch. 3 (1954); L. HAUPTMANN, Colonus, Barschalk u. Freimann, in: Festschr. A. Dopsch (1938); E. WISPLINGHOFF, Königsfreie u. Scharmannen, Rhein. Vjbll. 28 (1963).

Kapitel 9
Gesellschaftsentwicklung im Zeitalter der Merowinger und Karolinger

a. Die adligen Oberschichten und ihre politisch-herrschaftliche Funktion im fränkischen Reich

Seit der fränkischen Reichsgründung durch Chlodwig, bei der neben dem Merowinger ein fränkischer »Uradel« nicht spürbar beteiligt war oder ausgeschaltet, wenn nicht beseitigt wurde, bildete sich eine neue Führungsschicht zunächst aus der »trustis dominica«, dem Hof- und Heergefolge der Merowingerkönige an ihren Pfalzen, in denen sich die einfache Reichsverwaltung zentralisierte. In das Hofgefolge wurden auch Nicht-Franken aufgenommen, auch Unfreie, als »pueri regis« bezeichnet, die dort zu hohem Rang aufsteigen konnten. Als »sakkobarones« wurden sie besonders für fiskalische Aufgaben verwendet in engem Zusammenhang mit der Verwaltung des Reichsgutes. Auch die »comites« oder »graviones«[1] waren zunächst Leute aus der persönlichen Umgebung des Königs; sie gehörten zur »trustis dominica« im engeren Sinn (Hofgefolgschaft), zu den »leudes«[2] im weiteren Sinn (Königsleute, Ferngefolgschaft). Waren sie Romanen, gehörten sie zu den »convivae regis«.

Dieser Dienstadel hat in verschiedener Funktion in einer Reihe von *Ämtern* das fränkische Staatsgebiet zusammengehalten. Die Merowinger regieren mit ihrer persönlichen Umgebung, den Mitgliedern der Königspfalz und den Inhabern der germanischen Hausämter (Marschall, Seneschall, Truchseß, Mundschenk, Kämmerer), über die später der Hausmeier (major domus) zu beherrschender Stellung emporsteigt. Die

9. Gesellschaft im Zeitalter der Merowinger u. Karolinger

Staatsverwaltung ist damit anfänglich eine erweiterte königliche Hofverwaltung, zunächst ohne einen durchgegliederten Staatsapparat. Den Namen einer Behörde verdient höchstens die *Kanzlei*[3]. Sie beruhte anfangs auf geschultem Personal burgundischer Romanen. Leiter waren die »referendarii«, die auch zu den anderen Ämtern verwendet wurden. Mit Hilfe königlicher »commissarii« aus den Reihen der Pfalzbeamten wurden Spezialaufgaben in allen Teilen des Reiches gelöst. Noch Karl d. Gr. ließ die Kontrolle der Reichsverwaltung durch paarweise auftretende »missi dominici« (Send-, Gewaltboten) durchführen.

In der merowingischen Spätzeit wird eine starke Differenzierung dieser Führungsschicht sichtbar. Wer dann noch dauernd am Hofe, am »palatium regis« lebte und wirkte, zählte nicht mehr zu den »potentes«, den Herrschaftsträgern. Jenes Hofgefolge erscheint nun in Dekreten und Chroniken nur mehr als »pauperiores vassi de palatio«, die als zu schwach gelten, um im Lande Friede und Recht zu wahren gegen die Eigenmächtigkeit und Willkür der »potentes«, der Träger der Macht zumal unter schwachen Königen[4]. Dem mußte schon das Pariser Edikt Chlothars II. von 614 Rechnung tragen (MG Cap. 2 20), indem es bestimmte, daß der König nicht Auswärtige, sondern einheimische Grundbesitzer zu Grafen bestellen soll –, eine Loslösung des Grafenamtes vom Hofdienst, seine Verbindung mit dem Grundbesitzeradel. Zugleich wurde die *Immunität* des adligen wie des kirchlichen Besitzes allgemein anerkannt[5]. Im Gegensatz zur römischen »emunitas« bedeutete die fränkische Immunität volle Freiheit (Exemtion) von der Tätigkeit des öffentlichen Beamten der Lokalverwaltung. Diesem war der »introitus«, das Betreten des Immunitätsgebietes zur Vornahme von Amtshandlungen verwehrt, ebenso die Erhebung von Abgaben aller Art (exactiones). Schließlich gab die Immunität auch Zwing- und Banngewalt (districtio) gegen Insassen des Immunitätsbezirks. Das bedeutete den Anfang einer autogenen, vom Staat nicht abgeleiteten Gerichtsbarkeit in den gefreiten Gebieten, die alle Gerichtsgefälle, Hoch- und Niedergerichte an sich zog. Wie aber Immunitätsverleihungen an Kirchen und Klöster auch den Zweck verfolgten, diese für den Staatsdienst zu stärken, so konnte in der Hand des bodenständigen, grundbesitzenden Adels auch das Grafenamt wirksamer werden, und er war dafür unentbehrlich wie für den kostspieligen Kriegsdienst zu

Staat und Reich der Franken

Pferde, den zumal die Araberabwehr unter Karl Martell und dann die weiten Kriegszüge Karls d. Gr. erforderten[6]. In den dabei neu- oder wiedergewonnenen Ländern rechts des Rheines – Alemannien, das heutige Franken, Bayern, Sachsen, schließlich auch Norditalien – stellten sich dieser Schicht große, lohnende Aufgaben. Die Männer, die Karl d. Gr. dafür gewann und verwendete, stammten zunächst großenteils aus der karolingischen Zentrallandschaft um Maas und Mosel. Das war noch kein geschlossener Adelsstand, er war offen für den Aufstieg durch Bewährung im Königs- und Reichsdienst, und auch alter Adel der unterworfenen Sachsen oder Bayern (nach der Absetzung Herzog Tassilos 788) konnte ohne Minderung seines Ansehens und Besitzes in diese Führungsschicht eintreten, wenn er sich der Frankenherrschaft fügte und zur Verfügung stellte. Nach der Eroberung des Langobardenreiches durch Karl trat allerdings der langobardische Adel bis ins 10. Jh. zurück und wurde ersetzt durch Franken, Alamannen, Burgunder und Bayern[7].

Dieser im Königsdienst hochgekommene und bewährte Adel mit eigenem, ererbtem oder ihm übertragenem Grundbesitz, als »fränkische Reichsaristokratie« bezeichnet[8], wurde in der Karolingerzeit statt des frühen merowingischen Dienst- und Amtsadels das eigentliche Werkzeug politischer Führung im weiten Frankenreich, dem König verbunden nicht nur durch Rechtsformen wie Vasallität und Lehnwesen (s. Kap. 10), sondern auch durch ein adliges Standesethos und den christlichen Treuegedanken, durch die von Karls Hoftheologen Alkuin aus dem Alten Testament begründete Königsidee[9] und das Gottesgnadentum, wie einst durch germanische Gefolgschaftstreue und Glauben an das Königsheil. Beim Zerfall des Karolingerreiches konnte aus dieser Führungsschicht ein erneuertes Stammesherzogtum hervorgehen und neue Königsherrschaft in den Teilreichen, und zumeist stellte sie auch die führenden Männer in Kirche und Mönchtum, Bischöfe und Äbte, die noch in der Krise des Karolingerreiches die entschiedensten Verfechter des Reichsgedankens blieben. Es ist bezeichnend, daß seit dem 7./8. Jh. in Kult und Legende neben die Märtyrerverehrung oft der Adelsheilige trat[10].

Obgleich auch alle Grafschaften in die Hand dieser Reichsaristokratie kamen, läßt sich von einer »*Grafschaftsverfassung*« des fränkischen Reiches bis in dessen Spätzeit nur mit starken Einschränkungen sprechen[11]. Fränkische Grafen waren keine

9. Gesellschaft im Zeitalter der Merowinger u. Karolinger

Verwaltungsbeamten moderner Prägung, sondern Vertrauensleute des Königs und Vertreter seiner Interessen in ihrem Gebiet, vor allem Wahrer und Verwalter des Königsgutes, auf dem die Macht des Königs in jeder Landschaft beruhte. Der Graf ist militärischer Befehlshaber bei der »expeditio«; er übt im Namen des Königs den Bann aus; er ist Richter über die Leute, die als Heermannen (viri exercitales) auf Krongut angesiedelt werden, und Schiedsrichter unter den »maiores et meliores« seines Bereichs, Schützer der Königsleute und der Kirchen. Er ist dabei nicht an feste Verordnungen eines Verwaltungsrechts gebunden, sondern bestimmt den Kreis seiner Tätigkeit weitgehend selbst und löst die anfallenden Aufgaben auf eigene Verantwortung. Dazu braucht er eine eigene Machtposition in seinem »Amtsbereich«, die ihm ein möglichst großer Eigen- oder Lehnbesitz gibt. Daher wurde wenigstens ein Teil der Grafen, deren Tätigkeit immer größeren Umfang annahm und langfristiger, bald erblich wurde, in bestimmten Räumen seßhaft, in denen sie die Interessen des Königs zugleich mit eigenen Belangen wahrten. Das gilt insbesondere für den germanischen Osten und Norden des Frankenreiches, wo nicht wie im Westen und Süden die römischen »civitates« und das ihnen zugeordnete Stadtgebiet noch eine tragfähige Grundlage für die Verwaltungsgliederung abgeben konnten. In den rechtsrheinischen Ländern, die dem Frankenreich eingegliedert wurden, gab es solche »civitates« nicht; ihre Siedlungsgebiete waren überdies durch große Waldgebiete voneinander geschieden, die außer durch das vage königliche Bodenregal kraft Erobererrecht durch keine Verwaltung gleichmäßig erfaßt werden konnten.

[1] E. v. GUTTENBERG, Iudex h. e. comes aut grafio, in: Festschr. E. E. Stengel (1952); R. SPRANDEL, Dux u. comes in der Merowingerzeit, ZRG GA 74 (1957); C. CLAUDE, Untersuch. zum fränk. Comitat, ebd. 81 (1964).

[2] Das Wort »leudes« stammt vermutlich aus der westgot. Gesetzessprache; es umfaßt die Königsleute, die dem König einen eigenen Eid, die »leudesamio«, leisten; A. DOPSCH, Die leudes u. das Lehnswesen, in: ders., Verf.- u. Wirtsch.gesch. d. MA (1928); H. BRUNNER, Die Landschenkungen d. Merowinger u. Agilolfinger, SB Berlin (1885).

[3] Über merowing. Königsurkunden s. P. CLASSEN, Arch. f. Dipl. 2 (1956), S. 23ff. u. K. H. DEBUS, ebd. 14 u. 15 (1968/69), der eine krit. Ausgabe vorbereitet; Faksimileausgabe von Ph. LAUER u. Ch. SAMARAN, Les diplômes originaux des Mérovingiens (1908); J. VIELLIARD, Le latin des diplômes royaux et chartes privées de l'époque méroving. (1927); L. BESZARD, La langue des formules de Sens (1910); A. UDDHOLM, Formulae Marculfi, Etudes sur la langue et le style (Upsala 1953); J. HEIDRICH, Titular u. Urkunde d. arnulfing. Hausmeier, Arch. f. Dipl. 11/12 (1965/66).

[4] K. BOSL, Potens u. Pauper. Begriffs-

geschichtl. Studien zur gesellschaftl. Differenzierung im frühen MA u. zum »Pauperismus« d. HochMA, in: Alteuropa u. die mod. Gesellschaft (Festschr. f. O. Brunner 1963), auch in: Frühformen d. Ges. (1964). – Schon der Hofadel des neustr. Paris setzte sich nach längerer Tätigkeit in der Hofverwaltung ab, gründete auf seinen erworbenen oder erstrebten Ländereien auch mit Hilfe des Königs viele Klöster und nahm nach dem Aussterben der galloroman. Senatorenaristokratie auch deren Bischofssitze ein. W. A. ECKHARDT, Die Capitularia missorum specialia von 802, DA 12 (1956).

[5] Nach röm. Recht besaßen die kaiserl. Domänen Immunität (emunitas), daneben waren noch bestimmte Personen u. ihre Besitzungen von Abgaben u. öffentl. Leistungen (munera sordida, Hand- u. Spanndienste, Baufronden usw.), vom Eingriff der öffentl. Beamten und von Steuereinziehung befreit. Die nämliche Sonderstellung genoß auch das merowing. Königsgut u. das aus ihm an Kirchen u. Adlige geschenkte Land; N. D. FUSTEL de COULANGES, Etudes sur l'immunité mérovingienne, RH 22/23 (1883/84); L. LEVILLAIN, Note sur l'immunité mérovingienne, Rev. d'hist. de droit franç. et étr. 6 (1927); K. FISCHER DREW, The Immunity in Carolingian Age, Speculum 37 (1962).

[6] H. SPROEMEERG, Die feudale Kriegskunst (1959).

[7] E. HLAWITSCHKA, Franken, Alemannen, Bayern u. Burgunder in Oberitalien 774–962 (1960).

[8] G. TELLENBACH, Vom karoling. Reichsadel zum Reichsfürstenstand, in: Adel u. Bauern, hg. v. Th. MAYER (1943, Ndr. 1967); ders., Königtum u. Stämme in der Werdezeit d. Dt. Reiches (1939); ders., Studien u. Vorarbeiten zur Gesch. d. großfränk. u. frühdt. Adels (1957); R. POUPARDIN, Les grandes familles comtales à l'époque carolingienne, RH 72 (1900); K. F. WERNER, Bedeutende Adelsfamilien im Reich Karls d. Gr., in: Karl d. Gr., hg. v. W. BRAUNFELS, Bd. 1 (²1966); J. WOLLASCH, Eine adlige Familie d. frühen MA. Ihr Selbstverständnis u. ihre Wirklichkeit, AKG 39 (1957); W. METZ, Austrasische Adelsherrschaft d. 8.Jh., Mittelrhein. Grundherren in Ostfranken, Thüringen u. Hessen, HJb 87 (1967); J. DIENEMANN-DIETRICH, Der fränk. Adel in Alemannien im 8.Jh., Vortr. u. Forsch. 1 (1955); M. MITTERAUER, Karoling. Markgrafen im Südosten. Fränk. Reichsaristokratie u. bayer. Stammesadel im österr. Raum, AÖG 123 (1963); F. PRINZ, Herzog u. Adel im agilolfing. Bayern, Herzogsgut u. Konsensschenkung vor 788, Zs. f. bayer. Ldsgesch. 25 (1962); J. SEMMLER, Zu den bayerisch-westfränk. Beziehungen im Karolingerreich, Zs. f. bayer. Ldsgesch. 29 (1966); L. GENICOT, La noblesse au moyen âge dans l'ancienne »France«, Annales 17 (1962).

[9] E. EWIG, Zum christl. Königsgedanken im FrühMA, Vortr. u. Forsch. 3 (1956); H. BÜTTNER, Aus den Anfängen d. abendländ. Staatsgedankens, ebd. u. HJb 71 (1952); F. L. GANSHOF (s. Kap. 9c Anm. 18).

[10] K. BOSL, Der »Adelsheilige«. Idealtypus u. Wirklichkeit, Gesellschaft u. Kultur im merowingerzeitl. Bayern d. 7. und 8.Jh., in: Speculum Historiale (Festschr. f. J. Spörl 1965); F. PRINZ, Zur geistigen Kultur d. Mönchtums im spätantiken Gallien u. im Merowingerreich, Zs. f. bayer. Ldsgesch. 26 (1963); Etudes mérovingiennes. Actes des journées Poitiers (1953).

[11] Viel erörtert wurden die Fragen, ob das Frankenreich, auch das spätere ostfränk.-dt. Reich mit einem lückenlosen Netz von Grafschaften als polit. Grundeinheiten überzogen wurde, ob dort Gau u. Grafschaft zusammenfielen, ob »Gau« eine Landschaftsbezeichnung oder das Grundelement der Verfassungsstruktur ist, ob »Grafschaft« immer u. überall dasselbe war, und ob die Comitate des 10.Jh. eine Weiterentwicklung oder Verengung sind. Diese Fragen können nur durch die landesgeschichtl. Einzeluntersuchungen geklärt werden. Die altfränk. Grafschaften

waren offenbar nicht überall fest abgegrenzte Gebiete, um so weniger, je weiter ostwärts (vielleicht mit Ausnahme der gegründeten Marken). Sie sind der Wirkungsraum eines Grafen, der wesentlich durch das in ihm liegende Königsgut, die Königsfreien u. den zentralen Königshof bestimmt war und durch eigene Machtmittel an Allod u. Lehen. In die ältere Auffassung wurde Bresche geschlagen durch W. SCHLESINGER, Die Entstehung d. Landesherrschaft (1941, Ndr. 1964); für Bayern vgl. E. HAMM (s. Kap. 8, Anm. 2). Zu dieser Kontroverse: J. PRINZ, Pagus u. Comitatus in den Urkunden d. Karolinger, AUF 17 (1942); ders., Untersuch. z. Gesch. d. altsächs. Gaue (Diss. Münster 1941); R. KLOOS, Das Grafschaftsgerüst der dt. Reiches im ZA d. Herrschers aus sächs. Haus (Diss. Breslau 1940); U. KOCH, Gaue u. Grafschaften d. ältesten Diözese Hildesheim, Hannov. Gbll. 5 (1939); S. KRÜGER, Studien zur sächs. Grafschaftsverf. im 9. Jh. (1950); A. K. HÖMBERG, Grafschaft, Freigrafschaft, Gografschaft (1949); G. WAGNER, Comitate im karoling. Reich (1952); ders., Comitate in Franken, Mainfränk. Jb. 6 (1954); ders., Comitate im Bt. Paderborn, Westfäl. Zs. 103/04 (1954); ders., Comitate zw. Rhein, Main u. Neckar, ZGORh 103 (1953); W. NIEMEYER, Der Pagus d. frühen MA in Hessen (1968); W. METZ, Studien zur Grafschaftsverf. Althessens im MA, ZRG GA 71 (1954); ders., »Gau« u. »Pagus« im karoling. Hessen, Hess. Jb. f. Ldsgesch. 5 (1955); ders., Bemerkungen über Provinz u. Gau in der karoling. Verf.- u. Geistesgesch., ZRG GA 73 (1956); W. HESSLER, Mitteldt. Gaue d. frühen u. hohen MA, Abh. Ak. Leipzig 49,2 (1957); G. DIEPOLDER, Die Orts- u. »in pago«-Nennungen im bayer. Stammesgt. z. Z. d. Agilolfinger, Zs. f. bayer. Ldsgesch. 20 (1957); G. HOCH, Gesch. d. Bachgaues, Zur Bedeutung von pagus – comitatus – comitia – Zent, Aschaffenb. Jb. 3 (1957); W. KRAFT u. E. v. GUTTENBERG, Gau Sualafeld u. Gfsch. Gransbach, Jb. f. fränk. Ldsforsch. 8/9 (1943).

b. Die Unterschichten und ihre gesellschaftlich-wirtschaftliche Entwicklung

Unter einer zahlenmäßig sehr geringen, aber mit dem König und der Kirche allseitig herrschenden Oberschicht lebten und arbeiteten die zahlreichen *Unterschichten* unfreier und abhängiger Leute in mannigfacher Differenzierung, die den breitesten Unterbau der sich ausformenden Feudalgesellschaft bildeten[1]. Sie waren eingebaut in die weltliche (königlich-adlige) und geistliche (kirchlich-klösterliche) Grund-, Leib-, Gerichts- und Schutz-(Vogtei-)herrschaft[2]; vor allem die servi (Unfreie, Leibeigene) waren der Herrschafts- und Gerichtswillkür der potentes unterworfen, die alle wesentlichen Hoheitsrechte über ihre Untertanen ausübten, die wir später »staatlich« nennen und die nicht dem König allein vorbehalten waren. Diese Schicht war nach außen hin amorph, sozial noch wenig mobil; erst seit dem 10. Jh. setzte ein stärkerer Differenzierungsprozeß ein, dessen Dynamik in Frankreich und Deutschland gradmäßig verschieden war.

Staat und Reich der Franken

Der größte Teil der Menschen dieser Grundschicht lebte auf dem Lande und war agrarisch tätig. Die urbane Stadtwirtschaft der Spätantike war eingeschrumpft, die Städte schon räumlich auf einen Bruchteil ihrer alten Ausdehnung zurückgegangen. Gallien versank aber nicht in reine Naturalwirtschaft[3]. Seine mittelmeerischen Fernhandelsverbindungen nach dem Osten blieben teilweise intakt[4]. Wie schon im spätantiken Römerreich die coloni (Pachtbauern), so waren die Unterschichten in merowingischer Zeit an die Scholle gebunden oder am Hofe des Leib- und Grundherrn in irgendeinem ständigen Dienst (servitium cotidianum) festgehalten. Sie alle waren dem Hofrecht unterworfen, das der Leib- und Grundherr wesentlich bestimmte. Die gallorömischen schollegebundenen Pachtbauern (coloni, glebae adscripticii) wurden von den erobernden und herrschaftsbildenden Franken verknechtet und überlagert, ohne aber ihre wirtschaftliche Unabhängigkeit ganz einzubüßen. Sofern sie auf Staats- und Domanialland oder auf konfisziertem Boden geflohener possessores saßen, wurden sie Grundholden des Eroberkönigs (fiscalini); durch königliche Verleihung, Usurpation, Erbschaft oder Heirat und durch eigene Kommendation wurden sie aber auch in adligkirchlichen Grundherrschaften und Hausgemeinschaften (familiae) zusammengefaßt.

Aus der Zahl der bäuerlichen Unterschichten, die also gallorömisch und germanisch waren, ragten die *königlichen Siedler* heraus, die vom Herrscher auf dem in größerem Umfang wüst gewordenen Land, das Fiskalland wurde, angesiedelt und zu Wehrdienst verpflichtet waren bzw. das »hostilicium« als Ersatz für nichtgeleisteten Kriegsdienst zahlten. Diese *Wehr- und Rodungsbauern* waren entweder Nationalfranken oder Germanen (z. B. Nordalbinger und Sachsen im heutigen Franken), auch Slaven (z. B. an der böhmischen Grenze), also auch Fremdstämmige (gotische Flüchtlinge in Septimanien) und Deportierte; sie wurden als »Franken« bezeichnet und erscheinen in den Quellen als »liberi« oder »franci«, denen sich in Gallien zu gleichem Recht die »Romani« zugesellten. Diese »Freiheit«[5] knüpfte an germanische Formen und Traditionen an, wenn sie auch anderswo Entsprechungen hat. Der König gewährt und garantiert die »Freiheit«, er schützt sie, weil er Leute braucht, die an besonders wichtigen Orten und an Heerstraßen dauernd seine Herrschaft sichern; sie sind darum dort fest angesiedelt, um im engeren Umkreis den meist abwesenden

9. Gesellschaft im Zeitalter der Merowinger u. Karolinger

König und seinen Kommissar mit der Waffe in der Hand zu vertreten. Sie waren wohl in eigenen Wehr- und Gerichtsgemeinden zusammengefaßt und unterstanden dem Kommando eines Zentenars[5a]. Sie waren Werkzeuge königlichen Herrschaftswillens an den Brennpunkten in Ost und West.

Diese »Freien« entsprechen den freien »Kerlen« der nordischen Quellen. Unter ihnen waren aber auch »skalke« = Leibeigene des Königs. Diese offensichtlich zahlreichen skalkeservi waren durch Kriegsgefangenschaft, Sühne- und Schuldknechtschaft oder durch Abstammung unfrei, erlebten aber im System der königlichen Großreichspolitik einen politischsozialen Aufstieg; zusammen mit den aus der Alt-Odalfreiheit abgesunkenen und wirtschaftlich abhängig gewordenen »Kerlen« wurden sie die ständisch-politische Schicht der »franci homines«, der »friero frankono« (Würzburg-Heidingsfelder Markbeschreibung), die zum besten Recht der freien Erbleihe (»erbi«) wie die spätantiken coloni auf Königsboden oder königlichem Rodeland saßen und daran gebunden waren; sie bewirtschafteten ungefähr gleich große Bauernstellen (mansi, später hobae), die ihnen zugemessen wurden. Zeitlich wurde das Königsland vor dem Adelsland in Hufen geteilt, deren Inhaber an einen zentralen Königshof-Salhof (villa) ihre Abgaben zahlten und Dienste leisteten. Dieser Hof fungierte als Sammelstelle der Naturalgefälle und als Gerichtsstätte (staplum et stipes); die Königssiedler zahlten von ihrem Leiheland den »weltlichen Zehnt« (ostar-stuofa und steora), der sowohl Kopfzins (census de capite) wie Bodenzins war. Vermutlich ist das eine Weiterbildung der spätantiken »capitatio« und »iugatio«[6]; dazu kamen später noch Heirats- und Todfallabgaben (main morte). Alle diese Leistungen waren Zeichen ihrer »Freiheit«, nicht ihrer Leibeigenschaft.

Die *Freiheit der »franci homines«* wurde durch Königsherrschaft und Königsmunt begründet, erworben durch besonderen Dienst und besondere Leistung, die ein soziales und politisches Prestige zwischen Leibeigenenschicht und Adelsgruppe zu begründen begannen. Diese Stellung bezeichne ich, auch in Anlehnung an spätere Quellen des 10./11. Jh.[7], als *»freie Unfreiheit«*, die sich über die *»unfreie Unfreiheit«* der servi und skalke erhebt, die aber nicht mit antiker Sklaverei[8] identisch ist. Sie ist sowohl zu scheiden von der *»adligen Unfreiheit«* der späteren Ministerialen wie auch von der gehobenen *»Altfreiheit«* des aus urtümlich-germanischem Großbauerntum, aus

Gefolgschaftsherrschaft der Wanderzeit, Antrustionat und gehobenem Dienst in führenden Verwaltungs- und Heerstellen des Königs und Reichs gewachsenen »Adels«, der mitherrschenden Eliteschicht, die sich selber aber erst in den Zeugenreihen des 12. Jh. gegenüber den Ministerialen (der »adligen Unfreiheit«) als *liberi = Freie* bezeichnen läßt. Daß die »*Königsfreien*« freie Unfreie waren, geht daraus hervor, daß sie im 8./9. Jh. an die Kirche verschenkt werden konnten; sie sitzen dann zwar noch auf ihren ursprünglich fiskalisch-königlichen (dann aber »*mansi ingenuiles*«) Freienhufen, sind aber kirchliche Pachtbauern, »*Gotteshausleute*« (coloni) geworden. Letztere sinken im nachkarolingischen Frankreich rasch ab und wachsen mit den aufsteigenden »*servi casati*« (behausten Unfreien) auf wirtschaftlich selbständigen »*mansi serviles*« (Knechts-, Unfreienhufen) eines Fronhofsbezirkes (villicatio) oder auch auf alten Freienhufen angesetzten Unfreien seit dem 10. Jh. zu einer nivellierten und breiten[9] Schicht der »*villani*« zusammen. In Deutschland dagegen hat sich der Rechtsstand der Freien, auch in der Form der Gotteshausleute, stabiler bis ins 11./12. Jh. gehalten. Das zeigen die fränkischen Bargilden, die bayerischen Barschalken[10], die norddeutschen Biergelden, die Freimänner, die Modell für neue gesellschaftliche Aufstiegsbewegungen in der Zeit des »europäischen Aufbruchs« seit dem 11. Jh. waren; sie waren auch in Freigrafschaften Nordwestdeutschlands zusammengefaßt (Dannenbauer, Hömberg). Durch ihre Sonderzahlungen und die Erbleihe ragen sie als Oberschicht der Unfreien heraus. Indem »servi« auf »mansi ingenuiles« gesetzt werden, verlieren sich die Unterschiede, die Quellen sprechen nur mehr von »mansionarii« und »hubarii«, was über den Rechtsstand nichts aussagt.

Diese »Freien« konnten oder sollten nach dem Willen der fränkischen Könige, besonders Karls d. Gr., der politische Untertanenverband werden; sie sollten auch das Grenzsystem tragen; sie konnten Hilfe des Reichs- und nationalfränkischen Provinzialadels wie auch Gegenpol gegen ihn und den Uradel der Stämme sein. Ihre Freiheit beruhte auf militärischer Leistung und der landgewinnenden Pioniertätigkeit des Rodungssiedlers. Als im Wandel der Kriegstechnik im 8. Jh. das schwergepanzerte Reiterheer die Hauptwaffe wurde, verloren diese Freien einen Teil ihres Wertes für den König. Man konnte nicht andauernd, wie Karl Martell es vor allem getan hatte, das Kirchengut ausschöpfen oder die Kirche zwingen, ihren

9. Gesellschaft im Zeitalter der Merowinger u. Karolinger

Boden als »beneficia verbo regis« auszugeben; denn die Kirche und ihre Bischöfe wurden in den Landschaften für Verwaltung, Politik und Heerführung so wichtig, daß man ihnen selber Gut für konkrete wachsende Leistungen geben mußte. Offensichtlich wird darin ein Wechsel in den Methoden der Verwaltung seit Pippin und Karl d. Gr. und eine neue Stellung der Kirche und des Klerus im Reiche Karls sichtbar. Die Königsfreien mit ihren »mansi ingenuiles« werden nun in großem Ausmaß an die Kirche geschenkt. Die Kirche übernimmt dafür die Verpflichtung, für die Heerfahrt des Königs Panzerreiter zu stellen und ihrer Hof- und Heerfahrtspflicht zu genügen. Dem entspricht sie dadurch, daß sie diese Hufen an die »vassi« des Königs oder eigene »vassi« (vasalli) ausgibt, die dafür die konkreten militärischen Leistungen erfüllen. Die Hufenbauern werden bei den Schenkungen nicht namentlich genannt; auch sie sind nur Pertinenz der Hufe wie Gebäude, Wald, Wasser, Weide; die Hufe als Ganzes ist das eigentliche Wert- und Besitzobjekt, an das der »colonus« und seine Familie gebunden sind. Mit dem Verlust der Waffenpflicht und -fähigkeit der Königsfreien schwindet auch das für den Kriegsdienst erforderliche Maß an »*Freizügigkeit*«, eine entscheidende Ausgangsposition für sozialen Aufstieg. Diese »freien Unfreien« des 8. Jh. lebten also in einer tiefen Spannung zwischen politischer oder beabsichtigter Funktion, sozialem Stand und wirtschaftlicher Funktion ihrer zu Erbleihe ausgegebenen Wirtschaftseinheit. Karl d. Gr. wollte diese Gruppe vor dem Absinken schützen und einen königlichen Untertanenverband aus ihr machen, indem er sie durch den Untertaneneid (leudesamio) an sich kettete. Das war um so bedeutsamer, weil es nicht gelang, das Königsgericht wenigstens bei bestimmten Verbrechen für alle Menschen, gleich welcher Herrschaft, durchzusetzen[10a].

Das Absinken der Königsfreien leitet einen *Standesausgleich in den Unterschichten* ein, in dem der Rechtssatz »Luft macht eigen« wirksam ist. Dieser Prozeß wurde durch den Willen der Betroffenen beschleunigt, die den Lasten des Kriegsdienstes entgehen wollten und sich selber einem Gotteshaus unterstellten. Die direkte Verbindung zum König geht verloren mit dem Aufhören der Wehrpflicht. Die Kluft zur Führungsschicht der »potentes« und »vassi« weitet sich gewaltig; diese werden allein wehrpflichtig und waffenfähig und schließen sich im Lehnswesen und in der Feudalordnung der Gesellschaft als Wehr- und Kriegerstand erster Ordnung ab. Die »Freien«

sanken zur gleichen Zeit in die »familia« von Kloster oder auch Adel ab. Das fränkische Königtum war hier ebenso wie beim Aufstieg des Adels die treibende Kraft des Ausgleichs dieser aus verschiedenen sozialen Gruppen verschiedenen Volkstums gemischten »franci homines«. Bei der späteren Verlagerung eines Teils des politischen Schwergewichts auf die Kirche (besonders unter Ludwig d. Fr.) war das karolingische Königtum Anreger eines noch umfassenderen, vornehmlich wirtschaftlich-sozialen Nivellierungsvorganges zwischen Freien und Unfreien. Dieser Verschmelzungsprozeß, der in Deutschland wie in Frankreich gleichermaßen vor sich geht und in eine allgemeine Leibeigenschaft seit dem 12. Jh. mit sozial-wirtschaftlicher Niveauverbesserung ausmündet, war in der »freien Unfreiheit« der »franci homines« und »liberi« angelegt und möglich, die in der Schenkung an die Kirche deutlich wird; in den Quellen erscheint sie als Übergang in die »Wachszinsigkeit« (ad luminaria). Auch innerhalb der kirchlichen familia erhalten sie sich in Deutschland länger als in Frankreich als Oberschicht mit besonderen Abgaben: Kopfzins (census de capite, Heiratsabgabe, Todfall – main morte), die in der allgemeinen Leibeigenschaft des Hochmittelalters für alle verpflichtend werden; gerade das aber drückt den Abschluß des Nivellierungs- und Verschmelzungsprozesses aus, der für die unterste Leibeigenenschicht einen sozialen Aufstieg und ein gehobenes wirtschaftlich-politisches Niveau brachte.

Wenn die capitularia missorum specialia von 802 und die Lorscher Reichsannalen von Bedrückungen der »pauperes liberi«[11], die heerpflichtig sind, durch die »iudices« (Richter, Grafen) berichten und die alten Kontrollorgane des Reiches (pauperiores vassi de palatio) durch die potentes = Machtträger in den »missatica« (Königsbotenkontrollbezirke) ersetzt werden, um die Rechtsordnung im Reich gegen Adelswillkür zu sichern, dann deutet das auf Schwierigkeiten in der Durchsetzung des Königsschutzes für die liberi pauperes, viduae, orfani, die Macht- und Herrschaftslosen, den »cunctus populus«, das »Volk« im gesellschaftlich-sozialen Sinne. Wenn im 9. Jh. »Königsfreie« sich der Kirche ergeben[12], so ist das ein Zeichen für die zunehmende innere Schwäche des Königtums, das nicht genügend Schutz, Sicherheit und Hilfe in der Weite des Reiches gewähren und die Reichsaristokratie nicht mehr daran hindern kann, diese Freien für eigene lokale und regionale Interessen einzusetzen. Der »Staatsapparat« hat trotz

9. Gesellschaft im Zeitalter der Merowinger u. Karolinger

Karls großer organisatorischer Leistung und trotz Kapitulariengesetzgebung nicht die entsprechende Wirkung. Die gesellschaftsbildende Initiative des Königtums läßt nach.

Im technischen Sinne zerfallen die Unterschichten in der archaisch-frühfeudalen Epoche in *zwei große Gruppen*. 1. Die schollegebundenen, behausten Leibeigenen (servi casati, manentes) sind in den Verbänden der königlichen, adligen, kirchlichen Fronhöfe[13] (curtes indominicatae, villicationes) zusammengefaßt und wirtschaften selbständig auf eigenen Bauernstellen gegen Zinszahlung (Naturalien und Geld) und die persönliche Leistung des »opus servile« (oft drei Tage) auf dem in Eigenregie betriebenen Herren-, Sal-, Zentralhof und dem dazu gehörigen Salland[14]. 2. Die zweite Gruppe, zahlenmäßig groß, ist die am oder um den Herrenhof dienende »Klasse« der »servientes« in verschiedenen Tätigkeiten, angefangen vom Hofgesinde und den Dageskalken (Tagelöhnern) bis zu den Handwerkern, Boten, Verkehrsbediensteten (Händlern, negotiatores, mercatores: Karawanenhandel) bis zu den gehobenen Bediensteten und Geleitsleuten (scararii), aus denen die Ministerialen hervorgingen[14a]. Die Fülle der Traditionen fassen sie im 8. Jh. unter dem Begriff »mancipia« zusammen[15]. Im Gegensatz zu den bei Schenkungen unbenannten Hufenbauern (accolae, manentes) tragen sie einen Namen, der den Rechtstitel des Besitzes über sie ausdrückt. Sie sind nur an Sal- und Herrenhof, aber nicht an die Scholle gebunden, die ausgemessen ist und selbstverantwortlich bewirtschaftet wird; sie sind also auswechselbar und freizügig, wenn auch zunächst zu ungemessenem, willkürlichem Dienst dem Herrn verpflichtet. Ihre Arbeitskraft und ihr Arbeitsertrag gehört dem Herrn. In der Befreiung dieser Leute vom opus servile, d. h. in der Freistellung ihrer Arbeitskraft und ihres Arbeitsertrages seit dem 10./11. Jh., erfassen wir einen Wandel der Leibeigenen-Grundstruktur, der identisch wird mit dem sozialen und wirtschaftlichen Aufstieg von Bürgertum und Bauerntum, den Anfängen des Kapitalismus und dem Wachsen eines selbständigen Arbeitsethos der Menschen. Haben die Hufenbauern und ihre überzähligen Nachkommen vor allem das Rodungswerk, den Landesausbau betrieben als selbständige agrarische Fachleute, so sind die freizügigen »servientes« und »mancipia« die Gruppe geworden, aus der das städtische Bürgertum der Kaufleute und Handwerker und Transportleute erstand. Während in der Aussetzung selbständiger Bauernstellen (Hufen)

Staat und Reich der Franken

und ihrer Ausgliederung aus dem Regiebetrieb des Salhofes offenbar das Königtum voranging, ist der Adel wohl erst seit dem 9. Jh. zur eigentlichen Fronhofswirtschaft mit Hufenbetrieb übergegangen, nachdem er sehr lange sein ganzes Land vom Herren- und Salhof, vom »Haus« aus mit »mancipia« bewirtschaftet hatte. Bei dem herrschenden Realerbteilungsgrundsatz zersplitterten deshalb die Salhofbezirke sehr rasch in unrentable Einzelparzellen, die man an Klöster verschenkte, wie z. B. Fulda, in dessen Besitz sich bis ins 10. Jh. die Salhofbezirke durch Traditionen wieder zusammenfanden. Bis zum 9./10. Jh. und weiter bleibt in dieser kleinteilig-engen Welt der *Salhof«* der rechtliche, wirtschaftliche, soziale, religiös-kultische (Ahnengrab, Eigenkirche) und herrschaftliche Rahmen für die »Unfreienklasse« und bestimmt auch geistig-religiös ihr Wesen.

Die königlichen Wehr- und Rodungssiedler (Königsfreien) sind sozial-wirtschaftlich auch »servi casati«; beide sind Träger des Landesausbaus, der in mehreren Wellen seit dem Ende der Spätantike über Deutschland, Frankreich, Europa hinwegging, beide sind Subjekte und Objekte des siedlungsgeschichtlich wie gesellschaftlich höchst wichtigen Vorganges der »Verdorfung«, die man als Konzentrationsvorgang der Menschen auf dem Lande historisch würdigen muß, auch als Vorläufer und Parallele der städtischen Siedlungskonzentration und ländlichen Gemeindebildung[16]. Das »*Dorf*« in seiner bis in unsere Zeit noch vertrauten Form entstand erst im Spätmittelalter nach dem Wüstungsprozeß (Folge: Konzentration der Siedlung auf dem Lande)[17]. Die Verdorfung scheint sich in den Weilerorten des fränkischen Westens, den Dorforten des ostfränkisch-deutschen Gebietes anzukündigen, aber auch in einem neuen Siedlungstyp, der zwischen dem Kleindorf mit Langstreifenflur und dem Dorf steht[18]; dessen Entstehung mag mit der Einführung des grundherrschaftlichen »Zelgensystems« zusammenhängen, nicht aber mit Gewannflur und Gemenglage des bäuerlichen Besitzes, die meist erst beim inneren Landesausbau seit dem 11./12. Jh. entstanden. Archäologie und Siedlungsgeschichte bemühen sich um die Erforschung des Dorfkernes, der Urdörfer, um die sich die späteren Haufendörfer teilweise erst im Spätmittelalter gebildet haben (Runddorf, Platzdorf-Dorfkern). Auch die -haus(en)-Orte Frankens, die zwischen 770 und 830/40 entstanden, sind Zeugen adliger Ortsgründung und Verdorfung in der Epoche des karolingischen

9. Gesellschaft im Zeitalter der Merowinger u. Karolinger

Landesausbaus, dem eine merowingische Welle schon vorausgeht, für die die orientierten, sachbezogenen und die patronymischen Heimnamen zeugen. Die Kirche hat dieser Siedlungsverdichtung durch eine Intensivierung ihres Pfarreinetzes Rechnung getragen[19]. Den Mutterkirchen und Mutterpfarreien, d. h., den »Volks«- oder Gaukirchen mit großen Sprengeln für weitverstreute Einzelsiedlung (Bonifatius-Kirche von Schenefeld, älteste Gaukirche im alten Holstengau) treten Kirchen in Einzeldörfern zur Seite: In den Quellen erscheinen »vicus« = Dorf oder »Wik«, »viculus« = Kleindorf, Weiler, »locus« = grundherrschaftlich organisierter Bezirk[20] um einen Zentralhof (territorium) in den Fuldaer Traditionen[21]. Dichtere Siedlungsstreuung und Verdorfung, beides Ergebnis der Entfaltung der Grundherrschaft durch Verhufung und Villikationssystem, eines Wandels im landwirtschaftlichen Betriebssystem und einer Bevölkerungszunahme, führten die bäuerlichen Unterschichten erstmals aus der Isolierung des Einzelhofes und zu engeren Formen der Gesellschaft, zu Wirtschafts- und Sozialgemeinschaften mit Eigenleben und genossenschaftlichem Willen.

Grundherrschaft ist »Herrschaft über Land und Leute« und entstammt der Hausherrschaft (Hiwisk, Heubisch) ältesten Stils. Leibeigenschaft ist älter als Grundherrschaft, die zwar viele servi, mancipia als Arbeitskräfte verwendet, aber nicht Anlaß der »Unfreiheit« ist. Sklaven waren schon in der ausgehenden Spätantike verschwunden, durch Inflation und Geldentwertung wurden sie ein Luxus, im ländlichen Großbetrieb mußten sie durch freie Arbeiter ersetzt werden, die an die Scholle gebunden wurden, damit sie nicht zur Zeit der Zins- und Steuerzahlung entliefen. Ihrem Rechts- und Wirtschaftsstand glichen sich die freien Bauern an, die sich ihrer eigenen Sicherheit wegen in die clientela der potentiores begaben (detiticii, inquilini, servi). Auf dem Boden Galliens sahen und übernahmen die Franken dieses System zusammen mit der freien Erbleihe; im Ostteil des Reiches wurde dieses System vor allem in den eigentlichen Königsprovinzen durch Staatskolonisation mit »franci homines« und »precaria« = ěrbi = Erbleihe nachgebildet. In karolingischer Zeit hatte der Unfreie eine relative Eigentumsfähigkeit (das spätere Inwärtseigen)[22]; »proprii« hatten wieder ihre Eigenleute = »mancipia«. Daß »chevage, formariage, main morte« (Kopfzins, Heiratsabgabe, Todfall = Besthaupt oder Bestkleid) der Unfreie, servus erst nach der Freilassung (manumissio) zahlt oder wenn er sich zu besserem Recht in den Schutz einer Kirche oder eines Herrn begibt, zeigt wenigstens für Frankreich Unterschiede zwischen unfreier und freier Unfreiheit[23]. Die »proprii homines« müssen im Frankenreich, auch in Deutschland sehr zahlreich gewesen sein. Diese nichtschollegebundenen Unfreien bildeten in vielen Grundherrschaften die Majorität der Unfreien, sie unterstanden noch mehr als die »casati« der ausschließlichen Gerichtswillkür des Herrn, besaßen ein kleines Haus mit Mobiliar und einem Stück Land.

Zwar gestalteten sich das Leben und der Dienst dieser Unfreienklasse, vor allem der servi quotidiani und proprii, zusehends freier, aber ihre Tätigkeit, die Handarbeit, war in der archaisch-feudalen Gesellschaft verachtet; das »opus servile« machte den Freien unfrei und »pauper«. So entsprach es dem Geist und dem sozialen Wertbewußtsein der adlig-kriegerischen Herrenschicht jener Epoche. Die Befreiung vom opus servile durch die legitimierte Ergebung an einen Kirchenheiligen gegen Jahreszins im 11. Jh. war darum eine echte »Revolution« mit weitreichenden gesellschaftlichen, wirtschaftlichen und geistig-religiösen Folgen[24]. Aus der Unfreischicht der fränkischen Zeit erwachsen alle bedeutenden Entwicklungen der deutschen und europäischen Gesellschaft bis in das 19. Jh.

[1] K. Bosl, Freiheit u. Unfreiheit. Zur Entwicklung d. Unterschichten in Dtld. u. Frankreich während des MA, in: Frühformen d. Ges. (1964); ders., Anfänge u. Ansatzpunkte dt. Gesellschaftsentwicklung. Eine Strukturanalyse, ebd.; ders., Potens u. Pauper (s. Kap. 34, Anm. 5); ders., Über soziale Mobilität in der mal. »Gesellschaft«. Dienst, Freiheit, Freizügigkeit als Motive sozialen Aufstiegs, ebd.; ders., Vorstufen d. dt. Königsdienstmannschaft, ebd.; ders., Die Sozialstruktur d. mal. Residenz- u. Fernhandelsstadt Regensburg. Die Entwicklung ihres Bürgertums vom 9. bis 14. Jh., Abh. Ak. München 63 (1966); ders., Die wirtschaftl. u. gesellschaftl. Entwicklung d. Augsburger Bürgertums vom 10. bis z. 14. Jh., SB Ak. München (1969), H. 3. – Ch. E. Perrin, Recherches sur la seigneurie rurale en Lorraine d'après les plus anciens censiers (1935); ders., Les classes rurales et le régime seigneurial en Lorraine du début du IXe siècle à la fin du XIIe siècle (1941); ders., La société rurale allemande du Xe au XIIIe siècle, Rev. hist. du droit franç. et étr. 24 (1945); ders., Le servage en France et en Allemagne, X. Congr. internaz. di scienze stor., Relaz. 3 (1955); A. Vucinich, Soviet Theory of Social Development in the Early Middle Ages, Speculum 26 (1951).

[2] A. Dumas, Le régime domanial et la féodalité dans la France du moyen âge, in: Le Domaine, Recueils de la Société J. Bodin 4 (1949); Ch. E. Perrin, Le grand domaine en Allemagne au moyen âge, ebd.

[3] M. Bloch, Economie – nature ou économie – argent, un pseudo-dilemme, Annales d'hist. soc. 1 (1939); vgl. A. Dopsch, Naturalwirtschaft u. Geldwirtschaft in der Weltgesch. (1930), dazu v. Werwecke, Annales d'hist. écon. et soc. 3 (1931), S. 428 ff.; C. M. Cipolla,

Money, Prices and Civilization in the Mediterranean World: 5th to 7th Cent. (Princeton Press of Cincinnati 1956).

[4] F. Vercauteren, The Circulation of Merchants in Western Europe from the 6th to the 10th Cent.: Economic and Cultural Aspect, in: S. L. Thrupp, Early Medieval Society (New York 1967); vgl. M. Mitterauer, Stadtmärkte in Nachfolge antiker Zentralorte, MIÖG 75 (1967); H. Arbmann, Schweden u. das karoling. Reich. Studien z. den Handelsverbindungen d. 9. Jh., Kungl. Vitterhets Historie ok Antikvitets Akademiens handlungar 43 (Stockholm 1937); H. Aubin, Stufen u. Triebkräfte d. abendländ. Wirtschaftsentwicklung im frühen MA, VSWG 42 (1954).

[5] Auf das Problem der Königssiedler u. Königsfreien hat vor allem W. Schlesinger, Entstehung d. Landesherrschaft ([2]1964) hingewiesen; dazu besonders Th. Mayer (s. Kap. 8, Anm. 5); H. Dannenbauer, Die Freien im karoling. Heer, in: Festschr. Th. Mayer, Bd. 1 (1954); ders., Königsfreie u. Ministerialen, in dess. Grundl. d. mal. Welt (1958). Vgl. E. Müller-Mertens, Karl d. Gr., Ludwig d. Fr. u. die Freien. Wer waren die liberi homines d. karoling. Kapitularien (742/43–832)? Ein Beitrag z. Sozialgesch. u. Sozialpolitik d. Frankenreiches (1963); F. Lütge, Das Problem d. Freiheit in der früheren dt. Agrarverf., in: ders., Studien z. Sozial- u. WG (1963); ders., Die Unfreiheit in der älteren Agrarverf. Thüringens, ebd.

[5a] Th. Mayer, Staat u. Hundertschaft in fränk. Zeit, in: Mittelalt. Stud.; F. Steinbach, Hundertschaft, Centena u. Zentgericht, Rhein. Vjbll. 15/16 (1950/51).

[6] F. Lot, L'impôt foncier et la capitation personnelle sous le Bas-Empire et à l'époque franque (1928); A. Segré, The Byzantine Colonate, Traditio 5 (1947).

[7] K. Bosl, Die Sozialstruktur d. mal. Residenz- u. Fernhandelsstadt Regensburg (s. o. Anm. 1); ders., Die wirtschaftl. u. gesellschaftl. Entwicklung d. Augsburger Bürgertums, ebd.

[8] F. Vittinghoff, Die Bedeutung d. Sklaven für den Übergang von der Antike ins abendländ. MA, HZ 192 (1961); M. Bloch, Comment et pourquoi finit l'esclavage antique, Annales 2 (1947); Ch. Verlinden, L'esclavage dans l'Europe médiévale 1 (Brügge 1955).

[9] Ph. Dollinger, L'évolution des classes rurales en Bavière depuis la fin de l'époque carolingienne jusqu'au milieu du XIIIe siècle (1949).

[10] P. Fried, Zwei altbayer. Weistümer als rechts- u. gemeindegesch. Quelle, Zs. f. bayer. Ldsgesch. 25 (1962); Th. Mayer, Baar u. Barschalken, Mitt. d. Ob.Öst. Ldsarch. 3 (1954).

[10a] R. Schreiber, Aequitatis iudicium, Königsgericht u. Billigkeit in der Rechtsordnung d. frühen MA (1959).

[11] W. A. Eckardt, Die Capitularia missorum specialia von 802, DA 12 (1956); Ch. Cleff, Der Schutz d. wirtschaftlich u. sozial Schwachen in den Kapitularien Karls d. Gr. u. d. nachfolgenden Karolinger (Diss. Köln 1954); S. Epperlein, Zur weltlichen und kirchlichen Armenfürsorge im karoling. Imperium, Jb. f. Wirtschaftsgesch. 1 (1963); Herrschaft und Volk im karoling. Imperium (1969).

[12] Das läßt sich besonders deutlich am Kl. Kempten im 9. Jh. zeigen. BM[2] S. 899, 929: »Liberi homines« übertragen in verschiedenen Gauen an den Abt 96 Hufen, von denen ein »census annualis ad publicum« zu zahlen war. Diese »commendatio« war unrechtmäßig, weil der König als Grund- und Leibherr seine Zustimmung nicht gegeben hatte. Der Herrscher verbot ferner solche Übergaben an die Kirche, die er selbst förderte, wenn von den Hufen ein besonderer Zins zu zahlen war. Doch überließ er den Zins der 96 Hufen den Mönchen, nachdem sie nun einmal übergeben waren. Die Hufeninhaber, wegen ihrer Abgaben »tributarii« genannt, mußten weiter für den Kaiser zu Felde ziehen (hostilem expeditionem facere; sie waren also Heermänner wie die Salzburger »exercitales«); sie mußten alle öffentlichen Leistungen der liberi erfüllen, jährliche

Geschenke bringen und am öffentlichen Brückenbau mitwirken. Zwei Jahre später (843) wird das Kloster davon unter dem Vorbehalt befreit, daß fortan die »Lehensträger« des Klosters, die von liberi und tributarii verschieden sind, von der expeditio hostilis für den König nicht befreit werden dürfen. Dadurch nehmen die den vassi für den Heeresdienst übergebenen Hufen den Charakter von beneficia verbo regis an. K. PIVEC, Servus u. servitium in den frühmal. Salzburger Quellen, in: Festschr. H. Steinacker (1955–1966) [servus = freier Militärvasall!]; vgl. K. H. GANAHL, Gotteshausleute u. freie Bauern in den St. Galler Urkunden, in: Adel u. Bauern, hg. v. Th. MAYER ([2]1967).

[13] R. KÖTZSCHKE, Salhof u. Siedelhof im älteren dt. Agrarwesen, aus dem Nachlaß hg. v. H. HELBIG, SB Ak. Leipzig 100 (1953).

[14] C. STEPHENSON, The Problem of the Common Man in Early Medieval Europe, AHR 51 (1946); A. J. NJEUSSYCHIN, Die Entstehung d. abhängigen Bauernschaft als Klasse d. frühfeudalen Gesellschaft in Westeuropa v. 6. bis 8.Jh., dt. v. B. TÖPFER (1961).

[14 a] Quellenbezeichnungen: in domo (sc. domini) manentes oder deservientes, servi quotidiani oder in perpetuo servitio proprii oder homines proprii iuris; stipendiarii, praebendarii heißen sie, weil sie vom Herrn ernährt werden müssen und darum eine praebenda oder ein stipendium erhalten. Sie alle werden unter dem Begriff mancipium subsumiert, der später schillert und in Frankreich das Individuum im pejorativen Sinn meint. Aus der Schicht der proprii rekrutieren sich die nichtagrarischen Bewohner der vici, villae, Wike, der suburbia und portus, aus denen Stadtteile und Städte wurden.

[15] K. BOSL, Franken um 800 ([2]1969).

[16] Den Stand der Forschung über die ländliche Gemeindebildung u. die agrar. Genossenschaft bieten: Th. MAYER (Hg.), Die Anfänge d. Landgemeinde u. ihr Wesen, 2 Bde., Vortr. u. Forsch. 7 u. 8 (1964); K. BOSL, Eine Gesch. d. dt. Landgemeinde, Zs. f. Agrargesch. u. Agrarsoziol. 9 (1961); vor allem K. S. BADER, Das mal. Dorf als Friedens- u. Rechtsbereich (2 Bde. 1957/62), dazu H. LIEBERICH, Zs. f. bayer. Ldsgesch. 28. (1965), S. 694f.

[17] J. WERNER, Das alemann. Gräberfeld von Bülach (1953); ders., Das alemann. Gräberfeld v. Mindelheim (1955); H. STOLL, Die Alamannengräber von Hailfingen in Wttbg. (1939); ders., Bevölkerungszahlen frühgeschichtl. Zeit, WaG 8 (1942); W. KRÄMER, Die frühmal. Siedlung von Burgheim in Schwaben, Bayer. Vorgesch.bll. 18/19, 21 u. 22 (1951/52–54); A. STROH, Die Reihengräber d. karoling.-otton. Zeit in der Oberpfalz (1954); H. DANNHEIMER u. G. ULBERT, Die bajuvar. Reihengräber von Feldmoching u. Sendling (1956); Kl. SCHWARZ, Neue archäol. Zeugnisse frühmal. Landesausbaus, Bayer. Vorgesch.bll. 23 (1958); H. JAHNKUHN, Methoden u. Probleme siedlungsarchäolog. Forschung, Archaeol. Geograph. 4 (1955); ders., Die Frühgesch. vom Ausgang d. Völkerwanderungszeit bis z. Ende d. Wikingerzeit (1955ff.); bes. K. S. BADER (s. Anm. 16).

[18] MÜLLER-WILLE, Langstreifenflur u. Drubbel, DALVF 8 (1944); G. WREDE, Die Langstreifenflur im Osnabrücker Land, Osnabrücker Mitt. 66 (1954).

[19] W. METZ, Gedanken zur frühmal. Pfarreiorganisation Althessens, Hess. Jb. f. Ldsgesch. 7 (1957).

[20] E. HÖLLE, Zehnten u. Zehntkämpfe d. Reichsabtei Hersfeld im frühen MA (1933).

[21] T. WERNER-HASSELBACH, Die älteren Güterverzeichnisse d. Reichsabtei Fulda (1942).

[22] H. DUBLET, La notion »propriété« en Alsace du VIIIe au Xe siècle, Le Moyen Age 65 (1959) [precaria und beneficium werden als identisch angesehen]; H. EBNER, Das freie Eigen. Ein Beitrag zur VG d. MA (1969).

[23] M. VERRIEST, Le Hainaut. Collection des documents anciens relatif au Hainaut, gegen M. BLOCH, Les »colliberti«: étude sur la formation de la classe

servile, RH 157 (1928), auch in BLOCH, Mélanges hist. 1 (1963).
[24] F. STEINBACH, Der geschichtl. Weg d. wirtschaftenden Menschen in die soziale Freiheit u. polit. Verantwortung, Arbeitsgem. f. Forsch. Nordrhein-Westf. 15 (1954).

c. Christentum und Kirche im frühfeudalen Gesellschaftsaufbau

Die Kirche nimmt für sich die Merkmale einer organisierten, unabhängigen Gruppe in Anspruch. Sie lebt unter den Völkern, und ihre Mitglieder sind zugleich Gläubige und Herrschafts- oder Staatsuntertanen bzw. Bürger, denen sie ihre Glaubensinhalte und Moralgesetze diktiert. Sie fordert die Autorität des Sittenlehrers für die Untertanen der weltlichen Macht. Ihr offizieller Zweck ist es, die Menschen zum Heile, zum Himmel zu führen. Als Gruppe ist sie am stärksten verbunden mit und gebunden an die Laiengesellschaft der »Welt« und die »fiktive« Gesellschaft der Heiligen im Jenseits. Nach ihrer engen Bindung an den römischen Weltstaat im 4./5. Jh. erlebt die katholische Kirche vom Regierungsantritt Papst Gelasius' (492) bis zu dem des Papstes Zacharias (741) die zweite Periode ihrer Geschichte, die durch das »Alte Gesetz« bestimmt ist (G. Le Bras). Sie übernahm das Erbe der Antike, verband erfolgreich römische und barbarische Kulturelemente und bereitete damit die karolingische Renaissance vor, die erstmals das Christentum als Gesellschaft und Kultur bestätigte. In der gleichen Zeit erlebte die *kirchliche Universalgesellschaft* Aufsplitterung in Landes- und Volkskirchen und deren Koordination, eine Christianisierung der Königreiche und deren Versuche, die Kirche der weltlichen Herrschaft ein- und unterzuordnen; ihren Gläubigen wahrte sie Wege persönlichen Heils und Wege zu enger Partnerschaft und Gemeinschaft[1].

Am Ende des 5. Jh. waren Reich und Kirche in eine Ost- und Westhälfte auseinandergebrochen, die kirchliche Organisation war erschüttert, das einheitliche Netz der provinzialen Diözesangliederung war »territorialisiert«. Da Kirchen innerhalb politischer Einheiten leben, berührt diese Verbindung sowohl ihre hierarchische Struktur wie auch ihren kollektiven Geist. Die kirchliche Einheit des spätantiken Reiches mündete aus in große Spannungen der Patriarchensitze von Rom, Ravenna, Mailand und Aquileja. Gallien, die letzte blühende Provinz des Westens, war ohne kirchliche Führung. Spaniens Kirche hatte einen festen Mittelpunkt im Patriarchat von Toledo. Irland war

Staat und Reich der Franken

in Clans zerfallen, in denen die Klöster dominierten, die seit dem 6. Jh. das westeuropäische Festland bis Bobbio in Oberitalien beeinflußten. Diese Nationalisierung hemmte nach Gregor d. Gr. die Weiterbildung des Kirchenrechts; die Collectio Dionysiona der Papstdekrete wurde nicht mehr fortgesetzt. Der Arianismus der Germanen störte die Glaubenseinheit der weltlichen Gesellschaft; unter den großen herrschaftsbildenden Völkern der Germanen machten die Franken eine Ausnahme. Mit Mühe konnte sich das allgemeine Nicaeische Glaubensbekenntnis in seinen alten Gebieten halten. Im inneren Aufbau der Kirche höhlten die Land- und Gaupfarreien die in den Städten (civitates) konzentrierten Diözesen aus; die christlich-urbane Stadtreligion wird barbarisiert und territorialisiert. Das Mönchtum entfaltete sich in einer Vielzahl von Regelkreisen[2]. Sogar die Gesellschaft der Heiligen wandelte sich, indem zahlreiche nationale und Adelsheilige die Anerkennung und Verehrung der Menschen fanden, nicht ohne Einflußnahme der Geistlichkeit[3].

Dem Auflösungsprozeß wirkte entgegen ein sehr glückhaftes Festhalten am »Alten Gesetz« sowohl in den Landes- und Volkskirchen wie in der ganzen Christenheit. Durch Synoden und Visitationen festigen die Bischöfe den Zusammenhalt in den Diözesen. (Die Akten der Synode von Auxerre von 595.) Auch nach der Auflösung des Provinzialsystems hielt man Provinzialsynoden ab, die einen größeren Zusammenhang wieder anbahnten und seit dem 6. Jh. in den Nationalkonzilien fortgesetzt wurden. Der Zusammenbruch des Arianismus im 6. Jh. stellt die christliche Einheit wieder her; Kaiser und Papst, Symbole und Garanten der Einheit, rivalisieren um die Führung dabei und legen sich selber lahm. Der die gallorömische Senatorenaristokratie in Bistum und Reichsverwaltung beerbende fränkische Hof- und Gefolgschaftsadel der Merowinger, der Klöster gründet und die Bischofsitze besetzt, schafft durch seine Verbindung mit dem iroschottischen Mönchtum Columbans und Luxeuils und durch eine irofränkische Mischregel die Grundlagen einer neuen kirchlich-religiösen und gesellschaftlichen Einheit zuerst im Frankenreich; diese beruht auf dem Ausgleich zwischen der romanischen und germanischen Welt; Katalysatoren und Vermittler sind die Iroschotten und dann die Angelsachsen, letztere durch die reine Benedikt-Regel. Im Mönchtum und in den Klöstern, ihrer personalen und geistigen Verbindung mit dem führenden Adel der Zen-

9. Gesellschaft im Zeitalter der Merowinger u. Karolinger

trale wie der Landschaften und dem Bischofsadel wachsen neue Elemente einer europäischen Gesellschaft und Kultur[4]. Die Heiligen, allen voran St. Martin in Tours[5], der Reichsheilige der Merowinger, Kilian und Bonifatius, die ostfränkischen Reichsheiligen Karls d. Gr.[6], sind in starkem Maße Vertreter und Förderer lokaler, regionaler und universaler Integration; die letztere wird getragen von St. Peter[7], den römischen Katakombenheiligen und den heiligen Kirchenvätern mit ihren Schriften; sie schützen Stadt, Volk, Reich und beeinflussen die Pilger von weither, die zu ihren Heiligtümern wallfahren (St. Peter, S. Jago de Compostela)[8]. In St. Peter aber ist der römische Bischof zur gleichen Zeit an verschiedenen Orten »gegenwärtig«. Die Heiligen verbinden die drei Ebenen, auf denen die Kirche als »Gesellschaft« fungiert, das Jenseits, die Kirche und die profane Welt.

Das Werden einer christlichen Gesellschaft im frühen Mittelalter war nicht mehr durch das freie Heidentum des Volkes und die Skepsis der aristokratischen Kreise in der Spätantike behindert; am Anfang des 8. Jh. hatte Westeuropa einen gemeinsamen Glauben; die Gebäude, Institutionen, das Gesetz der Kirche beherrschen die Landschaft und setzen sich durch. Die Kirche besitzt einen großen Teil des Ackerlandes, der Wälder, der Dörfer[8a]. Geistige Führung verband sich mit weltlicher Macht; aus eigenen wie kirchlich-religiösen Interessen schuf das Königtum durch seine Immunitätsverleihungen[9] autonome Herrschaftsbereiche der Kirche; das Asylrecht[10] erzeugte geheiligte Plätze. Die von magischen Glaubensvorstellungen noch sehr lange erfüllte Masse der Menschen wollte die Kirche nicht nur überzeugen und belehren, sondern auf verbindliche Formen der Gottesverehrung, des Kultes und Ritus festlegen. Es entstehen allgemeine Regeln für die Beziehung zu Gott; Eid, Gelübde, gute Werke, Almosen, Opfer verbinden die Menschen mit der jenseitigen Welt. Die Moralgesetze der Kirche betreffen hauptsächlich das Leben in der weltlichen Gesellschaft, sie verlangen von den einfachen barbarischen Menschen Reinheit, Höflichkeit, Gerechtigkeit, Liebe und erreichen wenig damit. So leben unter einem christlichen Deckmantel die unchristlich-heidnischen Traditionen weiter.

Die frühmittelalterliche Kirche des Übergangs entwickelt den Ständegedanken (status vitae); sie spricht von einer Dreiheit der christlichen Lebensstände seit dem 6./8. Jh. Der *Stand der Kleriker* war ein Erbe der frühchristlichen Antike. Die kirchliche Gesetzgebung löste sie aus der Welt; die Diözese faßte alle Geistlichen wie in einer Insel innerhalb ihrer Grenzen zusammen und überwachte sie; ein asketisches Protokoll regelte ihre Beziehungen zu den Frauen und beschränkte ihr Zusammenleben auf den engsten Kreis der Verwandten. Das Ideal einer solchen Verfassung schafft den unabhängigen Geistlichen, der aber nicht die ganze Kirche darstellt. Zwischen ecclesia und coetus clericorum (Korporation des Klerus) ist ein Trennungsstrich gezogen. Der Geistliche hat keine absolute Gewalt. Seine Freiheiten (Privilegien) und der Nießbrauch des Besitzes sind gesetzlich geregelt. Die Kanones sichern die Unversehrtheit des Kirchenbesitzes (patrimonium) gegen die Verwendung durch die weltliche Herrschaft und eigene Mißwirtschaft; sie unterscheiden zwischen Privilegien des geistlichen Amtes und den zeitlich-weltlichen Rechten. Es war der herrschende Grundsatz, alle Stellungen und Beziehungen innerhalb der Hierarchie festzulegen, den Besitz von Bistum und Pfarrei intakt zu halten, Niveau und Stand aller Geistlichen zu erhalten. Die Kirche sicherte sich aber auch gegen die Geistlichen selber, denn sie verstand sich als göttliche Stiftung, nicht nur als Korporation oder als Priestergemeinschaft; denn auch die Laien waren die Kirche, und auch der *Laienstand* ist ein Glied der kirchlichen Gesellschaft. *Verchristlichung* bedeutet Glauben der Laien an die Kirche, Gottesverehrung in der Kirche, Leben nach dem Rat und Befehl der Kirche. Das kanonische Recht sicherte auch die Familien der Laien, verhinderte Verwandtenehe und Inzest, verbot Ehescheidung, freie Trennung und Konkubinat und machte die Ehe zur allgemeinen Norm.

Mit dem *dritten Stand der Mönche* befaßte sich eine überreiche Gesetzgebung. Die Forderungen des gemeinsamen Lebens, der stabilitas loci, des Gehorsams, fügten diese dynamische religiöse Kraft in das Gefüge und Leben der Kirche ein[11]. Die Mönche bildeten wohlorganisierte Gruppen in der Kirche, und diese waren Zentren intensiver religiöser Lebensgestaltung, die die Diözesaneinheiten des Christentums zerteilten; die Bischöfe suchten Mönchtum und Kloster unter ihre Kontrolle zu bringen und den Wildwuchs der Regeln-Lebensgewohnheiten auszujäten, zu vereinfachen.

Zwischen den drei Ständen der kirchlichen Gesellschaft bestehen wechselseitige Beziehungen. Geistlicher und Mönch kommen aus der Laienwelt; Mönche lassen sich in dieser Zeit in zunehmendem Maße zu Priestern weihen, um auch als Mis-

9. Gesellschaft im Zeitalter der Merowinger u. Karolinger

sionare und Seelsorger wirken zu können. Klöster werden im östlichen Frankenreich zu Trägern von Mission und Seelsorge[12]. Die Ausbreitung des Christentums betraf nur die Größe der Kirche, nicht ihre Grundsätze; sie ordnete allerdings die Beziehungen der drei Stände in einem strukturellen System. Das hing aber vom guten Willen und der Zustimmung der weltlichen Gewalt ab. Die Frage war, ob die Welt der »Barbaren« sich einer so radikalen Umwandlung fügte.

Die Gunst der weltlichen Fürsten, die der Kirche große Freiheiten und Vorteile brachte, erkaufte sie durch eine für sie gefährliche Dienstbarkeit. Die Einheit der Landes- und Volkskirchen wird nur durch die Kontrolle der Könige erhalten. Christentum wurde eine Staatsreligion in einer National- oder Reichskirche. Das bedeutete, daß dem König in der kirchlichen Gesellschaft ein besonderer Ort zukam und daß er großen Einfluß auf Struktur und Leben auch der Kirche ausüben konnte und ausübte. Das war nicht überall und in der ganzen Epoche gleichmäßig der Fall. Aber in Grundzügen ist die kirchliche Stellung des Königs dieselbe in der fränkischen Monarchie und der westgotischen Dyarchie; denn er nahm an den Bischofswahlen teil durch seine Zustimmung, die meist ein Befehl war; er berief die Nationalkonzile ein und sanktionierte ihre Beschlüsse; er hielt sich verfügungsberechtigt über das kirchliche Eigentum, das großenteils von ihm stammte. Die großen Landeigentümer und Grundherren gaben in dieser Kirche des Übergangs den Ton an. Denn sie waren die Eigenkirchenherren, die Kirchen, Oratorien und Klöster auf ihrem Grund und Boden bauten, in denen Geistliche wirkten, die ihre Leibeigenen waren; sie bestellten also den Geistlichen, sie sammelten das kirchliche Einkommen ein, unterhielten die Kirchengebäude und verkauften sie nach Gutdünken. Das Eigenkirchenwesen[13] ist nicht germanischen Ursprungs, aber die Folge der Bekehrung und Verchristlichung des Adels auf dem Lande vornehmlich im 6. und 7. Jh., also eine gesellschaftliche Erscheinung. Bestand schon seit der Bekehrung Konstantins ein »Bund« zwischen dem Römischen Reich und der christlichen Kirche, so verwandelten die fränkischen Könige diese Allianz in eine Hegemonie der weltlichen Macht über die Kirche. Sie begegnete dieser Politik mit dem Bemühen, die Stellung zu behaupten oder wiederherzustellen, die sie im Römerreich im Staatsrecht gewonnen hatte. Das wurde am besten von Papst

Gelasius I. am Ende des 5. Jh. (seit 492) festgelegt. Die Kirche zeigte sich den großen Landherren für ihre Mitwirkung dankbar, die lebensnotwendig für sie war, sie widersetzte sich aber allen Eingriffen in Disziplin und Glauben; beides geht aus den Konzilien von Orléans (541) bis Chalon (um 650) hervor. Es blieb aber eine ernste Frage, ob die Kirche ihre Unabhängigkeit in einer Gesellschaft behaupten konnte, in der sie nur dank dem guten Willen der Herrscher und des Adels lebte, die auch das Leben in der weltlichen Gesellschaft bestimmten[14]. Sie klammerte sich an ihre Grundsätze und hielt Traditionen lebendig, die weiterführten.

Die Spannungen zwischen geistlicher und weltlicher Macht im Frankenreich und anderswo waren begleitet von einer Spannung zwischen Individuum und Gemeinschaft in dieser Zeit. Die alte Einheit im Glauben und die Solidarität im Gottesdienst und Sakrament schien in der Welt der Barbaren zu verkümmern. Das Individuum beginnt sich seinen Weg zu Gott selber zu suchen; es bekräftigt seine Reinigung durch fromme Schenkung oder Klostergründung. Individuum aber meint in erster Linie Mann und Frau der führenden und wachsenden Adelsgesellschaft, die sich ihre besonderen Heiligen suchen und ihnen besondere Funktionen zuteilen. Dieser Individualismus hat nichts mit persönlicher Frömmigkeit, tiefgehender »conversio morum«, Asketismus und Mystizismus zu tun; das ist kein Charakteristikum des geistig-religiösen Lebens in der archaischen und frühfeudalen Gesellschaft: Individualismus bedeutet wohl geistige Vertiefung (Radegunde, Bathilde), aber vor allem elitäre Aussonderung aus der Gruppe und Differenzierung, ein Zeichen des wachsenden Lokalismus und Regionalismus in der neu sich aufbauenden Gesellschaft des Merowinger- und Karolingerreiches. Die Bischöfe versuchten dieser Auflösung durch Massenveranstaltungen entgegenzuwirken, die sie an den Zentren ihrer Diözesen abhielten, und die Kirche bestand auf einer gemeinsamen Feier der Hauptfeste, dem gemeinsamen Gebet und Kalender; sie verstand sich als »communio sanctorum«, die alle Individual-, Gruppen-, Volks- und Nationalheiligen umfaßte und einschloß.

In den sogenannten »dark ages«, die durch die Forschung immer mehr erhellt werden, vom endenden 5. bis zum 8. Jh., mußte sich die Kirche dem Werden einer neuen Gesellschaft anpassen; ihre Beziehungen zur irdischen und himmlischen Gesellschaft wurden schwierig, denn der Zerfall der Reichs-

9. Gesellschaft im Zeitalter der Merowinger u. Karolinger

einheit, die neuen Herrschergewalten, die vorherrschenden Volkskulte schufen neue Situationen. Auch die Kirche stand vor dem Auseinanderfall. Aber der Aufbau von neuen Pfarr-[15] und Diözesansystemen[16], das Mönchtum und die Exemtion der Klöster von der bischöflichen Kontrolle bereiteten eine neue Vorrangstellung Roms vor. Der notwendige Schutz der Kirche durch König und Adel brachte Herrschaft des Königs über die Kirche, Laienvogtei und Eigenkirchenrecht. Die Spannungen, die sich auf der Höhe des Mittelalters entladen und den neuen Aufbruch der europäischen Gesellschaft einleiten, sind hier grundgelegt. Die Kirche hat den Übergang vom Römerreich zu den Monarchien und Adelsherrschaften, von einer Hochzivilisation zu einer archaisch-barbarischen Struktur überstanden, weil sie der neuen Welt ihre Geburtshelferdienste anbot und ihre alten Traditionen in die neue Welt einbrachte, die sie dankbar aufnahm und für eine neue soziale, politische und geistige Integration verwertete, in der der Kleriker eine besondere Funktion gewann. Die Kirche gewährte ihre politische Hilfe, um mitherrschen zu können; die Klöster wirkten als gesellschaftliche und religiöse Katalysatoren. Gewand und Form, der Geist der Kirche haben sich nicht verwandelt, auch alte Strukturen blieben am Leben. Dabei erhebt sich die Frage nach Kulturzäsuren, nach Konstanz und Kontinuität[17].

In der Monarchie der Karolinger hat die Kirche gerade unter dem Großherrscher Karl ein Höchstmaß an dienender Funktion ausgeübt[18]. Sie hatte dem Hausmeier Pippin die kirchliche Legitimation eines gesalbten Sakralkönigtums gegeben und damit einen Helfer gegen das bilderstürmende Ostkaisertum und gegen die langobardische Umklammerung gewonnen, zugleich aber die Grundlagen eines Herrschaftsgebietes der römischen Kirche erworben und diese wie ihren Weltprimat in der Konstantinischen Schenkungsfälschung[19] gesichert. Es gelang ihr, die Königsidee der Karolinger zu verchristlichen, durch Gottesgnadentum und Amtsidee zu bereichern und zu verkirchlichen[20]. Zugleich war sie durch Bonifatius erfolgreich in der Verknüpfung der nordalpinen Landeskirchen an Rom und betrieb die Reform der alten fränkischen Reichskirche, an der freilich Bonifatius als römischer Legat zuerst scheiterte[21]. Das 8. Jh. brachte im ganzen östlichen und nördlichen Teil des Frankenreiches eine große Welle von Klostergründungen (St. Gallen, Reichenau, Lorsch, Fulda, Hersfeld, Niederalteich, Kremsmünster, Innichen, Schäftlarn, Benediktbeuern). Sie sind vornehmlich Stiftungen des hohen Adels, gehen aber wohl zwangsweise in die Hände des Königs (Karl)[22] über; sie waren Träger königlicher Familien- und Herrschertradition und des Reichsgedankens[23]; sie wurden oft an Bistümer weiterverschenkt, fanden den besonderen Schutz und die Förderung Ludwigs d. Fr., der in der Reform des Benedikt von Aniane sich den Interessen der Kirche wieder ganz aufschloß[24]. Sein Vater Karl hatte nicht nur an seinen Hofpfalzen durch einen Kreis gelehrter Männer unter der Leitung seines angelsächsischen Hoftheologen Alkuin[25] die Elemente einer neuen christlichen Bildung erarbeiten lassen, die auf dem durch die Kirche geretteten, um die Spekulation und das Wissen der Kirchenväter vermehrten Geistesgut der Antike aufbaute. Die »Karolingische Renaissance«[26] verfolgte den Zweck, einen Typ des Geistlichen zu schaffen, der der Reichsverwaltung und -politik, wie der Mission und gehobenen Seelsorge dienen sollte. Mission war in den neueroberten Gebieten des Ostens, Nordens und Südostens im 8./9. Jh. das große »Geschäft« der Kirche, an der Bistümer und Klöster (Mainz, Würzburg, Fulda, St. Emmeram in Regensburg, Kremsmünster) arbeiteten. Sie stand im Dienste der Politik und Eroberung, die Taufe war das erzwungene Treuebekenntnis zum Herrscher; es war Schwertmission. Karl d. Gr. versuchte aber auch trotz des harten Widerspruchs des Papstes Hadrian I. die Glaubenslehre der Kirche zu beeinflussen, vor allem auf dem Frankfurter Konzil von 792, wo er auch in der Frage des Bilderstreits, der in Byzanz zu Ende ging, Stellung bezog. Die Kirche bot ihm aber auch das Forum, sich als den Großherrscher des Westens vorzustellen[27], wenn sie ihm gewiß auch um ihretwillen die Idee der Erneuerung des römischen Imperiums im Westen nahelegte, in dem sie groß geworden war, eine universale Aufgabe und Stellung gewonnen hatte, die in der Welt der Monarchien und Herrschaften fast zerflossen war. Karl d. G. war offenbar nicht gewillt, weitergreifende Konsequenzen zum Vorteil der Kirche daraus zu ziehen, aber sein Sohn Ludwig tat dies dafür um so mehr[28]. Die Bindungen und Verbindungen zwischen der weltlichen und der kirchlichen Gesellschaft wurden immer enger; die weltliche Gesellschaft wurde immer christlicher, die kirchliche Gesellschaft immer politischer, ihre Religiosität paßte sich vielfach dem Denken, Fühlen und den Traditionen der weltlichen Gesellschaft an[29]. Sie wurde Werkzeug und Träger der fränkischen Großherrschaft, die sie aufgenommen, gefördert und geschützt

9. Gesellschaft im Zeitalter der Merowinger u. Karolinger

hatte, dafür aber ihren Tribut forderte. Die adlige, schwerttragende Oberschicht der Laienwelt beherrschte die weltliche Gesellschaft und den »Staat« wie die Hierokratie die kirchliche. Neben sie trat der Klerus in der Funktion eines »Standes der Gebildeten« mit dem Monopol der Schreib- und Lesebildung, des Buchwissens und der Schriftauslegung. Die Kirche arbeitete für eine garantierte Sonderstellung des Klerikers wie des Mönches in der weltlichen Gesellschaft. Klerus und Kloster wurden so ein Weg für einen Aufstieg aus der Unfreiheit zur Freiheit und zur Bildung.

[1] J. GAUDEMET, L'église dans l'empire romain, Hist. du droit et des institutions de l'église en occident 3 (Paris 1958); K. F. MORRISON, Rome and the City of God. An Essay on the Constitutional Relationship of Empire and Church in the 4th Century (Philadelphia 1964); E. DELARUELLE, L'église romaine et ses relations avec l'église franque jusqu'en 800, SSCI 7 (1960); J. DANIÉLOU u. H. MARROU, Nouv. hist. de l'église.1: De l'origine à St. Grégoire le Grand (1963); H. E. FEINE, Kirchl. Rechtsgesch. 1: Die kathol. Kirche ([4]1964); J. ZELLER, Les églises de Gaule dans la première moitié du Ve siècle, in: Saint Germain d'Auxerre (Auxerre 1950).

[2] Beste, umfassendste Darstellung: F. PRINZ, Frühes Mönchtum im Frankenreich. Kultur u. Gesellschaft in Gallien, den Rheinlanden u. Bayern am Beispiel d. monastischen Entwicklung (4. bis 8.Jh.) (1965); s. J. O. CARROLL, Monastic Rules in Merovingian Gaul (Dublin 1953), S. 407 ff.

[3] Ch. COURTOIS, L'évolution du monachisme en Gaule de St. Martin à St. Colomban, SSCI 4 (1957).

[4] W. SZAIVERT, Die Entstehung u. Entwicklung d. Klosterexemtion, MIÖG 59 (1951); F. PRINZ, Zur geistigen Kultur d. Mönchtums im spätantiken Gallien u. im Merowingerreich, Zs. f. bayer. Ldsgesch. 26 (1963); D. CLAUDE, Die Bestellung d. Bischöfe im merowing. Reich, ZRG KA 49 (1963); E. EWIG, Kirche u. Civitas in der Merowingerzeit, SSCI 7 (1960); ders., Milo et eiusdem similes, in: Bonifatius-Gedenkgabe (1954); H. BÜTTNER, Frühmal. Bistümer im Alpengebiet, HJb 84 (1964); ders., Christentum u. fränk. Staat in Alemannien u. Raetien während d. 8.Jh., Zs. f. Schweiz. KiG 43 (1949); Th. MAYER, Konstanz u. St. Gallen in der Frühzeit, Schweiz. Zs. f. Gesch. 2 (1952); ders., Die Anfänge d. Reichenau, ZGO Rh 62 (1953); ders., Bonifatius u. Pirmin, in: Bonifatiusgedenkgabe (1954); K. GLÖCKNER, Lorsch u. Lothringen, Robertiner u. Capetinger, ZGORh 52 (1938); ders., Die Anfänge d. Klosters Weißenburg, ElJb 18 (1939), 20 (1942); J. SEMMLER, Studien z. Frühgesch. d. Abtei Weißenburg, Bll. f. pfälz. KiG 24 (1957); ders., Die Gesch. d. Abtei Lorsch von der Gründung bis z. Ende d. Salierzeit, in: Festschr. Lorsch (1964); ders., Corvey u. Herford in der benedikt. Reformbewegung d. 9.Jh., Frühmal. Stud. 4 (1970); W. STÖRMER, Schäftlarn, Murrhardt u. die Waltriche, Zs. f. bayer. Ldsgesch. 28 (1965); H. SCHWARZMAIER, Königtum, Adel u. Klöster im Gebiet zw. oberer Iller u. Lech (1961); K. SCHMID u. J. WOLLASCH, Die Gemeinschaft d. Lebenden u. Verstorbenen in Zeugnissen d. MA, Frühmal. Stud. 1 (1967).

[5] E. EWIG, Der Martinskult im Frühma, Arch. f. mittelrhein. KiG 14 (1962); H. WEIGEL, Das Patrozinium d. hl. Martin, Bll. f. dt. Ldsgesch. 100 (1964).

[6] J. DIENEMANN, Der Kult d. hl. Kilian im 8. u. 9.Jh. (1955).

[7] E. EWIG, Der Petrus- u. Apostelkult im spätröm. u. fränk. Gallien, ZKiG (1960); ders., Die Kathedralpatrozinien

im röm. u. fränk. Gallien, HJb 79 (1960); ders., Die ältesten Mainzer Patrozinien u. die Frühgesch. d. Bistums Mainz, in: Das erste Jahrtausend, Bd. 1 (1962).

[8] B. Kötting, Peregrinatio religiosa (1950); G. B. Parks, The English Travellers to Italy 1: The Middle Ages (Rom 1954).

[8a] E. Lesne, Hist. de la propriété ecclésiastique en France (5 Bde. 1910 bis 1940).

[9] N. D. Fustel de Coulanges, Etude sur l'immunité mérovingienne, RH 22/23 (1883/84); L. Levillain, Note sur l'immunité mérovingienne, Rev. hist. du droit franç. et étr. 6 (1927); K. Fischer Drew, The Immunity in Carolingian Italy, Speculum 37 (1962).

[10] O. Henssler, Formen d. Asylrechts u. ihre Verbreitung bei den Germanen (1954).

[11] B. Lohse, Askese u. Mönchtum in der Antike u. in der alten Kirche (1969).

[12] K. D. Schmidt, Die Bekehrung d. Germanen zum Christentum (2 Bde. 1939/42); E. Klebel, Zur Gesch. d. christl. Mission im schwäb. Stammesgebiet, Zs. f. württ. Ldsgesch. 17 (1958); ders., Zur Gesch. d. Christentums in Bayern vor Bonifatius, in: Bonifatius-Gedenkgabe ([2]1954); H. Büttner, Das Erzstift Mainz u. die Sachsenmission, in: Festschr. Stohr (1950).

[13] U. Stutz, Die Eigenkirche als Element d. mal.-german. Kirchenrechtes 1 (1895); ders., Gesch. d. kirchl. Benefizialwesens v. s. Anfängen bis auf die Zeit Alexanders III. (1895); H. E. Feine, Ursprung, Wesen u. Bedeutung d. Eigenkirchentums, MIÖG 58 (1950); K. Voigt, Die kgl. Eigenklöster im Langobardenreich (1909).

[14] K. F. Morrison, The Two Kingdoms. Ecclesiology in Carolingian Political Thought (Princeton 1964), dazu H. Löwe, DA 21 (1965), S. 633 ff.

[15] P. Impart de la Tour, Les paroisses rurales du IVe au XIe siècle (1900); E. Klebel, Zur Gesch. d. Pfarreien u. Kirchen Kärntens, Carinthia I 115 (1925).

[16] H. Büttner, Die Entstehung d. Konstanzer Diözesangrenzen, Zs. f. Schweiz. KiG 48 (1954); ders., Christentum u. Kirche zw. Neckar u. Main im 7. u. frühen 8. Jh., in: Bonifatius-Gedenkgabe ([2]1954); ders., Das Bistum Worms u. der Neckargau während d. Früh- u. HochMA, Arch. f. mittelrhein. KiG 10 (1958); ders., Mission u. Kirchenorganisation d. Frankenreiches bis z. Tode Karls d. Gr., in: Karl d. Gr., Bd. 1 (1965).

[17] H. Aubin, Stufen u. Formen d. christl. u. kirchl. Durchdringung d. Staates im FrühMA, in: Festschr. G. Ritter (1950); ders., Der Aufbau d. Abendlandes im MA, HZ 187 (1959).

[18] F. L. Ganshof, L'église et pouvoir royal dans la monarchie franque sous Pépin III et Charlemagne, SSCI 7 (1960); H. Fichtenau, Das karoling. Imperium – Soziale u. geistige Problematik eines Großreiches (1949).

[19] W. Gericke, Wann entstand die Konstantin. Schenkung, ZRG KA 43 (1957); H. Fuhrmann, Konstantin. Schenkung u. abendländ. Kaisertum, Ein Beitr. z. Überlieferungsgesch. d. CC, DA 22 (1966); W. Schlesinger, Kaisertum u. Reichsteilung, in: Festg. F. Hartung (1958), auch in dess. Beitr. z. dt. VG d. MA 1 (1963), bes. S. 18 ff. bzw. 202 ff.

[20] H. Büttner (s. Kap. 9a, Anm. 9); Th. Mayer, Staatsauffassung in der Karolingerzeit, Vortr. u. Forsch. 3 (1950); H. Beumann, Zur Entwicklung transpersonaler Staatsvorstellungen, ebd.; E. Buschmann, Ministerium Dei – idoneitas. Um ihre Deutung aus den mal. Fürstenspiegeln, HJb 82 (1962).

[21] Th. Schieffer, Angelsachsen u. Franken. Zwei Studien z. Kirchengesch. 8. Jh. (1951); ders., Winfrid-Bonifatius u. die christl. Grundlegung Europas ([2]1954); J. Lortz, Bonifatius u. die Grundlegung d. Abendlandes (1954); K. Hallinger, Röm. Voraussetzungen d. bonifatian. Wirksamkeit im Frankenreich, in: Bonif.-Gedenkgabe ([2]1954); H. Löwe, Bonifatius u. die bayerischfränk. Spannung, Ein Beitrag z. Gesch. d. Beziehungen zw. dem Papsttum u. den

Karolingern, Jb. f. fränk. Ldsforsch. 15 (1955); ders., Ein literar. Widersacher d. Bonifatius: Virgil v. Salzburg u. die Kosmographie d. Aethicus Ister, Abh. Ak. Mainz 11 (1951); W. FRITZE, Bonifatius u. die Einbeziehung von Hessen u. Thüringen in die Mainzer Diözese, Hess. Jb. f. Ldsgesch. 4 (1954); ders., Slaven u. Avaren im angelsächs. Missionsprogramm, Zs. f. slav. Philol. 31-33 (1964 bis 1967); ders., Universalis gentium confessio, in: K. HAUCK, Frühmal. Stud. 3 (1969); K. HAUCK, Paderborn als Zentrum v. Karls Sachsenmission 777, in: Adel u. Kirche (Festschr. f. G. Tellenbach 1968); ders., Die Ausbreitung d. Glaubens in Sachsen u. die Verteidigung d. römischen Kirche als konkurr. Herrscheraufgaben Karls d. Gr., Frühmal. Stud. 4 (1970).

[22] J. SEMMLER, Karl d. Gr. u. das fränk. Mönchtum, in: Karl d. Gr., hg. v. W. BRAUNFELS, Bd. 2 (1965).

[23] Vgl. N. GRASS, Königskirche u. Staatssymbolik, in: Gedächtnisschr. H. Peters (1967).

[24] J. SEMMLER, Traditio u. Königsschutz, Studien z. Gesch. d. kgl. monasteria, ZRG KA 45 (1959); ders., Reichsidee u. kirchl. Gesetzgebung, ZKiG 71 (1966); ders., Zur Überlieferung d. monast. Gesetzgebung Ludwigs d. Fr., DA 16 (1960); E. EWIG, Beobachtungen z. Entwickl. d. fränk. Reichskirche unter Chrodegang v. Metz, Frühmal. Stud. 2 (1968); J. SEMMLER, Chrodegang v. Metz, in: Festschr. Lorsch (1964).

[25] J. CHÉLINI, Alcuin, Charlemagne et Saint Martin de Tours, Rev. d'hist. de l'église de France 47 (1961).

[26] E. PATZELT, Die karoling. Renaissance (1924); P. RICHÉ, Education et culture dans l'occident barbare. VIe à VIIIe siècle (1962); L. W. JONES, The Scriptorium of Corbie, Speculum 22 (1947); J. HUBERT, La renaissance carolingienne et la topographie religieuse des cités épiscopales, SSCI 1 (1954).

[27] P. FOLZ, Le couronnement impérial de Charlemagne (1964); P. CLASSEN, Karl d. Große, das Papsttum u. Byzanz, in: Karl d. Gr., Bd. 1 (1965); H. BEUMANN, Nomen imperatoris, HZ 185 (1958); F. L. GANSHOF, Le programme de gouvernement impérial de Charlemagne, in: Renovatio imperii, Atti del Giornate Intern. (1963); H. FICHTENAU, Karl d. Gr. u. d. Kaisertum, MIÖG 61 (1953); H. LÖWE, Von den Grenzen d. Kaisergedankens in der Karolingerzeit, DA 14 (1958).

[28] Th. SCHIEFFER, Die Krise d. karoling. Imperiums, in: Aus MA u. Neuzeit (Festschr. f. G. Kallen 1957).

[29] G. TELLENBACH, Germanentum u. Reichsgedanke im frühen MA, HJb 62/69 (1949).

Kapitel 10
Feudale Gesellschaft, Vasallität und Lehenswesen

Feudalismus ist eine sehr ausgeprägte *Gesellschaftsform* mit extremen Zügen persönlicher Abhängigkeit innerhalb der Gesellschaft. In ihr stehen sich eine hauchdünne schwerttragende, alles beherrschende Führungsschicht und breitgelagerte, wenn auch sehr differenzierte Unterschichten gegenüber, die in verschiedenen Graden abhängig sind. Die Herrschaftsrechte sind allein auf den waffenfähigen Führungskreis beschränkt; er übt diese kraft königlicher Verleihung und selbstgewachsener, autogener Immunität. Diese feudale Gesellschaft hat ihre Blütezeit in Westeuropa im 10. bis 13. Jh., reicht aber in Frankreich, Deutschland, Burgund-Arles und Italien bis in die Karolingerzeit zurück; auch in England, in den christlichen Königreichen Spaniens, in den Kreuzfahrerstaaten des Nahen Ostens wurde der Feudalismus das gesellschaftsbestimmende Prinzip. Er bildet nächst Kirche und Christentum die Grundlage einer universal-europäischen Kultur. Auch andere Völker und Zeiten haben analoge Formen entwickelt (Ägypten, Indien, Araber, Osmanenreich, Rußland, Japan).

Im *rechtlichen* Sinne stellen Feudalismus und Lehenswesen ein *System* von Einrichtungen dar, die Gehorsams- und Dienstpflichten, vor allem militärische, zwischen einem freien Mann, dem Vasallen, und einem anderen freien Mann, dem Senior-Lehensherrn, begründen und regeln, dazu auch die Verpflichtungen des Schutzes und Unterhalts des Lehensherrn gegenüber dem Vasallen. Das geschieht vor allem durch Verleihung von Grund und Boden (Lehen: feudum). *Feudalismus im technischen Sinne* betrifft das rechtliche Verhältnis zwischen Herrn (dominus) und »Mann« (homo); es wird durch Ergebung (Mannschaft) und Treueid (fidelitas) begründet. In der fränkischen Zeit war dieses Rechtsverhältnis offenbar weit verbreitet und gesellschaftsneutral. Seit der durch Karl Martell angebahnten Heerespolitik hat es vor allem durch Karl d. Gr. eine gehobene gesellschaftliche Bedeutung und Note und einen politischen Charakter erhalten. Es wurde zur Form der personalen Bindung der adligen Führungsschichten an den Herrscher, also ein Prinzip der Staatsgestaltung. Das Gewicht des Großreiches und seiner lockenden und lohnenden Aufgaben und die überragende Figur und Organisationsleistung Karls haben es mit Hilfe christlich-kirchlicher Ideen und durch die Erneuerung germanischer Traditionen zuwege gebracht, daß die großen Herren des Amtsadels und die Spitzen der in den Staat eingebauten Hierarchie sich den Formen des Dienstverhältnisses und der persönlichen Abhängigkeit unterordneten. Mit zunehmender Schwäche des Königtums aber wandelten sie ihre eigenen Gefolgschaften in Lehensverbände nach königlichem Muster um. Der auf Zeit und Person geschlossene »Lehensvertrag« aber wurde prolongiert, mit dem Lehensverhältnis wurden verlehnte Güter und Rechte erblich und eigen. Vor allem dadurch ist dann die mittelalterliche Gesellschaft »feudal« geworden, das Lehenswesen und Lehensrecht zur

10. Feudale Gesellschaft, Vasallität und Lehenswesen

Staatsform und zum »*Staatsrecht*«. Das Herzland des Karolingerreiches, das Gebiet zwischen Loire und Rhein, war die Wiege des europäischen Feudalismus im 8./9. Jh.

Die Anarchie im merowingischen Gallien, wesentlich bedingt durch das germanische Teilungsprinzip auch der Herrschaft, und der Mangel an Helfern (Beamten) in diesem primitiven Königsstaat förderten das Entstehen von Privatheeren des Adels und das Überhandnehmen von Privatfehden. Freie Männer wurden so »Vasallen« mächtiger Schutzherren oder unterstellten sich dem Dienst und Schutz von »potentes«, ohne dadurch ihren freien Rechtsstand zu verlieren (ingenui in obsequio); das aber geschah mit immer größerer Häufigkeit. Die im Dienste des Königs und der Herrenschicht stehenden kleinen »Freien« wurden als gasindi (germanisch), pueri oder vassi, gwas (kelt.) bezeichnet; letztere meinten den Sklaven und Unfreien. Erst seit dem 8. Jh. wurden vassi (später vasalli) freie Leute genannt, die sich in den Schutz (patrocinium, mundium, mundiburdium) eines Mächtigen begaben, sich ihm »kommendierten« in einem formalen Rechtsakt zum Zwecke des (militärischen) Dienstes und ihn damit als Herrn anerkannten, der sich dafür zu Hilfe und Unterstützung verpflichtete (mundoburdus, defensio). Diese Commendatio ist ein Vertrag auf Gegenseitigkeit, der durch den Tod eines Partners beendet wird. Bereits die älteren Formelbücher Markulfs, die wohl Anfang des 7. Jh. in Paris geschrieben wurden, sprechen (De regis antrustione I. 18) von einem »Lehenseid« in die Hand des Königs, den der Antrustio, der Königsgefolgsmann, leistet. Im archaischen Zeitalter des Symbolismus werden gedankliche Abstraktionen durch Gebärden und rituelle Akte (Verwünschung, Verfluchung, Eid) ersetzt. Der Kommendationsvertrag wurde auf viele Verhältnisse angewandt, nicht nur auf Gefolgschaft und Vasallität. Ein armer Mann »ergibt« sich, weil er sich nicht ernähren und kleiden kann.

In einer Gesellschaft, in der Grund und Boden das wichtigste Kapital, Landwirtschaft die verbreitetste Tätigkeit der Menschen ist, gab man dem Vasallen genügend Land, um seinen Unterhalt sicherzustellen; das konnte zu Eigen (proprietas) oder zur Leihe (frz. tenure, engl. tenment) geschehen. »Leiheland« war im Frankenreich ebenso verbreitet wie im spätantiken Römerreich. »Mansi«, d. h. Absplitterungen von größeren Gütern, waren Leihegüter, die nicht der Eigentümer, sondern coloni, laeti, servi auf eigene Rechnung und zum eigenen Vor-

Staat und Reich der Franken

teil gegen fixierte Rentenzahlung (census) und bestimmte persönliche Leistungen bewirtschafteten und zwar auf Lebenszeit oder sogar vererblich. Der Beliehene erwarb ein Recht an fremdem Eigentum (ius in re aliena: röm. Recht), Zins und Arbeit des Pächters oder Beliehenen waren auf den Bodenwert bezogen. Neben dieser belastenden Form der Leihe gab es günstigere ohne Arbeitsverpflichtung und bei mäßigem Zins. Die günstigen Leiheformen drückt das Wort »beneficium« aus, das oft überhaupt ohne Gegenleistung gegeben wird. Die Verleihung solcher beneficia in der Merowingerzeit war Gegenstand der Precaria = Vertrages (römischrechtlich), der den Nießbrauch an fremdem Land auf Ersuchen dem Leiheempfänger übertrug. Diese Leiheform (größeres Landstück auf Lebenszeit gegen geringe Rentenzahlung oder unentgeltlich) war bei der Kirche sehr beliebt. Sie ist ein besonders wichtiger Typ der größeren Gruppe der *Benefizialleihe*, der auch rechtsförmlich war. Die Merowingerzeit kannte also schon die Grundformen der Vasallität als persönliches Dienstverhältnis und als Beneficium. Aber erst die Karolingerzeit hat beide Institutionen miteinander verbunden, die bislang voneinander unabhängig waren. Das dadurch geschaffene *neue System* nennen wir den *karolingischen Feudalismus*. Es wurde notwendig durch den ständig wachsenden Bedarf an berittenen und für den König abkömmlichen Vasallen in den Kämpfen erst gegen die Araber, dann gegen Alamannen, Bajuwaren, Aquitanier, Provenzalen, Friesen, Sachsen, seit der Wende vom 7. zum 8. Jh., besonders unter Karl Martell und seinen Söhnen. Beneficia wurden nicht allein zum Unterhalt, sondern für eine ausreichende Bewaffnung ausgegeben, die sehr kostspielig war. Die Güter wurden ohne Zweifel meist zu vollem Eigentum übertragen und stammten aus dem Fiskalgut und Hausmeierland, vor allem aus dem reichen Kirchengut. Die Folge war ein Verfall der Kirchenzucht im Frankenreich um 750. Wollte man die Kirche wieder ernstlich reformieren, mußte man das Problem der Kirchenländereien lösen; das geschah auf drei fränkischen Konzilien (742, 743, 744). Da man das säkularisierte Kirchengut von den Vasallen nicht mehr zurückfordern konnte, fand man den Ausweg, daß Hausmeier und König dieses Eigentum weiter als beneficia an die Vasallen auf Lebenszeit austaten, jedoch die letzteren sie von der Kirche in prekarischer Leihe gegen eine Rente nehmen sollten. Später nannte man solche Güter »beneficia (oder precariae) verbo regis«. Pippin legte um 750 allen

10. Feudale Gesellschaft, Vasallität und Lehenswesen

Kirchen im Frankenreich eine divisio, eine förmliche Teilung ihres Gutes (patrimonium), deshalb auf, um mit precariae verbo regis die Zahl der Vasallen noch weiter vermehren zu können. Ein beträchtlicher Teil des Kirchenbesitzes wurde vom König als vasallisches Lehen ausgegeben. Die Kirche wurde dafür von Pippin durch die Verpflichtung aller Einwohner des Reiches zur *Zehnt-Zahlung* entschädigt. In einer dritten Phase gaben die Hausmeier und Könige auch Familiengut zu lebenslänglicher Prekarie aus. Beim Regierungsantritt Karls d. Gr. war das Vasallenlehen bereits vielgeübte Regel bei König, Herzog, Graf, potentes, Bischöfen und Äbten. Die Vereinigung von Vasallität und Beneficium war alltäglich geworden.

Im 7. Jh. übergab sich noch kein Mann von sozialem Rang als vassus; im 8. Jh. wurden auch die Mitglieder der oberen Schichten durch die Benefizialleihe zur Vasallität angelockt; der wachsende Landreichtum des Adels machte es ihm möglich, selber Vasallen anzuwerben. Vasallität und Lehenswesen wurden gesellschaftlich gehoben und aufgewertet; Vasallität, vor allem Königsvasallität, wurde eine Auszeichnung. Deshalb verschwand seit 750 die Klasse der Antrustionen, die auf der germanischen Gefolgschaft aufgebaut hatten[1].

Die Kapitularien befassen sich intensiv mit den Vasallen, auch Urkunden und erzählende Quellen. Das Wort »vassus« setzt sich allmählich in allen Landschaften als terminus technicus durch, seit dem 9. Jh. wird es von dem Wort »vasallus« verdrängt (Papst Nikolaus I. nannte 862 den Grafen Balduin von Flandern »vasallus noster«, MG Epp. 6, 273); daneben kommt die Bezeichnung »miles« auf, sogar »homo«. Die Institution der Vasallität verbreitete sich mit der Ausdehnung des Systems der Grundherrschaft. Im Laufe des 9. Jh. wurde die Weiterverleihung geliehenen Gutes an Untervasallen gang und gäbe. Die planvolle Politik der Karolinger steigerte die weite Verbreitung der Vasallität; sie stärkten damit ihre Königsherrschaft, vor allem dadurch, daß sie ihren höchsten Beamten: Grafen, Markgrafen, Herzogen die Verpflichtung auferlegten, in die *Königsvasallität* einzutreten. Sie unterstrichen deren Gehorsamspflicht, indem sie ihnen die Vasallentreue verpflichtend machten[2]. Aber die großen Beamten und Herren, auch die Kirchen taten dasselbe mit ihren Verwesern, Verwaltern, agentes und bauten so ihre eigene Machtstellung aus. In der Zeit der Invasionen (Normannen, Slaven, Ungarn, Sarazenen) konnten sie nur mit einem eigenen starken Lehensaufgebot sich

83

Staat und Reich der Franken

schützen. Es vollendete sich der gesellschaftliche Aufstieg der vassi, vor allem der des Königs (vassi dominici); ihre soziale Stellung wird als »honor« bezeichnet. Die Stellung der anderen vassi bemaß sich nach der politischen Stellung und gesellschaftlichen Bedeutung ihrer Herren; aber alle waren fortan geschieden von denen, die keine Kämpfer waren, die Schutz brauchten und suchten, von den »servi domestici«, den »casati«, den Landarbeitern.

Der karolingische Feudalismus hatte eine personale und eine dingliche Basis; aber das persönliche Band war damals noch wichtiger als das sachliche beneficium, das noch keineswegs alle »vassi« bekamen. Der Vasallitätsvertrag heißt noch »commendatio«. Das Wort »dominus« wird dabei mehr und mehr vom »senior« verdrängt. Der Vasall sprach den Lehenseid, indem er seine gefalteten Hände in die des Lehensherrn legte (Handgebärde). Der abgeschlossene Lehensvertrag war nicht einseitig kündbar; beendet wurde er durch den Tod. Noch gab es keine gleichzeitigen Bindungen eines einzelnen Mannes zu mehreren Herren. Mit der Zeit spezialisierten sich die Dienste der Vasallen, aber seit Karl d. Gr. hatte der militärische Dienst den Vorrang, dessen Leistungen nun geordnet wurden; sie erschienen im 8./9. Jh. als »servitium« (servitus). Daraus ersehen wir den totalen Charakter der *Unterordnung des Vasallen* unter den Herrn, was seine personale Freiheit nicht behinderte. Ihren Gerichtsstand hatten Kronvasallen vor dem Pfalzgericht, andere Vasallen vor dem Grafengericht. Schon im 8. Jh. gab es eine *Mystik der Vasallität*, die Idee des absoluten Zwanges der Hingabe, verstärkt durch den religiösen Charakter des Lehenseides. Da grundsätzlich die Verpflichtung zum Unterhalt die reale Grundlage der Vasallität war, wurden Vasallen noch häufig im Haushalt des Herren verpflegt; erst im 9. Jh. hatte sich die Leihe von Benefizien voll durchgesetzt; bei großen Leuten wurden beneficia auch in Allod verwandelt. Beneficium = vasallistisches Lehen hat sich in den Grundzügen seit der Mitte des 8. Jh. nicht mehr wesentlich verändert (Gutshof, Grundherrschaft, Hufen, vor allem 12 mansi). Die Karolinger sicherten sich immer ihre Eigentumsrechte an Lehen, die sie aus Königs- und Familiengut an vassi ausgegeben hatten; trotzdem blieb es das Interesse der Vasallen, Lehen in Eigen zu verwandeln. Manche Kirche, die Gut als »beneficia verbo regis« ausgeben mußte, erhielt vom König noch einen *zweiten Zehnt, die Nona,* zugesprochen. Seit der Mitte des 9. Jh. säkularisierten die

10. Feudale Gesellschaft, Vasallität und Lehenswesen

Karolinger wieder Kirchengrund in Westfranzien, Lothringen, Burgund. Im Notfall standen aber auch die eigenen und direkten Vasallen der Kirche dem König zur Verfügung. Seit dem 9. Jh. traten Verschiebungen im Recht von Herrn und Vasallen am beneficium ein. Die gesetzliche Eigentümerschaft des Herrn am Leihegut blieb zwar immer unbestritten, aber die Verfügungsgewalt darüber entglitt zusehends seinen Händen. Bei Ämtern (honores) und Dienstgut war die Leihe widerruflich. Konfiskation von Leihegut wurde immer mehr zu einer Machtprobe zwischen König und Vasallen. Der Herr mußte eine Revolte des Adels riskieren. Die Erblichkeit der Lehen setzte sich im 9. Jh. durch; gerade das aber verwandelte tiefgehend die feudalen Beziehungen.

Die volle Entfaltung von Vasallität und Lehenswesen im feudalen System war das Werk Karls d. Gr. und Ludwigs d. Fr. Karl und seine Nachfolger bauten die Vasallität zum Werkzeug der Staatsführung, aber auch zur Form des Untertanenverbandes auf höchster Ebene aus[3]. Eine Körperschaft geübter Krieger, Königs-, Kirchen-, Beamtenvasallen, sogar der Untervasallen sollte ein neues Kräftepotential der Herrschaft werden und die Durchdringung des Reiches mit königlicher Autorität, vor allem im Gericht, sichern. Grafen und andere große Beamte wurden darum Vasallen, weil man hoffte, sie dadurch in starker Abhängigkeit zu halten. Aber die Entwicklung ging andere Wege; beneficium und honor verschmolzen. Amt wurde zu Lehen, wurde erblich, sogar allodialisiert, eigen, wozu die Größe der Lehen und des Amtsgutes leicht verführte; bald wurde nicht mehr das Amtsgut (res), sondern das Amt selbst (honor) verliehen und die Lehensgüter als Beigabe behandelt. Der Sohn folgte dem Vater nicht mehr nur im Lehen, sondern auch im Amt. Auch Bischöfe und Äbte, de facto königliche Beamte, wurden seit Ludwig d. Fr. mit ihrem Amt per baculum (Stab) investiert und kommendierten sich wie vassi. Bischofsamt und Abtstelle nahmen einen lehensartigen Charakter an.

Die Vasallitätspolitik der Karolinger hatte jedoch nicht den gewünschten Erfolg; denn im ganzen haben der Einbau des Feudalismus in den »Staat«, die Verteilung der beneficia in großem Stil und die weite Ausbreitung der Vasallität die Autorität des Königs nicht gemehrt, sondern geschwächt. Vasallität förderte Autonomiebestrebungen statt Festigung der Königsherrschaft; die Erblichkeit und Feudalisierung der Ämter beschränkte die Macht des Königs, der immer mehr von Rat und Hilfe seiner großen Lehensträger und Kronvasallen abhängig wurde[4]. Der Vertragscharakter der Vasallität betonte auch die Herrenpflicht gegen Mann und Untertan; aus ihm entstehen die neuen Formen der spätmittelalterlichen Repräsentation (Kap. 39 und 40). Die Loyalität des Königs wurde zur Voraussetzung für die Loyalität von Mann und Untertan (populus), worunter damals die Magnaten verstanden wurden. Vasallität hat seit dem Ende des 9. Jh. den König von der größten Zahl der Einwohner seines Reiches rechtlich und herrschaftlich getrennt. Die Auflösung des Karolingerreiches war keine Folgewirkung der Vollentfaltung der Vasallität; schuld waren die Usurpationen der Großen im 9./10. Jh., die sich viele Hoheitsrechte anmaßten.

Das klassische Zeitalter des Feudalismus war die Zeit vom 10. bis zum 13. Jh. Die vasallitischen Bindungen verloren ihre einende Kraft. Die »beneficia« werden jetzt vorwiegend »feuda« genannt. Feudale Bande verloren ihre alte Wirkung auf Staat und Gesellschaft; nur in Deutschland beherrschten sie am Ende des 12. Jh. noch die Struktur des Reiches. Der Feudalismus breitete sich jetzt von den alten Kernländern über ganz Europa aus. Das System feudaler Beziehungen wurde verallgemeinert und kodifiziert, die Prärogativen der Vasallen vor allem betont, wie die englische Magna Charta von 1215 deutlich zeigt. Formen und Spielregeln des Feudalismus waren lokal und landschaftlich sehr gemischt. Doch gibt es daneben allgemeine Grundzüge des »ius militare«, des Feudal- und Lehensrechts. Nach den Kapitularien und außerhalb Englands gab es vor dem 13. Jh. fast keine feudale Gesetzgebung. Die Kenntnis der Praxis verdanken wir Chroniken, Urkunden, erst seit dem 12. Jh. auch Abhandlungen (Coutumiers, Rechtsbücher). In Frankreich konnte der König außerhalb des Krongutes Macht nur in feudalem Rahmen ausüben bis ins 12. Jh.[5]. Seitdem aber machte er starken Gebrauch vom Treuevorbehalt (ligeitas) – so vor allem im Urteil »curia regis Franciae« über die Verletzung der Vasallenpflichten des englischen Königs Johann Ohneland gegen seinen französischen Lehensherrn; im 13. Jh. baute er eine Verwaltung mit wirksamem Finanzsystem und einem Apparat bezahlter Beamter auf, und im 14. Jh. systematisierte er alle feudalen Rechtsbeziehungen so sehr, daß sie vom König abgeleitet, delegiert erschienen, er selbst als Lehenssouverän im Lande (le souverain fieffeux du royaume; dominus ligius ante omnes) erschien. Das Feudal-

10. Feudale Gesellschaft, Vasallität und Lehenswesen

recht hörte auf, Basis der königlichen Autorität zu sein, aber es blieb ein Werkzeug der Politik und Verwaltung des Königs.

In Deutschland entwickelten sich die Beziehungen zwischen Feudalismus und Königsherrschaft (Staat) ganz anders. Zwar war die Herrschaftsstruktur im 10./11. Jh. teilweise feudal, die Lehensbindungen der Großen aber waren kaum die Grundlage königlicher Macht; diese ruhte weiter auf den karolingischen Institutionen und auf der Reichskirche. Seit dem Investiturstreit verlor der König die Verfügungsgewalt über die Bischöfe, die Struktur der Reichskirche wandelte sich, die Großen begannen autonome Territorien zu bilden. Barbarossa vor allem baute Reichsländer auf und wollte das Reich territorialisieren und auch das deutsche Königtum auf feudaler Grundlage organisieren (Prozeß gegen Heinrich den Löwen). Barbarossa versuchte die königliche Macht auch auf die Kronvasallen, die Reichsfürsten, zu verlagern, die besonders privilegiert wurden. Ein zweites Mittel war der Heerschild (clipeus militaris), eine Lehenshierarchie mit dem König an der Spitze und dem Einschildritter am Ende. Es entstand kein Herrschaftsgebiet des Königs im eigentlichen Sinn. Deutschland wurde in einer Weise »feudalisiert«, daß sich ein »Bund autonomer großer und kleiner Territorialstaaten« entwickelte. Trotzdem waren Vasallität und Königsherrschaft keine konträren Kräfte und Formen, wie England und Frankreich zeigen, wo das Feudalrecht im gewissen Sinn zum »Staatsrecht« wurde. Seit dem 13. Jh. hörten feudale Institutionen in den Kernländern des Westens auf, Wesenselemente gesellschaftlicher Struktur zu sein: Das hinderte nicht ihr Weiterleben im Lehenswesen und seinem Besitzrecht. Die realrechtlichen-dinglichen Bindungen verdrängten die personalen. »Fidelitas« und »homagium« wurden zur Form und Formel. Seit dem 13. Jh. konnten auch Bürger Lehen tragen, und schon seit dem 11. Jh. setzte man eine Erneuerung oder einen Ersatz im Dienstrecht und im Dienstlehen der Ministerialen durch, letztlich ohne Erfolg. Das Lehenswesen blieb ein besonderer Weg zu sozialem Aufstieg. In feudale Formen faßte man bis zum Ende des Mittelalters Bindungen zwischen Reich und Territorium[6]. Aus der Verpflichtung der Vasallen zu »Rat und Hilfe« erwuchsen die Lehenshöfe (curiae), die am Ende zum obersten Gerichtshof der Vasallen wurden. Aus der gleichen Wurzel erstanden die Ständebewegung und der Ständestaat (Kap. 39 und 40). Der Feudalismus hat bis ins 19./20. Jh. seine Spuren hinterlassen in

Staat und Reich der Franken

Haltung und Benehmen der Menschen, im Denken und Fühlen, in der Art, wie wir unsere Gedanken ausdrücken. Wer einer »Dame« seine Huldigung (ses hommages) darbringt oder einer Sache mit »Rat und Tat« hilft, verwendet noch feudale Formeln. Auch das Sozialprestige des Kriegerstandes kommt noch aus dieser vorbürgerlich-feudalen Welt, aber auch der Glaube an die gegenseitige Verbindlichkeit frei eingegangener Verpflichtungen und Verträge und der Gedanke, daß keinem Befehl gehorcht werden muß, der nicht mit der Menschenwürde vereinbar ist, vor allem mit der Freiheit von Person und Eigen, die noch unsere Grundrechte garantieren.

Literatur: O. HINTZE, Wesen u. Verbreitung d. Feudalismus, SB Berlin (1929), auch in: Ges. Abh. 1: Staat u. Verf. (1941); Société Jean Bodin. I. Les liens de vassalité et les immunités (Brüssel 1936); R. COULBORN, Feudalism in History (Princeton 1956); J. CALMETTE, La société féodale (⁴1938); H. MITTEIS, Lehnrecht u. Staatsgewalt (1933, Ndr. 1958); W. KIENAST, Lehnrecht u. Staatsgewalt im MA, HZ 158 (1938); M. BLOCH, La société féodale (2 Bde. ²1949); C. STEPHENSON, Medieval Feudalism (1940); F. L. GANSHOF, Qu'est ce que la féodalité? (³1957), dt. Was ist das Lehenswesen? (1961); ders., Benefice and Vassalage in the Age of Charlemagne, Cambridge Hist. Journ. 6 (1939); ders., L'origine des rapports féodo-vassaliques. Les rapports féodo-vassaliques au Nord des Alpes à l'époque carolingienne, in: I Problemi de civiltà carolingia (Spoleto 1954); ders., Les liens de vassalité dans la monarchie franque, in: Les liens de vassalité et les immunités (Brüssel ²1958); ders., Lehenswesen u. Reichsgewalt in fränk. Zeit, in: Studien zum mal. Lehnswesen, Vortr. u. Forsch. 5 (1960); Ch. E. PERRIN, La société féodale allemande et ses institutions du Xe au XIIe siècle (Paris 1957); R. BOUTRUCHE, Seigneurie et féodalité. Le premier âge des liens d'homme à homme (Paris 1959); M. GIBBS, Feudal order. A Study of the Origins and Development of English Feudal Society (Past and Present: London 1949); P. S. LEICHT, Il feudo in Italia nell'età Carolingia (Spoleto 1954), S. 75 ff.; H. KRAHWINKEL, Untersuch. z. fränk. Benefizialrecht (1936); ders., Feudum. Jugend eines Wortes (1938), dazu Cl. v. SCHWERIN, HZ 160 (1939) u. E. KLEBEL, DA 1 (1937), S. 560ff.; A. DUMAS, Le serment de fidélité et la conception du pouvoir du Ier au IXe siècle, Rev. hist. du droit franç. et étr. (1931); F. LOT, Le serment de fidélité à l'époque franque, Rev. Belge 12 (1933); Ch. E. ODEGAARD, Vassi and Fideles in the Carolingian Age (Cambridge/Mass. 1945); H. HELBIG, Fideles Dei et Regis. Zur Bedeutungsentwicklung von Glaube u. Treue im hohen MA, AKiG 33 (1951); W. KIENAST, Untertaneneid u. Treuevorbehalt in Frankreich u. England (1952); ders., Rechtsnatur u. Anwendung d. Mannschaft (homagium) in Dtld. während d. MA, in: 4. Intern. Kongr. f. Rechtsvergleichung Paris 1954, Dt. Landesreferate, hg. v. E. WOLFF (1955); J. F. LEMARIGNIER, Les fidèles du roi de France (936–987), in: Rec. d. trav. offert à M. C. Brunel (1955); F. OLIVIER-MARTIN, Les liens de vassalité dans la France médiévale, in: Société Jean Bodin (1936); D. ZEGLIN, Der homo ligius u. die französ. Ministerialität (1915); L. HALPHEN, La place de la royauté dans le système féodale, Annuario de historia del derecho Español 9 (1933); B. L. KEENEY, Judgment by Peers (1949); Br. MEYER, Das Lehen in Recht u. Staat d. MA, Zs. f. Schweiz. Gesch. 26 (1946); E. E. STENGEL, Land- u. lehenrechtl. Grundlagen d. Reichsfürstenstandes, ZRG GA 66 (1948); Th. MAYER, Fürsten u. Staat (1950); W. EBEL, Über den Leihegedanken in d. dt. Rechtsgesch., Vortr. u. Forsch. 5 (1960).

[1] Nach der darüber geführten Kontroverse ist mit Schlesinger zu sagen, daß trotz starker keltischer, römischer u. christlicher Elemente das Germanische in Gefolgschaft im Treuebegriff nicht zu übersehen ist; s. H. KUHN, Die Grenzen d. german. Gefolgschaft, ZRG GA 73 (1956); F. GRAUS, Über die sogen. german. Treue, Historica 1 (Prag 1959); W. SCHLESINGER, in: Alteuropa u. die mod. Gesellschaft (Festschr. f. O. Brunner 1963) u. in: Beitr. z. dt. VG d. MA 1 (1963).

[2] Ch. E. ODEGAARD, The Concept of Royal Power in Carolingian Oaths of Fidelity, Speculum 20 (1945); H. HELBIG, Fideles Dei et Regis, AKG 33 (1951).

[3] Das formuliert am besten die Vita Hludovici imp. 3. ad. a. 778 (MG SS II. 608): »eis(sc. vassis) commisit curam regni prout utile iudicavit (= Reichspolitik u. Reichsverwaltung), finium tutamen (Grenzschutz in den Marken) villarumque regiarum ruralem provisionem (Lokalverwaltung des Königsgutes: Grafschaft).

[4] H. WEBER, Die Reichsversammlungen im ostfränk. Reich 840–918 (Diss. Würzburg 1962).

[5] J. F. LEMARIGNIER, Le gouvernement royal aux premiers temps capétiens, 987–1108 (Paris 1965); C. BRÜHL (s. o. Kap. 8, Anm. 1), Fodrum, Gistum, Servitium regis (2 Bde. 1968).

[6] E. KLEBEL, Territorialstaat u. Lehen, Vortr. u. Forsch. 5 (1960); G. THEUERKAUF, Das Lehenswesen in Westfalen, Westfäl. Forsch. 17 (1965), Versuch einer begrifflichen Trennung von Lehenswesen u. Feudalismus; Bedeutung d. Lehenswesens für die Territorienbildung.

Kapitel 11
Das Gesetzgebungswerk Karls des Großen
Die Staatsauffassung unter den Karolingern

Das Gesetzgebungswerk der Merowinger und vor allem das Karls d. Gr. hat geltendes Reichsrecht wenn nicht geschaffen, so doch vorbereitet. Die königliche Satzung heißt seit 779 »Capitulare«, weil ihre Einzelteile »capitula« genannt wurden. In merowingischer Zeit nannte man die Satzungen der Könige und Hausmeier decretum, decretio, edictum, praeceptio, auctoritas. Da die *Kapitularien* auch die Verhältnisse der fränkischen Staatskirche regelten, umfaßten sie auch die Kirchengesetzgebung. Sie brachten Ergänzungen zu den Volksrechten (legibus addenda), die zu ihrer Rechtskraft die Zustimmung (consensus) des Stammesvolkes brauchten. Sie schufen neues territoriales Reichs- oder Landesrecht und waren Ausfluß der königlichen Banngewalt (per se scribenda); seit Ludwig d. Fr. wurde die Zustimmung der beratenden Großen ungeschriebene Voraussetzung für ihre Rechtskraft. Gegenstände waren Verfassung, Verwaltung, Privat- und Strafrecht, Strafprozeß. Die »Capitula missorum« gaben Anweisungen an die Königsboten für ihre Kontrollreisen oder stellten Erlasse zum Zwecke der Verkündigung durch die »missi« dar[1].

Eng zusammen gehören Urkunden und Formelsammlungen; in ihnen lebt die Überlegenheit römischer Rechtskultur im germanisch-fränkischen Reich weiter und befruchtet es bedeutsam[2]. Die Urkunden zeigen einen Wandel der *Staatsauffassung* an. Als Spitze eines Personenverbandes, nicht einer Institution (regnum) oder eines Amtes (ministerium), nannten sich die Merowinger »Könige der Franken«. Unter dem Einfluß der Kirche wandelte sich diese »*patronale*« Staatsauffassung (= persönliche Bindung) vor allem zu der Zeit, da Pippin für sein neues Amt eine Legitimation brauchte und seine Anfrage an den Papst stellte, in eine korporative (= abstrakter, institutioneller Staat)[3]. In den Augen der Kirche war Königtum eine Regierungsgewalt, göttlicher Auftrag, Amt; auch das »imperium« war für sie ein Amt, das der Kaiser innehat, regiert, aber nicht besitzt; er verwaltet eine von seiner Person getrennte Institution (»imperator Romanum gubernans imperium«)[4], er ist nicht selber das Reich, so wie die Germanen es verstanden. Karls Königtum war demnach nicht mehr allein Ausfluß göttlicher Abstammung des Königsgeschlechts oder eines Heerkönigtums, sondern ein von Gott eingesetztes und vom Papst sanktioniertes Amt, das über einer allgemeinen Staatsuntertanenschaft (subiectus populus) stand[5]. Am stärksten ist diese abstrakte Staatsidee, die auf Augustin, Isidor von Sevilla und Pseudo-Cyprian fußt, bei *Hinkmar von Reims* durchgedrungen. Dem »Gottesstaat« trat die Wirklichkeit des germanischen Heerkönigtums[6] mit seinem Treueverhältnis auf Gegenseitigkeit gegenüber, das keine Untertanen im römisch-rechtlichen Sinn, sondern nur Gefolgsmannen kannte. Frei im Sinne der Kirche waren nur die dem königlichen Staatsoberhaupt unterstehenden Untertanen. Nach germanisch-fränkischer Gesellschafts- und Staatsordnung aber gab es in der Merowingerzeit die zwei Gefolgschaftsverhältnisse der Antrustionen (in unmittelbarer Umgebung des Königs) und der Leudes (= franci der Quellen, breite Masse nichtvasallitischer Gefolgsmannen?). Ludwigs d. Fr. Vertrauensleute, die tatsächlich regieren, haben die *Lehre vom theokratischen Staat* im Gesetzgebungswerk der ersten Jahre seiner Regierungszeit in das fränkische Staatsrecht eingeführt. Aus den persönlichen nichtvasallitischen Gefolgsleuten des Königs wurden die Staatsuntertanen, die frei waren; aus den Antrustionen aber entwickelte sich unter

[1] R. Buchner, Die Rechtsquellen, Beiheft zu Wattenbach-Levison, Dtlds. Gesch.quellen im MA, Vorzeit u. Karolinger (1953); Capitularia regum Francor., ed. A. Boretius u. V. Krause, MG LL sectio II (2 Bde. 1883/97, Ndr. 1960); Benedictus Levita, ed. Knust MG LL (fol.) II 2 (1837, Ndr. 1965); F. L. Ganshof, Was waren die Kapitularien? (1961); R. Schneider, Zur rechtl. Bedeutung d. Kap., DA 23 (1967); Ch. E. Odegaard (s. Kap. 10, Anm. 2); Theuerkauf, Lex Speculum, Compendium iuris. Stud. z. Aufzeichnung norddt. Landrechts v. 8. b. z. 16.Jh. (1968).

[2] Formulae Merowingici et Karolini aevi, ed. K. Zeumer, MG LL sectio V (1886, Ndr. 1963); F. Beyerle, Das Formelbuch d. westfränk. Mönchs Markulf u. Dagoberts Urk. für Rebais a. 635, DA 9 (1952). – Diplomata Merovingorum, ed. K. Pertz, MG DD I (1872, Ndr. 1965), verbess. Ausg. in Vorber.; DD Karolinorum I (1906) u. III (1966), II mit Urk. Ludwigs d. Fr. in Vorber.; DD reg. Germ. ex stirpe Karolinorum (4 Bde. 1934–1960); Böhmer-Mühlbacher, Regesten d. Kaiserreiches unter den Karolingern (²1908, Ndr. mit Ergänz. 1966); vgl. H. v. Fichtenau, Arenga, MIÖG Ergbd. 18 (1957).

[3] A. Dumas (s. Lit. zu Kap. 10) unterscheidet den patronalen u. korporativen Staat.

[4] P. Classen, Romanum gubernans imperium. Zur Vorgesch. d. Kaisertitulatur Karls d. Gr., DA 9 (1952).

[5] Vgl. Admonitio ad omnes regni ordines 823/5, MG Cap. 1 n. 150; B. Jonas v. Orléans (821–845), Opusculum de institutione regia, Migne PL 106; Hinkmar v. Reims, De regis persona et regis ministerio, Migne PL 125, u. De ordine palatii, ed. V. Krause, MG Font. jur. Germ. ant. (1894); P. Kirn, HV 27 (1933).

[6] K. Hauck, Die gesch. Bedeutung d. german. Auffassung von Königtum u. Adel, in: XIᵉ Congr. Internat. des Sciences Hist. (Stockholm 1960), Rapports 3; ders., Karl als neuer Konstantin. Zur Vor- u. Frühgesch. d. hlg. Lanze i. Wien, N. d. Ges. d. W. z. Göttingen. Ph. H. Kl. (1969).

[7] L. Halphen, L'idée de l'état sous les Carolingiens, RH 185 (1939); Th. Mayer, Staatsauffassung d. Karolingerzeit, HZ 173 (1952); H. Büttner, HJb 71 (1952); J. Hashagen, Spätkaroling. Staats- u. Sozialslehren, DVLG 17 (1939); W. Schlesinger, Karoling. Königswahlen, in: Festg. H. Herzfeld (1958) u. in: Beitr. z. dt. VG d. MA 1 (1963).

Kapitel 12
Das karolingische Kaisertum

Die Kaiserkrönung[1] Karls d. Gr. in Rom durch Papst Leo III. am Weihnachtstag 800 hat weder die gesellschaftliche Struktur des fränkischen Reiches noch auch seine Staatsordnung und Verfassung unmittelbar verändert, aber eine politische und ideelle Tradition begründet, die durch die Jahrhunderte nachwirkte. Sie besiegelte die enge Verbindung der fränkischen

Großmacht mit der römischen Kirche, die durch die Erhebung Pippins zum König und durch das Wirken des Bonifatius angebahnt wurde. Sprach Alkuin schon vorher vom »imperium christianum« Karls, nannte man seine Residenzpfalz Aachen das zweite Rom, war die kaisergleiche Ebenbürtigkeit des Frankenkönigs Karl als Herrscher über Gallien, Germanien, Italien schon in den Libri Carolini gegenüber Byzanz betont worden, so erkannte ihm nun auch der Papst die höchste Würde des Kaisertums zu und wandte sich damit endgültig von Byzanz ab, stärkte dafür seinen universalen Geltungsanspruch im lateinischen Westen und gewann mit der fränkischen Expansion auch neue Missionsaufgaben. Für Karl aber, der seitdem nie wieder nach Rom und Italien ging, verband sich dieses Kaisertum mit seinen römischen und christlichen Traditionen nicht ohne weiteres zu einer Einheit mit seinem fränkischen und langobardischen Königtum. In seinem Kaisertitel steht beides nebeneinander: »Serenissimus augustus a Deo coronatus magnus et pacificus imperator, Romanum gubernans imperium, qui et per misericordiam Dei rex Francorum atque Langobardorum«[2]. Er ließ zwar nach der Heimkehr alle seine Untertanen einen neuen Treueid auf den Namen des Kaisers (nomen Caesaris) schwören und auf seine Bulle die Umschrift »Renovatio Romani imperii« setzen, vermied aber den Titel »imperator Romanorum«, um einerseits den Franken weiterhin als ihr König und Kaiser zu gelten[3], andererseits eine Anerkennung seines Kaisertums durch Byzanz zu ermöglichen, das den römischen Kaisertitel für sich allein beanspruchte. Als nach manchen Konflikten eine Verständigung 812 gelang, begnügte Karl sich mit der Anerkennung als Kaiser im »occidentale imperium«, den der oströmische Kaiser als »Bruder« gelten ließ, während er sich selbst seitdem mit Nachdruck Kaiser der Römer (basileus tōn Rhomeiōn) titulierte[4].

Schwieriger war das neue Kaisertum mit dem fränkischen Herkommen der Herrschaftsteilung unter alle Königssöhne zu vereinbaren, das auch die Karolinger, als sie die Merowinger ablösten, beibehalten hatten. Nur weil Karls Bruder Karlmann schon 771 starb und dessen Söhne verdrängt wurden, hatte er das Gesamtreich allein beherrschen können. Noch 806 aber plante er vorsorglich eine künftige Teilung des Reiches unter seine drei Söhne, ohne dabei zu bestimmen, was dann aus dem dabei gar nicht erwähnten Kaisertum werden sollte[5]. Als nur noch der jüngste Sohn Ludwig lebte, schien sich eine einfache

12. Das karolingische Kaisertum

Lösung zu bieten: Er wurde 813 in Aachen ohne päpstliche Mitwirkung unter Akklamation der Franken zum Kaiser gekrönt (nur nachträglich auch von Papst Stephan IV. bei dessen Besuch in Reims 816); und Ludwig d. Fr. hat seinerseits schon 817 seinen ältesten Sohn Lothar gleichfalls in Aachen zum Kaiser erhoben (den Papst Eugen II. dann nochmals 824 in Rom krönte). Zugleich aber wurde auf der Aachener Reichsversammlung 817 eine Reichsordnung (Ordinatio imperii)[6] beschlossen und verkündet, die für immer die »unitas imperii« sichern sollte: Der jeweils älteste Kaisersohn sollte im Gesamtreich als Kaiser, seine jüngeren Brüder nur als von ihm abhängige Unterkönige in Bayern und Aquitanien regieren. Damit wäre eine ganz neuartige Reichsverfassung geschaffen, das Kaisertum als Klammer der Reichseinheit dem nicht ganz beseitigten Herrschaftsrecht der jüngeren Königssöhne übergeordnet worden. Doch so entschieden die kirchliche Aristokratie diese Reichsordnung und -einheit verfochten hat, der heftige Konflikt der Söhne Ludwigs d. Fr. mit ihrem adligen Anhang hat sie zunichte gemacht. Als sie sich drei Jahre nach seinem Tod im Vertrag von Verdun[7] 843 über eine neue Reichsteilung verständigten, wurde das Kaisertum Lothars auf seinen mittleren Reichsteil (mit Aachen und Rom) beschränkt, das ostfränkische Teilreich Ludwigs des Deutschen und das westfränkische Karls des Kahlen aber als selbständige Königreiche davon unabhängig, nur noch in einer dynastischen »Brüdergemeinschaft« verbunden. Und als vollends das langgestreckte Mittelreich nach Kaiser Lothars Tod 855 unter seine drei Söhne geteilt wurde, blieb das Kaisertum nur mit dem südlichen, italienischen Drittel verbunden, nachdem Lothar seinen ältesten Sohn Ludwig II. schon 850 in Rom vom Papst zum Kaiser hatte krönen lassen. Das Kaisertum war, statt zur Klammer der Reichseinheit zu werden, aus der fränkischen Reichsverfassung gleichsam wieder ausgeschieden und auf Italien beschränkt worden, wo nach dem Tod Ludwigs II. 875 auch einheimische nichtkarolingische Machthaber vom Papst die Kaiserwürde erlangen konnten, bis sie 924 mit der Ermordung des 905 in Rom gekrönten Kaisers Berengar von Friaul vollends erlosch. Das karolingische Kaisertum wäre ein mißglückter, unwirksamer Versuch geblieben, wenn nicht der Ruhm Kaiser Karls, die vielfältige Nachwirkung der von ihm geschaffenen Ordnungen und Traditionen nach langem Verfall zur Erneuerung durch Otto I. geführt hätten.

Staat und Reich der Franken

[1] Lit. zur Kaiserkrönung Karls d. Gr. s. zu Bd. 2, Kap. 18 u. 19, bes. das Sammelwerk: Karl d. Gr., Lebenswerk u. Nachwirkung, hg. v. W. BRAUNFELS u. a. (4 Bde. 1965-67); s. auch E. EWIG im Hdb. d. KiG, hg. v. H. JEDIN III 1 (1966).

[2] P. CLASSEN, s. Kap. 11, Anm. 4.

[3] H. BEUMANN, Romkaiser u. fränk. Reichsvolk, in: Festschr. E. E. Stengel (1958).

[4] F. DÖLGER, Byzanz u. die europ. Staatenwelt (1953).

[5] W. SCHLESINGER, Kaisertum u. Reichsteilung. Zur Divisio regnorum von 806, in: Festschr. F. Hartung (1958), auch in: Beitr. z. dt. VG d. MA 1 (1963) gegen W. MOHR, Arch. lat. medii aevi. 24 u. 29 (1954/59).

[6] F. L. GANSHOF, Observations sur l'Ordinatio imperii de 817, in: Festschr. G. Kisch (1955); W. SCHLESINGER, Karoling. Königswahlen: in: Festschr. H. Herzfeld (1958), auch in Beitr. z. dt. VG d. MA (1963).

[7] H. MITTEIS, Der Vertrag von Verdun im Rahmen d. karoling. Verfassungspolitik, in: Der Vertrag v. Verdun, hg. v. Th. MAYER (1943).

Kapitel 13
Strukturwandel des Staatsgefüges beim Zerfall des karolingischen Großreiches

Die Gründe für das Auseinanderbrechen des fränkischen Großreiches um die Mitte des 9. Jh. (s. Bd. 2, Kap. 21) sind nicht nur im persönlichen Versagen Ludwigs d. Fr. und in der Uneinigkeit seiner Söhne zu suchen. Im Vordergrund steht die Tatsache, daß der Raum für eine staatliche Erfassung zu groß war und das Königtum nicht über eine Vielzahl von Männern gebot, um das Reich zentralistisch wirksam zu steuern und zu verwalten. Einzelne fränkische Familien waren in den verschiedenen Teilen des Frankenreiches verwurzelt und in den Bedingungen der neuen Räume, in die sie verpflanzt waren, allzu stark aufgegangen. Nach der Reichsteilung von 843 fehlte es vor allem im ostfränkischen Teil an einer erfahrenen und erprobten Führerschicht, wie sie im lothringischen Raum zur Verfügung gestanden hatte. Dazu war der ostfränkische »Stammesadel« dem Königtum nicht so ergeben wie der gesamtfränkische im ungeteilten Reich.

Als die Ost- und Westhälfte des Reiches sich trennten, Deutschland und Frankreich entstanden, Italien in fast anarchische Adelsherrschaft versank, während die angelsächsischen Kleinreiche durch König Alfred d. Gr. zum Staate geeint wurden, da hatte das *mittelalterliche Abendland* seine *politische Gestalt* gewonnen; der universale Kaisergedanke Karls d. Gr. und Ludwigs d. Fr. schien erloschen; nur Ostrom blieb als Stätte des imperialen Universalismus übrig.

13. Strukturwandel des Staatsgefüges

Das *fränkische Erbrecht* mit seiner teilbaren Thronfolge schien als Element staatsrechtlicher Ordnung völlig ungeeignet. Es war von dem Gedanken beherrscht, daß nicht der König, sondern die Königssippe regiere, daß darum der Staat, d. h. seine Machtmittel (Reichsgut), ihr Eigentum sei. Die »Ordinatio imperii« Ludwigs d. Fr. von 817, die die Einheit des Reiches wahren wollte, versuchte den Träger der Kaiserkrone wenigstens zum Senior des Gesamthauses und der regierenden Unterkönige zu erheben. Neben der fränkischen Kirche blieb der fränkische Adel in der Zeit der Wirren Hüter des Reichsgedankens; als Inhaber von Streubesitz in allen Reichsteilen war er an einem Zusammenhalt wesentlich interessiert. Trotzdem setzte sich im Vertrag von Verdun 843 das Teilungsprinzip durch[1]; beim Sturz Karls III. 887/88 wurde auch die Einheit der Dynastie gesprengt; durch die Wahl des nichtkarolingischen Königs Konrad I. trennte sich Deutschland 911 endgültig von Frankreich.

Heftige Invasionen von außen (Normannen, Ungarn) beschleunigten den tiefgreifenden *Strukturwandel des Staates* im Innern. Da das zentrale Königtum die Aufgaben der Reichsverteidigung nicht mehr zu bewältigen vermochte, nahmen sie die partikularen Gewalten der bedrohten Landschaften und Stämme aus eigener Initiative in die Hand. In England hatten die Normanneneinfälle zur Straffung der Staatsgewalt geführt (Alfred d. Gr.). Auf dem Kontinent dagegen ruhte zu Ende des 9. Jh. die ganze Last der Abwehr auf den lokalen Machthabern, besonders kirchlicher Anstalten. Bischöfe und Äbte griffen zum Selbstschutz und stellten eigene, gutausgebildete Truppenverbände auf. Das förderte die Bildung lokaler Machtkreise, stärkte die Adelsherrschaft und züchtete ein zahlreiches Vasallentum groß. Die Folge war eine *Feudalisierung des Heerwesens*, das der Zentralgewalt entglitt. Vor allem entwickelte sich ein eigenes *Befestigungsrecht* der geistlichen und weltlichen Großen. Sie erbauten ihre eigenen Burgen und organisierten um diese befestigten Mittelpunkte Verwaltungsbezirke, die nicht mehr Teil eines zentralen Königsstaates waren. Die nämliche Wirkung hatten die Sarazeneneinfälle in Italien und die Ungarninvasion im Osten des Frankenreiches. Im Nordosten Italiens schwangen sich die Bischöfe vollends zu Stadtherren empor und gewannen große Privilegien von den Frankenkönigen. In dieser Zeit wurde die spätere Selbständigkeit und Wehrhaftigkeit der oberitalienischen Stadt begründet. Ludwig

Staat und Reich der Franken

d. Kind und Konrad I. waren völlig unfähig, den Widerstand gegen die Ungarn im Südosten ihres Reiches zu organisieren, der die Hauptwucht des Angriffs zu tragen hatte. Das ließ neue *partikulare Stammesherzogtümer* emporwachsen und erstarken.

Hand in Hand mit der Feudalisierung des Heeres ging eine *Feudalisierung des Gerichtswesens*, das auch in die Gewalt lokaler Machthaber kam. Nach dem Verschwinden der Königsboten gerieten besonders die geistlichen Immunitätsgebiete mehr und mehr unter den Einfluß des hohen Adels. Viele Klöster erhielten das Recht freier Vogtwahl und bestellten dazu mächtige Adlige, die ihnen wirksamen militärischen Schutz gewähren konnten. Diese verlangten dafür Herrschaft über das Kloster und seine Rechte. So wurde die *Klostervogtei* eine der stärksten Grundlagen mittelalterlicher Adelsherrschaft. Die geistlichen Immunitäten und die weltlichen Adelsbannbezirke wurden zu selbständigen Rechtsgebieten, die vom Königtum unabhängig waren. In beiden aber übte der Adel die Strafgerichtsbarkeit in vollem Umfang ohne jede königliche Ermächtigung und Privilegierung.

Ein drittes Symptom staatlich-gesellschaftlichen Strukturwandels im 9. Jh. war die Ausbildung eigener *Lehensgerichte*, die unabhängig von öffentlichen Gerichten nicht nur in Lehenssachen, sondern in allen Rechtsangelegenheiten der Vasallen eines Lehensherrn verhandelten. Diese Entwicklung war vor allem im Westfrankenreich fortgeschritten. Das Vasallengericht verdrängte dort das Königsgericht; das Lehensgericht des Seniors wurde ordentliches Gericht für alle. Indem sich die Anschauung durchsetzte, daß der adlig-ritterlich Lebende sich nur vor seinen Standesgenossen (= Pares) zu verantworten habe, fand die gesellschaftliche Struktur im Beginn einer *Ständegerichtsbarkeit* ihren Ausdruck.

Die Feudalisierung des Rechts ging im Westen schneller vor sich als im Osten, wo die alten Stammesrechte noch in Geltung blieben. Ämter, Amtslehen wurden im Westen und Süden rascher erblich. Die adlige Familie brauchte einen neuen Mittelpunkt, da die Kirche den germanischen Sippengedanken zersetzt hatte. Karl d. Kahle sanktionierte 877 im *Capitulare von Kiersy* (Oise) diese Entwicklung, indem er den adligen Vasallenfamilien besondere Zugeständnisse an die *Erblichkeit* ihrer Lehen machte (MG Cap. II. 358)[2].

Die Feudalisierung der Ämter hat zwar die Herzogtümer, Markgrafschaften, Grafschaften und Vogteien in den festen

Besitz der Adelsfamilien gebracht und es ihnen möglich gemacht, eigene Politik zu treiben. Doch könnte man dabei von einem Verfall des karolingischen Staatsapparates nur dann sprechen, wenn dieser bereits hochentwickelt gewesen wäre. Die adligen Immunitäten aber waren es gerade, die in den Zeiten des Verfalls der Zentralgewalt die Last der Landesverteidigung trugen, durch ihre umfassende Rodungs- und Kolonisationsarbeit, durch die Gründung von Kirchen und Klöstern und deren Ausstattung mit Familiengut die Landeskultur hoben[3] und so sich kraft eigener Leistung zur Selbständigkeit emporarbeiteten. Dabei übten sie wesentliche staatliche Funktionen aus und trugen ihr Teil zu einer staatlichen Aufbereitung des deutschen Volkes und Raumes bei.

Im Ostfrankenreich verband sich die militärische Tüchtigkeit adliger Herzöge und Markgrafen mit der lebensvollen Kraft der Stämme in der wiedererstandenen Form des *Stammesherzogtums*. Die deutsche Adelsherrschaft lebte aus der vitalen Kraft der Stämme und gewann in ihnen den stärksten Rückhalt gegen die zentralisierenden Tendenzen des Königtums.

Literatur: W. SCHLESINGER, Die Auflösung d. Karlsreiches, in: Karl d. Gr., Bd. 1 (1965); H. ZATSCHEK, Die Reichsteilungen unter K. Ludwig d. Fr., MIÖG 49 (1935); J. CALMETTE, L'effondrement d'un empire et la naissance d'une Europe (1941); E. DÜMMLER, Gesch. d. ostfränk. Reiches (3 Bde. 1887/88); J. SCHUR, Kgtm. u. Kirche im ostfränk. Reich (1931).

[1] H. MITTEIS, Der Vertrag von Verdun im Rahmen d. karoling. Verfassungspolitik, in: Der Vertrag von Verdun, hg. v. Th. MAYER (1943); F. L. GANSHOF, Zur Entstehungsgesch. u. Bedeutung d. Vertrages v. Verdun, DA 12 (1956); P. E. HÜBINGER, Der Vertrag v. Verdun u. sein Rang in der abendländ. Gesch., Düsseldorfer Jb. 44 (1947); R. SCHNEIDER, Brüdergemeine u. Schwurfreundschaft. Der Auflösungsprozeß d. Karolingerreiches im Spiegel d. Caritas-Terminologie in den Verträgen d. karoling. Teilkönige d. 9. Jh. (1964); P. CLASSEN, Die Verträge von Verdun u. Coulaines 843 als polit. Grundlagen d. westfränk. Reiches, HZ 196 (1963).

[2] Erblichkeit des Lehens bedeutete nicht unmittelbaren Übergang des Eigentums am Lehensobjekt (Gut, Recht) auf die Erben. Beim »Mannfall« fiel das Lehen zunächst an den Senior heim; doch war dieser verpflichtet, es an den Erben des alten Lehensträgers wieder weiterzuverleihen. Neben dem Heimfallsrecht des Seniors, das Ausdruck seines tatsächlichen Eigentumsrechtes am Lehensgut war, entwickelte sich ein Leihezwang; doch s. W. GOEZ, Der Leihezwang (1962).

[3] Vgl. bes. E. v. GUTTENBERG, Territorienbildung am Obermain (1927).

Kapitel 14
Das Stammesherzogtum
Die staatsbildende Kraft der Stämme

Das Karolingerreich war trotz mancher Ansätze kein zentralgeleiteter Beamtenstaat in unserem Sinne, es war gentilisch verfaßt. Der betont germanische Charakter seines Aufbaus äußerte sich vor allem in der Art, wie die Stämme und ihr Recht auch nach der Eingliederung geschont wurden. Die Stammeskontingente blieben als die größten Einheiten des Reichsheeres erhalten; daran änderte auch die Feudalisierung des Heerwesens nichts; Herzog und Grafen führten jetzt die selbständigen Lehensherren mit ihrem Aufgebot als Stammesaufgebot ins Feld. Zwar hat eine einheitliche Kirchen- und Kulturpolitik den langsamen Einschmelzungsprozeß der Stämme in das Ganze des Volkes und Staates wesentlich gefördert; die fränkische Beamtenschicht in den zu Provinzen umgewandelten alten Stammesherzogtümern hat weiterhin die Interessen des fränkischen Großreiches durch Ausübung des Heerbannes, der Gerichtshoheit und der Verwaltung des Königs- und Staatsgutes mächtig vertreten. In der Krise des karolingischen Staates und Reiches am Ende des 9. Jh. lebte die alte stammesherzogliche Gewalt wieder auf und wurde zur neuen Zwischeninstanz zwischen König und Volk. Es wurde dort am stärksten, wo kriegerische Unternehmungen eine einheitliche Führung notwendig machten. Genauso war einst das Königtum hochgekommen (Kap. 6). Trotz dieser Entwicklung zur Einherrschaft bei den Stämmen verlor aber der Adel seine Bedeutung nicht.

Die legitime Herrschaft der Karolinger hat über ein Jahrhundert lang uralte, lebensvolle, aber unorganisierte und führerlose Volkskräfte zusammengefaßt. Nun vermochten bei den großen Stämmen Männer wie Konrad in Franken (der nachmalige König), Otto in Sachsen und Luitpold in Bayern kraft ihrer unbestrittenen Autorität über den ganzen Stammesadel, ihrer Zugehörigkeit zum karolingischen Reichsadel, ihrer königsgleichen Stellung, ihrer militärischen Leistung und ihrer persönlichen Fähigkeiten, vor allem aber gestützt auf ihre zahlreichen Vasallen, Stammesherzogtümer als neue Großformen politischer Ordnung im werdenden deutschen Staat zu begründen. In Sachsen wie in Bayern ist die Erblichkeit der herzoglichen Stellung Zeichen einer hochentwickelten Autorität. Sie wurde durch die königsgleiche Wahl durch das Volk

14. Das Stammesherzogtum

(= den Adel) unterstrichen. Die Herzöge verfügten auch über die Kirchenhoheit (= Besetzung der Bischofsstühle).

Der *Herzog* erschien als der natürliche Führer, dem gegenüber der König nicht volksmäßig war, obwohl durch staatsrechtlichen Akt und politische Macht geschaffen. Die *älteren Herzöge* herrschten nicht über ein Land und den Boden, sondern wie der König über Personen und durch sie erst über Gebiet. Diese Personen bildeten den *Verband* der Grundherren, die Land besaßen und es bebauten oder bebauen ließen. Für sie galt das *Landrecht*, das *Stammes- und Volksrecht* war, weil der *Personenverband* den Stamm darstellte. Das »Land« ist der Landbesitz der »Verbandsgenossen«. Der ältere Herzog war Vertreter des Königs und Oberhaupt des Stammes, Führer des Stammesverbandes und der Stammesangehörigen. Er war aber nicht einziger Träger staatlicher Hoheitsrechte. Diese übten neben ihm die Grafen in ihren erblichen Grafschaften aus. Grafschaften, Vogteien und Grundbesitz bildeten auch für den Herzog Grundlage politischer und militärischer Macht. Daneben aber übte der Adel in seinen eigenen Gebieten öffentliche Gewalt autonomen Rechts aus, ohne eindeutig dem Herzog unterstellt zu sein; im Gegenteil erstrebte er Unabhängigkeit vom Herzog und unmittelbare Unterstellung unter den König. Eine Unterordnung der Stammesangehörigen unter die Herzogsgewalt wurde insofern anerkannt, als der Hochadel die vom Herzog einberufenen Landtage besuchte. Der Herzog wahrte den Landfrieden, wie er das Stammeskontingent befehligte und eine gewisse Gerichtsbarkeit ausübte. Doch waren alle diese Rechte nicht klar umschrieben; ihr Umfang hing von der tatsächlichen Machtstellung des Herzogs ab.

Im Gegensatz zu Frankreich, wo immer größere Gebiete zu geschlossenen »Herzogtümern« zusammenwuchsen und so leicht in einen zentralistischen Königsstaat eingebaut werden konnten, wurden in Deutschland die *Stammesherzogtümer* immer mehr ausgehöhlt und der Stammesgedanke geschwächt. Auf den Herzogtümern wie auch auf den Pfalzgrafschaften älterer Ordnung konnte infolge ihrer geringen Befugnisse keine dauernde Herrschaft aufgebaut werden. Die adlig-kirchlichen Hochgerichtsbezirke haben ein staatliches Zusammenwachsen des Stammesgebietes unmöglich gemacht.

Die Ausbildung des *jüngeren* (dritten) *Herzogtums*, das zum Territorialstaat heranreifte, wurde durch den Sieg des Hochadels über den König im Investiturstreit ermöglicht. Im Gegensatz zum älteren Herzogtum baute das jüngere auf Grafschaften, Vogteien und Grundbesitz wesentlich auf; denn durch den Erwerb möglichst vieler Grafschaften dehnte es das von ihm unmittelbar beherrschte und verwaltete Gebiet aus. Dadurch, daß der Herzog das *königliche Heimfallsrecht* ausübte, konnte er das Gut vieler gerade im 12. Jh. aussterbender Adelsgeschlechter einziehen und einbehalten. In den aus der Unfreiheit kommenden Ministerialen fand er geeignete Werkzeuge für die Verwaltung und Behauptung der neu angefallenen Gebiete; ihre bewehrten Häuser = Burgen wurden zu Verwaltungsmittelpunkten des neu sich bildenden territorialen Herzogtums. Im Gegensatz zum älteren, höchstwahrscheinlich vom König eingerichteten (mit Ausnahme von Sachsen), urtümlichen Stammesherzogtum, das den »Stamm« als Personenverband zusammenfaßte, beherrschte das jüngere Herzogtum unmittelbar einen Raum und schaltete darum alle reichsunmittelbaren, direkt dem König unterstehenden Gewalten aus, verband damit aber die alten Rechte des Stammesherzogs.

Literatur: Zur Frage des Herzogtums in Frankreich u. Dtld. unter neuen Aspekten: W. KIENAST, Der Herzogstitel in Frankreich u. Dtld. (9. bis 12. Jh.). Mit Listen d. ältesten dt. Herzogsurkunden (1968); dazu: K. S. BADER, Volk, Stamm, Territorium, in: Herrschaft u. Staat im MA, Wege d. Forsch. 2 (1956); J. BAUERMANN, »Herescephe«, Zur Frage d. sächs. Stammesprovinzen, Westfäl. Zs. 97 (1947), auch in: ders., Von der Elbe bis z. Rhein (1968); K. BOSL, Das bayer. Stammesshgt., u. ders., Das »jüngere« bayer. Stammesshgt. der Luitpoldinger, beide in: Zur Gesch. d. Bayern, Wege d. Forsch. 60 (1965); M. CHAUME, L'origine carolingienne des ducs féodaux d'Aquitaine, Annales du Midi 56-60 (1944/48); J. DHONDT, Etudes sur la naissance des principautés territoriales en France (IXe-Xe siècles) (Brügge 1948); ders., Le titre du Marquis à l'époque carolingienne, Arch. Lat. mediiaevi 19 (1948); I. DIETRICH, Das Haus d. Konradiner, Untersuch. zur VG d. späten Karolingerzeit (Diss. Marburg 1952); D. DOUGLAS, The Rise of Normandy, Proceedings of British Acad. 33 (1947); H. ELSTERMANN, Kgtm. u. Stammesshgt. unter Heinrich I. (Diss. Kiel 1939); K. JORDAN, Hgt. u. Stamm in Sachsen während d. hohen MA, Niedersächs. Jb. 30 (1958); E. KLEBEL, Herzogtümer u. Marken bis 900, DA 2 (1938); H.-W. KLEWITZ, Das alemann. Hgt. bis z. stauf. Epoche, in: Oberrheiner, Schwaben, Südalemannen, hg. v. F. MAURER (1942); G. LÄWEN, Stammesherzog u. Stammesshgt. (1935); K. LECHNER, Grafschaft, Mark u. Hgt., Jb. f. Ldskde. v. NÖsterr. 19 (1926); F. L. LEMARIGNIER, Etudes sur les privilèges d'exemption et de juridiction ecclésiastiques des abbayes normandes depuis les origines jusqu'en 1141 (Paris 1937); ders., Les fidèles du roi de France (936-987), Rec. de Travaux offert M. C. Brunel (1955); M. LINTZEL, Zur Stellung d. ostfränk. Aristokratie beim Sturz Karls III. u. die Entstehung d. Stammesherzogtümer, HZ 166 (1942); M. MITTERAUER, Karoling. Markgrafen im Südosten (1963); K. REINDEL, Hg. Arnulf u. das regnum Bavariae, Zs. f. bayer. Ldsgesch. 17 (1954); ders., Die bayer. Luitpoldinger 893-989 (1953); E. ROSENSTOCK, Herzogsgewalt u. Friedensschutz. Dt. Provinzialversammlungen d. 9.-12. Jh. (1910); W. SCHLESINGER, Kaiser Arnulf u. die Entstehung d. dt. Staates u. Volkes, HZ 163 (1941); ders., Die Anfänge d. dt. Königswahl, ZRG GA 66 (1948);

14. Die staatsbildende Kraft der Stämme

W. Schwarz, Die Ottonen u. die Schwaben, Zs. f. württ. Ldsgesch. 15 (1956); E. E. Stengel, Der Stamm d. Hessen u. das Hgt. Franken (1940); G. Tellenbach, Die Entstehung d. dt. Reiches (^{3}1943); ders., Vom karoling. Reichsadel zum dt. Reichsfürstenstand, in: Adel u. Bauern, hg. v. Th. Mayer (^{2}1967); H. Zeiss, Herzogsname u. Herzogsamt, Wiener Prähist. Zs. 19 (1932); G. Zimmermann, Vergebliche Ansätze zu Stammes- u. Territorialhgt. in Franken, Jb. f. fränk. Ldsforsch. 23 (1963); W. Merk, Die dt. Stämme in der RG, ZRG GA 58 (1938); Th. Mayer, Friedr. I. u. Heinrich d. L., in: Kaisertum u. Herzogsgewalt im ZA Friedrichs I. (1944).

C. Deutschlands staatlich-politisches Gewicht im Zeitalter der Ottonen und ersten Salier

Kapitel 15
Die allgemeine Entwicklung

Die sächsischen Könige haben von 919 bis 1002 das *fränkische Erbe der Staatseinheit* gegenüber den alten Stammeskräften, die aus dem Zerfall des karolingischen Großreiches neu emporgestiegen waren, gewahrt und einen erträglichen Gleichgewichtszustand der polaren Mächte in ihrem zentralen Königsstaat hergestellt. Dadurch vor allem, daß sie die Sicherung der Ostgrenzen des Reiches gegen Ungarn und Slaven wieder aus den Händen der Herzöge nahmen und zur Reichsaufgabe machten, stärkten sie ihre eigene Oberhoheit und dämpften die Autonomiebestrebungen der Stammesherzöge, deren Widerstand sie mit Waffengewalt brachen. Der Sieg von 955 auf dem Lechfeld brachte dem Königtum endgültig die Oberhand über die partikularen Gewalten.

Karolingische Traditionen spielten in der ottonischen Staats- und Reichspolitik die größte Rolle. Darum haben sie auch das fränkische *Staatskirchentum*, einen Pfeiler der karolingischen Monarchie, in ganz besonderem Maße wieder erneuert. Dadurch fand der gottgesetzte Herrscher über Staat und Kirche, der »rex et sacerdos«, die Unterstützung des Klerus gegen die Herzöge, die die Kirchen ihres »Landes« von sich abhängig machen wollten (Besetzungsrecht!). Umgekehrt gewannen so Bischöfe und Äbte Einfluß auf die Staatspolitik, sie wurden zum ausgleichenden Gegengewicht gegen die Macht der Stammesherzöge. Die Könige bedachten darum den hohen Reichsklerus mit großen Landschenkungen und weitgehenden Immunitätsprivilegien, um ihn für die großen Reichs- und Staatsaufgaben leistungsfähig zu machen (besonders Hof- und Heerfahrt). Die Heere der Kirchen schlugen jetzt die Schlachten der Könige.

Auch in der *Außenpolitik* nahmen die Ottonen karolingische Traditionen auf. Das zeigt vor allem die neugeknüpfte Verbindung mit Italien, dem Land karolingischer Eroberung, und die Erneuerung der weströmischen Kaiserwürde. Das bedeutete enge Beziehung zu Rom, dem Zentrum der christlichen

15. Die allgemeine Entwicklung

Welt, dem Sitz des Papsttums. Wer in Rom herrschte, war Herr der westlichen Welt; dort wurde seine Herrscherstellung sanktioniert. Als Schützer der Kirche und Verbreiter des christlichen Glaubens erfüllten die Kaiser eine kulturmissionarische Aufgabe, die auch ihrer Ostpolitik einen erhöhten Sinn gab. Zwei Jahrhunderte lang hat der deutsche Staat, als der stabilisierteste seiner Zeit, Ruhe und Ordnung in Mitteleuropa gesichert und den Aufstieg der mittelalterlichen Hochkultur damit erst möglich gemacht.

Dem Herzogtum wurde die Möglichkeit eigener Außenpolitik genommen und die königliche Oberhoheit gerade auf diesem wichtigen Gebiet gesichert. Die großen Salzburger Annalen berichten zwar, daß die Bayern ihren Herzog Arnulf 920 selbst zum König wählten, aber zum König »in regno Teutonicorum« – trotz des Wahlzwists also ein deutliches Zeugnis für das *gemeinsame Volks- und Staatsbewußtsein der deutschen Stämme*.

Der politischen Befriedung folgte die wirtschaftliche Erholung; neue starke Kräfte entluden sich in *Binnenkolonisation und Rodung*. Die neugeknüpften Verbindungen mit Italien wurden wirtschaftlich fruchtbar. Wie in Bayern, Schwaben, Lothringen wurden jetzt auch in Sachsen die *Klöster* zu Kulturträgern.

Die *Salier* machten den wirtschaftlichen und gesamtkulturellen Fortschritt unter den Ottonen ihrer Staatspolitik nutzbar. Sie suchten die neu erschlossenen Hilfsquellen für das Königtum auszuwerten; neues soziales Leben, das sich allenthalben regte, bemühten sie sich, in enge Beziehung zum zentralen Königsstaatsgedanken zu bringen, um so den Staat und seine Einrichtungen zu intensivieren. Es zeichnete sich so etwas wie ein *salisches Staatsreformprogramm* ab, das die königliche Gewalt auf neue dauerhaftere Grundlagen stellen und sie von der allzu engen Bindung an Kirche und Adel lösen wollte. Als Haupttendenzen stellen wir fest a) eine planmäßige Erweiterung und wirtschaftliche Ausbeutung des Krongutes, b) den Einsatz der neuen sozialen Schicht der Ministerialen als »Diener des Staates«, c) die Zentralisation nicht nur staatlicher Machtmittel, sondern auch staatlicher Institutionen in der Hand des Königs, d) die Königslandpolitik, d. h. die Unterbauung des Personenverbandscharakters des Königsstaates durch Ansätze eines königlichen Flächenstaates, dessen Prototyp das sächsische Königsland unter Heinrich IV. werden sollte. Ziel all dieser Maßnahmen, die zugleich Ausdruck eines sich

Deutschland im Zeitalter der Ottonen und ersten Salier

anbahnenden Strukturwandels in der abendländischen Wirtschaft und Gesellschaft sind, war der Aufbau eines zentralen Königsstaates. Das ließ sich aber nur möglich machen, wenn die adlige Opposition niedergehalten wurde, die sich auf ihre eigenwurzelig gewachsene Macht und ihr gutes Recht stützte, das im Lehenswesen verankert war. Konrad II. und Heinrich IV. wurden darum vom Adel als »tyranni« gebrandmarkt.

Literatur: Außer den vor Kap. 1 genannten Werken von H. MITTEIS, W. SCHLESINGER, Th. MAYER, G. BARRACLOUGH, R. W. SOUTHERN vgl. W. SCHLESINGER, Die Grundlegung d. dt. Einheit im frühen MA (s. Kap. 3, Anm. 2) u. W. BERGES, Dtld. zw. Imperium u. Territorium, beides in: Die dt. Einheit als Problem d. europ. Gesch. (1960); W. SCHLESINGER, Die Entstehung d. Landesherrschaft (²1964); ders., Mitteldt. Beitr. z. dt. VG d. MA (1961); H. FICHTENAU, Grundzüge d. Gesch. d. MA (²1948); H. BEUMANN, Zur Entwicklung transpersonaler Staatsvorstellungen, in: Vortr. u. Forsch. 3 (1956); K. G. HUGELMANN, Stämme, Nation u. Nationalstaat im dt. MA (1955); H. MITTEIS, Politische Verträge im MA als Gegenstand rechtsgesch. Problematik u. Forschung, ZRG GA 67 (1950); A. WAAS, Herrschaft u. Staat im dt. FrühMA (Ndr. 1965); Th. MAYER, Fürsten u. Staat. Studien z. VG d. dt. MA (1950); F. KEMPF, Abendländ. Völkergemeinschaft u. Kirche von 900 bis 1046, in: Hdb. d. KiG III 1 (1966), hg. v. H. JEDIN; J. A. JUNGMANN, Kirchenverf., Kultus u. Frömmigkeit v. 8. Jh. b. z. gregor. Kirchenreform, ebd.; W. ULLMANN, Die Machtstellung d. Papsttums im MA, Idee u. Wirklichkeit (1955, dt. 1960); K. BOSL, Die Reichsministerialität d. Salier u. Staufer 1 (1950, Ndr. 1967); ders., Das HochMA in der dt. u. europ. Gesch., HZ 194 (1961).

Kapitel 16
Die staatliche und gesellschaftliche Funktion der Grundherrschaft

Einer der Hauptwesenszüge der staatlichen Entwicklung Deutschlands in ottonisch-salischer Zeit ist die *Abschnürung der bäuerlichen Volksteile vom Staatsoberhaupt durch die Grundherrschaft.* Im agrarischen Deutschland war das Bauerntum der wirtschaftlich tragende Volksteil; doch hat ihn die königliche Herrschaft kaum mehr erfaßt und vom politischen Leben war er ebenfalls fast ganz ausgeschlossen. »Volk« im staatsrechtlichen Sinn waren nur Adel und Geistlichkeit (geburtsständisch ein Teil des Adels). Die Grundherrschaft[1] beherrschte im Süden und Westen Deutschlands das wirtschaftliche und politische Leben der Volksschichten; der wirtschaftliche Feudalismus erreichte jetzt seinen Höhepunkt. Da der Bauer dem Grundherrn völlig untertan war, galt für ihn kein Staats-, d. h. Volks- und Landes-

16. Die Funktion der Grundherrschaft

recht, sondern nur das *Hofrecht*, das der Grundherr für seine bäuerlichen Untertanen erließ, wenn sie auch in zunehmendem Maße an der Regelung gemeinsamer Fragen, z. B. der Allmendenutzung mitzuwirken strebten[2]. Es gab kaum Angelegenheiten, in denen der Bauer es mit einem Organ oder Richter des Königs zu tun gehabt hätte, höchstens mit dem *Vogt* der geistlich und weltlich gefreiten Grundherrschaft, der Immunität[3].

Grundherrschaft, Vogtei und Immunität gehen auf eine gemeinsame Wurzel zurück, die die Hausherrschaft zu sein scheint. *Munt* über Personen (Vorläufer der Vogtei) und *Gewere* (Verfügungsgewalt) an Sachen und Rechten sind der Kern aller Herrschaftsverhältnisse, sie sind rechtmäßige Gewalt, Schutz und Schirm und bilden eine Einheit[4]; sie beide sind die Grundelemente der archaischen Herrschaft, auf ihnen beruhen Zwing und Bann; in beiden fließen Macht und Recht in eins zusammen[5]. Grundherrschaft ist eine konkrete *Lebensordnung*, in der Wirtschaft und »Staat« miteinander in verschiedenen Formen vereint sind. Geistig und rechtlich stehen im Mittelpunkt a) der *Schutz*, den der Grundherr als wehrhafter Adliger gewähren kann, weil er reale Macht besitzt und das Recht »legitimer Gewaltanwendung«, das Fehderecht hat, b) *Huld* und *Treue*, die der Grundholde dem Herrn schwört und leistet, *Hilfe* und *Rat*, die er in Form von Steuer, Robot und Reis[6] bei »êhafter Not« (legitima necessitas) dem Herrn zu leisten hat, weil er ihn schützt und weil der »arme Mann« sich selbst nicht verteidigen kann.

Sachlich ist Mittelpunkt der Grundherrschaft das *Haus* des Herrn, das Burg sein kann, aber nicht muß. Herum liegt ein geschlossenes Gebiet, in dem die Herrschaft Grund-, Dorf- und Vogteiobrigkeit allein ausübt. Der Herr ist hier alleiniger Grundbesitzer; neben dem selbstverständlichen Recht auf Zins und Dienst (= Scharwerk) beanspruchte er Steuer, Robot und Reis, das Recht des »Stiftens und Störens«[7], übte er in der älteren Zeit die volle Gerichtsbarkeit, später die außerseitige und streitige, soweit sie sich auf das Leiheland bezog. Strafgewalt stand ihm über den Holden zu, der ihn angriff, und über jene Fälle, die sich innerhalb des Grundholdenhauses (= des Dachtraufs als der Hausgrenze gegenüber der Außenwelt) zutrugen. Neben diesen Rechten, die wir als *Grundobrigkeit* bezeichnen, übte er aber auch die spätere *Dorfobrigkeit*, die die Niedergerichtsbarkeit über alle Fälle außerhalb des Dachtraufs auf Gasse und Dorfgemarkung umfaßte. Dazu kam eine Herrengewalt über das Dorf, die diese Dorfobrigkeit vielfach als Vogtei(obrigkeit) erscheinen ließ; sie gab dem Dorfherrn ein Aufsichts-, ja ein Herrenrecht an der Allmende (Gemeindeeigen, meist Wald, Wasser, Weide) und schrieb ihm die Verwaltung der dörflichen Angelegenheiten und eine ausgebreitete Polizeigewalt zu. Die Rechte des Herrn[8] zerfielen also im Laufe der Zeit in verschiedene Gruppen: a) Rechte, die sich aus Herrschaft über Grund und Boden (Grundherrschaft, Grundobrigkeit im engeren Sinn) und über Personen im Falle der Unfreiheit derselben (*Leibherrschaft*) ergaben; b) Verwaltungsbefugnisse, die auch Recht setzen oder entscheiden; c) Gerichtsrechte. Natürlich sind alle diese Rechte nicht von Anfang an in dieser Ausgeprägtheit da, sie haben sich erst im Laufe der Differenzierung der staatlich-politischen, wirtschaftlich-sozialen Verhältnisse herausgeschält; sie gehen aber auf einen gemeinsamen Urkern zurück, den wir als Hausherrschaft mit Munt und Gewere ansprechen. Der Prozeß der Entwicklung, deren Endphasen hier mitgeschildert sind, reicht vom Früh- bis in das Spätmittelalter.

Um den Kern des Hauses verdichteten sich in größtmöglichem Maße die Herrschaftsrechte auf engstem Raum. Selbst der Hochrichter (Graf, Landrichter) konnte in diesen Raum nicht eingreifen; für den Grundherrn bestand nur eine Auslieferungs- (Schub-)pflicht. Um diesen engsten Raum lagerte sich ein Gebiet mit größerer oder kleinerer Dichte der Herrschaftsrechte in den Dörfern. Die Obrigkeit des Herrn umspannte den ganzen bäuerlichen Alltag.

Im Streubesitz, in den Außenbesitzungen, die außerhalb des Kerngebietes lagen, in denen der Herr auf Grund- und Dachtraufengerichtsbarkeit beschränkt war, war die Lage wesentlich anders, weil des Herren Schutz hier oft versagen mußte und der Bauer gar oft zur Huldigung an den Fehdegegner gezwungen war. Ein vielfach anderes Gesicht hatte die geistliche Grundherrschaft; bei ihr trat der militärische Charakter nicht so stark in den Vordergrund, da die Schirmvogtei des Königs und später des Landesherrn sowie die Bevogtung der Güter und Holden durch Adelsherrn der Nachbarschaft wirkte. Im ganzen war die geistliche Grundherrschaft viel lockerer, der Grundbesitz gruppierte sich um eine Mehrzahl von Kernen, die vor allem als wirtschaftliche Musterbetriebe beispielgebend wirkten[6]. Die ritterliche Grundherrschaft des Hochmittelalters aber war höchstwahrscheinlich am Anfang keine Herrschaft,

16. Die Funktion der Grundherrschaft

sondern vermutlich der Vogtei des Lehensherrn unterstellt, also Teil von dessen Herrschaft.

Grundherrschaft des Mittelalters ist nicht nur übergreifendes Wirtschaftsprinzip, sondern Herrschafts-, Sozial-, Lebensordnung, in die das Widerspiel zwischen adliger Elite, die den staatlich-politischen Raum bis in das Spätmittelalter beherrscht, und der breiten Masse der Untertanen gebannt ist, aus der aber die neuen sozialen Kräfte emporstiegen.

---

[1] G. SEELIGER, Die soz. u. polit. Bedeutung d. Grundherrschaft im früheren MA (1903); ders., Staat u. Grundherrschaft in der älteren dt. Gesch. (1909); A. DOPSCH, Herrschaft u. Bauer in der dt. Kaiserzeit (²1964), bes. Kap. 1 mit der älteren Lit.; ders., Die ältere Wirtschafts- u. Sozialgesch. d. Bauern in den Alpenländern Österreichs (1930); ders., Grundherrschaft im MA, in: Festschr. A. Zycha (1941); F. LÜTGE, Die Agrarverf. d. frühen MA (²1966); ders., Die mitteldt. Grundherrschaft (²1957); ders., Gesch. d. dt. Agrarverf. vom frühen MA bis z. 19.Jh. (²1963); ders., Studien z. Sozial- u. Wirtsch.gesch., Ges. Abh. (1963); K. H. GANAHL, Studien zur VG d. Klosterherrschaft St. Gallen (1931); Ph. DOLLINGER, L'évolution des classes rurales en Bavière depuis la fin de l'époque Carolingienne jusqu'au milieu du XIIe siècle (1949); E. KLEBEL, Aus der Verf.-, Wirtsch.- u. Sozialgesch. d. Hofmark Vogtsreuth, Zs. f. bayer. Ldsgesch. 6 (1933); F. RÖRIG, Luft macht eigen, in: Festg. G. Seeliger (1920); O. BRUNNER, Land u. Herrschaft (⁵1959), bes. S. 276ff.; Ch. E. PERRIN, La société rurale allemande du Xe au XIIe siècle, RH 24 (1927); ders., Recherches sur la seigneurie rurale en Lorraine d'après les plus anciens censiers (XIe-XIIe s.) (1935); ders., L'évolution de la seigneurie dans l'Allemagne du nordouest, Annales d'hist. écon. et soc. (1941); vgl. M. BLOCH, Caractères originaux de l'hist. rurale française (1932); H. SEE, Les classes rurales et le régime domanial en France (1901); P. VINOGRADOFF, The Growth of the Manor (1905); ders., English Society in the 11th Century (1908); G. G. COULTON, The Medieval Village (1925); H. S. BENNETT, Life on the English Manor. A Study of Peasant Condition 1150–1400 (1937); L. GENICOT, L'économie rurale au bas moyen âge, 1199–1429 1: La seigneurie foncière (1943); P. S. LEICHT, L'organisation des grandes domaines dans l'Italie du nord pendant les Xe–XIIe s., in: Soc. Jean Bodin, Le Domaine (1949); D. HERLIHY, The Hist. of the Rural Seigneury in Italy 751–1200, Agricultural Hist. 33 (1959); G. LIZERAND, Le régime rural de l'ancienne France (1942); Société Jean Bodin, Le servage (Brüssel 1937); La tenure (1938); Le domaine (1949); G. DUBY, La société aux XIe et XIIe siècles dans la région mâconnaise (1963).

[2] Daran entzündete sich das genossenschaftl. Leben d. aufkeimenden dt. Dorfgemeinde: K. BOSL, Eine Gesch. d. dt. Landgemeinde, Zs. f. Agrargesch. u. Agrarsoz. 9 (1961); K. S. BADER, Studien z. Rechtsgesch. d. mal. Dorfes 1: Das mal. Dorf als Friedens- u. Rechtsbereich (1957), 2: Dorfgenossenschaft u. Dorfgemeinde (1962); K. JORDAN, Herrschaft u. Genossenschaft, GWU 12 (1961).

[3] E. E. STENGEL, Immunität, in: Rel. in Gesch. u. Gegenw. 3 (1929), auch in dess. Abh. z. mal. Gesch. (1960); F. SENN, L'institution des avoueries ecclésiastiques en France (1903); J. HÖFFNER, Bauer u. Kirche im dt. MA (1939).

[4] Darauf haben hingewiesen: U. STUTZ, Ausgew. Kapitel aus der Gesch. d. Eigenkirche, ZRG KA 26 (1937); L. WENGER, Hausgewalt u. Staatsgewalt im röm. Altertum, in: Misc. F. Ehrle 2 (1924); anders W. SCHLESINGER, Ent-

Deutschland im Zeitalter der Ottonen und ersten Salier

[5] Im german. Bereich gab es den Begriff der rein privaten Person und des rein privaten Eigens überhaupt nicht. Der Grundherr konnte kein privater Grundeigentümer sein, schon weil Erb und Eigen auch religiös gebunden waren.

[6] Ältere Lit. über mal. Steuern bei G. v. BELOW, Probleme d. WG ([2]1926); A. WAAS, Vogtei u. Bede (2 Bde. 1923); B. MOLL, Zur Gesch. d. Vermögenssteuern (1911); Th. MAYER, Gesch. d. Finanzwirtsch. vom MA bis z. Ende d. 18. Jh., in: W. GERLOFF u. F. NEUMARK, Hdb. d. Finanzwiss. ([2]1952); P. FRIED, Zur Gesch. d. Steuer in Bayern, Zs. f. bayer. Ldsgesch. 27 (1964). Robot ist außerordentliche körperliche Leistung, ein Ausfluß der Vogtei, nicht Entgelt für die Überlassung des Leihelandes. Neben Steuer und Robot ist »rais« oder »veld«, d. h. die bäuerliche Wehrpflicht, eine Vogteiverpflichtung des Grundholden; H. FEHR, Das Waffenrecht d. Bauern im MA, ZRG GA 35 u. 38 (1914 u. 1917).

[7] Zu den Rechten des Grundherrn gehören Zwing und Bann, die Zwangsgewalt in allen Rechtsverhältnissen, die aus der Gewere über das Leihegut entspringen. Er pfändet den in der Leistung seiner Schuldigkeit säumigen Grundholden. Er hat vor allem das »ius instituendi et destituendi«, das Recht des Stiftens (vgl. Freistift) und Störens, der, wenn nötig, gewaltsamen Einweisung des Grundholden in das Leihegut und seine »Abstiftung« von demselben; s. H. PLANITZ, Vermögensvollstreckung im dt. Recht d. MA (1912); Oberösterr. Weistümer, Reg. s. v. »Stiften« u. »Stören«.

[8] P. OSSWALD, Die Gerichtsbefugnisse d. patrimonialen Gewalten in NÖsterr., Ursprung u. Entwicklung von Grund-, Dorf- u. Vogtobrigkeit (1907); A. DOPSCH, Zur Gesch. d. patrimonialen Gewalten in NÖsterr., in: Verf.- u. WG d. MA (1928); S. ADLER, Rechtsgesch. d. adeligen Grundbesitzes in Österreich (1902).

[9] A. HOCHHOLZER, Die niederbayer. Ammerhöfe. Ein Beitrag z. ländl. Strukturforschung Altbayerns (1965); W. METZ, Kirchenorganisation, Königtum u. Adel, Betrachtungen vornehml. im Marburger Lande, Bll. f. dt. Ldsgesch. 100 (1964).

stehung d. Ldsherrsch.; vgl. A. DOPSCH, Grundlagen d. europ. Kulturentwicklung 2 ([2]1924), S. 119 ff.

Kapitel 17
Die Grundherrschaft als Wirtschaftsform

Die Grundherrschaft ist die wirtschaftliche und soziale Basis der mittelalterlichen Adelsherrschaft, aber auch die Lebensform des Bauernvolkes. Sie beruht auf der Tatsache, daß der Grundherr seinen Landbesitz nicht selbst bewirtschaftet, sondern an andere abhängige Leute zur Bewirtschaftung gegen einen bestimmten Anteil am Ertrag in Form von Abgaben und Diensten ausleiht. Der Grundherr bewirtschaftet daneben einen Teil seines Bodeneigens vielfach in *Eigenbau* (Terra salica, indominicata), er betreibt bei größerem Ausmaß des »Sallandes« sogar *Gutswirtschaft*[1] mit familienfremden Arbeitskräften (Leibeigenen, fronpflichtigen Bauern, freiem Gesinde, Landarbei-

17. Die Grundherrschaft als Wirtschaftsform

tern). Die Eigenwirtschaft gehört aber nur indirekt zur Grundherrschaft.

Die germanische Form der Grundherrschaft beruhte wesentlich im »*Herreneigentum an Menschen*«, in persönlichen Abhängigkeiten (Munt!). Vom 7.–9. Jh. aber wurde daraus ein echtes Grundherrschaftsverhältnis, ein »*Herreneigentum an Grund und Boden*« (Gewere!). Leibherrschaft wurde zur Grundherrschaft (s. Kap. 16). Dieser Vorgang war begleitet von einer umfassenden räumlichen Ausweitung. Dieser Prozeß wurde nicht durch einen massenweisen Übertritt in ein grundherrschaftliches Verhältnis (gewaltsam oder freiwillig) oder durch Flucht vor drückendem Wehrdienst verursacht[2]. Wesentlicher Anlaß für die Ausweitung waren a) die Besitzergreifung von herrenlosem Land (eremus) durch den Adel[3], b) Schenkungen großen besiedelten Landes (in Streulage) an Kirchen und Klöster, c) Tradierung von Urwald und Sumpf zum Zwecke der *Rodung* und *Besiedlung* und d) die Verfügung von König, Adel und Kirche über zahlreiche *Unfreie*, die sie zur Rodungsarbeit und zum Siedelwerk ansetzen konnten. Der noch nicht »eingefangene« Wald[4] war keinem festen Eigentumsverhältnis unterworfen, sondern unterlag ungeregelter Nutzung; herrenloses Land gehörte zunächst dem König, der vermutlich nach dem alten Eroberrecht ein *Bodenregal* daran besaß, das sich im Laufe der Jahrhunderte bei wachsender Bodenverknappung immer stärker entwickelte. Die Kirche erhielt solche Gebiete geschenkt, der Adel nahm sie selbst in Besitz. König, Adel und Kirche verfügten nicht nur über genügend Unfreie, sondern auch über die Mittel, um Neuroden anzulegen; sie konnten die Rodungsbauern so lange unterhalten, bis das unter Pflug genommene Land (captura) einen Ertrag abwarf[5]; sie waren die Träger einer besseren und strafferen Wirtschaftsform und -ordnung, vorab die Kirche mit ihren Musterbetrieben. Für Deutschlands staatliche Entwicklung wurde es schicksalhaft, daß es – im Gegensatz zu Frankreich – ein Land der Rodung und des Ausbaus war (Th. Mayer).

Die Ausweitung der Grundherrschaft war ursächlich mit der *Entwicklung eines einheitlichen Bauernstandes* verbunden. Beim Übergang vom Herreneigen an Menschen zum Herreneigen an Land verflüchtigte sich allmählich die persönliche Unfreiheit; ehedem personale Abgaben und Dienste wurden »verdinglicht«, wurden zu Reallasten auf Grund und Boden. Der Leibeigene wurde dadurch zum Bauern. Indem sich Nutzung

Deutschland im Zeitalter der Ottonen und ersten Salier

und Leihe vom Vater auf den Sohn vererbten, entstanden feste bäuerliche Besitzverhältnisse; dadurch wuchsen die alten Leibeigenen mit sogenannten alten »Gemeinfreien«, die vermutlich nur dem König oder Herzog unterstanden, zu einem Stand zusammen. Die Gemeinfreien waren zu Grundholden des Adels und der Kirche geworden, indem sie grundherrliches Land gegen Abgabe (selten gegen Dienste) zu Leihe nahmen, wofür sie den Waffenschutz des Adels und Kirchenvogtes genossen. Je mehr sich das freie = herrenlose Land erschöpfte, um so zwingender wurde die Veranlassung, Land von den Grundherren zu übernehmen, die neben dem König allein noch über Rodungsland verfügten.

Die Rechtsform, in der die Ausstattung mit grundherrlichem Boden erfolgte, war die *Prekarie*, ein ursprünglich freies Leiheverhältnis, das im Laufe der Entwicklung auch auf die Unfreien (servi, mansuarii) ausgedehnt wurde[6]. Ursprünglich nur auf Zeit gewährt, wurde diese Leihe auch erblich (*freie bäuerliche Erbleihe*). Gerade durch diese Leiheform wurde der ehedem »freie« Bauer Grundholde des Leiheherrn. Während durch die »precaria data« Herrenland in bäuerliche Wirtschaft umgewandelt wurde, blieb bei der »precaria oblata« die bäuerliche Betriebsform sowohl wie der größte Teil des Ertrages der Bauernwirtschaft erhalten. Der grundherrliche Rentenbezug, meist in Geldeinheiten berechnet, war nicht nur sehr niedrig, sondern auch gemessen (fixiert). Deshalb wurde die Wirtschaftskraft der Grundherrschaft (vor allem der kleineren) immer geringer, je mehr seit dem 12. Jh. die Kaufkraft des Geldes sank. Die Rechtsform der Prekarie ist teilweise schuld an der grundherrschaftlichen Zersplitterung unserer dörflichen Siedlungen. Außerdem führte das Fehlen des Anerbenrechtes im germanisch-deutschen Erbrecht zu *Realteilungen*, da die Söhne das Land meist gemeinsam erbten.

Diese Realteilungen und die Bevölkerungszunahme wirkten sich so lange nicht in einer Verkleinerung der Bauernhöfe aus, als genügend freies, unbebautes Land vorhanden war, das man einfangen konnte (»bifang«). Schon im 9. Jh. aber wurden vereinzelt Rodungen im Gemeinwald (Allmende, Mark) verboten. Für die Übergabe von Rodungsland (precaria ad excolendum) wurden meist sehr günstige Leihbedingungen gestellt, während für gutes Bauland höhere Abgaben gefordert wurden. Die großen Rodungen im Binnenland, die schon im 8. Jh. im Gange waren und im 12. Jh. den Landesausbau voll-

17. Die Grundherrschaft als Wirtschaftsform

endeten, wie die im Osten (Südost- und Nordostkolonisation), sind ohne die bessere Arbeitsorganisation und Wirtschaftstechnik der Grundherrschaft undenkbar.

Nachdem die beiden Hauptgruppen bäuerlicher Bevölkerung, die alten Unfreien wie die ehemaligen »Gemeinfreien«, zu einem einheitlichen, wenn auch innerlich abgestuften Bauernstand verschmolzen waren[7], tauchte bei den Bauern die Bezeichnung »frei« auf. Damit war kein personenrechtlicher Stand mehr gemeint, sondern lediglich die *Freiheit von bestimmten Abgaben und Lasten*. Das bedeutete jedoch nicht Freiheit von gerichtsherrlichen und öffentlichen, d. h. vogteilichen Lasten (Burgwerk, Gastung, Wegbaupflicht), die im Laufe der Zeit hinzukamen[8].

Form und Ausmaß der Grundherrschaft waren in Deutschland nach Zeiten und Landschaften recht verschieden; auch Mischformen sind anzunehmen. Man spricht von »villicatio« und *Villikationsverfassung*, wenn ein oder mehrere herrschaftliche Eigenbetriebe (Herrenhof, Fronhof, Salhof, curtis) mit Salland im Mittelpunkt der Grundherrschaft standen und die bäuerlichen Wirtschaften (Hofgüter) an sie angegliedert waren (*Fronhofsverband*). Je größer nun das in Eigenregie betriebene Gutsland, je ausgebildeter die Arbeitsleistungen der Hintersassen und die Herrschaftsrechte des Grundherrn waren, um so leichter konnte sich aus dem Fronhofsverband der *Typ der Gutsherrschaft* entwickeln, der seit dem Spätmittelalter vor allem im Nordosten vorherrschend wurde. Wo die Eigenwirtschaft des Grundherrn unbedeutend war oder gar entfiel, breitete sich die Form der *Rentengrundherrschaft* aus, für die die Abgaben der bäuerlichen Grundholden bestimmend waren. In den Wirtschaftsquellen (Urbare, Sal- und Zinsbücher) begegnet in erster Linie die Großgrundherrschaft; daneben gab es die quellenmäßig weniger erhellten Klein- und Zwerggrundherrschaften (Kirche, Pfarrei, Ritter usw.).

Die im Hofding zur Gerichtsgemeinde zusammengeschlossenen Grundholden eines Fronhofes (villicatio) entwickelten im Zusammenwirken mit der Grundherrschaft den eigenen *Rechtskreis des Hofrechts*. Sie wurden Träger des Genossenschaftsgedankens auf dem Lande, in dem sich eine Wurzel modernen staatlichen Lebens, der Selbstverwaltung, aufspüren läßt. Aus ihm erwuchs der Nachbarschaftsverband, die »*Dorfgemeinde*« (universitas), die bis an die Schwelle der Neuzeit eine wirtschaftlich-soziale Lebensgemeinschaft blieb und noch nicht Grundeinheit staatlichen Verwaltungsaufbaus und politischer

Selbstverwaltung (politische Gemeinde) war. Dieses genossenschaftliche Leben und Recht hat in den *Weistümern*[9] seinen Niederschlag gefunden. Verfassungsrechtliche Voraussetzung für die Dorfgemeinde war die Immunität des Grundherrn[10].

Eine Gemeinschaftsregelung verlangten vor allem die zahlreichen Nutzungsrechte an Wald, Wasser, Weide, an denen sich so etwas wie eine Frühform gemeindlicher Selbstverwaltung zu entzünden begann. Schon die Gemengelage der Ackerstücke in den Fluren der alten *Gewanndörfer* und die *Dreifelderwirtschaft*, die seit der fränkischen Zeit die alte Feldgraswirtschaft vollends zu verdrängen begann (mit Ausnahme der Alpengegenden zum Beispiel), machten *Flurzwang* und *Flurordnung* nötig; an ihrem Zustandekommen sind Grundherrschaft und Märker (Teilhaber an der Feldmark und der Allmende) wohl in gleicher Weise beteiligt, wenn auch erstere den Anstoß dazu gab. Zu jeder bäuerlichen Siedelstelle (Hufe)[11] gehörte ein entsprechender Anteil an Wald, Wasser, Weide, die nicht wie die Ackerflur aufgeteilt waren, sondern von den Dorfbauern gemeinsam genutzt wurden. Die *Mark* (marca, in finibus, in terminis), auch *Allmende* genannt, konnte dabei in gemeinsamer Nutzung mehrerer Dörfer[12] oder nur eines einzelnen Dorfes sein. Sie geht, wie man heute dank A. Dopsch und F. Lütge weiß, nicht auf germanischen Agrarkommunismus zurück. Zur mittel- und großbäuerlichen Wirtschaft, die das Gutsland der grundherrlichen Eigenwirtschaft bei weitem überwog, gehörte neben Ackerboden und Weide notwendig der *Wald*, der Bau- und Brennholz, Streu, Eicheln und Bucheckern für die Schweinemast und andere Güter lieferte. Er war meist im Gemeineigentum. Wie die Weide war er vom Grundherrn zur Verfügung gestellt; die Nutzung aber geschah unter bäuerlicher Mitwirkung, vielfach sogar unter bäuerlicher Selbstüberwachung und Regelung. Dabei entstanden die *Realgemeinden* mit ihren Weistümern, Dorf- (Ehaft-) Rechten, Bergrechten, die bis ins 19. Jh. bestanden. Verknappung des verfügbaren Bodens und Zunahme der bäuerlichen Bevölkerung machten eine geregelte Nutzung von Gemeinbesitz nötig. Flurordnung und Nutzungsrechte aber gaben Anlaß zu einer allmählichen sozialen Differenzierung auch der Dörfler; nutzungsberechtigte Altbauern standen gegen nichtberechtigte Zuzügler, Kleinstelleninhaber und Handwerker. Darin aber gründete der spätere Unterschied zwischen alter Real- und neuer politischer Gemeinde.

17. Die Grundherrschaft als Wirtschaftsform

[1] Die Form der Gutswirtschaft war im alten Gallien weiter verbreitet, wenn sie auch im Ostfrankenreich nicht vereinzelt auftrat.

[2] In diesem Zusammenhang ist die Frage der »Gemeinfreien« ebenfalls zu klären; vgl. Th. MAYER, DA 6 (1943) = Mal. Studien (1959), S. 139 ff. u. 164 ff. Auch die Fragen d. karoling. Hufenverfassung u. d. »Edlinger« Kärntens sowie die Vorformen d. Königsdienstmannschaft sind in diesen Problemzusammenhang einzubeziehen; s. E. KLEBEL, Siedlungsgesch. d. dt. Südostens (1940); ders., VG v. Niederösterr., Jb. f. Ldskde. v. Niederösterr. 32 (1944); ders., Von den Edlingern in Kärnten, Arch. f. vaterländ. Gesch. u. Topographie 28 (1942); H. EBNER, Von den Edlingern in Innerösterr. (1956), S. 35 ff.

[3] Ein Beispiel für die Rechtsformen d. adligen Besitzergreifung des »eremus« bei K. BOSL, Forsthoheit als Grundlage d. Landeshoheit in Baiern, in: Festschr. d. Maxgymnas. München (1949/50).

[4] J. TRIER, Wald, in: Festschr. Th. Frings (1956); K. H. BORCK, Zur Bedeutung d. Wörter »holtz«, »wald«, »forst« u. »witu« im Althochdeutschen, in: Festschr. J. Trier (1954); R. SCHÜTZEICHEL, Bezeichnungen f. Forst u. Wald im frühen MA, ZdA 87 (1956/57); W. METZ, Waldrecht, Hägerecht u. Medem, Zs. f. Agrargesch. u. Agrarsoz. 1 (1953). Mit Wald verknüpft sind Forstrecht u. Forst, aber nicht identisch. In der Frühzeit ist Forst Sonderbezirk, Sondereigentum, Sundern; er besteht zuerst aus Wald u. (Alt-)Siedelland. Der eingeforstete Wald u. der Forst spielen beim Aufbau von Herrschaft d. Königs, d. Adels, d. Kirche eine große Rolle, s. K. BOSL (Anm. 3); vgl. R. KIESS, Die Rolle d. Forsten im Aufbau d. württemb. Territoriums bis in d. 16. Jh. (1958); H. RUBNER, Untersuchungen zur Forstverfassung d. mal. Frankreich, VSWG 49 (1965).

[5] Bestes Beispiel dafür sind die Schwaigen (vaccariae, Stadelhöfe), die Siedlungsform in den Talböden der Alpen, deren Grundeinheit eine vom Grundherrn gestellte Herde von 12 Kühen war, für die ein Käsedienst von 300 Stück zu reichen war; O. STOLZ, Die Schwaighöfe in Tirol (1930); H. WOPFNER, Beitr. z. Gesch. d. alpinen Schwaighöfe, VSWG 24 (1931); H. KLEIN, Die Schwaighöfe in Salzburg, Mitt. d. Ges. f. Salzb. Ldskde. (1931); A. GESTIRNER, Die Schwaighöfe in der Steiermark, Zs. d. hist. Ver. f. Stmk. 31 (1937).

[6] Man unterscheidet 2 bzw. 3 Formen der Prekarie: »precaria data« = Leihe von Boden aus grundherrl. Eigenbesitz; »prec. oblata« = Übertragung bäuerlichen Landes an den Grundherren, der es sofort als Leiheland wieder an den Bauern zurückgibt, der damit jedoch in ein Schutzverhältnis eintritt; »prec. remuneratoria« = der sich mit seinem Land ergebende Bauer erhält dieses vermehrt oder verbessert zurück. Vgl. W. EBEL, Über d. Leihe in der dt. RG, Protokoll d. Konstanzer Arbeitskreises 49 (1956); ders., Über den Leihegedanken in der dt. RG, Vortr. u. Forsch. 5 (1960); H. WOPFNER, Beitr. zur Gesch. d. freien bäuerl. Erbleihe Deutschtirols im MA (1903); W. FRESACHER, Das bäuerl. Besitzrecht in Altbayern u. Kärnten (1956).

[7] Daneben standen noch Unfreie u. Minderfreie, die als Hausgesinde (familia domestica) auf den Herrenhöfen wohnten, aus deren Reihen z. T. die spätere Ministerialität hervorging, sowie die unfreien Deputats- oder Kleinstelleninhaber (provendarii), die ein eigenes Haus mit Gartenland u. Waldnutzung (casati) innehatten, jedoch auf dem Herrenhof noch als landwirtschaftl. Arbeiter oder Handwerker tätig sein mußten.

[8] Vgl. A. WAAS, Die alte dt. Freiheit (1939), dazu G. TELLENBACH, HZ 164 (1941), K. S. BADER, HJb 59 (1940) u. H. RENNEFAHRT, Zs. f. schweiz. Gesch. 20 (1940). Vgl. H. FEHR, Zur Lehre vom mal. Freiheitsbegriff, insbes. im Bereich der Marken, MÖIG 47 (1933), der mal. Freiheit negativ faßt als Freisein von ganz verschiedenen Verbindlichkeiten. Freiheit kann als Recht vor allem durch

ein bestehendes Abhängigkeitsverhältnis bestimmt sein, wie z. B. die Freiheit der Königsbauern oder der röm. Eigenklöster. Das Wesen der Freiheit ist stark durch den Schutz mitbestimmt. Man kennt Freiheiten von Personen, Gemeinschaften, Kirchen, Klöstern, Städten, Königreichen; diese werden als subjektive Rechte im göttlichen Recht verankert gedacht, das ihnen mit seiner Forderung »Jedem das Seine« den stärksten Schutz bietet; s. K. BOSL, Die alte dt. Freiheit, Frühformen d. Ges. (1964), S. 204ff.; K. H. GANAHL, Gotteshausleute u. freie Bauern in den St. Galler Urkunden, in: Adel u. Bauer (²1967); Th. MAYER, Die Entstehung d. modernen Staaten u. die freien Bauern, ZRG GA 57 (1937); K. WELLER, Die freien Bauern in Schwaben, ZRG GA 54 (1934).

[9] H. STAHLEDER, Weistümer u. verwandte Quellen in Franken, Bayern u. Österreich, Zs. f. bayer. Ldsgesch. 32 (1969).

[10] Adel u. Bauern im dt. Staat d. MA, hg. v. Th. MAYER (²1967); K. S. BADER, Entstehung u. Bedeutung d. oberdt. Dorfgemeinde, Zs. f. württ. Ldsgesch. 1 (1937); ders., Bauernrecht u. Bauernfreiheit im späteren MA, HJb 61 (1941); M. HOFMANN, Die Dorfverfassung im Obermaingebiet, Jb. f. fränk. Ldsforsch. 6/7 (1941); F. ZIMMERMANN, Die Rechtsnatur d. altbayer. Dorfgemeinde u. ihrer Gemeindenutzungsrechte (1950); ders., Die Weistümer u. der Ausbau d. Landeshoheit in der Kurpfalz (1937); Th. KNAPP, Gesammelte Beiträge z. Rechtsu. Wirtschaftsgesch. vornehml. d. dt. Bauernstandes (1902); ders., Neue Beitrr. z. Gesch. d. württ. Bauernstandes (1919); H. LIERMANN, Das geschichtl. Bauernrecht nach den fränk. Weistümern, Zs. f. bayer. Ldsgesch. 10 (1937); F. LÜTGE, Die Agrarverfassung d. frühen MA im mitteldt. Raum, vornehmlich in der Karolingerzeit (1937); ders., Die bayer. Grundherrschaft (1949); H. RENNEFAHRT, Twing u. Bann, Schweiz. Beitr. z. allgem. Gesch. 10 (1952); A. SCHMID, Gemeinschafts- u. Gemeinderechte im altbayer.-schwäb. Gebiet, Zs. f. bayer. Ldsgesch. 4 (1931); C. v. SCHWERIN, Der Bauer in den skandinav. Staaten d. MA, in: Adel u. Bauern (²1967).

[11] Hufe (hoba, houba), lat. mansus, ist die bäuerl. Siedelstelle mit den dazugehörigen Nutzungen an der Mark, seit der Karolingerzeit auch Bezeichnung einer bestimmten Größe (= Vollbauernstelle). Daraus erklären sich die späteren Bezeichnungen wie Halb- oder Viertelhufe. Die Ordnung d. Hufenwesens ist wesentlich eine Leistung der Grundherrschaft, im Laufe der Rodung sehr entwickelt, später von den Landesherren sogar als Grundeinheit für die Bemessung der landesherrl. Lasten aufgestellt. DW[9] 5110; R. KÖTZSCHKE, Hufe u. Hufenordnung in den mitteldt. Fluranlagen, in: Wirtschaft u. Kultur (Festschr. f. A. Dopsch 1938); F. LÜTGE, Die Hufe in der thüring.-hess. Agrarverfassung d. Karolingerzeit, Schmollers Jb. 61 (1937); ders., Hufe u. Mansus in den mitteldt. Quellen d. Karolingerzeit, bes. im Breviarium St. Lulli, VSWG 30 (1937); H. Th. HOEDERATH, Hufe, Manse u. Mark in den Quellen d. Großgrundherrschaft. Werden am Ausgang d. Karolingerzeit, ZRG GA 68 (1951); E. KLEBEL, Freies Eigen u. Beutellehen, Zs. f. bayer. Ldsgesch. 11 (1938); H. KLEIN, Hof, Hufe, Viertelacker, MIÖG 54 (1942); ders., Die bäuerl. Eigenleute d. Erzstiftes Salzburg im spät. MA, Mitt. d. Ges. f. Salzb. Ldskde. 73/4 (1933/34).

[12] Beispielhaft M. WELLMER, Zur Entstehungsgesch. d. Markgenossenschaften: Der Vierdörferwald von Emmendingen (1938).

Kapitel 18
Vogtei und Schutzherrschaft
Ihre innere Entwicklung im Mittelalter

Bereits die Antike kannte das Rechtsinstitut der »advocati« und »defensores«, die ihre »clientes« namentlich nach außen zu vertreten hatten. Im germanisch-deutschen Recht aber hatte es eine eigenwurzelige Funktion, und zwar in der Form der *Schutzherrschaft;* eine Entsprechung dazu, vielleicht sogar eine Wurzel war das spätantike Patronat. Auf germanisch-deutschem Boden ergaben sich indes andere Voraussetzungen für das der Schutzherrschaft zugrunde liegende Problem des Rechtsschutzes. Man nimmt an, daß das Schutzverhältnis aus der Munt, der hausherrlichen Gewalt geflossen sei. Die Rechtsstellung der Vögte hat sich im Laufe der Jahrhunderte von Grund auf gewandelt, der Schutz als zentrales Moment dagegen blieb im wesentlichen unverändert. Vogtei war immer *Schutz und Schirm* (defensio, tuitio); da Schutz und Schirm aber Kern der Herrschaft sind, so standen Vogtei und Herrschaft noch im späten Mittelalter im engsten Zusammenhang. Vogtei ist ursprünglich und immer identisch mit der Gewalt des waffen- und fehdefähigen, d. h. des »landrechtlich handlungsfähigen« Hausherrn, dessen Gewalt »mundium«, Munt heißt; er nimmt die »Hausleute« (den »hiwiscman«), die in seiner Huld und Gnade stehen, ihm Treue schwören, ihm bei êhafter Not mit Hilfe und Rat beistehen, in seinen Schutz. Das tut aber auch der Grundherr (s. Kap. 16), besser gesagt der volle Grundherr, der auch Vogt seiner Holden ist. Darum verlangen Vogt und Grundherr vom Vogt- bzw. Grundholden »Steuer, Robot und Reis«. Herrschaft in beiderlei Formen zerfällt aber, wo der Herr in der Gewährung des Schutzes versagt. »Rechtsansprüche, hinter denen kein Schutz steht, verlieren ihre Geltung« (O. Brunner).

Während der Kern der Vogtei, der den waffenfähigen germanisch-deutschen Adel (s. Kap. 5 und 9a) sozialgeschichtlich voraussetzt, gleich blieb, hat sich die Rechtsstellung der Vögte je nach Zeit und Ort gewandelt. Hier ging es vor allem um das Verhältnis des Vogtes zur Gerichtsbarkeit, um sein Verhältnis zu König und Staat, um die Verbindung von Vogtgericht, Immunität und Königsstaat, um Eigenkirchenrecht und Kirchenschutz.

Die Vogtei war das entscheidende Mittel des Staates (Königs) und der weltlichen Gewalt, die Machtmittel der Kirche, ihr »politisches Potential«, für den Staat auszuwerten. *Kirchenvogtei* war wesentliches Element bei der Ausbildung des »modernen« Flächenstaates und darum auch vielfach Streitobjekt. Der Staat beanspruchte seit dem Frühmittelalter eine *Herrschaft über die Kirche* und daneben ein *Eigenkirchenrecht* (s. Kap. 25)[1]. Bischofskirchen wie Abteikirchen waren »Eigentum« des Königsstaates, sofern sie auf Königsboden erbaut waren; Bischöfe und Äbte waren schon seit fränkischer Zeit, besonders aber seit Otto d. Gr. Organe des Staates und Glieder desselben, ihre hierarchische Spitze aber lag außerhalb des staatlichen Bereichs[2]. So entwickelte sich der eigenartig widerspruchsvolle Zustand, daß Bischöfe und Äbte als Reichsklerus maßgeblich an den politischen Entscheidungen beteiligt waren und die wesentlichsten Staatsaufgaben durchführten, Bistümer und Klöster aber für unfähig galten, ihre weltlichen Angelegenheiten selbständig wahrzunehmen; sie mußten sich einen Vogt nehmen, der die weltlichen Geschäfte der Kirche besorgte und dadurch eine Art Mittlerstellung zwischen Staat und Kirche gewann.

Schon das frühe Mittelalter hatte die Auffassung, daß die Kirche eines Schutzes durch den weltlichen Arm, einer Vertretung vor Gericht und bei der Durchführung größerer Rechtsgeschäfte (Erwerb und Hingabe von Grund und Boden) bedürfte. Mit der Ausbildung der *geistlichen Immunitäten* (s. Kap. 19) verdichtete sich diese Anschauung, da die Kirche dadurch auch öffentlich-rechtliche Aufgaben und Pflichten übernahm. Zu letzteren zählten vor allem 1. die Ausübung der *Gerichtsbarkeit*, die auch die Blutgerichtsbarkeit an sich zog, 2. die Führung des Heeresaufgebotes, das die Kirche dem Staat zu stellen hatte (Heerfahrtspflicht) und 3. die Wahrnehmung anderer politischer Angelegenheiten, die man nur mit Macht durchsetzen konnte. Zu diesem Zweck bestellte man Vögte. Der Rechtscharakter der fränkisch-deutschen Staatskirche ließ nun die Frage offen, ob die Kirche die Vögte frei bestellen könne oder ob die staatliche Gewalt das alleinige Recht habe, sie einzusetzen. So hat das Institut der Vogtei eine innere Entwicklung durchgemacht; Zuständigkeit und Rechtsstellung der Vögte sind anders im Frühmittelalter und anders im Hoch- und Spätmittelalter.

Die Vögte der Karolingerzeit waren *Beamte*, denen in erster Linie die Vertretung ihrer Kirche vor dem öffentlichen Gericht

18. Vogtei und Schutzherrschaft

oblag. Karl d. Gr. hatte 802 durch reichsgesetzliche Regelung der bis dahin mehr oder minder privaten Einrichtung einen öffentlich-rechtlichen Charakter verliehen[3]. Dieser Anstoß zur weiteren Ausbildung dieser Institution wirkte zunächst im Westfrankenreich. Schon seit dem 5. Jh. ließ sich die Kirche in weltlichen Angelegenheiten und seit dem Ende des 7. Jh. in der Verwaltung der kirchlichen Patrimonien durch meist geistliche »defensores« vertreten; waren es Laien, dann hatten sie den Titel »advocati«. Die größeren Grundherrschaften der Kirche wurden von »rectores« verwaltet, die kleineren von »defensores« oder »notarii«. Die kirchliche und weltliche Leitung eines Bistums oder Klosters konnte auf einen geistlichen Würdenträger und einen weltlichen Rektor aufgeteilt sein. Nachfolger des kirchlichen Rektors der früheren Zeit wurde der *Vogt*, wenn sich auch seine Zuständigkeit gewaltig erweitert hat[4]. Ursprünglich fungierte er nur als Beauftragter des Abtes und Rektors, aber nicht kraft königlicher Einsetzung oder eigenen Rechts (Eigenkirchenherr, Erbvogt).

In *Frankreich* begann seit der Mitte des 9. Jh. der Amtscharakter der Vogtei zu verblassen; Vogt war von nun an in der Regel ein vornehmer, freier Herr, man spricht darum gerne auch von *Edelvogtei* (avourie seigneuriale). In Frankreich wurde auch die staatlich-politische Kirchenherrschaft rücksichtslos politischen Zwecken dienstbar gemacht; es gab viele *Mediatbistümer*, die als volles Eigentum einer Adelsfamilie betrachtet und deshalb auch z. B. als Mitgift verschenkt wurden. Die vor allem in Frankreich, Flandern und Lothringen zu beobachtende Tatsache der *Laienäbte* ist in ihrer Wirkung eine zeitlich begrenzte Säkularisation gewesen; da auf dem Abtgut hauptsächlich die staatlichen Verpflichtungen (z. B. Stellung von Truppen) lagen, bedeutet es »Verweltlichung«, wenn es der Verfügungsgewalt des geistlichen Vorstehers und des Klosters entzogen wurde. Die so gehandhabte Einrichtung aber stärkte nicht das Königtum, sondern den Adel; darum lag es nach Karl dem Kahlen im Interesse des Königtums, die Freiheit der Klöster zu schützen. Die Laienäbte, die auch die Vogtgeschäfte versehen hatten, verschwanden wieder. Sie waren eine *Vorstufe der durchgebildeten Vogteiverfassung*, ihre Stellung beruhte auf dem Eigenkirchenrecht. Eine andere Form der Säkularisation für die Zwecke des Reichsdienstes im 11. Jh. war die Zwangsbelehnung von »Rittern« mit Kirchengut im Auftrag des Königs (beneficia verbo regis).

Es ist eine bezeichnende Tatsache, daß sich im Geltungsbereich des romanischen Staatsrechts eine Kirchenvogtei wie in den germanischen Ländern nicht entwickelt hat. Daß der Vogt im Immunitätsgebiet staatliche Hoheitsrechte wie in Deutschland ausübte, war in Frankreich nur nördlich der Linie Lyon–Bourges–Orléans–Chartres üblich; dort aber hatte der germanische Adel einen Großteil staatlicher Gewalt an sich gerissen; deshalb entwickelte sich auch dort der Feudalstaat. Im übrigen Frankreich behielt die Vogtei grundsätzlich bis zum 12. Jh. den Charakter einer staatlichen Institution, die in Händen von Untervögten lag. Die Vogtei verflüchtigte sich zum allgemeinen Schutz (custodia, garde)[5].

Die Ausbildung einer echten Immunitätsgerichtsbarkeit scheint im deutschen Rechtsgebiet verhältnismäßig spät erfolgt zu sein. Aus diesem Grunde begannen hier die Vögte erst gegen Ende der karolingischen Periode als Immunitätsrichter zu wirken. Der Umschwung von der Amts- zur Edelvogtei, der in Frankreich seit der Mitte des 9. Jh. einsetzte, war in Deutschland erst um die Mitte des 10. Jh. in seinen Wirkungen spürbar. Seit Otto dem Großen ist Inhalt der deutschen Vogtei *Schutz- und Schirmvogtei* einerseits, *Gerichtsvogtei* andererseits. Die Ausübung der Gerichtsvogtei suchte der König von königlicher Verleihung abhängig zu machen; dadurch erhielt die Vogtei auch einen festen Platz in der deutschen Staatsverfassung[6]. Seit der Mitte des 11. Jh. aber erhielten die Vögte ihr Amt als Lehen und hatten es erblich inne[7]. Am Schlusse verfügte jedoch der Adel als Inhaber der Vogtei über die weltlichen Machtmittel der Kirche, mit denen er seine Territorialstaaten aufbaute[8]. Wenn es im Zuge des Kampfes der Kirche um Freiheit vom Staat, von weltlicher Herrschaft, von der weltlichen Vogtei dem geistlichen Immunitätsherrn gelang, den Vogt zu verdrängen, seine Vogtei einzuziehen und sie durch Beamte verwalten zu lassen, so war die Wirkung verfassungsrechtlich die nämliche wie bei der erblichen Adelsvogtei.

Literatur: DW[9] 7049ff.; bes. H. HIRSCH, Die Klosterimmunität seit dem Investiturstreit (1913); ders., Über die Bedeutung d. Wortes Kastvogt, Zs. d. hist. Verf. f. Steiermark 26 (1931); A. WAAS, Vogtei u. Bede in der dt. Kaiserzeit (2 Bde. 1919/23); Th. MAYER, Fürsten u. Staat (1950); G. TENNENBACH, Die bischöflich passauischen Eigenklöster (1928); P. OSSWALD, A. DOPSCH s. Kap. 16, Anm. 8; E. KLEBEL, Eigenklosterrechte (s. u. Anm. 6); dagegen H. APPELT, Das Diplom Heinrichs II. f. Göß (1953), S. 17ff.

18. Vogtei und Schutzherrschaft

[1] Zuletzt H. E. FEINE, Ursprung u. Wesen d. Eigenkirchentums, Zs. Ak. f. dt. Recht 6 (1939). Es ist irrig, das Verhältnis von Staat und Kirche nur unter dem Gesichtswinkel des Eigenkirchenrechts zu begreifen. Die Kirchenherrschaft des dt. Königs ist nicht auf Privateigentum begründet. Das galt nur bei den auf Königsboden gestifteten kgl. Eigenkirchen; die Bistümer aber waren nicht vom König gestiftet. Trotzdem haben Eigenkirchenrecht u. Eigenklosterherrschaft die auf öffentlicher Kirchenherrschaft beruhenden Rechte des dt. Königs an Bistümern usw. beeinflußt. J. SEMMLER, Traditio u. Königsschutz. Studien z. Gesch. d. kgl. monasteria, ZRG KA 45 (1959); E. E. STENGEL, Diplomatik d. dt. Immunitätsprivilegien vom 9. bis z. Ende d. 11. Jh. (1910).

[2] J. FICKER, Über das Eigentum d. Reiches am Reichskirchengut, SB Wien 72 (1872); K. H. GANAHL, Studien zur Gesch. d. kirchl. Verfassungsrechtes im 10. u. 11. Jh. (1935); R. SPRANDEL, Das Kloster St. Gallen in der VG d. karoling. Reiches (1958); L. SANTIFALLER (s. Kap. 19, Anm. 3).

[3] Karl d. Gr. befahl den Bischöfen und Klostervorständen, geeignete rechtskundige Männer als Vögte einzusetzen, die ihr Amt gerecht führen sollten (MG Cap. I n. 33, 13).

[4] Er führte auch die Titel actor, agens, iudex.

[5] G. MOLLAT, La restitution des églises privées au patrimoine ecclésiastique en France du IXe au XIe siècle, Rev. hist. du droit franç. et étr. 28 (1949); J. WOLLASCH, Königtum, Adel u. Kloster im Berry während d. 10. Jh., in: Neue Forsch. über Cluny u. die Cluniazenser, hg. v. G. TELLENBACH (1959); ders., Mönchtum d. MA zwischen Kirche u. Welt (1963).

[6] E. F. OTTO, Die Entwicklung d. dt. Kirchenvogtei im 10. Jh. (1933), nimmt an, daß die Vögte wenigstens der ottonischen Reichskirchen nicht nur vornehme freie Herren, sondern ausnahmslos staatliche Hochrichter, Grafen gewesen seien; er meint, daß in der Regel der Gaugraf für die Kirchen und deren Güter in seinem Amtsbereich zum Vogt bestellt wurde. Dagegen K. H. GANAHL, MÖIG 50 (1936). – Als eine Art »Amt vom Reich« spricht die Vogtei an E. KLEBEL, Eigenlosterrechte u. Vogteien in Bayern u. Deutschösterreich, MÖIG Erg.-Bd. 14 (1939); R. SCHEYHING, Die Amtsgewalt u. Bannleihe. Eine Untersuch. zur Bannleihe im hohen u. späten MA (1960), dazu H. LIEBERICH, HZ 193 (1961), S. 115 ff.

[7] A. WAAS, Vogtei u. Bede 1 (1919); H. AUBIN, VSWG 16; H. STARFLINGER, Die Entwicklung d. Domvogtei in den altbayer. Bistümern (Diss. München 1908).

[8] Eine bedeutsame Erkenntnisquelle für die Entwicklung d. Vogtei sind die zahlreichen Vogteiurkunden-Fälschungen d. 12. Jh., denen Auseinandersetzungen mit den Vögten zugrunde liegen; sie richten sich gleicherweise gegen die Vögte wie gegen das weltliche u. geistl. Eigenkirchenrecht; vgl. bes. Th. MAYER, Fürsten u. Staat (1950).

Kapitel 19
Die Immunität als Element der Herrschaft

Der Kirchenvogt gewann durch die Immunität die Gerichtsbarkeit über die Vogtleute (bzw. ihre Vertretung vor dem öffentlichen Recht). Diese Rechte wuchsen durch die Erweiterung der Immunität[1]. Seit Ludwig d. Fr. verbanden sich in den Immunitätsurkunden immer Immunität und Königsschutz[2]. Dadurch erlangten einerseits die Kirchen eine Rechtsstellung, die der der weltlichen Herrschaften entsprach, welche fast durchweg kraft eigenen Rechts Immunität besaßen und Schutz übten; anderseits stärkte dies zunächst die Kirchenherrschaft des Königs, weil die Aufnahme eines Klosters in den Schutz des Königs (mundiburdium, defensio, tuitio, sermo) die Übertragung der Eigentümerrechte an das Reich einschloß[3]. Da dann auch aus der Immunität zahlreicher unabhängiger (nichtköniglicher) Kirchen, Bistümer und Klöster ein abgeschwächter Königsschutz hergeleitet wurde, gewann der Staat über alle mit eigener Immunität begabten Kirchen des Reiches und ihr Kirchengut ein *Obereigentum*. Die Verbindung von Königsschutz und Immunität begründete somit ein Herrschaftsverhältnis zu den Kirchen, das selbst die Bistümer in das System des Feudalstaates eingliederte. Dadurch ergab sich eine Art Reichskirchenrecht, das die Beziehungen zwischen Staatsoberhaupt und Kirche regelte. Auf der durch Königsprivileg verliehenen geistlichen Immunität bauen darum nach dem Gesetz deutscher Staatsentwicklung Reichsunmittelbarkeit der Kirchen und geistliches Fürstentum auf.

Die quellenmäßig wohlbezeugte geistliche Immunität ist offensichtlich der weltlichen nachgebildet, in der der weltliche, fehdefähige Immunitätsherr (Grundherr) selber Schutz übt. Es ist eigenartig, aber durchaus im Sinne germanischer Adelsherrschaft, daß es kaum weltliche Immunitätsverleihungen gibt[4], daß sich auch im Spätmittelalter der Adel niemals seine »Immunität« bestätigen läßt, weil Immunität, Vogtei und Niedergericht wesentlich zum Herreneigen gehören[5]. Immunität des Adels ist keine Usurpation, nicht einem schwachen Königtum abgetrotzt, sondern autogenes Recht, Wesenszug germanischer Herrschaft[6].

Ausgangspunkt der weltlichen Immunität ist die sogenannte »Privatherrschaft« der fränkischen Zeit, die Grund- und Leibherrschaft ist und Schirmhoheit über die ihrem Schutz unterworfenen Leute übt. Zu dieser dreifachen Gewalt tritt »emunitas« = Immunität, d. h. Freiheit vom Eingriff des Königsbeamten, positiv die Ausübung »staatlicher« Hoheitsrechte. Wenn wir überhaupt die weltliche Immunität nach der vollentwickelten kirchlichen beurteilen dürfen, dann galt für beide das Verbot des »introitus« (Freiheit vom Eingriff des öffentlichen Beamten) und der »exactiones« (Auflagen, Steuerlasten) sowie später das Recht des Gebietens und Verbietens (districtio). Staatliche Hoheitsrechte werden damit dem Wortlaut nach nicht übertragen, wenigstens zunächst bei der kirchlichen nicht. Der weltliche Immunitätsherr übt dagegen eine Herrengewalt, die auf ein Haus bezogen ist. Das Haus als engere Immunität war immer Freiung. Durch die Vogtei aber wurde Immunität erst wirksam, denn die mit der Immunität gegebenen »öffentlichen« Rechte übte er nur über seine Vogt- und Grundholden. Vogtei, Immunität, Grundherrschaft fließen funktionell in der Herrschaft zur Einheit zusammen, deren Kern Munt und Gewere sind (dominatio quoad protectionem).

[1] H. Hirsch, Die hohe Gerichtsbarkeit im dt. MA (1922, Ndr. 1958) mit Nachwort von Th. Mayer.
[2] E. E. Stengel, Die Immunität in Dtld. bis z. Ende d. 11. Jh. (²1964); ders., Immunität (Kap. 16, Anm. 3) mit der dort angeführten Lit.; J. Semmler (s. Kap. 18, Anm. 1); vgl. K. Fischer Drew, The Immunity in Carolingian Italy, Speculum 37 (1962).
[3] J. Ficker, Über das Eigentum des Reiches am Reichskirchengut, SB Wien (1872); vgl. Th. Mayer, Fürsten u. Staat; K. Bosl, Würzburg als Reichsbistum, in: Festschr. Th. Mayer, Bd. 1 (1954); L. Santifaller, Zur Gesch. d. ottonisch-salischen Reichskirchensystems, SB Wien 229, 1 (²1954).
[4] Eines der ganz seltenen Beispiele ist das Immunitätsprivileg von 888 für den kgl. »ministerialis« Heimo auf dessen Eigenbesitz (= Grundherrschaft) im Grünzgau (= Grunzwitigau) in der Bayer. Ostmark, MG D Arn. n. 32.
[5] A. Dopsch, Verf.- u. Wirtschaftsgesch. d. MA (1928).
[6] W. Schlesinger, Entstehung d. Landesherrschaft, S. 144ff.; H. Mitteis, Staatl. Konzentrationsbewegungen im großgerman. Raum, in: Festschr. A. Zycha (1941).

Kapitel 20
Staat, Reich, Kaisertum der Ottonen
Staatskirchentum

»*Volk*« im staatsrechtlichen Sinn ist im 10. Jh. allein *der geistliche und weltliche Adel*. Von geistlichem Adel dürfen wir sprechen, weil alle Bischofsstühle und Abtsitze sich in der Hand »edelfreier« Geschlechter befanden[1]; adlig waren auch alle

Vögte und Vasallen der Kirchen. Der Klerus stellte der Reichsverwaltung die ergebenen Träger und die politische Führungsschicht der königlichen Zentralregierung. Mit ihren Vasallen, Dienstmannen, Sachlieferungen und Abgaben stellte die Kirche die eigentliche militärische Macht des Reiches dar. Zur gleichen Zeit aber entfremdete sich der weltliche Adel dem Königtum und Reich immer mehr und widmete sich fast ausschließlich der Verwaltung seiner reichen Eigengüter und dem Aufbau eines eigenstaatlichen Territoriums. Eine zahlenmäßig schwache adlige Oberschicht von Dynasten bestimmt durch ihre wirtschaftliche, militärische und politische Überlegenheit die Gesamtentwicklung des staatlichen Lebens[2]. Sie widerstreitet einer straffen gesamtstaatlichen Entwicklung, jeder Stärkung der Königsgewalt und sucht sich der feudalen Bindung des Lehensrechts zu entziehen. Dadurch aber, daß sich bei den großen Herren die persönliche Herrschaft mit der Lebenskraft der Stämme verband, war die *Adelsmacht* nicht mehr aufzuheben.

Unter Führung von Herzogen wurden die *fünf Großstämme* (Franken, Bayern, Schwaben, Sachsen und Thüringer) ein beherrschendes Element der Reichsverfassung bis tief ins 12. Jh. hinein. Ihr Einbau in die Reichsverfassung wurde zur Aufgabe der nächsten Jahrhunderte. Männer und Familien, die gar nicht aus dem Stamm hervorgingen, jedoch sehr rasch mit ihm verwuchsen, trugen das Herzogtum, so daß man seit dem 10. Jh. von einem »jüngeren Stammesherzogtum« sprechen kann. *Der Bund von adliger Eigenstaatlichkeit und stämmischem Partikularismus* zersetzte die staatliche Einheit des Reiches[3].

Das erste deutsche Reich, zunächst »eine föderalistische Hegemonie auf lehenrechtlicher Grundlage« (Mitteis), blieb auch in den Händen der Könige aus dem Sachsenstamm fränkisch, ein »regnum Francorum«. Die reale Machtbasis, die Reste des fränkischen Reichsguts vermehrt um das sächsische Herzogsgut, verschob sich zwar nach Nordosten. Otto I. hat das Herzogtum Franken nicht wieder errichtet, jedoch war es für den sächsischen König entscheidend, am Mittelrhein und Untermain zusammengeballtes fränkisches Königs- und Staatsgut fest in der Hand zu haben. Er brauchte auch im Zentrum des Reiches eine starke Machtgrundlage[4]. Die von Heinrich I. mühsam erkämpfte Hegemonie des sächsischen Stammes über die anderen deutschen Großstämme war trotzdem Träger des fränkischen Reichsgedankens.

20. Staat, Reich, Kaisertum der Ottonen

Heinrichs I. sächsisches Herzogtum basierte auf dem alten Volksrecht, nicht dem Lehenswesen. Das zeigte sich in seiner Burgenpolitik, die das ganze Volk erfaßte. *Burgen* waren aber nicht nur Ausdruck des alten Herzogsbannes, sondern auch Mittelpunkt der lokalen Verwaltung. *Burgbezirke* traten neben die alten karolingischen Grafschaften; beide waren Gebiete unmittelbarer königlicher Herrschaft auf Königsgut neben den Bannbezirken unabhängiger Adelsgeschlechter. Otto d. Gr. hat nach dem bereits fränkischen Vorbild der Burgbezirksverfassung, einer Art Militärorganisation (Hochseegau zwischen Unstrut und Saale, Dornburg und Kirchberg bei Jena), in das Slavenland hinein die *Burgwarde* vorgeschoben. Waffentüchtige Männer wurden als Königsfreie (ingenui homines, liberi) auf Königsland oder erobertem Slavenland seßhaft und hatten einen »weltlichen« Zehnt (bannus, decimacio) an den Grafen zu entrichten[5].

Fränkisch waren auch Heinrichs und Ottos Versuche, das alte *Amtsherzogtum* der Karolinger wieder durchzusetzen, das nicht an Stammeszugehörigkeit gebunden war. Das Herzogtum, für dessen Träger Erbrecht und dynastisches Prinzip gelten sollten, wurde dabei zur mittleren Verwaltungsinstanz herabgedrückt (Intensivierung des Staates durch Dezentralisation der Staatsaufgaben). Er zog dazu die Angehörigen des Königshauses heran, die durch Heiraten mit dem Stammesadel in der Stammeslandschaft verankert werden sollten[5a].

Das neubelebte Institut der *Pfalzgrafen*, das vermutlich als Kontrollinstanz über die Herzoge und das weitverstreute Königsgut gedacht war, knüpfte an die karolingischen Königsboten an. Daß ihm keine eigene Kraft innewohnte, beweist die Tatsache, daß es nur dem lothringischen Pfalzgrafen gelang, einen bedeutenden Aufschwung am Mittelrhein zu nehmen[6].

Da sich unter Otto I. ein Ausgleich der inneren Gegensätze (Stammesordnung, Adelsherrschaft, Königsstaat) ohne vollständige Kirchenherrschaft des Staatsoberhauptes als unmöglich erwies, bot sich das karolingische *Staatskirchentum* als einziger Ausweg an. Dadurch wuchs der Kreis der *Königswähler* über die Herzoge hinaus; noch wählte aber der Klerus nicht als eigene Körperschaft, sondern im Rahmen der Stämme, denen er zugehörte. Erst bei der Wahl Heinrichs II., die vornehmlich unter geistlicher Leitung stand, setzte sich der Klerus als eigene Wählergruppe vom weltlichen Adel und den Stammesgemeinschaften ab[7].

Deutschland im Zeitalter der Ottonen und ersten Salier

Das *ottonische Staatskirchentum* setzte die volle Verfügung über die Besetzung der Bischofsstühle und im Prinzip auch über das Kirchengut voraus. Die Auswahl der Inhaber der Bischofsstühle mußte mehr nach staatspolitischen Grundsätzen als mit Rücksicht auf die Eignung für das geistliche Amt erfolgen. Die Bischöfe wuchsen allmählich zu Reichsfürsten empor, ihre Bistümer wurden in ausgeprägtem Sinne *Reichsbistümer*[8]. Das ottonische Reichskirchenrecht gründete wesentlich auf Königsschutz und Immunität. Ihre Verbindung in den Immunitätsprivilegien seit Ludwig d. Fr. hat die Eigenherrschaft des Königs wesentlich gestärkt (s. Kap. 19). Seit dem Sohne Karls d. Gr. hat sich der Unterschied zwischen Krongut und Kirchengut stark verwischt; beide unterstanden der Gewere des Königs[9]. Seit dem 9. Jh. begann man auch die Bistümer als königliche Benefizien anzusehen; die Besetzung erfolgte mit oder ohne vorherige Wahl in den an Eigenkirchen entwickelten Formen des nichtvasallitischen Benefizialrechts (Leihe der Domkirche nebst zugehörigen Gütern und Rechten = Pertinenzen mit dem Bischofsstab, seit dem 11. Jh. auch mit dem Ring; dieser Akt wurde seit dem Ende des 10. Jh. als *Investitur* bezeichnet)[10]. Seit dem 9. Jh. wurden auch Treueid und Kommendation üblich; das begründete ein besonderes Treueverhältnis. Die alte überkommene Auffassung der Königswürde als eines Sakraments sicherte dem gekrönten König und Kaiser in der Hierarchie einen Platz über den Bischöfen.

Bischöfe und Äbte wurden jetzt zu Trägern der Reichsverwaltung, sie bestimmten entscheidend den Kurs der Innen- und Außenpolitik und erhielten dafür weitgehende politische Rechte. Die *königliche Hofkapelle* mit ihren »capellani«, deren Unterhalt in großem Umfang Domkapitel und Domstifter zu tragen hatten, wurde die hohe Schule eines *geistlichen Reichsbeamtentums*. Hier wurden die Königsurkunden entworfen und paraphiert. Die Urkundenschreiber und Notare des Königs waren Mitglieder der königlichen Hofkapelle. Aus ihren Reihen gingen die Reichsbischöfe hervor[11]. Große Schenkungen aus Königsgut haben die Kirchen zu einem Höchstmaß staatlich-politischer Leistung verpflichtet und befähigt. Heinrich II., Gründer des Bistums Bamberg (1007), übte ein besonders straffes Reichskirchenregiment und zog die Bischöfe in stärkstem Ausmaß zum Reichsdienst, vorab zur Heerfahrt, heran[12]. Mit dem ausgedehnten Reichsdienst der Kirche hängt auch die besondere Entfaltung der Immunität im *Ottonischen Immunitäts-*

20. Staat, Reich, Kaisertum der Ottonen

privileg zusammen. Die Kirche erhielt jetzt volle Gerichtsbarkeit auch für die Kriminalfälle. Die Kirchenvogtei wurde der Grafschaft gleichgesetzt. Otto II. suchte den Königsbann für die Vogtgerichtsbarkeit durchzusetzen, vor allem für den von der Kirche frei gewählten und belehnten Vogt. Das konnte der Anfang eines zentralen Königsgerichts sein. Mit der Immunität waren häufig Markt-, Münz- und Zollrecht verbunden[13].

Durch das ottonische Reichskirchensystem wurde die Hochkirche zur *Staatskirche*, doch nicht zur Nationalkirche; sie blieb immer Glied der universalen Weltkirche, deren Oberhaupt der Papst, deren Zentrum Rom war. Diese Bindung führte den deutschen König nach Rom, weil er auf dieser Kirche seinen Staat aufbauen wollte. Die Rompolitik der deutschen Könige ist darum direkte Folge der verfassungsgeschichtlichen, germanisch begründeten Situation des mittelalterlichen deutschen Staates, politische Voraussetzung für das Funktionieren des deutschen Staatsapparates. Reichsdienst, Verwaltung des Bistumslandes und Gottesdienst waren in eine Hand gelegt; einen Widerspruch sah die Zeit nicht darin, auch die Reformer nicht, die vom lothringischen Gorze über St. Maximin in Trier nach St. Emmeram in Regensburg wirkten, auch Cluny selber wohl nicht[14]. Diese *Harmonie des Geistlichen und Weltlichen* war die fundamentale Voraussetzung für das reibungslose Funktionieren des ottonisch-frühsalischen Staatskirchentums.

Das *Kaisertum* Ottos I. (962) unterscheidet sich von dem Karls d. Gr. wesentlich durch das Fehlen theokratischer Züge. Es ruhte auf der nationalen Kraft der in einem »imperiale regnum« geeinten deutschen Stämme und war seiner Wurzel nach Heerkönigtum[15]. Nach dieser Auffassung hatte Ottos militärische Führerstellung bereits vor der römischen Krönung eine Art imperialen Charakter; dieser war mit der Hegemonie und dem kaiserlichen Heerbann über alle Stämme = der Führung des Reiches identisch. Seit 962 verband sich damit das christlich-römische Imperium mit seinem Sendungsauftrag. Als Vogt von Rom übernahm Otto den Schutz der Kirche, die Ausbreitung des Glaubens, die Bekehrung der Heiden, die Bekämpfung der Ketzer. Damit war die Machterweiterung und Rangerhöhung gegeben. Als Schwert der Kirche steht der Kaiser gleichberechtigt neben dem Papst, der gleichsam oberster Reichsbischof war, weil der Kaiser oberster Leiter der Kirche *und* des Staates war. Zwar haben Otto und seine Nachfolger auch Päpste ein- und abgesetzt, sich von ihnen Gehorsams-

125

eide leisten lassen, das Wahlrecht der Römer bei der Papstwahl von der kaiserlichen Zustimmung abhängig gemacht und die weltliche Regierung des Kirchenstaates der Kontrolle kaiserlicher Gewaltboten unterstellt; aber der Papst blieb dennoch das geistliche Haupt der Kirche. Otto d. Gr. erlangte 972 auch die Anerkennung des byzantinischen Kaisers; sein Sohn Otto II. wurde mit der byzantinischen Prinzessin Theophano vermählt. Das Kaisertum des Mittelalters ruhte auf der realen Machtbasis eines in einem gemeinsamen Staat geeinten Volkes. Der Gedanke eines *Weltimperiums* wurde kaum jemals politisch aktualisiert, am ehesten unter Otto III., der Rom zur Hauptstadt eines christlich-römischen Universalreiches machen wollte; doch fehlten diesem mystischen Traum die Machtmittel zur Durchsetzung. Der Kaiser nannte sich seit Otto II. »imperator Romanorum«; seit Heinrich III. beginnt der deutsche »rex Francorum« sich schon vor der Kaiserkrönung als »rex Romanorum« zu titulieren, seit Konrad III. mit dem Zusatz »(et semper) augustus«, um das Anrecht des deutschen Königs auf das römische Kaisertum darzulegen[16].

[1] A. Schulte, Der Adel u. die dt. Kirche im MA (²1922); K. Schmid, Neue Quellen zum Verständnis d. Adels im 10.Jh., ZGORh 108 (1960); H. Patze, Adel u. Stifterchronik, Bll. f. dt. Ldsgesch. 100 (1964); K. Bosl, Hochadel in MA u. NZ, Zs. f. bayer. Ldsgesch. 22 (1959).

[2] O. v. Dungern, Herrenstand im MA (1908); ders., Adelsherrschaft im MA (1927).

[3] Die Bedeutung d. Stämme erhellt aus dem Umritt d. Königs, der seit dem 10.Jh. belegt ist: R. Schmidt, Königsumritt u. Huldigung in ottonisch-sal. Zeit, Vortr. u. Forsch. 6 (1961); M. Lintzel, Gau, Provinz u. Stammesverband in der altsächs. Verfassung, Sachsen u. Anh. 5 (1929); ders., Der sächs. Stammesstaat (1933); W. Mitzka, Die Sprache d. Heliand u. die altsächs. Stammesverfassung, Jb. d. V. f. niederdt. Sprachforschung 61/3 (1948/50); G. Schnath, Vom Sachsenstamm zum Lande Niedersachsen (1966).

[4] G. Rothoff, Studien z. Gesch. d. Reichsgutes in Niederlothringen u. Friesland während d. sächs.-sal. Kaiserzeit. Das Reichsgut in den heutigen Niederlanden, Belgien, Luxemburg u. Nordfrankreich (1955); W. Metz, Probleme d. fränk. Reichsgutforschung im sächs. Stammesgebiet, Niedersächs. Jb. f. Ldsgesch. 31 (1959); K. Bosl, Probleme d. Reichsgutforschung in Mittel- u. Süddtld., Jb. f. fränk. Ldsforsch. 20 (1960); K. H. Mascher, Reichsgut u. Comitat im Südharz im HochMA (1957); P. Darmstädter, Das Reichsgut in der Lombardei u. Piemont (565–1250) (1896); H. Baur, Das Reichsgut in Venetien (Diss. Frankfurt 1922); A. Gauert, Zur Struktur u. Topographie d. Königspfalzen, in: Dt. Königspfalzen, hg. v. H. Heimpel, Bd. 2 (1965); C. Brühl, Fodrum, Gistum, Servitium regis (1968). Vgl. für Frankreich: J. F. Lemarignier, Le gouvernement royal aux premiers capétiens (987–1108) (1965); dazu J. le Goff, Annales 23 (1968), S. 880.

[5] W. Schlesinger, Burgen u. Burgenbezirke, in: Von Land u. Kultur (Festschr. f. R. Kötzschke 1937) mit Lit.; ders., Die dt. Kirche im Sorbenland u. die Kirchenverf. auf westslav. Boden,

20. Staat, Reich, Kaisertum der Ottonen

Mitteldt. Beitr. z. dt. VG d. MA (1961), reiche Lit.; vgl. C. ERDMANN, Die Burgenordnung Heinrichs I., DA 6 (1943); G. BAAKEN, Kgtm., Burgen u. Königsfreie, Vortr. u. Forsch. 6 (1961), dazu H. BÜTTNER, HJb 82 (1963), S. 369ff.
[5a] H. WERLE, Titelherzogtum u. Herzogsherrschaft, ZRG GA 73 (1956).
[6] G. E. MEYER, Die Pfalzgrafen d. Merowinger u. Karolinger, ZRG GA 42 (1921); M. LINTZEL, Der Ursprung d. dt. Pfalzgrafschaften, ebd. 49 (1929); HEINZE, Entwicklung d. Pfalzgrafschaft Sachsen, Sachsen u. Anh. 1 (1925); H. D. STARKE, Die Pfalzgrafen von Sachsen bis z. Entstehung d. jüngeren Reichsfürstenstandes (Diss. Kiel 1953); R. GERSTNER, Die Gesch. d. lothring. u. rhein. Pfalzgrafschaften v. d. Anfängen bis z. Ausbildung d. Kurterritoriums Pfalz (1941); W. KIENAST, Comes Francorum u. Pfalzgraf von Frankreich, in: Festschr. P. Kirn (1961); G. C. BASCAPÉ, I conti palatini del regno italico e la città di Pavia da comune alla signoria, Arch. stor. Lomb. 62 (1935).
[7] M. LINTZEL, Zu den dt. Königswahlen d. Ottonenzeit, ZRG GA 66 (1948); H. BEUMANN, Die sakrale Legitimierung d. Herrschers im Denken d. otton. Zeit, ebd. 66 (1948); vgl. H. KRAUSE, Königtum u. Rechtsordnung, ZRG GA 82 (1965).
[8] J. FICKER (s. Kap. 18, Anm. 2); K. VOIGT, Staat u. Kirche von Konstantin d. Gr. bis z. Ende d. Karolingerzeit (1936); J. SCHUR, Kgtm. u. Kirche im ostfränk. Reich v. Tode Ludw. d. D. bis Konrad I. (1931); M. HELLMANN, Die Synode von Hohenaltheim (916), HJb 73 (1954); vgl. K. BOSL u. L. SANTIFALLER (s. Kap. 19, Anm. 3); K. LÜBECK, Die Äbte von Fulda als Politiker Ottos d. Gr., HJb 71 (1951); F. GELDNER, Das Hochstift Bamberg in der Reichspolitik von K. Heinrich II. bis K. F. Barbarossa, HJb 83 (1963).
[9] Das äußerte sich in Veräußerungskonsens u. Verwaltungsaufsicht d. Königs bei Kirchengut. Servitialleistungen aus Kirchengut, Beerbung d. Königshofes, Abgaben, Kriegsdiensten, beneficia verbo regis = Verfügungsgewalt d. Kg. über Kirchengut zugunsten seiner Vasallen, Spolienrecht (d. h. Verfügungsgewalt über den Nachlaß d. Bischofs) und Regalienrecht (d. h. Zwischennutzung des ganzen Bischofsbzw. Bistumsgutes bis zur Neubesetzung) sind Elemente des Eigenkirchenrechts. Die wichtigsten Verpflichtungen der Reichskirche sind: Hoffahrts-, Heerfahrts-, Herbergs- u. Kanzleipflicht.
[10] H. E. FEINE, Kirchenleihe u. kirchl. Benefizium nach ital. Rechtsquellen d. frühen MA, HJb 72 (1953); K. JORDAN, Das Eindringen d. Lehenswesens in das Rechtsleben d. röm. Kurie, AUF 12 (1931).
[11] Grundlegend J. FLECKENSTEIN, Die Hofkapelle d. dt. Könige (2 Bde. 1959/66); ders., Rex canonicus. Über Entstehung u. Bedeutung d. mal. Königskanonikates, in: Festschr. P. E. Schramm, Bd. 1 (1964); H.-W. KLEWITZ, Kgtm., Hofkapelle u. Domkapitel im 10. u. 11. Jh., AUF 16 (1939); ders., Cancellaria. Ein Beitrag z. Gesch. d. geistl. Hofdienstes, DA 1 (1937); ders., Kanzleischule u. Hofkapelle, ebd. 4 (1941); S. GÖRLITZ, Beiträge z. Gesch. d. kgl. Hofkapelle im ZA d. Ottonen u. Salier bis z. Beginn d. Investiturstreites (1936); D. v. GLADISS, Die salische Kanzleischule zu Kaiserswerth, AUF 16 (1939); ders., Die Kanzlei u. Urkunden K. Heinrichs IV. (1938); C. ERDMANN u. D. v. GLADISS, Gottschalk v. Aachen im Dienste Heinrichs IV., DA 3 (1939); C. ERDMANN, Die Anfänge d. staatl. Propaganda im Investiturstreit, HZ 154 (1936); H. HIRSCH, Reichskanzlei u. Reichspolitik im ZA d. salischen Kaiser, MÖIG 42 (1928); H. FICHTENAU, Bamberg, Würzburg u. die Stauferkanzlei, ebd. 53 (1939); F. HAUSMANN, Reichskanzlei u. Hofkapelle unter Heinrich V. u. Konrad III. (1956); K. U. JÄSCHKE, Königskanzlei u. imperiales Kgtm. im 10. Jh., HJb 84 (1964), dazu E. E. STENGEL, DA 22 (1966), S. 277f.; H. KOLLER, Die Bedeutung d. Titels »princeps« in der Reichskanzlei unter den Saliern u. Staufern, MÖIG 68 (1960);

K. ZEILLINGER, Die Notare d. Reichskanzlei in den ersten Jahren Friedrich Barbarossas, DA 22 (1966).

[12] Aus diesem Grunde war er um die Reform der Kirche bemüht und ebnete besonders der Reform von Gorze die Wege: H. L. MIKOLETZKY, K. Heinrich II. u. die Kirche (1946).

[13] A. SUHLE, Das Münzrecht d. dt. Königs in Bischofsstädten, in: Festschr. P. E. Schramm, Bd. 1 (1964), S. 280ff.; C. BRÜHL, Zum Hauptstadtproblem im frühen MA, in: Festschr. H. Keller (1963).

[14] K. HALLINGER, Gorze – Kluny. Studien zu den monast. Lebensformen u. Gegensätzen im HochMA (2 Bde. 1950/51); H. KELLER, Kloster Einsiedeln im otton. Schwaben (1964); Monasteria in alta Italia dopo le invasione Saracene e Magiare (sec. X–XII), in: Relaz. XXXII. Congr. Stor. Subalpino (Turin 1966).

[15] WIDUKIND III 49 berichtet, daß das Heer = Volk in Waffen 955 den Sieger über die Ungarn zum imperator ausgerufen habe: E. E. STENGEL, Den Kaiser macht das Heer, in: Festschr. K. Zeumer (1910), ergänzt: Der Heerkaiser, in: STENGEL, Abh. u. Untersuch. z. Gesch. d. Kaisergedankens im MA (1965); H. BEUMANN, Das imperiale Kgtm. im 10.Jh., WaG 10 (1950); A. DRÖGEREIT, Kaiseridee u. Kaisertitel bei den Angelsachsen, ZRG GA 69 (1952).

[16] Zum Kaisertum Ottos d. Gr. u. zur Reichsidee d. sächs.-sal. Kaisertums: H. BEUMANN, Das Kaisertum Ottos d. Gr., HZ 195 (1962); H. GRUNDMANN, Betrachtungen z. Kaiserkrönung Ottos I., SB Ak. München (1962); H. BEUMANN, Die Historiographie d. MA als Quelle f. die Ideengesch. d. Kgtms., HZ 180 (1955); ders., Die sakrale Legitimierung d. Herrscher im Denken d. otton. Zeit, ZRG GA 66 (1948); G. A. BEZZOLA, Das ottonische Kaisertum in der franz. Gesch.schreibung d. 10. u. beginnenden 11.Jh. (1956); R. BUCHNER, Der Titel rex Romanorum in den dt. Königsurkunden d. 11.Jh., DA 19 (1963); M. BÜNDING, Das Imperium Christianum u. die dt. Ostkriege vom 10. bis z. 12.Jh. (1940); J. DEÉR, Otto d. Gr. u. die Reichskrone, Beitr. z. Kunstgesch. u. Archäol. d. MA (1961); W. DÜRING, Der theolog. Ausgangspunkt d. mal. liturg. Auffassung vom Herrscher als Vicarius Dei, HJb 77 (1958); C. ERDMANN, Das ottonische Reich als Imperium Romanum, DA 6 (1943); ders., Der ungesalbte König, ebd. 2 (1938); ders., Der Heidenkrieg in der Liturgie u. die Kaiserkrönung Ottos I., MIÖG 46 (1932); W. GOEZ, Translatio imperii (1958); L. HAUPTMANN, Universalismus u. Nationalismus im Kaisertum d. Ottonen, in: Festschr. K. G. Hugelmann, Bd. 1 (1959); W. HOLTZMANN, Imperium u. Nationen, X. Congr. Internaz. di Sc. Stor., Rom, Relazioni 3 (1955); H. KELLER, Das Kaisertum Ottos d. Gr. im Verständnis seiner Zeit, DA 20 (1964); H. LÖWE, Kaisertum u. Abendland in otton. u. frühsal. Zeit, HZ 196 (1963); F. KEMPF, Das Königtum, Vortr. u. Forsch. 3 (1956); P. E. SCHRAMM, Kaiser, Rom u. Renovatio (²1957); ders., Die Krönung in Dtld. bis z. Beginn d. sal. Hauses, ZRG KA 24 (1935); ders., Die ordines d. mal. Kaiserkrönung, AUF 11 (1930); K. F. WERNER, Das hochmal. Imperium im polit. Bewußtsein Frankreichs (10.–12.Jh.), HZ 200 (1965); W. OHNSORGE, Die Anerkennung d. Kaisertums Ottos I. durch Byzanz, Byz. Zs. 54 (1961); ders., Abendland u. Byzanz, Ges. Aufsätze (1958); H. M. KLINKENBERG, Der röm. Primat im 10.Jh., ZRG KA 41 (1955). Zum frühsal. Königs- u. Kaisergedanken: H. BEUMANN, Zur Entwicklung transpersonaler Staatsvorstellungen, in: Das Kgtum, Vortr. u. Forsch. 2 (1963); ders., Das Imperium u. die regna bei Wipo, in: Festschr. Fr. Steinbach (1960); J. SPÖRL, Pie rex caesarque future! Beitr. z. hochmal. Kaisergedanken, in: Festschr. H. KUNISCH (1961); K. SCHNITH, Friede u. Recht. Zum Königsgedanken im Umkreis Heinrichs III., HJb 81 (1962); L. BOEHM, Rechtsformen u. Rechtstitel d. burgund. Königserhebungen im 9.Jh., HJb 80

(1961); Festschrift zur Jahrtausendfeier d. Kaiserkrönung Ottos d. Gr., MIÖG, Erg.Bd. 20 (1962); Renovatio imperii (Faënza 1963). Die ältere romantische Auffassung d. Kaisertums sieht sich seit 1945 einer sehr realistischen Kritik gegenübergestellt: G. BARRACLOUGH, The Medieval Empire, Idea and Reality (1950); ders., Die Einheit Europas im MA, WaG 11 (1951); ders., Die mal. Grundlagen d. modernen Dtld. (²1954), darin vor allem die Auffassung des Kaisertums Ottos III.; G. LADNER, Das heilige Reich d. mal. Westens, WaG 11 (1951). Das imperium-regnum-Problem tritt stärker in den Vordergrund: W. HOLTZMANN, Das mal. Imperium u. die werdenden Nationen (1953); W. SMIDT, Dt. Kgtm. u. dt. Staat d. HochMA während u. unter dem Einfluß d. italien. Heerfahrten (1964). Vgl. R. FOLZ, L'idée d'empire en occident du Ve au XIVe siècle (1953).

Kapitel 21
Stilwandel der Staatspolitik unter den ersten Saliern
Reichsitalien

Mit dem Salier Konrad II. setzt ein Strukturwandel in der Staatspolitik der Könige ein. Durch planmäßige Erweiterung und Organisation des fränkischen Hausgutes, das er wieder als Reichsgut behandelte, suchte er das Königtum allmählich von der Kirche unabhängig zu machen. Wie seine Vorgänger veranlaßte er sie, die Vasallen mit Lehen zu versehen (beneficia verbo regis). Das Herzogtum wurde immer mehr von der Politik ausgeschaltet, dafür war es aber in der Stille eine der starken Säulen im Entwicklungsprozeß königsfremder, eigengesetzlicher Landeshoheit. Daran hinderte nicht die Tatsache, daß das bayrische Stammesherzogtum, ähnlich wie auch Schwaben unter Konrad II., zum Kronland (Sekundogenitur) herabsank. Das Königtum stützte sich vermehrt auf die *Untervasallen*, wie die für Italien geltende »Constitutio de feudis« (Const. 1 n. 45) deutlich zeigt. Als erster hat Konrad II. nachweislich *Ministerialen* in ausgedehnterem Maße zur Reichsverwaltung herangezogen (Kap. 26). Nicht vergessen sei der territoriale Zuwachs des Reiches durch den Erwerb des Königreichs *Burgund*, das wichtige Alpenpässe und Zugänge nach Italien beherrschte und die Westflanke des Reiches gegen Frankreich schirmte. Der letzte König Rudolf hatte 1016 mit Kaiser Heinrich II. einen Erbvertrag geschlossen. Konrad II. setzte 1032 von Reichs wegen, nicht kraft privaten Erbrechts, den Anspruch seines Vorgängers durch; Lehensrecht obsiegte über Privatrecht und erwies darin seine staatsrechtliche Funktion.

Deutschland im Zeitalter der Ottonen und ersten Salier

Der glänzende Höhepunkt, den Reich und Reichspolitik unter Heinrich III. erreichten, konnte nicht darüber hinwegtäuschen, daß kirchliche Reformbewegung und Beherrschung der Kirche unvereinbar waren. Als »Patricius Romanorum« übte Heinrich das Wahlrecht der Römer bei der *Papstwahl*. Als er 1046 auf der Synode zu Sutri drei Gegenpäpste absetzen ließ und dann nacheinander drei deutsche Reichsbischöfe (Reichsfürsten des otton. Systems) auf den Stuhl Petri erhob, war er in Wahrheit Beherrscher der Kirche. Einer von ihnen freilich, B. Bruno von Toul, hat als Papst Leo IX. die Lösung vom Staatskirchentum der Ottonen vorbereitet. Unter ihm wurde sich das Papsttum seiner überragenden geistigen Macht wieder bewußt und schickte sich an, die Bevormundung durch die weltliche Macht abzuschütteln. Es entstand das *Kardinalskolleg* als Wahlkörper, um zunächst den stadtrömischen Adelseinfluß und dann den kaiserlichen Einfluß auszuschalten. Das Papstwahldekret Nikolaus' II. von 1059 begründete zugleich auch die *Kurie* als Institut der Kirche (s. Bd. 4, Kap. 2)[1].

Für die politischen Beziehungen des deutschen Königs zu Papst und Rom war die verfassungsrechtliche Situation in *Italien* von großer Bedeutung[2]. Dort herrschte im 10. Jh. territoriale Zersplitterung größten Ausmaßes. Neben großen Dynastenherrschaften in Norditalien (Markgrafschaft Tuszien, Ivrea, Friaul, Piemont) stand die zügellose Herrschaft des römischen Adels in Rom und Mittelitalien, der sich das Papsttum einfügte. Fremder Einfluß auf die wirren Verhältnisse war die Folge. Die südlichen Restgebiete des alten Langobardenreiches, die Herzogtümer Benevent und Spoleto, der Prinzipat von Salerno, die Grafschaft Capua standen in dauernden Kämpfen mit Byzantinern und Sarazenen.

Der Norden aber wurde das Land der *aufstrebenden bürgerlichen Welt* und der *Städte*, die zunächst mit der Kirche verbunden waren. Die *bischöflichen Stadtherrn* hatten sich als Verteidiger des Landes gegen die einbrechenden Ungarn wie die deutschen Stammesgewalten eine starke politische Stellung aufgebaut. Sie befestigten die Städte, übten die hohe Gerichtsbarkeit und hatten vor allem die Verfügung über die städtischen Finanzen. Dadurch, daß sie den Städten auch bedeutende Teile des flachen Landes eingliederten, entstanden *städtische Territorien*. Rechtsgrund der bischöflichen »potestas« war ihre missatische Gewalt, die ihnen Karl der Kahle 876 allgemein verliehen und zahlreiche Privilegien folgender Herr-

21. Reichsitalien

scher immer wieder erweitert hatten. Die gräflichen Rechte kamen in die Hand der Bischöfe, die Grafschaften lösten sich in Burgbezirke auf. Das wirtschaftliche Übergewicht (Finanzen, Geldwirtschaft) der Bischöfe erdrückte eigenherrschaftliche Tendenzen im oberitalienischen Raum. Neben der führenden *geistlichen Aristokratie* bildete sich in den großen Handelsstädten wie Venedig ein starkes *laikales Stadtpatriziat* aus.

Otto I. hat Norditalien zum eigentlichen »*Reichsitalien*« gemacht und an seinem Hof 962 sogar eine besondere italienische Kanzlei errichtet. Ein Staatskirchentum wie in Deutschland entwickelte sich aber hier nicht; darum fanden die italienischen und burgundischen Bischöfe auch eine gesonderte Behandlung im Wormser Konkordat; der königliche Einfluß auf die Besetzung der Bischofsstühle trat hier zurück. Unter den letzten Ottonen erhob sich wieder eine starke nationale Opposition, ihre Träger waren die unteren Vasallenschichten (secundi milites). Heinrich II. hat durch die Einnahme von Pavia das nationale Königtum Arduins von Ivrea beseitigt, durch seine Krönung zum König der Lombardei jedoch, im Gegensatz zu Otto I., die nationale Selbständigkeit Italiens wieder rechtlich anerkannt. Konrad II. mühte sich genauso wie in Deutschland mit aller Kraft um die Erfassung der *Reichsrechte in der Lombardei* gegen den Widerstand von Adel und Bürgertum. Er betonte die Rechtskontinuität des Reiches, das Weiterwirken der königlichen Hoheitsrechte über Italien unabhängig von der Person des Königs (Idee einer überpersönlichen Reichsgewalt)[3]. Für Konrads II. Politik ist wiederum bezeichnend, daß er auch hier vor allem die kleineren Vasallen (valvassores) unterstützte. In den sozialen Auseinandersetzungen zwischen Erzbischof Aribert von Mailand und seinen Lehensträgern erließ Konrad II. 1037 die »Constitutio de feudis« (reichsgesetzliche Regelung eines lehensrechtlichen Verhältnisses): Ohne gerichtlichen Schuldbeweis und Urteil der »pares« (Standesgenossen) darf kein »senior« (Lehensherr) seinem Vasallen das Lehen entziehen; dessen männliche Nachkommen (und Brüder) sollen das Recht auf Wiederverleihung haben (Lehenserbrecht und Lehnzwang). Lehensrechtliche Oberinstanz ist der Kaiser oder sein »missus«, an die der Vasall vom Lehenshof des »senior« zu appellieren das Recht hat. Dadurch wurde die Entwicklung selbständiger Lehenshöfe neben dem König verhindert (Frankreich). Ein neues befruchtendes Element verfassungsgeschichtlicher Entwicklung brachten die Normannen seit dem 11. Jh. in die Geschichte Italiens, vor allem das strenge Erstgeburtsrecht.

[1] H. L. Mikoletzky, K. Heinrich II. u. die Kirche (1946); Th. H. Graff, Beiträge zur dt. Kirchenpolitik Heinrichs II. (Diss. Graz 1959); Th. Schieffer, Heinrich II. u. Konrad II. Die Umprägung des Gesch.bildes durch die Kirchenreform d. 11.Jh., DA 8 (1951); P. Kehr, Vier Kapitel aus der Gesch. K. Heinrichs III., Abh. Ak. Berlin (1930); G. Ladner, Theologie u. Politik vor dem Investiturstreit. Abendmahlsstreit, Kirchenreform, Cluny u. Heinrich III. (1936); G. Tellenbach, Libertas, Kirche u. Weltordnung im ZA d. Investiturstreits (1936), bes. S. 104ff. u. 206ff.; Ph. Funk, Pseudo-Isidor gegen Heinrichs III. Kirchenhoheit, HJb 56 (1936); C. Violante, Aspetti di politica italiana di Enrico III. prima della sua discesa in Italia, Riv. Storica Ital. 64 (1952); ders., La pataria milanese e la riforma eccles. 1 (1955), bes. S. 43-84: die religiös-polit. Italienpolitik Heinrichs III. Die vollständige Lit. über Sutri bei H. Zimmermann, Papstabsetzungen d. MA (1968), S. 149ff., aus MIÖG 70 (1962); H.-W. Klewitz, Die Entstehung d. Kardinalskollegiums, ZRG KA 56 (1936); K. Jordan, Die Entstehung d. röm. Kurie, ebd. 59 (1939, Ndr. mit Nachtrag: Libelli 91, 1962); A. Michel, Papstwahl u. Königsrecht (1936); H. G. Krause, Das Papstwahldekret u. seine Rolle im Investiturstreit, Studi Gregoriani 7 (1960); C. G. Fürst, Cardinalis. Prolegomena zu einer Gesch. d. Kardinalats (1967).

[2] L. M. Hartmann, Gesch. Italiens im MA III 1 u. 2 (1911) u. 4 (1915); A. Hofmeister, Marken u. Markgrafschaften im ital. Kgr., MIÖG, Erg.-Bd. 7 (1906); E. Hlawitschka, Franken, Alemannen, Bayern u. Burgunder in Oberitalien. 774–962 (1960); G. Fasoli, I re d'Italia 888–962 (1949); B. Schmeidler, Venedig u. das Reich, MIÖG 25 (1904); H. Kretzschmayr, Gesch. v. Venedig (1905); F. Schneider, Die Entstehung von Burg u. Landgemeinde in Italien (1924); M. Uhlirz, Die ital. Kirchenpolitik d. Ottonen, MIÖG 48 (1927); dies., Die Restitution d. Exarchats Ravenna durch die Ottonen, ebd. 50 (1929); A. Solmi, L'amministrazione finanziaria del regno Italico nell'alto medio evo (1932); P. Vaccari, Dall'unità Romana al particolarismo giuridico del medio evo (1936); O. Gerstenberg, Die polit. Entwicklung d. röm. Adels im 10. u. 11.Jh. (1933); A. Solmi, Il senato romano nell'alto medio evo 757–1143 (1944); P. S. Leicht, Storia del diritto publico italiano (1938); W. Goetz, Die Entstehung d. ital. Kommunen im frühen MA, SB München (1944); G. Dilcher, Bischof u. Stadtverfassung in Oberitalien, ZRG GA 81 (1964); ders., Die Entstehung d. lombardischen Stadtkommunen (1967); G. Fasoli, P. Manselli u. G. Tabacco, La struttura sociale della città italiana dal V. al XII. secolo, Vortr. u. Forsch. 11 (1966); G. Luzzatto, Tramonto e sopravvivenza del feudalismo nei comuni italiani del medio evo, Studi medievali 3. ser. (1962); E. Sestan, La città comunale ital. dei sec. XI–XIII nelle sue note caratteristiche rispetto al movimento comunale Europeo, Rapp du XIe Congrès Intern. 3 (Stockholm 1960); G. Volpe, Vescovi e commune d Massa Marittima, in: Toscana medievale (1964); ders., Vescovi e comune d Volterra, ebd.; E. Dupré-Theseider Vescovi e città nel Italia precomunale in: Vescovi e diocesi nel medio evo (Padua 1964). – Lit. über Normannen in Süditalien s. Bd. 3, Kap. 23, Anm. 8.

[3] Konrad II. antwortet den Pisanern die auf die Kunde vom Tode Heinrich II. ihre Kaiserpfalz in Brand gesteckt hatten: »Si rex periit, regnum remansit sicut navis remanet, cuius gubernato cadit« (Wipo c. 7). Wir greifen hier die Anfänge eines unpersönlichen Staats u. Rechtsdenkens; die »Idee des Staates« regt sich.

Kapitel 22
Zentralgewalt, Königsgericht, Heer- und Lehenswesen am Vorabend des Investiturstreits

Drei wesentliche Züge kennzeichnen die allgemeine staatliche Entwicklung der westlichen Welt um 1050. In allen Staaten ist das *Ringen zwischen Zentralgewalt und partikularen Herrschaften* in vollem Gang, ohne daß schon irgendwo eine Entscheidung gefallen wäre. Noch verkörpert der deutsche König in seiner Person Reich und Staat, noch ist er ständig unterwegs ohne feste Residenz[1], ohne Zentralverwaltung, ohne Reichsarchiv, noch steckt die königliche Kanzlei in den Kinderschuhen. Die Kirche ist zwar noch Hauptstütze der Regierung, jedoch werden ihre Bindungen an Rom immer stärker. Der weltliche Adel aber entzieht sich immer mehr dem Einsatz für die Königsherrschaft, der Personenverband wird dünner. Das Herzogtum, zwar geschwächt[2], besitzt noch Kraft genug, um Schwierigkeiten zu machen. Die *Grafschaft* war zum Erblehen des Adels geworden; der aber übte von Burgen aus, die immer zahlreicher erbaut wurden und nach denen er sich und seine Familie zu nennen begann, staatliche Hoheitsrechte aus. Neben diese königlichen Grafschaften sind eigenrechtliche Grafschaften, Immunitäten »aus wilder Wurzel« ohne königliche Verleihung, meist durch Rodung getreten (allodiale oder grundherrliche Grafschaften). Die Kirche wandelte die ihr vom Kaiser verliehenen Grafschaften und Immunitäten in Vogtbezirke um. In den Landschaften, in denen Reichsgut in größerem Umfang vorhanden war (Franken, Schwaben), gab es noch königliche Grafschaften; ein Graf stellte als königlicher Vertrauensmann (Pfleger) die Verbindung zwischen Grafschaftsleuten, die Freie, aber auch Pfleghaften hießen, und dem König her[2a]. Über das Reichsgebiet waren Königsbann- und Adelsbannbezirke in Gemengelage zerstreut. Die Grundlinien salisch-staufischer Königs- und Reichslandpolitik beginnen sich bereits unter Heinrich III. abzuzeichnen[3]. Aber auch in Frankreich (um Paris und Orléans) wie im dänischen England ist das Krongut Grundlage der Königsmacht. Im Gegensatz zu Deutschland aber vollzog sich in England der Staatsaufbau von unten (shires, hundreds), und hier entwickelte sich zuerst auch eine echte Staatssteuer (Danegeld: zuerst Tribut, dann Loskaufsumme, schließlich Wehrsteuer)[4].

Die Ausübung der *Justiz*, der Aufbau eines wirksamen

Rechtsschutzes und einer *königlichen Gerichtsbarkeit* wurde im 11. Jh. zu einer Existenzfrage des Staates. Noch war in Deutschland der König oberster Gerichtsherr, aber das Königsgericht war an seine Person und seine persönliche Anwesenheit gebunden. Der Graf war meist nicht mehr königlicher Richter; als kirchlicher Edelvogt war der Adel in den geistlichen Immunitäten zum Hauptträger der Gerichtsbarkeit aufgestiegen. Die Könige suchten als letzten Rest ihrer Gerichtshoheit die königliche Blutbannleihe aufrechtzuerhalten und auszubauen. Hingerichtet wurde nur der Arme, der nicht bezahlen konnte, weil Strafrecht und Strafprozeß bis ins 12. Jh. fiskalisiert blieben (Kompositionen = Bußengerichtsbarkeit) und die schweren Leibes- und Lebensstrafen der karolingischen Kapitularien meist durch Geld abgelöst werden konnten (vgl. Wergeld der Stammesrechte). Das Schnellverfahren des *Gerichts auf handhafter Tat*, aus dem unter dem Einfluß der Landfrieden eine Neuordnung des Gerichtswesens, die hohe Gerichtsbarkeit, geboren wurde, war vielleicht die einzige wirkliche Blutgerichtsbarkeit[5].

Während im Deutschland des 11. Jh. noch die Möglichkeiten für König und Adel offen waren, schien der König von Frankreich bereits verspielt zu haben. Die Königsjustiz hatte dort nur auf der Krondomäne Gültigkeit, während Herzoge und Grafen, alle lokalen Machthaber volle Gerichtsbarkeit, das Blutgericht in ihrem Gebiet übten. Und doch gelang der Aufbau des modernen französischen Staates gerade dadurch, daß das Königsrecht (Parlement de Paris) sich im ganzen Land als oberste Instanz durchzusetzen vermochte. Der englische König dagegen konnte die Bildung eigenwüchsiger Hochgerichte verhindern und für alle Fälle der Rechtsverweigerung das Königsgericht als oberste Instanz durchsetzen. Langsam setzte sich die Anerkennung sogen. Kronfälle und des Kronprozesses (Beachtung der Formen des königsgerichtlichen Verfahrens) durch. Zwar erhielt sich auf den englischen Manors (Herrensitzen) eine Privatgerichtsbarkeit der Landherren; doch war sie einmal auf Zivil- und Strafsachen der Grundherrschaftsleute beschränkt, und dann fehlte das Introitusverbot des vollentwickelten deutschen Immunitätsprivilegs (s. Kap. 19).

In einem Zustand der Wandlung befanden sich im 11. Jh. in ganz Westeuropa *Heerwesen*[6] und *Lehenswesen*[7]. In Frankreich entzog die Adelsfehde dem staatlichen Kriegsdienst alle Kräfte. Der deutsche König hatte zur Salierzeit zwar noch ein ausrei-

22. Zentralgewalt, Königsgericht, Heer- und Lehenswesen

chendes Vasallenheer, doch wurde dieses meist von den Reichsbistümern gestellt. Die Heerespflicht in den Marken, wo Königsburgen standen, war besonders stark entwickelt[8]. In England dagegen stand das Volksaufgebot (fyrd) noch sehr im Vordergrund, wenn auch das Ritterheer immer mehr an Bedeutung gewann. Es fehlten dort Privatkriege des Adels und Privatburgen; denn seit Alfred d. Gr. wurde das Befestigungsrecht sehr straff gehandhabt. Entscheidend aber wurde, daß England die Feudalentwicklung des Kontinents nicht mitgemacht hat; es kannte weder die »condition quasi servile« der fränkisch-französischen Vasallität noch die Ministerialität und die Feudalisierung der Ämter. Erst die Normannen brachten das System des fränkischen Lehensrechts mit seiner straffen Unterordnung[9]. Durch die *ethische Umwandlung des Treuebegriffes* wurde in Frankreich das Lehensrecht zu einem wirklichen Staatsrecht. Die Anfänge des Rechtsinstituts der *ligeitas*[10] reichen bis in das 11. Jh. zurück; sie erlegte dem Vasallen als dem »homo ligius« in allen lehensrechtlichen Gewissenskonflikten einen Treuevorbehalt gegenüber dem »dominus ligius« auf. Gelang es dem König, sich als »dominus ligius ante omnes«, als obersten Lehensherrn und Spitze der Lehenspyramide durchzusetzen[11], dann war in jedem Konflikt, in den der König mitverwickelt war, der Lehensmann (homo) ausgeschaltet, weil er dem obersten Lehensherrn gegenüber mindestens zur Neutralität verpflichtet war.

In Deutschland und Oberitalien aber unterblieb die Entwicklung des lehensrechtlichen Treuevorbehalts für den König. Statt dessen schob sich hier die *Ministerialität* als Werkzeug staatlicher Konzentration in den Vordergrund; sie war der deutsche Versuch zur Überwindung der zentrifugalen Tendenzen des Lehensrechtes zugunsten eines zentralen Staates. Ligeitas (ligesse) und Dienstmannschaft stehen ständerechtlich auf verschiedener Ebene. Der ministerialis (serviens, minister, cliens) unterstand als Leibeigener und Unfreier dem Hofrecht des Königs und dem strengen Dienstrecht mit seinem eigengeprägten Dienstlehen[12]. Der Uniformität der Ligesse, die nur in den westdeutschen Grenzlanden Eingang fand, stand die regionale und herrschaftliche Differenziertheit der Dienstrechte in Deutschland gegenüber.

---

[1] H. C. PEYER, Das Reisekönigtum d. MA, VSWG 51 (1964); E. PERROY, Carolingian Administration, in: S. L. THRUPP (Hg.), Early Medieval Society (1967).

[2] Typisches Beispiel für solche Schwä-

chung ist Bayern: Abtrennung Kärntens durch Otto II. u. Erhebung zum selbständigen Herzogtum, Abtrennung d. Marken Friaul, Istrien u. Verona, andererseits ist für das bayerische Stammesherzogtum charakteristisch, daß die Grafschaften dem Herzog, nicht dem König unterstanden; vgl. K. REINDEL, Die staatsrechtl. Stellung d. Ostlandes im frühmal. Bayern, Mitt. d. ObÖst. Landesarchivs 7 (1960); K. LECHNER, Grafschaft, Mark u. Hgtm., Jb. f. Lds.-kde., NÖst. 19 (1926).

[2a] A. HÖMBERG, Die Entstehung d. westfäl. Freigrafschaften als Problem d. mal. VG (1953).

[3] K. BOSL, Die Reichsministerialität als Träger stauf. Staatspolitik in Ostfranken u. auf dem bayer. Nordgau (1942); ders., Die Markengründungen K. Heinrichs III. auf bayerisch-österreich. Boden, Zs. f. bayer. Ldsgesch. 14 (1943/44).

[4] Im Domesdaybook erhielt England bereits im 11. Jh. eine Art Staatsgrundkataster, auf dem es bereits im 12. Jh. ein staatliches Finanzwesen aufbauen konnte, das »scaccarium« mit seinen »pipe roles«. Vgl. ›Dialogus de scaccario‹ des Richard Fitz Neal (1180) u. den sizilian. ›Ritus dohanarum‹ des Andreas von Isernia (kurz vor 1313). P. KIRN, Die mal. Staatsverwaltung als geistesgesch. Problem, HV 27 (1932); W. A. MORRIS, The Medieval English Sheriff to 1300 (1927); V. H. GALBRAITH, The Making of Domesday-book (Oxford 1961); J. F. LEMARIGNIER, Le gouvernement royal (s. Kap. 20, Anm. 4).

[5] H. HIRSCH, Die hohe Gerichtsbarkeit (s. Kap. 19, Anm. 1); R. HIS, Gesch. d. dt. Strafrechts bis z. Carolina (1928); J. GERNHUBER, Die Landfriedensbewegung in Dtld. bis 1235 (1952).

[6] J. VERBRUGGEN, De Krijgskunst in West-Europa in de Middeleeuwen (9. bis 14. Jh.), Vlamske Ak. d. W. (Brüssel 1954), Verl.-Nr. 20; K. G. CRAM, Judicium belli. Zum Rechtscharakter d. Krieges im dt. MA (1955); W. KIENAST, Die engl. Lehenskriegsverfassung d. 13. Jh., HZ 183 (1957).

[7] K. J. HOLLYMANN, Le développement du vocabulaire féodal en France pendant le haut moyen âge (1957).

[8] K. BOSL (s. Anm. 3).

[9] F. M. STENTON, The First Century of English Feudalism 1066–1166 (1932); C. W. HOLLISTER, 1066: The Feudal Revolution, Americ. Hist. Rev. 73 (1968).

[10] H. MITTEIS, Lehnrecht u. Staatsgewalt ([1]1933), bes. S. 557 ff.; DW[9] 700; POEHLMANN, Das ligische Lehensverhältnis (1931); W. KIENAST, Untertaneneid u. Treuevorbehalt in Frankreich u. England (1952); ders., HZ 158 (1938) u. 146 (1930); F. L. GANSHOF, Etude sur les ministeriales en Flandre et en Lotharingie (Ac. Belg. 1926).

[11] Damit ist die staufische Heerschildordnung zu vergleichen, s. Kap. 28.

[12] K. BOSL, Reichsministerialität (s. Kap. 29, Anm. 1); ders., Vorstufen d. dt. Königsdienstmannschaft. Begriffsgeschichtl.-prosopograph. Studien zur frühmal. Sozial- u. VG, in: Frühformen d. Ges. (1964); ders., Das ius ministerialium. Dienstrecht u. Lehenrecht im dt. MA, ebd.; ders., Die Reichsministerialität als Element d. mal. dt. Staatsverfassung im ZA d. Salier u. Staufer, ebd.

D. Krise der deutschen Königsherrschaft im Investiturstreit Spätsalische Reformversuche

Quellen: Die Urkunden Heinrichs IV., ed. D. v. GLADISS (MG DD VI, 1953/59); MG Const. 1 (1893, Ndr. 1963); Die Briefe Heinrichs IV., ed. C. ERDMANN (MG Dt. MA 1, 1937), dt. v. K. LANGOSCH (GdV 98, 1954); Briefsammlungen d. Zeit H. IV., ed. C. ERDMANN u. N. FICKERMANN (MG Briefe d. dt. Kaiserzeit 5, 1950), dazu C. ERDMANN, Die Briefe Meinhards v. Bamberg, NA 49 (1932), u. ders., Studien zur Brieflit. Dtlds. im 11. Jh. (1938); Codex Udalrici, ed. Ph. JAFFÉ, Bibl. ter. Germ. 5 (1869); Das Register Gregors VII., ed. E. CASPAR (MG Epp. sel. 2, 1920, Ndr. 1967); MG Libelli de Lite (3 Bde. 1891/97, Ndr. 1957); Papsturkunden bis 1198 s. JAFFÉ-LOEWENFELD, Reg. pont. Rom. (2 Bde. ²1885/88). Vgl. WATTENBACH-HOLTZMANN, Dtlds. Gesch.-quellen im MA, Dt. Kaiserzeit I 3/4 (1940/43, Ndr. 1967).

Literatur: Über Kirchenreform u. Investiturstreit s. Bd. 3 vor Kap. 31; dazu G. KALLEN, Der Investiturstreit als Kampf zw. german. u. roman. Denken (1937); N. BROOKE, Lay-Investiture and its Relation to the Conflict of Empire and Papacy (1939); N. C. CANTOR, Church, Kingship and Lay-Investiture in England 1089–1135 (Princeton 1958); H. E. FEINE, Kirchenreform u. Niederkirchenwesen, Beitr. z. Reformfrage, vornehml. im Bistum Lucca im 11. Jh., Stud. Greg. 3 (1948); P. SCHMID, Der Begriff d. kanon. Wahl in den Anfängen d. Investiturstreites (1926); W. SCHWARZ, Der Investiturstreit in Frankreich, ZKiG 42/43 (1923/24); A. BECKER, Studien z. Investiturproblem in Frankreich: Papsttum, Kgtm. u. Episkopat im ZA d. gregorian. Kirchenreform (Diss. Saarbrücken 1955); Z. N. BROOKE, The English and the Papacy from the Conquest to the Reign of John (Cambridge 1932); H. BÖHMER, Kirche u. Staat in England u. in der Normandie im 11. u. 12. Jh. (1899); J. T. ELLIS, Antipapal Legislation in Medieval England 1066–1377 (Diss. Washington, Cath. Univ. 1930); C. N. L. BROOKE, Gregorian Reform in Action. Clerical Marriage in England 1050 bis 1200, Cambr. Hist. Journ. 12 (1956); J. VINCKE, Kirche u. Staat in Katalonien u. Aragon während des MA 1 (1931); ders., Der Übergang vom Eigenkirchenrecht zum Patronatsrecht bezügl. d. Niederkirchen in Katalonien u. Aragon, Studi Greg. 3 (1948).

A. VIOLANTE, La Pataria milanese e la riforma ecclesiastica 1: Le premesse 1045–1057 (Rom 1955); G. MICCOLI, Per la storia della Pataria milanese, BIStIAM 70 (1958); ders., Stud. Greg. 5 (1956); H. GRUNDMANN, Ketzergesch. d. MA: Die Kirche in ihrer Gesch. 2 (1963); ders., Religiöse Bewegungen im MA (²1961), bes. S. 476–483; A. BORST, Die Katharer (1953), bes. S. 71–80; P. ILARINO da MILANO, L'eresie popolari del sec. XI. nell'Europa occidentale. Stud. Greg. 2 (1947); R. MORGHEN, Medioevo cristiano (Bari 1951), S. 212–286, dazu A. DONDAINE, L'origine de l'hérésie médiévale, Riv. Stor. Ital. 6 (1952); R. MORGHEN, Movimenti religiosi popolari nel'perido della riforma della Chiesa, Relaz. X. Congr. Intern. 3 (Florenz 1955); E. WERNER, Die gesellschaftlichen Grundlagen d. Klosterreform im 11. Jh. (1953); ders., Pauperes Christi. Studien zu sozialreligiösen Bewegungen im ZA d. Reformpapsttums (1956); B. TÖPFER, Volk u. Kirche z. Z. d. beginnenden Gottesfriedensbewegung in Frankreich (1957); J. B. RUSSELL, Dissent and Reform in the Middle Ages (Berkeley-Los Angeles 1965); J. LECLERCQ, Simoniaca haeresis, Stud. Greg. 1 (1947); H. HOFFMANN, Gottesfriede u. treuga Dei, DA 20 (1964); L. DANBERG, Untersuchungen über die Entwertung d. Judenstatus im 11. Jh. (Paris 1965); G. EDELBRUNNER, Arnold v. Brescia. Eine Unters. über die weltl. Herrschaft d. Kurie u. die haeret. Bewegung in Rom (1965).

R. W. SOUTHERN, The Making of the Middle Ages (1953, dt. 1960); F. HEER, Der Aufgang Europas (1949); ders., Die Tragödie d. hl. Reiches (1952/53); K. BOSL, Das

Krise der deutschen Königsherrschaft im Investiturstreit

HochMA in der dt. u. europ. Gesch., Frühformen, S. 377–412; ders., Gregor VII. u. Heinrich IV., in: Die Europäer u. ihre Gesch. (1961); G. SCHREIBER, Gemeinschaften d. MA. Recht u. Verfassung, Kult u. Frömmigkeit (1948); W. GOETZ, Die Entwicklung d. Wirklichkeitssinnes vom 12. bis 14. Jh. in Italien im MA 2 (1942); A. BRACKMANN, Die Ursachen d. geist. u. polit. Wandlungen Europas im 11. u. 12. Jh., Ges. Aufs. (1941); G. TELLENBACH, Die Bedeutung d. Reformpapsttums f. die Einigung d. Abendlandes, Stud. Greg. 2 (1947); ders., Vom Zusammenleben d. abendländ. Völker im MA, in: Festschr. G. Ritter (1950); G. MIGLIO, La crisi dell'universalismo politico medioevali e la formazione ideologica del'particolarismo statale mod, QFItA 33 (1942); Th. MAYER, Fürsten u. Staat (1950); ders., Papsttum u. Kaisertum im hohen MA, HZ 187 (1959); W. KÖHNEL, Regimen christianum. Weg u. Ergebnisse d. Gewaltenverhältnisse u. d. Gewaltenverständnisses (8.–14. Jh.), Habil. Schr. München (1967); ders., Typik u. Atypik. Zum Gesch.bild d. kirchenpolit. Publizistik (11.–14. Jh.), in: Spec. Hist. (Festschr. f. J. Spörl 1965); G. LADNER, The Concepts of »Ecclesia« and »Christianitas« and their Relation to the Idea of Papal »plenitudo potestatis« from Gregory VII to Boniface VIII, Misc. Hist. Pont. 18 (1954); ders., Aspects on Medieval Thought on Church and State, Rev. of Politics 9 (1947); J. RUPP, L'idée de la chrétienté dans la pensée pontificale des origines à Innocent III (Paris 1939); J. van LAARHOVEN, »Christianitas« et réforme Grégorienne, Stud. Greg. 6 (1959/61); P. ROUSSET, La notion de chrétienté aux XIe et XIIe siecles, Moyen Age 69 (1963); G. G. MEERSSEMANN, Die Christenheit als historischer Begriff, Festg. f. Schweizer Katholiken (1954); E. LEWIS, Medieval Political Ideas (2 Bde. 1954); C. VIOLANTE, La società milanese nell'età precomunale (1953); LYNN WHITE jr., Medieval Technology and Social Change (^{2}1966); G. MISCH, Gesch. d. Autobiographie (^{3}1948/50) [Otloh v. St. Emmeram/Regensburg]; I laici nella »societas christiana« dei secoli XI e XII. La Mendola (1965); M. D. CHENU, Moines, clercs et laïcs au carrefour de la vie évangélique, RHE 49 (1954) u. La théologie au XIIe siècle (1957); J. WALTER, Die ersten Wanderprediger Frankreichs 1 (1903); J. le GOFF, Les intellectuels du moyen âge (1957) F. J. E. RABY, A History of Secular Latin Poetry In the Middle Ages (Oxford 1957); ders., A History of Christian Poetry in the Middle Ages (^{2}1953); W. v. d. STEINEN, Menschen im MA, Ges. Forsch., Betrachtungen, Bilder, hg. v. P. v. MOOS (1967); J. LAFAURIE, Migrations des peuples et haut moyen âge en occident. A Survey of Numismatic Research (1960–1965) 2 (Kopenhagen 1967).

Kapitel 23
Umbruch der Zeiten
Die »Freiheit«

Seit der Mitte des 11. Jh. vollzog sich ein Umbruch aller Verhältnisse. In dem Kampfruf »libertas ecclesiae« offenbarte sich nicht bloß ein Ringen um die Freiheit der Kirche als Heilsanstalt vom Joche des Staates, sondern auch um ein neues Weltbild, um eine neue Ordnung der Dinge in der Welt. Es enthüllt sich darin ein Kampf nicht gegen die ständische Ordnung des Mittelalters an sich, aber um eine Anerkennung der tatsächlichen Stellung im wirtschaftlich-politischen Bereich. Das

23. Umbruch der Zeiten

Schlagwort der *Freiheit* kündet aber auch ein Ausgreifen neuer Wirtschaftskräfte an, der Fernkaufleute und des Fernhandels über die enggezogenen Grenzen des lokalen Marktes und regionaler Versorgungswirtschaft hinaus; es bedeutet Aufstieg der neuen sozialen und wirtschaftlichen Kräfte aus der Tiefe neben dem politischen Stadtregiment der geistlichen und weltlich-aristokratischen Stadtherrn; Italien war der Mutterboden dieser neuen kommunalen Bewegung, die sich mit dem Siegeslauf des Geldes verband; hier wirkte das neue wirtschaftlich-soziale Element in der Pataria auch schon in die hohe Politik und in die geistigen Auseinandersetzungen der Zeit hinein.

In diesem Kampf um Freiheit zerbrach vor allem die alte Einheit von Staat und Kirche, auf die Reich und Staat der Deutschen die politische Ordnung des Frühmittelalters aufgebaut hatten. Es wurde ein *neuer Staatsbegriff* geboren. Indem die »politische Religiosität« (Fr. Heer) des frühen Mittelalters auslief, die noch Cluny und Gorze getragen hatten, und eine kirchliche Ideologie die bisherige staatlich-politische Ordnung aufs schwerste gefährdete, wurde sich neben der Kirche der *Staat* seines Eigenrechts bewußt und berief sich auf seinen göttlichen Ursprung, wie ihn der Anonymus von York am deutlichsten verkündete. Das alte patriarchalische Gefüge des frühmittelalterlichen Personenverbandsstaates mit seinen persönlichen Beziehungen zwischen Herrscher und Untertan und seiner theokratischen Einheit zwischen weltlichem und geistlichem Bereich[1] wurde durch den neuen »kältenden Hauch nüchterner Staatsraison« (A. Brackmann) zersetzt; in England und Sizilien entstanden neue rationalere Staatsbauten, in denen die Normannen ihre staatsschöpferische Begabung bewährten. In der Mitte des Kontinents aber, wo bislang eine Hauptkraftquelle einer politischen Ordnung des Abendlandes lag, zerbrach das alte System staatlicher Ordnung, das »Reich aristokratisch-hochkirchlicher Prägung« (H. Heimpel). Dadurch wurde ein neuer säkularisierter Reichsgedanke, eine neue weltliche Staatslehre ausgelöst, und die Renaissance des römischen Rechts hat sie entscheidend bestärkt. Das Wesen der Macht, des Staates, der Souveränität, wurde von nun an ausgiebig von den Kanonisten und den Legisten diskutiert und durchdacht[2]. Die »altehrwürdige, geschichtlich erprobte Heiligkeit des römischen Rechts trat der kirchlichen Heiligkeit« gegenüber (H. Mitteis); »sacrum imperium« stellte sich gegen »sancta ecclesia«[3].

Krise der deutschen Königsherrschaft im Investiturstreit

Als Vollstrecker göttlichen Willens hatte der Kaiser bislang Reich *und* Kirche geleitet, das Papsttum war praktisch in die Rolle eines obersten Reichsbistums gedrängt. Die Einheit von Welt und Kirche, Staat und Kirche zerbrach nun. Der Prozeß der Auflösung der einen Weltregierung in den *Dualismus* zweier Häupter geht in seinen Anfängen bereits in die Zeiten Ludwigs d. Fr. zurück; Papst Nikolaus I. (858–867) hatte schon für ein geistliches Weltimperium gekämpft (Pontifikale Theokratie). Er hatte schon gelegentlich die pseudoisidorischen Dekretalen als kirchliche Rechtssammlung benützt, die sich im 11. Jh. einbürgerte[4]. Auf der Suche nach einer neuen Ordnung wurde die kirchliche Reformpartei auf Pseudoisidor besonders aufmerksam; Kardinal Humbert und seine Helfer machten die Dekretalen zur »Richtschnur für die Neugestaltung der kirchlichen Verfassung«[5].

Ein starker Impuls auf das kirchliche und staatliche Leben und seine Neugestaltung ging vom *Mönchtum*[6] aus; dieses hatte in den Zeiten des Niedergangs kirchlichen Lebens, geistlicher Zucht und Würde den Gedanken pästlicher und kirchlicher Autorität wachgehalten, bis er im Reformpapsttum zum bewegenden Element abendländischer Geschichte wurde. Als Heinrich III. 1046 zu Sutri Reformator der Kirche wurde, da machte er als Träger der höchsten laikalen Macht einer veränderten Welt und einem von ihm erweckten Papsttum sichtbar, daß die römische Universalkirche auf dem besten Wege war, kaiserliche Eigenkirche zu werden. Ein deutscher Hocharistokrat auf Petri Stuhl, Leo IX. (1049–1054), leitete darum das päpstliche Reformwerk ein, und Nikolaus II. (1059–1061) schloß durch das auf der Lateransynode von 1059 erlassene Papstwahldekret den Kaiser praktisch von der Mitbestimmung aus; das Kardinalskollegium wurde zur Körperschaft der alleinigen Papstwähler (wie später das deutsche Kurfürstenkollegium zur Körperschaft der Königswähler wurde). In den Sätzen des »Dictatus papae« von 1075 erhob Gregor VII. den Anspruch auf kirchliche Machtfülle und das Weltimperium des Papsttums. Vorbei war nun die Periode des germanisch geprägten Kirchenrechts mit Eigenkirchenwesen und staatlichem Kirchenhoheit; es begann das Zeitalter des *kanonischen Rechts*, mit dem der Aufstieg des Papsttums zusammenfällt. Die Kirche wurde jetzt zur Rechtsanstalt ausgebaut. Als Vollstreckerin göttlichen Willens beanspruchten Kirche und Papst das höchste Schiedsrichteramt auch über den gesalbten König und gekrönten Kaiser. Ein neues dialektisches und antithetisches Denken hatte das einheitliche Weltbild des Frühmittelalters zerstört. Lanfranc, Berengar von Tours, Anselm von Canterbury, Ivo von Chartres haben eine neue Geisteswelt aufgebaut, in der sich Geistliches und Weltliches, *Spiritualia und Temporalia* als zwei getrennte Sphären gegenüberstehen[7]. Monismus wurde durch Gradualismus und Dualismus abgelöst. In der politischen Welt fand dieser Dualismus seinen Ausdruck in der Lehre von den zwei Schwertern. Auf der Ebene der Wirtschaft und der praktischen Moral der Menschen stellte das Wiederaufleben des Handels und Geldes die Kirche vor schwerwiegende Fragen; denn ihr asketisches Ideal entsprach in so vieler Beziehung der bäuerlichen Kultur des Frühmittelalters und der endenden Spätantike, daß sie, trotz ihrem Bund mit der Pataria, allen Veränderungen der sozialen Ordnung und Struktur mißtraute, denen sie machtlos gegenüberstand. Kirchliche Moral und Kaufmannsgesinnung, d. h. Gewinnstreben, waren an sich unvereinbar, denn die Kirche sah im Handelsgewinn eine große Gefahr für das Seelenheil. Ihr Zinsverbot hat das Wirtschaftsleben nicht hemmen können, aber schwer belastet.

[1] E. KANTOROWICZ, The King's two Bodies (1957); ders., Selected Studies (1965).
[2] S. MOCHI-ONORY, Fonti canonistiche dell'idea moderna dello stato (1951); F. CALASSO, I Glossatori e la teoria della sovranità, Studi di diritto comune publ. (³1957); F. GILLMANN, Von wem stammen die Ausdrücke »potestas directa« u. »potestas indirecta papae in temporalibus«?, Arch. f. kath. KiRecht 98 (1918); J. A. CANTINI, De autonomia iudicis saecularis et de Romani pontificis plenitudine potestatis in Temporalibus, Salesianum 23 (1961); G. POST, Studies in Medieval Legal Thought (1964); ders., Some Unpublished Glosses on the Translatio imperii and the two Swords, Arch. f. kath. KiRecht 117 (1937); N. REESENBERG, Inalienability of Sovereignty (1956); A. M. STICKLER, Il potere coattivo materiale della Chiesa nella Riforma Gregoriana, Studi Greg. 3 (1947); ders., De ecclesiae potestate coactiva materiali, apud mag. Gratianum, Sales. 4 (1942); ders., Mag. gratiani sententia de potestate ecclesiae in statum, Apollinaris 21 (1948); W. ULLMANN, The Development of Medieval Idea of Sovereignty, EHR 64 (1949); ders., Der Souveränitätsgedanke in den Krönungsordines, in: Festschr. P. E. Schramm (1964); A. HOF, »Plenitudo potestatis« u. imitatio imperii z. Zt. Innozenz' III., ZKiG 66 (1954/55); H. HOFFMANN, Die beiden Schwerter im HochMA, DA 20 (1964); ders., Die Unveräußerlichkeit der Kronrechte, ebd.; ders., Die Krone im hochmal. Staatsdenken, in: Festschr. H. Keller (1963); M. MACCARONE, Chiesa e stato nella dottrina di papa Innocenzio III (1940); ders., Potestas directa e »Pot. indir.« nei teologi del XII e XIII s., Misc. Hist. Pont. 18 (1954); L. BUISSON, Potestas u. Caritas (1958); E. PASZTOR, Sacerdozio e regno nella vita Anselmi Episcopi Lucensis, Arch. Hist. Pont. 2 (1964).
[3] DW⁹ 5428; vgl. Kap. 38, Anm. 1; O. HILTBRUNNER, Die Heiligkeit des Kaisers, in: Frühmal. Stud. 2 (1968).
[4] Die Dekretalen Ps.-Isidors sind vermutlich in der Mitte d. 9.Jh. um Reims entstanden, dem erzbischöfl. Sitz Hink-

mars, des alten Vorkämpfers der Metropolitanrechte, gegen die sie sich richten. Den Dekretalen zur Seite stehen die sog. Hispano-Gallica (Neubearbeitung der spanischen Canones-Sammlung), die Capitula Angilramni (Sammlung echter u. gefälschter Beschlüsse röm. Synoden) u. d. Benedictus Levita (Sammlung z. T. unechter fränkischer Kapitularien). J. HALLER, Pseudoisidors erstes Auftreten im dt. Investiturstr., in: Studi Greg. 2 (1947), u. A. MICHEL, ZRG KA 66 (1948); ders., Die Sentenzen d. Kardinals Humbert, das erste Rechtsbuch d. päpstl. Reform (1943), u. E. EICHMANN, ZRG KA 64 (1948); A. MICHEL, Die folgenschweren Ideen Kard. Humberts u. ihr Einfluß auf Gregor VII., Studi Greg. 1 (1947); K. HOFFMANN, Der Dictatus Papae Gregors VII., eine rechtsgeschichtl. Erklärung (1933); ders., Der DP Gregors VII. als Index einer Kanonessammlung?, Studi Greg. 1 (1947).

[5] J. HALLER, Papsttum ²2, S. 302.
[6] C. VIOLANTE, Il monachesimo cluniacense di fronte al mondo politico ed ecclesiastico, in: Spiritualità cluniacense (Todi 1966); J. F. LEMARIGNIER, L'exemption monastique et les origines de la réforme grégorienne, in: Cluny, Congr. Scientif. (1950); ders., Structures monastiques et structures polit. dans la France de la fin du Xe et des débuts du XIe siècle, SSCI 4 (1957); J. SEMMLER, Die Klosterreform von Siegburg. Ihre Ausbreitung u. ihr Reformprogramm im 11. u. 12.Jh., Rhein. Arch. 53 (1959); H. JACOBS, Die Hirsauer. Ihre Ausbreitung u. Rechtsstellung im ZA d. Investiturstreites (1961); ders., Der Adel in der Klosterreform von St. Blasien (1968); K. HALLINGER, Zur geistigen Welt d. Anfänge Clunys, DA 10 (1954).
[7] A. M. STICKLER, Traditio 7 (1949/51) u. MIÖG 62 (1954).

Kapitel 24
Die kirchliche Friedensbewegung und ihre politischen, sozialen und geistigen Wirkungen

Vom Reformmönchtum gingen wesentliche Anregungen zur *Neugestaltung der Beziehungen zwischen Kurie, Bischof und Kloster, König, Adel und Kloster* aus und wurden religiöse Ideen verbreitet, die *Staatsidee, Staatszweck und Gesetzgebung* entscheidend befruchtet haben. Das Reformkloster erstrebte Freiheit = Exemtion von der Jurisdiktion des Diözesanbischofs[1]. Es betrieb direkte Unterstellung unter Rom: »Romana libertas« bedeutete Freiheit vom Bischof wie von der Vogtei des adligen Gründerund Vogtgeschlechts.

Clunys welthistorische Geltung und sein positiver Beitrag zur Weltkultur bestehen nicht zum wenigsten darin, daß es eine *kirchliche Friedensbewegung* im ganzen Abendland auslöste, die politisch entscheidende Wirkungen zeitigte. Cluny verband sich mit dem weltlichen Rittertum zum Zwecke der Friedenswahrung und gebar eine *neue Auffassung des Krieges*. Die naive Lust an Abenteuer, Kampf und Streit, die der Frühzeit aller

24. Die kirchliche Friedensbewegung

Kulturen eignet (Heldenlied, Heldenepos), die im Fehdewesen und Fehderecht des Adels Kernstück einer Adelsethik seit germanischer Zeit, Mittelpunkt ständischer Absonderung und Prinzip staatlicher Ordnung (legitime Gewaltanwendung im Land) geworden war, wurde in einer religiösen Zielsetzung vergeistigt. Der Kampf um seiner selbst willen wurde seines sittlichen Wertes entkleidet; berechtigt sollte nur mehr der Kampf um die höchsten Ziele des christlichen Glaubens sein. Darum fanden sich Mönch und Ritter, Kloster und Welt zu einer wirklichen »*militia Christi*« zusammen. Die *Idee des heiligen Krieges* wurde zum Machtinstrument in der Hand des Papsttums und gewann in der universalen Kreuzzugsbewegung geschichtsbildende Gestalt. In dieser Form wurde Kampf zum gottgewollten Werk[2].

Die neue Idee des heiligen Krieges führte das Papsttum, das zum obersten Leiter des Kreuzzuges wurde, auch politisch an die Spitze der abendländischen Welt, so daß die abendländisch-christliche Mission des Kaisertums verblaßte[2a]. Dabei erlebte das *christliche Rittertum* seine höchste Blüte; die geistlichen Ritterorden verkörpern dieses neue geistlich-weltliche Ideal des Kämpfers. Politisch haben die Kreuzzüge die Spannungen zwischen Kaisertum und Papsttum vertieft; die Kreuzfahrten haben den westlichen Völkern ihre nationale Eigenart bewußt gemacht, so daß der Zerfall der universalistischen Einheit des Abendlandes in nationale Gruppen mit ausgeprägtem Sonderbewußtsein gerade hier zuerst in Erscheinung trat.

Die religiöse Vergeistigung des Ritterkampfes wirkte sich zunächst auch in der seit 1060 aufkommenden Mode deutscher Adelsgeschlechter aus, ihre Stammburgen in Hausklöster umzuwandeln[3], denen zwar *Vogtfreiheit* de iure zugesichert war, die besonders im Zisterzienserorden zur Forderung wurde, in denen aber auch die neue Form der Gründervogtei Gestalt gewann und ein neues Verhältnis zu Reich und Land sich anbahnte[4]. Es entstand ein neues Verhältnis zwischen Kurie und Kloster, das im päpstlichen Schutz[5] Ausdruck fand. Die adligen Hausklöster wurden zu Zentren der Reform in Deutschland, wo sie sich in der Hirsauer »Kongregation« zusammenschlossen, die auch im Hirsauer Baustil künstlerisch sichtbar wurde.

Weil in Burgund die staatliche Gewalt im Zustand tiefster Schwäche lag und eine feudale Anarchie größten Ausmaßes herrschte, konnte hier der *Gedanke des Gottesfriedens* auch starke staatlich-politische Wirkungen zeigen. Zur Aufrechterhaltung der *Ordnung im Lande* verbanden sich Klerus und Aristokratie. Mit der Idee des Gottesfriedens verband sich der Gedanke der »treuga dei«: Bestimmte Tage der Woche und des Jahres (Osterzeit, Sonntag, Leidenstage des Herrn) wurden von der Fehde ausgenommen und ihre Verletzung unter Kirchenstrafe gestellt. Das bedeutete einen Kompromiß zwischen dem absoluten Fehdeverbot der Kirche und der realen Macht und dem Standesrecht des Adels. Diese Friedensbewegung fand in schriftlich fixierten Gottesfrieden ihren Niederschlag (seit 1082 auch an der deutschen Westgrenze, in der Diözese Lüttich). Kaiser Heinrich III. ebnete ihr zwar die Wege, nahm ihr aber zugleich den Wind aus den Segeln, indem er wiederholt in sogen. »indulgentiae« seinen Gegnern öffentlich Amnestie gewährte. Heinrich IV. aber stellte sich aus politisch-sozialen Motiven an die Spitze der aus Frankreich kommenden Bewegung und ließ 1085 den Gottesfrieden im ganzen Reich verkünden; er hoffte damit die Axt an das Eigenrecht des deutschen Hochadels zugunsten eines königlichen Gesamtstaates zu legen. Da die deutschen Gottesfrieden auch weltliche, und zwar schwere körperliche Strafen androhten, war der Schritt zum *Landfrieden* schon getan[6]. 1103 verkündete Heinrich IV. zu Mainz den ersten *Reichslandfrieden* und schuf damit Möglichkeiten für eine eigene *Reichsgesetzgebung* (vgl. schwäbischer Landfriede von 1108)[7]. Da der Königsstaat noch keine Organe hatte, den Landfrieden durchzuführen, mußte er ihn den hochadlig-territorialen Machthabern überlassen. Da aber fanden sich Anknüpfungspunkte, da Friedenswahrung auch eine Hauptfunktion der Herzogsgewalt gewesen zu sein scheint[8].

Die kirchliche Friedensbewegung des 11. Jh. verband sich mit der großen Gesellschaftsbewegung der Zeit, wenn sie auch ursprünglich anderen Quellen entsprang. Da ihre praktisch-politische Wirkung auf eine Einschränkung des adligen Fehderechts hinauslief und die staatliche Zentralgewalt damit gestärkt wurde, ergab sich anderseits in der gesellschaftlichen Situation der Zeit eine Art *Ständeausgleich*, eine Nivellierung sozialer Unterschiede, da alle, besonders der politisch, sozial und wirtschaftlich führende Adel, unter das gleiche Gesetz gestellt wurden und der Wahrer des Friedens in eine Beziehung zu allen, auch den Bauern und Bürgern, treten konnte, die bislang durch Grundherrschaft und Vogtei von ihm, dem Träger der obersten Staatsgewalt, getrennt waren. Das fiel zusammen mit den sozialen Aufstiegsbewegungen aus den unfreien Unter-

24. Die kirchliche Friedensbewegung

schichten, die zur Ministerialität und zum Bürgertum als Ständen und zum Kolonial-, Freibauertum später führten. Wir registrieren eine tiefgreifende vertikale, aber auch horizontale Mobilität in der Gesellschaft des 11. und 12. Jh. Gerade das deutsche Königtum hoffte, wie das Beispiel Heinrichs IV. schlagend beweist, in der Landfriedenspolitik das wirksamste Mittel gegen das germanisch ererbte Fehde- und Widerstandsrecht der Hocharistokratie zu gewinnen[9].

Indem Heinrich IV. das adlige Recht legitimer Gewaltanwendung angriff, setzte er zur Einordnung dieser Eliteschicht in den königlichen Gesamtstaat an. Jedesmal, wenn der König in die adlige Sphäre eingriff, traf er auf den härtesten Widerstand dieser Gruppe, die sich immer «mit dem Panzer des guten Gewissens wappnete und vor sich den Schild des guten alten Rechts hielt» (H. Heimpel). Seit Konrad II. erschienen diesem guten alten Recht gegenüber die deutschen Könige geradezu als Revolutionäre, als »tyranni«, wie sie im Schrifttum der Zeit gescholten wurden. Konrad II. hatte darum nach dem Zeugnis der »Constitutio de feudis« die kleinen Vasallen begünstigt und Heinrich III. nach dem Ausweis der Urkunden Dienstmannen (servientes) eingesetzt. Gegen Heinrich IV., den König der Bauernheere (»gregarius miles«), den Freund der Dienstmannen und Stadtbürger, den Wahrer ihrer Interessen durch Landfriedenspolitik, brach der hochadlige Widerstand in hellen Flammen los.

Der Gedanke der Friedenswahrung verband sich aber auch positiv mit den neuen sozialen Kräften der *kommunalen Bewegung*. In Italien, wo die Erinnerung an die spätantike Stadtkultur noch am lebendigsten war, bildeten sich städtische Gemeinwesen mit Selbstverwaltung, die seit dem 11. Jh. für ganz Europa beispielhaft wurden. In beschworenen Einungen (coniuratio) rückte das Bürgertum ausdrücklich von den Fehden der Stadtherren, hier vor allem der geistlichen, ab. Die *bürgerliche Friedensbewegung* entfaltete auch den Gedanken des *wehrhaften Friedens*, zu dessen Verteidigung Kaufmann und Handwerker nun das Schwert in die Hand nahmen. Waffentragen war bis dahin ständisches Vorrecht des Adels, der adelsbeherrschten Kirche und ihrer aufsteigenden Ministerialen[9a]. Das aber brachte einerseits sozialpolitischen *Aufstieg zu beschränkter Freiheit*, andererseits Beginn eines *Ständeausgleichs* und führte schließlich dazu, daß die Fehden und Kriege nicht mehr mit Lehnsheeren adliger und dienstmännischer Ritter, sondern mit Söldnern ausgefochten wurden[10]. Beim aufsteigenden Bürgertum der rheinischen Städte fand Kaiser Heinrich IV. Schutz und Hilfe, ihre Mannen verteidigten ihn; darum gewährte er ihnen die ersten Freiheiten. Religiöse Idee, Staat, Recht, Wirtschaft und Gesellschaft zeigen sich in der Friedensbewegung aufs stärkste verbunden und einander befruchtend.

[1] A. SCHEUERMANN, Die Exemtion nach geltendem kirchl. Recht mit einem Überblick über die gesch. Entwicklung (1938); H. GOETTING, Die klösterl. Exemtion in Nord- u. Mitteldtld. vom 8. bis 15. Jh., AUF 14 (1936); J. F. LEMARIGNIER, L'exemption monastique (s. Kap. 23, Anm. 6).

[2] C. ERDMANN, Die Entstehung d. Kreuzzugsgedankens (1935); M. VILLEY, La croisade (1942); E. BRIDREY, Condition juridique des croisés et le privilège de croix (1900); U. SCHWERIN, Die Aufrufe d. Päpste zur Befreiung d. hl. Landes bis Innozenz IV. (1937).

[2a] G. MARTINI, Regale sacerdotium, Arch. Soc. Rom. 61 (1938); P. A. v. D. BAAR, Die kirchl. Lehre von der translatio Imperii Romani bis z. Mitte d. 13. Jh. (1958); H. X. ARGUILLIÈRE, Origines de la théorie des deux glaives, Studi Greg. 1 (1947); J. LECLERCQ, L'idée de la royauté du Christ au moyen âge (1959); ders., La royauté du Christ dans les lettres des papes du XIIIe siècle, Rev. hist. du droit franç. et étr. (1942); M. PACAUT, La théocratie. L'église et le pouvoir au moyen âge (1957); ders., Alexandre III. Etude sur la conception du pouvoir pontifical... (Paris 1956).

[3] Vgl. K. BOSL, Das Nordgauklosters Kastl; Gründung, Gründer, Wirtschafts- u. Geistesgesch. (1939).

[4] Th. MAYER, Fürsten u. Staat (1950); G. SCHREIBER, Kurie u. Kloster im 12. Jh. (2 Bde. 1910); ders., Studien zur Exemtionsgesch. d. Zisterzienser, ZRG KA 35 (1914); ders., Gemeinschaften d. MA (1948); H. HIRSCH, Die Klosterimmunität seit d. Investiturstr. (1913); ders., Die hohe Gerichtsbarkeit im dt. MA (³1958); ders., Über die Bedeutung d. Wortes Kastvogt, Zs. hist. Ver. f. Steiermark 26 (1931); ders., Die Klostergründungen, in: E. STEPAN (Hg.), Das Waldviertel 7 (1937); ders., Studien über die Vogteiurkunden südd.-österr. Zisterzienserklöster, Arch. Zs. 37 (1928). Für die staatl.-polit. Bedeutung d. Klostervogtei s. H. AUBIN, Die Entstehung d. Landeshoheit nach niederrhein. Quellen (1920); ders., VSWG 12 (1914), S. 241ff.; Th. MAYER, Die Besiedlung u. polit. Erschließung d. Schwarzwaldes, ZGORh NF 52 (1939); H. BÜTTNER, Die polit. Erschließung d. westl. Vogesen im Früh- u. HochMA, ebd. 50 (1937).

[5] H. HIRSCH, Untersuchungen zur Gesch. d. päpstl. Schutzes, MÖIG 54 (1942); R. MOLITOR, Aus der Rechtsgesch. benediktinischer Verbände (3 Bde. 1928/33) mit Lit.; St. HILPISCH, Gesch. d. benediktin. Mönchtums (1929).

[6] H. HIRSCH, Gerichtsbarkeit (s. Anm. 4); L. HUBERTI, Studien zur Rechtsgesch. d. Gottesfrieden u. Landfrieden 1 (1892); W. SCHNELBÖGL, Die innere Entwicklung d. bayer. Landfrieden (1932); E. WOHLHAUPTER, Studien z. Gesch. d. Gottes- u. Landesfrieden in Spanien (1933); J. GERNHUBER, Die Landfriedensbewegung in Dtld. bis... 1235 (1952); s. Bd. 3, Kap. 29, Anm. 1.

[7] Vom Mainzer Reichslandfrieden von 1103 führte eine gerade Linie über die »Constitutio de pace tenenda« von 1152 (in der mit H. MITTEIS das erste wirkliche Reichsgesetz zu sehen ist), die »Const. pacis« des Reichstags von Roncaglia von 1158, die »Const. contra incendiarios« von 1186 zum berühmtesten Landfrieden der Stauferzeit, dem von 1235, s. H. MITTEIS, ZRG GA 62 (1942), und Bd. 5, Kap. 12, Anm. 5.

[8] E. ROSENSTOCK, Herzogsgewalt u. Friedensschutz (1910).

[9] O. BRUNNER, Land u. Herrschaft (⁵1959); F. KERN, Gottesgnadentum u.

Widerstandsrecht im früheren MA (1914); ders., Recht u. Verfassung im MA, HZ 120 (1920); W. SCHÖNFELD, Das Rechtsbewußtsein d. Langobarden, in: Festschr. A. Schultze (1934); H. FEHR, Das Recht in der Dichtung (1931); C. v. SCHWERIN, Der Geist d. german. Rechts, in: Nollau, Germanische Wiedererstehung (1926); G. TELLENBACH, Libertas S. 14ff.

[9a] Besonders A. VERMEESCH, Essai sur les origines et la signification de la commune dans le Nord de la France (XIe et XIIe s.) (1966): La commune est une institution de paix.

[10] P. SCHMITTHENNER, Das freie Söldnertum im abendländ. Imperium d. MA (1934); ders., Lehnskriegswesen u. Söldnertum im abendländ. Imperium d. MA, HZ 150 (1934); H. GRUNDMANN, Rotten u. Brabanzonen, Söldnerheere im 12. Jh., DA 5 (1942); H. FEHR, Vom Lehensheer zum Söldnerheer, ZRG GA 36 (1915); ders., Das Waffenrecht d. Bauern im MA, ZRG GA 38 (1917); vgl. F. BEYERLE, Zur Wehrverfassung d. HochMA, in: Festschr. E. Mayer (1932); F. v. KLOCKE, Beitr. z. Gesch. von Faustrecht u. Fehdewesen in Westfalen, Westfäl. Zs. 94 (1938).

Kapitel 25
Auswirkungen des Investiturstreits auf die deutsche Verfassung

Der Bannstrahl, den Gregor VII. 1076 gegen Heinrich IV. schleuderte, war von weitreichenden politischen Folgen. Das Frühmittelalter hatte im König den unantastbaren »rex et sacerdos«, den »rex iustus et christianissimus« gesehen. Dahinter lebte noch der altgermanische Glaube, der im Herrscher den begnadeten Mittler zwischen göttlicher Kraft und den Menschen sah und ihm ein Charisma zuschrieb, das in seinen Kriegserfolgen, in seinem Glück zum Ausdruck kam. Aus dieser zugleich christlichen und germanisch-heidnischen Heilsordnung riß der Bann den deutschen König heraus; der Papst suchte die mythisch-sakrale Geltung des Königtums zu entwerten, den gesalbten König zum »rex terrenus« herabzudrücken und ihn damit in den Augen der Welt zu *säkularisieren*, seines Heilscharakters zu entkleiden (s. Kap. 6)[1]. Dadurch entstand ein neuer weltlicher Staatsbegriff aus naturrechtlicher Wurzel.

Dem Bannstrahl folgte eine *verfassungsgeschichtliche Wende* in Deutschland. Der Hochadel errang einen entscheidenden Sieg über Königtum und Gesamtstaatsgedanken, als er 1077 zu Forchheim einen Gegenkönig in der Person des Schwabenherzogs Rudolf von Rheinfelden wählte; damit war die Verfassung des deutschen, in das Kaisertum verflochtenen Staates zusammengebrochen. Zum ersten Male setzten die Dynasten grundsätzlich dem königlichen Geblütsrecht ihr *freies Wahlrecht* entgegen; zum ersten Male gab es zwei Könige in Deutschland, die beide um die Anerkennung des Papstes rangen und damit dessen Schiedsrichterrolle anerkannten. Erbprinzip und Geblütsrecht erloschen zwar nicht, Heinrich IV. konnte sogar die Krönung seines Sohnes durchsetzen, aber ein echtes dynastisches Erbrecht konnte sich in der Folgezeit nicht mehr entwickeln. Rudolf von Rheinfelden mußte versprechen, niemals die Nachfolge seines Sohnes zu erstreben, dem Papst aber freie Wahl der Bischöfe und unbedingten Gehorsam, vielleicht sogar schon Vasallität zusichern. Die Wahl des unbedeutenden Grafen von Salm zeigt, wie tief die Idee des Königtums gesunken war[2].

Die Erklärung Gregors VII. auf der Fastensynode von 1075, daß die Einsetzung in ein kirchliches Amt durch einen Laien, auch den König, unkanonisch sei, entzog dem deutschen König das Fundament, das Eigenkirchenrecht und Staatskirchentum bildeten; Staat und König verloren damit die Verfügungsgewalt über ihre bisherigen Regierungsorgane. Da Heinrich IV. sich daran zunächst nicht kehrte, gab es in vielen Bistümern einen päpstlichen, meist im Exil lebenden, und einen kaiserlichen Bischof. Im *Wormser Konkordat* von 1122 wurde eine Kompromißlösung gefunden. Den Ausweg zeigte die dialektische Schule von Chartres mit ihrer Scheidung in Temporalia und Spiritualia, die in England und Frankreich bereits praktisch erprobt war. Heinrich V. verzichtete im Wormser Konkordat auf die Investitur mit den Spiritualia und gestand der Kirche freie kanonische Wahl der Bischöfe zu. Papst Calixt II. aber räumte dem Kaiser die Investitur mit den Temporalia (Regalien) unter dem weltlichen Symbol des Zepters (Zepterlehen) ein; dazu erklärte er sich für Deutschland (nicht für Italien und Burgund) mit der »presentia regis« bei der Wahl einverstanden, der also seinen Einfluß geltend machen konnte und bei zwiespältiger Wahl, nach dem Rat des zuständigen Erzbischofs und seiner Bischöfe, zugunsten der »sanior pars« entscheiden sollte (s. Bd. 4, Kap. 22)[3].

Das staatspolitische Ergebnis dieser Lösung war der *Aufstieg der bischöflichen Reichsbeamten* zu *Reichsvasallen* mit unentziehbarem Anspruch auf die Hoheitsrechte; sie verwuchsen mit dem Hochadel, den weltlichen Kronvasallen, zu einer Interessengemeinschaft. Damit entstand der auf Deutschland beschränkte Typ des *geistlichen Reichsfürsten*. Die bischöfliche Fürstenmacht, jetzt ohne engste Bindung an das Reich, beteiligte

25. Auswirkungen des Investiturstreits auf die deutsche Verfassung

sich von nun an am Wettlauf der Hocharistokratie um den Aufbau von Territorien. Sie brachte dafür genügend Voraussetzungen mit, da die Immunität, wie sie Otto I. und seine Nachfolger der Reichskirche verliehen hatten, den Bischöfen volle Gerichtsbarkeit einschließlich der Kriminalfälle gewährte, die Vogtei, wenn auch unter königlicher Kontrolle, der Grafschaft ebenbürtig wurde und mit der Immunität auch nutzbare Rechte wie Zoll-, Markt- und Bannrechte verbunden waren. Das ottonische Immunitätsprivileg wurde in der Tat Grundstein für den Ausbau bischöflicher Territorien (Hochstifter).

Die Basis für die ottonischen Klostergründungen hatte das *Eigenkirchenrecht* abgegeben[4]. Im Interesse des Staates, vor allem des Königsgutes, hatte Otto I. bewußt *Klosterpolitik* getrieben und reichsunmittelbare Klöster (abbatiae liberae) gegründet. Der Investiturstreit störte das Verhältnis des Reiches zu den Klöstern; er bekämpfte das weltliche Eigenkirchenrecht, verfocht aber ein geistlich-kirchliches, indem er den hl. Petrus als Eigenkirchenherrn klösterlichen Besitzes propagierte. Den Päpsten dünkte die Stiftervogtei eine mildere Form laikaler Klosterherrschaft als das Eigenkirchenrecht, das ja auch den Geistlichen in die Hand des Eigenkirchenherrn gab. Die neuen Reformklöster Hirsauer Observanz verlangten als »abbatiae liberae« in anderem Sinne als früher (jetzt römisch befreit) Freiheit von jeder weltlichen Herrschaft, besonders Freiheit der Abt- und Vogtwahl. Klostervogteien aber wurden im 12. und 13. Jh. ein Hauptmittel der Dynasten zur Auffüllung ihrer Landeshoheit. Erst Heinrich V. fand einen Ausweg zur Eingliederung dieser Kampfklöster in die Reichsverfassung, indem er ihnen unter Verzicht auf die volle Reichshoheit die päpstlichen Privilegien bestätigte, die ihnen ihre »libertas« sicherten. Vielleicht dachte bereits Heinrich IV. daran, die Klöster indirekt der Kontrolle des Reiches zu unterstellen, indem er die mit der Vogtei verbundene hohe Gerichtsbarkeit der Vögte von der Verleihung des Königsbannes abhängig machen wollte[5].

Nach dem Zusammenbruch des ottonischen Staatskirchentums ergaben sich zwei vordringliche Aufgaben für die beiden letzten Salier. Den *hohen, zur Territorialität aufstrebenden Adel* direkt dem Reiche einzugliedern, war unmöglich. So blieb der Ausweg, seine Kraft zu schwächen durch eine *ständenivellierende Ausgleichspolitik* und durch Förderung neuer sozialer und politischer Gegengewichte und Gegenkräfte. Darum war es hohe

Zeit, nach dem Beispiel von Adel und Kirche auch auf Königsboden Territorialpolitik zu treiben (*Königslandpolitik*) und so einen neuen Königsstaat flächenmäßig von unten her wachsen zu lassen. Die Zeit der vormundschaftlichen Regierung (1056 bis 1065) hatte der Hochadel weidlich genützt, um Königsgut und Königsrecht zu allodialisieren und seinem wachsenden Machtbereich einzugliedern. Schließlich hatte er die für den deutschen Staat tödliche Allianz mit dem Reformpapsttum geschlossen. Dadurch wurde es ihm möglich, Heinrich IV. abzusetzen und eine Kreatur seines Willens zum schwachen Haupt einer *Fürstenrepublik* zu erheben. Unmittelbarer Anlaß war die sächsische Königslandpolitik Heinrichs IV. gewesen. Gegen diese Aristokratie, ihr Fehde- und Widerstandsrecht, ihr Territorialitätsstreben suchte der König Unterstützung bei den *unteren Volksschichten*, die er als neue Kraft an den Königsstaat heranzuführen wünschte. Darum stellte sich Heinrich IV. an die Spitze der von Frankreich her wirkenden Gottesfriedensbewegung (s. Kap. 24).

[1] Neben der zu Kap. 6 zitierten Lit. vgl. P. E. Schramm, Der König von Frankreich (2 Bde. ²1960); ders., Gesch. d. engl. Königtums (1937); ders., Sacerdotium u. Regnum im Austausch ihrer Vorrechte, Studi Greg. 2 (1947); H. Aubin, Stufen u. Formen d. kirchlichen Durchdringung d. Staates, in: Festschr. G. Ritter (1950); K. Hauck, Geblütsheiligkeit, in: Liber floridus (Festschr. f. P. Lehmann 1950); W. Berges, Die Fürstenspiegel d. hohen u. späten MA (1938); E. Buschmann, Ministerium Dei-Idoneitas, HJb 82 (1963); vgl. W. Ullmann, Papst u. König. Grundlagen d. Papsttums u. d. engl. Verfassung im MA (1966).

[2] M. Krammer, Quellen z. Gesch. d. dt. Königswahl u. d. Kurfürstenkollegs (²1925); H. Mitteis, Die dt. Königswahl u. ihre Rechtsgrundlagen bis z. Goldenen Bulle (²1944); ders., Die Krise d. dt. Königswahlrechts, SB München (1950); F. Rörig, Geblütsrecht u. freie Wahl in ihrer Auswirkung auf die dt. Gesch., Unters. z. Gesch. d. dt. Königserhebung 911–1198, Abh. Ak. Berlin (1948).

[3] Den großzügigsten, aber auch unrealistischsten Vorschlag machte 1111 P. Paschalis II., s. Bd. 4, Kap. 19. Damit wäre die Verweltlichung der Kirche mit einem Schlag beseitigt gewesen. Reichsbischöfe u. Dynasten widerstrebten dieser Lösung, weil erstere alle Regalien u. ihren politischen Einfluß, letztere aber ihre zahlreichen Kirchenlehen, vor allem die für die Ausbildung der Blutgerichtsbarkeit u. Landesherrschaft so wichtige Kirchenvogtei verloren hätten. P. Zerbi, Pasquale II e la idea della povertà della Chiesa, Annuario dell'Univ. Cattol. (1964/65); W. Kratz, Der Armutsgedanke im Entäußerungsplan d. Papstes Paschalis II. (Diss. Freiburg 1933); H. Hoffmann, Ivo von Chartres u. die Lösung d. Investiturproblems, DA 15 (1959); R. Sprandel, Ivo von Chartres u. s. Stellung in der KiG (1962); J. Ott, Der Regalienbegriff im 12. Jh., ZRG KA 66 (1948); N. F. Cantor, Church, Kingship and Lay-Investiture in England 1098 to 1135 (NJ 1958); K. Pivec, Die Bedeutung d. ersten Romzuges Heinrichs V., MÖIG 52 (1938); Th. Schieffer, Nochmals die Verhandlungen von Mouzon, in: Festschr. E. E. Stengel (1952).

[4] U. STUTZ, Die Eigenkirche als Element des mittelalterlich-german. Kirchenrechts (1895); ders., Eigenkirche, Eigenkloster, PRE 23 (²1913); ders., Gratian u. die Eigenkirchen, ZRG KA 32 (1912); ders., Ausgewählte Kapitel aus der Gesch. d. Eigenkirche u. ihres Rechts, ebd. 57 (1937); ders., Gesch. d. kirchl. Benefizialwesens v. s. Anfängen bis auf Alexander III. (1895); H. E. FEINE, Studien zum langobardisch-italischen Eigenkirchenrecht, ZRG KA 61 bis 63 (1941–1943); ders., Ursprung, Wesen u. Bedeutung d. Eigenkirchentums, MIÖG 58 (1950), u. Zs. d. Ak. f. dt. Recht 6 (1939); G. TELLENBACH, Die bischöflich-passauischen Eigenklöster u. ihre Vogteien (1928); Gg. SCHREIBER, Gemeinschaften d. MA 1 (1948); F. FOURNIER, Le droit de propriété, exercé par les laïques sur les biens de l'église dans le haut moyen âge (1943); R. HÖSLINGER, Die »alt-arische« Wurzel d. Eigenkirchenrechts in ethnolog. Sicht, Öst. Arch. f. KiRecht 3 (1952); R. BIDAGOR, La iglesia propria en España (Rom 1933), dazu E. WOHLHAUPTER, ZRG KA 55 (1935).

[5] H. HIRSCH, Die hohe Gerichtsbarkeit im dt. MA (²1958).

Kapitel 26
Neue Wege zu einer königsstaatlichen Einheit
unter Heinrich IV. und Heinrich V.

Wegbereiter der staufischen »Staatsreform«[1] waren vor allem die beiden letzten Salier, besonders Heinrich IV.[2]. Grundtatsachen dieses Staatserneuerungsversuches waren a) Aufbau von Königsländern, b) Einsatz des neuen Berufsstandes der Königsministerialen, c) Landfriedensgesetzgebung (s. Kap. 24), d) Blutbannleihe.

Das deutsche Königtum hat den Rückschlag nie wieder aufgeholt, den es durch den Investiturstreit erlitt; auf jeden Fall war der staatspolitische Vorsprung, den es in der Ottonen- und Salierzeit hatte, unwiederbringlich dahin. Daß es nun beim Aufbau eines zentralen Gesamtstaates von England und Frankreich weit überflügelt wurde, hat aber seinen Grund nicht nur im Investiturstreit. Der fränkische Staat hatte bereits im Osten verwaltungsmäßig viel weniger durchgreifen können als im romanischen Westen. Im Gegensatz zu Italien und Frankreich war Deutschland ein *Gebiet der Rodung und des Landesausbaus*. Rodung schuf hier Herrschaft nach dem alten Grundsatz: Bodenrecht erwirbt, wer Bodenarbeit tut. Im Lande westlich der Elbe und Saale wie im Süden, vor allem aber im Osten war darin der Adel der überlegene Konkurrent des Königs[3].

Der Kampf um Reich und Staat war letzten Endes ein Kampf um Boden, Reichs- und Königsgut, und zwar seit Heinrich IV. im Sinne raumpolitischer Erfassung ganzer Komplexe und der Entwicklung und Ausübung der finanziell nutzbaren königlichen Hoheitsrechte (Regalien), die weit über das ältere, mehr grundherrschaftliche System hinaus Wesen und Funktion der Landeshoheit ausmachten. Bereits Konrad II. war in seinen Schenkungen an die Kirche sparsam geworden; die Politik Heinrichs III. auf dem bayrischen Nordgau, sein Ringen mit dem Bistum Bamberg um das große Reichsforstgebiet bei dem von ihm gegründeten Nürnberg, der Einsatz eines der bedeutendsten frühen Königsdienstmannen, Otnand von Eschenau (nördl. Nürnberg), in diesem Gebiet zeigen, daß die Könige in ihrer Staatspolitik bereits eine Schwenkung vollzogen. Die Salier beteiligten sich bewußt am *Landesausbau* und traten damit in Konkurrenz mit Kirche und Hochadel. Die im Werden begriffenen Adelsbannbezirke und die mit hoher Verwaltungskunst durch eine frühgereifte kirchliche Ministerialität fortentwickelten geistlichen Immunitäten engten räumlich und rechtlich die Basis des Königtums und Königsgutes immer mehr ein. Dadurch waren die Herrscher über kurz oder lang zur gleichen territorial-flächenhaften Entwicklung ihres Grund und Bodens und der auf ihm ruhenden Rechte gezwungen, wenn sie nicht das Rennen um die *Verstaatlichung des Reiches* von vornherein aufgeben wollten. Das führte zur *Königslandpolitik*, zum Aufbau von Königsterritorien, in denen Friedensschutz und Rechtsausübung, die Gewere am Land, speziell über das königliche Kammergut, die Befestigungshoheit, das Geleitsrecht und der Blutbann allein in der Hand des Königs bzw. der von ihm allein abhängigen, unfreien Dienstmannen lagen. Nach den Verschleuderungen von Krongut nach territorial-egoistischen Gesichtspunkten unter der bischöflich-vormundschaftlichen Regierung (1056–1065)[4] ergriff Heinrich IV. möglicherweise um 1065 die Initiative mit der Abfassung eines *königlichen Tafelgüterverzeichnisses*[5].

Die Casus monasterii Petrishusensis (Petershausen) nennen *Sachsen* die »coquina imperatoris« (Küche des Kaisers). Das Bild der Urkunden, der entstellende Bericht Lamperts von Hersfeld wie auch der Indiculus curiarum (Tafelgüterverzeichnis) machen es höchst wahrscheinlich, daß dort Heinrich IV. mit einer bewußten Königslandpolitik einsetzte; dort schien schon sein Vater ähnliche Pläne um die Pfalzstadt Goslar mit ihrem berühmten Stift Simon und Juda, in der Nähe reicher Silbergruben (Rammelsberg) und inmitten großer Königsforsten (Harz) gehabt zu haben; hier waren alle Voraussetzun-

26. Neue Wege zu einer königsstaatlichen Einheit

gen für den Ausbau eines Königsterritoriums gegeben, für das, wenigstens um Goslar, die Form der *Reichsvogtei* wieder aufgenommen wurde[6]. Die Neuartigkeit des Unternehmens, das hier verstreut liegende Königsgut zum geschlossenen Königsland (terra) zusammenzufassen, forderte den spontanen und geeinten Widerstand der sächsischen Aristokratie heraus. Der König machte damit gerade im Zentrum der sächsischen Adelsopposition einen revolutionierenden Anfang. Sollte der sächsische Norden nicht ganz dem königlichen Staat entgleiten, mußte dort ein zentrales Bollwerk entstehen. Dabei mühte sich der König, das Land bis zur Elbe fest mit der salischen Position an Ober-, Mittelrhein und Untermain zu verbinden; das ist aber weder ihm noch seinem Sohn gelungen. In der Stauferzeit war in Sachsen und Thüringen königlicher Einfluß bereits stark im Rückgang[7].

Methode und Organisation dieser Königslandpolitik enthüllt eine Untersuchung der Beschwerden der Sachsen gegen den König. Offensichtlich waren *Burgen* die Mittelpunkte des sich bildenden Verwaltungsnetzes, da Lampert von Hersfeld gegen die Zwingburgen wettert[8]. Von den festen Häusern aus wurden *Abgaben* eingesammelt und *Leistungen* gefordert (grund-, leib-, gerichts-, vogtei-, zehntherrliche Abgaben, Rodungszins, Hand- und Spanndienste, Burgwerk, Befestigungsarbeiten, Regelung der Nutzung von Wald und Weide in der Form des herrschaftlichen Allmenderegals). Wenn die Sachsen dem König Raub von Gütern und Besitzungen vorwarfen, so meinten sie damit Einziehung verschleuderten, entfremdeten oder heimgefallenen Krongutes. Der Adel ist empört darüber, daß jetzt dienstmännische Burgbesatzungen als Königsbeamte in allen staatlichen Angelegenheiten fungieren. Sie sprachen deshalb von Herabwürdigung der Freien; die Ministerialen waren in ihren Augen käufliche Eigenleute (vilissimi homines) und Parvenus ohne adligen Stammbaum (nullis maioribus orti), die gerne adlige Töchter heirateten. Vor allem waren diese Leute jetzt »Hofräte« des Königs. Heinrich IV. hatte nach überlegtem Plan, den der geistliche Dienstmann B. Benno von Osnabrück entwarf, in ganz Ostsachsen und Thüringen Burgen als Mittelpunkte der Krongutverwaltung, des Gerichtswesens und als militärische Stützpunkte erbauen lassen; ähnliche Absichten hatte er auch in Ostfranken und Schwaben[9].

Aus Schwaben stammten die Organe der sächsischen Königslandpolitik Heinrichs IV. In Sachsen bot sich der aufstrebenden und unfreien *Berufsgruppe der servientes,* wie die Dienstmannen damals in den Urkunden hießen, ein reiches Betätigungsfeld und eine angesehene, sozial gehobene Stellung im Reichsdienst als Burgmann, Verwaltungsbeamter, als Hofbeamte an den Königspfalzen und politische Ratgeber des Herrschers, als die im stillen treibende Kraft seiner Staats- und Außenpolitik, die von jetzt ab ohne das neue beamtenähnliche Mittel der *Ministerialenverwaltung* undenkbar ist. Durch Kriegs-, Verwaltungs- und Hofdienst haben sich diese unfreien Leute höheren Grades, zuerst im Bereich der kirchlichen Immunitäten als Hauptträger territorialer Entwicklung, zu einer Art Berufsstand entwickeln können, für den der *besondere Dienst* und ein besonderes, unveräußerliches *Dienstgut* (nicht Lehengut) Antrieb sozialen Aufstiegs und ständischer Entwicklung waren[10]. Diese beamtenähnlichen *Organe des Königsstaatsgedankens* sind nach einem glänzenden Aufstieg und großartigen Leistungen den Händen des Königs wieder entglitten, weil sie in das *Lehenrecht deutscher Prägung* hineinwuchsen und als Vasallen des Hochadels meist vom Königtum abgeschnitten (mediatisiert) wurden. Gerade hier wirkte sich das Fehlen der ligeitas (s. Kap. 22), des Treuevorbehalts für den König, am unheilvollsten für den Königsstaatsgedanken aus. So siegte auch hier das Adelsrecht über den Staat, indem der Adel die Dienstmannen in seinen Kreis, das Rittertum, aufnahm und sie dadurch zu Standesgenossen machte. Einige Ministerialenfamilien konnten sogar zum Reichsfürstenstand aufsteigen (wie die Reuß)[11]. Der ganzen Staatspolitik und »Verfassungsreform« des unglücklichen Saliers haftet ein starker *sozialer Zug* an[12]. Zum Nachfolger des gewaltigen Anno berief er den Unfreien Hidolf auf den Erzstuhl von Köln, den bayrischen Dienstmann Liemar auf den Erzstuhl von Bremen; auch B. Benno von Osnabrück war Ministeriale. Solche Besetzungen haben zwar den hocharistokratischen Charakter des deutschen Reichsepiskopats nicht verändert, sie zeigen aber die Linie der kaiserlichen Politik, *Männern aus der Tiefe der Unfreiheit* die Geschicke des schwankenden Staatsschiffes anzuvertrauen. Adlige Unfreiheit!

Beim Aufbau des Staates aus den Trümmern des alten Reiches hat Heinrich IV. neben Dienstmannen und Bürgern auch *Bauern* an den Staat heranzuführen versucht, wohl in der Hoffnung, damit Grundlagen für einen *allgemeinen Untertanenverband* zu schaffen. Rodung und Landesausbau waren da wieder die entscheidenden Mittel; er gewann damit nicht nur neues Land

26. Neue Wege zu einer königsstaatlichen Einheit

für seinen Flächenstaat, sondern auch neue Untertanen, freie d. h. Königsbauern (Freibauertum)[13]. Höchstwahrscheinlich haben wir in den Pfleghaften des Sachsenspiegels (Bargilden, Biergelden) Siedler aus der Zeit Heinrichs IV. zu sehen, die auf Rodungsland saßen, das dem königlichen Boden- und Forstregal unterlag, und dafür einen Rodungszins zu leisten hatten, der später an den Grafen zu zahlen war[14].

Königslandpolitik und Landesausbau sind hier aufs engste gepaart; sie stützen sich auf ein *königliches Bodenregal für Neubruchland*, das das Königtum neu entwickelte. Siedlungen im herrenlosen, d. h. dem König gehörigen Wildland und im Markwald sollten von nun an nicht mehr frei sein. Es entwickelte sich ein Hoheitsrecht, solche Siedlungen zu verbieten oder einen Rodungszins dafür zu verlangen. Dazu aber bestand Veranlassung, da mit Zunahme der Bevölkerung und der vollen Ausnutzung des Altsiedellandes immer mehr nachgeborene Bauernsöhne frei wurden, die nach neuen Siedlungsstätten hungerten und ihren Grund- und Leibherrn davonliefen, die ihnen keine Bauernstelle mehr bieten konnten.

Heinrich V. setzte mit gleichem Mißerfolg in der nämlichen Stellung zu gleicher Politik wieder an, in Sachsen, Thüringen und am Mittelrhein. Heinrich IV. hatte die Staufer als Herzöge in Schwaben eingesetzt; im Dienste des salischen Königsstaates wurden sie, nach dem Bericht Ottos von Freising, vor allem in der oberrheinischen Tiefebene zu Meistern königlicher Territorialpolitik. Methode und Weg für ihre eigene großzügige Staatsplanung übernahmen sie von den Saliern. Zu *Königsterritorium*, *Ministerialenverwaltung*, *Landesausbau* und *freiem Rodungsbauerntum* fügten sie noch eine umfassende *Städtepolitik*, die vor allem den Reichsfinanzen und der Wirtschaft zugute kam[15].

Ein weiterer Zug im Aufbauprogramm Heinrichs IV. war in enger Verbindung mit der Landfriedenspolitik (s. Kap. 24) das Bemühen um Zusammenfassung der Hochgerichtsbarkeit in der Hand des Königs durch *Blutbannleihe* und ihre Wahrnehmung durch die neuen Kräfte der Ministerialität. Entwand der König durch den Landfrieden dem Adel sein Fehderecht, bahnte er dadurch einen allgemeinen Reichsuntertanenverband und eine Reichsgesetzgebung an, erweiterte er damit die Grundlagen seines Staates, so mochte er auf der anderen Seite versuchen, durch Konzentration der Blutgerichtsbarkeit in der Hand des Herrschers das werdende Hochadelsterritorium und

155

Hochstift, die er auch räumlich einengte, in seinen allgemeinen Staatsverband einzugliedern. Bannleihe und Landfriede gaben dem König die Möglichkeit, ohne Besitzanspruch auf Grund und Boden in die königsfernen Gebiete von Adel und Kirche durch seine eigenen Organe hineinzuwirken und damit das Introitusverbot der Immunität unwirksam zu machen[16]. Heinrich IV. scheint neben der Verstaatlichung auch eine *Reform der Hochgerichtsbarkeit* an sich unter Rückgriff auf das volksrechtliche Verfahren bei handhafter Tat eingeleitet zu haben. Aus der älteren Sühnegerichtsbarkeit wurde in unruhevollen Zeiten ein neues *kriminalisiertes Strafrecht* aus dem Geist des Volksrechts angebahnt[17].

[1] O. v. Dungern, Die Staatsreform d. Hohenstaufen, in: Festschr. E. Zitelmann (1913).

[2] H.-W. Klewitz, Das salische Erbe im Bewußtsein Friedrich Barbarossas, Geistige Arbeit 7 (1940).

[3] Th. Mayer, Die Ausbildung d. Grundlagen d. modernen Staates im hohen MA, HZ 159 (1939); ders., Der Staat der Herzoge von Zähringen (1935); ders., Die Territorialstaatsbildung in Hessen u. die Gründung d. Klosters Haina (1940); ders., Die Entwicklung d. modernen Staates im MA u. die freien Bauern, ZRG GA 57 (1937); ders., Entstehung u. Bedeutung d. Landgrafschaften, ebd. 58 (1938); K. Lechner, Besiedlungs- u. Herrschaftsgesch. d. Waldviertels, in: Stepan (Hg.), Das Waldviertel 7 (1937); F. Ranzi, Königsgut u. Königsforst im ZA d. Karolinger u. Ludolfinger u. ihre Bedeutung für den Landesausbau (1939); K. Bosl, s. Kap. 17, Anm. 3.

[4] Noch 1062–1066 gingen insgesamt elf Reichsabteien in die Hände von Bischöfen über und wurden in der Wetterau, am Mittel- und Niederrhein, in Westfalen, Hessen, Thüringen, am Harz, in Bayern und Schwaben als Reichsgut verschenkt.

[5] B. Heusinger, Servitium regis in d. dt. Kaiserzeit. Unters. über die wirtschaftl. Verhältnisse d. dt. Königtums 900–1250 (1922 aus AUF 8). Der Indiculus (Text Const. 1 n. 440, besser wohl erst in die Zeit Barbarossas zu datieren), s. J. Haller, Das Verzeichnis d. Tafelgüter d. röm. Königs, NA 45 (1924 = Abh. z. Gesch. d. MA, 1944); K. Schrod, Das Verzeichnis d. Tafelg. d. röm. Kgs. (1938); W. Schmidt, Zur Datierung d. Tafelgüterverzeichnis d. röm. Kgs. (Diss. Berlin 1943); H. Dannenbauer, Das Verzeichnis d. Tafelgüter d. röm. Kgs., ein Stück vom Testament Friedrich Barbarossas, Zs. f. württ. Ldsgesch. 12 (1953); C. Brühl, Nochmals die Datierung d. Tafelgüterverz., DA 12 (1956); W. Metz, Das Tafelgüterverz. des röm. Königs u. d. Problem des servitium regis in der Stauferzeit mit bes. Berücksichtigung Sachsens, Niedersächs. Jb. f. Ldsgesch. 32 (1960); s. Bd. 4, Kap. 6, Anm. 1. Das Tafelgüterverzeichnis trägt nur Servitialleistungen vor, d. h. die Naturalerträgnisse u. Frondienste der Reichs-(Königs-)Höfe, also der unmittelb. kgl. Herrschaft; vgl. H. J. Rieckenberg, Königstraße u. Königsgut in liudolf. u. frühsal. Zeit (919–1056), AUF 17 (1941, Ndr. 1965); K. Schrod, Reichsstraßen u. Reichsverwaltung im Kgr. Italien 754 bis 1197 (1931); Zusammenfassend: C. Brühl, Fodrum, Gistum, Servitium Regis (2 Bde. 1968).

[6] Von der Werra bis zur Elbe gruppierte sich hier Königsgut um die Zentren Eschwege, Mühlhausen (Thür.), Grona (b. Göttingen) u. Pöhlde im Südharz. Fast der ganze Harz war kgl. Eigen; nördlich davon ballte sich Staatsgut um die Pfalzen Goslar, Werla, Bod-

26. Neue Wege zu einer königsstaatlichen Einheit

feld, südöstl. um Nordhausen, Sangerhausen, den Kyffhäuser mit den Pfalzen Tilleda, Wallhausen, Allstedt. Burg Eckartsberga (westl. Naumburg a. d. Saale) war Verwaltungszentrum größerer Gütermassen, die sich dann über Leipzig, Zeitz und Altenburg bis zur Mulde breiteten.
[7] K. FRÖLICH, Zur Gesch. d. Königsgüter im nördl. Harzgebiet, insbes. in der Umgebung der Pfalzen Goslar u. Werla, Forsch. u. Fortschr. 16 (1940); H. EBERHARDT, Die Anfänge d. Territorialfürstentums in Nordthüringen, nebst Beitr. zur Gesch. d. Thüring. Reichsguts (1932); ders., Das Krongut im nördl. Thüringen v. d. Karol. bis z. Ausgang d. MA, Zs. d. Ver. f. Thür. Gesch. NF 37 (1943); K. MASCHER, Reichsgut u. Komitat im Südharz (1957); W. BERGES, Zur Gesch. d. Werla-Goslarer Reichsbezirks vom 9. bis z. 11. Jh., in: Dt. Königspfalzen 1 (1963).
[8] Burgen sind das äußere Zeichen u. der Mittelpunkt d. Herrschaft u. d. werdenden Landesstaates. Burgenforschung ist eine wesentliche Hilfe d. VG; s. E. SCHRADER, Das Befestigungsrecht in Dtld. (1910); K. FRIEDRICH, Burg u. territoriale Grafschaft (1907); F. HALMER, Aufgaben d. Burgenforschung, Jb. f. Ldskde. v. N.-Österr. 27 (1938); K. SCHIB, Burgengeographie u. Adelsforschung, Zs. f. Schweiz. Gesch. 3 (1939); C. STORM, Zur Burgengeographie, Zs. f. Erdkde. 8 (1940); W. KNAPP, Burgenbau u. Kolonisation im dt. Südosten, Auslandsdt. Volksforschung 1 (1937); K. S. BADER, Kürnburg, Zindelstein u. Warenburg, Stützpunkte der Zähringer Herrschaft über Baar u. Schwarzwald, Schauinsland (1937); H. WEINELT, Probleme schles. Burgenkunde (1936); W. SCHLESINGER, Burgen u. Burgbezirke. Beobachtungen im mitteldt. Osten, in: Von Land u. Kultur (Festschr. f. R. Kötzschke 1937); G. KÖBLER, burg u. stat – Burg u. Stadt? HJb 87 (1967).
[9] Nach Ausgrabungen im Königsforst Dreieich (südlich Frankfurt) und Taunus sowie in Mittelfranken haben wir uns unter den Burgen donjons-Turmhügelburgen vorzustellen; vgl. K. GUMPERT, Frühmal. Turmhügel in Franken, Hist. Ver. Mittelfranken (1951).
[10] Heinrich IV. förderte offensichtlich ständische Mischehen zwischen adligen Damen u. unfreien Dienstmannen, um diese Parvenüs als Vollstrecker kgl. Willens der Hocharistokratie etwas annehmbarer zu machen.
[11] Für die ganze Frage K. BOSL, Reichsministerialität (s. Kap. 29, Anm. 1); ders., Vorstufen d. dt. Königsdienstmannschaft, VSWG 39 (1952); ders., Das ius ministerialium. Dienstrecht u. Lehenrecht im dt. MA, in: Frühformen d. Ges. (1964).
[12] Das verdeutlicht schlagend eine Notiz der Altaicher Annalen (ed. v. OEFELE 1891, S. 84) zu 1072: »per longum iam tempus potentes quosque rex ceperat contemnere, inferiores vero divitiis et facultatibus (= Dienstlehen) extollere et eorum consilio, quae agenda erant, administrabat«.
[13] Man war bis vor kurzem der Ansicht, daß erst die Staufer diesen Weg beschritten hätten, übrigens neben den Dynasten (Zähringern!), und hatte geglaubt, daß Lothar von Supplinburg speziell die Landgrafschaft als Verwaltungseinheit für die neuen Kräfte des Rodungsbauerntums eingerichtet habe, s. Th. MAYER, ZRG GA 57/8 (1937/1938).
[14] E. MOLITOR, Die Pfleghaften d. Sachsenspiegels u. das Siedlungsrecht im sächs. Stammesgebiet (1942). Vgl. Th. MAYER, Adel u. Bauern im dt. Staat d. MA (²1967).
[15] H.-W. KLEWITZ, Das salische Erbe, Geist. Arb. 7 (1940); K. STENZEL, Waiblingen in der dt. Geschichte, ein Beitr. z. Gesch. d. dt. Kaiser- u. Reichsgedankens im MA (²1936).
[16] Vgl. die englischen »justiciari i itinerantes« des 12. u. 13. Jh., durch die der engl. König die baroniale Gerichtsbarkeit überwachte.
[17] H. HIRSCH, Die hohe Gerichtsbarkeit (s. Kap. 19, Anm. 1); Th. MAYER, Fürsten u. Staat (1950).

E. Der Staat der Staufer

Quellen zu Abschn. E–G: Reichsgesetze bis 1348 im MG Constitutiones 1–6, 1 u. 8 (1893 ff.); für später: Neue u. vollständige Sammlung d. Reichsabschiede (4 Bde. 1747); von 1376 an: Dt. Reichstagsakten (1867 ff.), s. Bd. 6, S. 11. Auswahl bei K. ZEUMER, Quellensammlung, und ALTMANN-BERNHEIM, Ausgewählte Urkunden. Diplomatisch genaue Texte bietet Fr. WILHELM, Corpus d. altdt. Originalurkunden 1 (1929 ff.). – Wichtig auch weiterhin Königsurkunden (Zeugenreihen), Privaturkunden (seit dem 13. Jh. Besiegelung), bes. gesiegelte Geschäftsurkunden, Kopial- u. Registerbücher d. päpstl. Kanzlei, seit dem 13. Jh. d. dt. Territorien, seit Heinrich VII. in der Reichskanzlei. – Staatsrechtl. Traktate von Alexander von Roes u. Engelbert von Admont (s. Bd. 5, Kap. 36), Marsilius von Padua (Bd. 5, Kap. 41), Lupold von Bebenburg u. Konrad von Mengenberg (Bd. 5, Kap. 49), Nikolaus von Cues, Reformatio Sigismundi (Bd. 6, Kap. 19), Peter von Andlau (Libellus de Caesarea monarchia 1460, ed. J. HÜRBIN, ZRG GA 12/13, 1901/02), Enea Silvio Piccolomini (Bd. 6, Kap. 19). Landesrechts-, Lehensrechts-, Stadtrechtsbücher, s. G. HOMEYER, Die dt. Rechtsbücher d. MA u. ihre Handschriften, hg. v. C. BORCHLING u. a. (1931/34); DW[9] 6969 ff. u. 8244 ff. Stadtbücher (Statuten, Schöffen-, Gerichts- u. Achtbücher, Ratslisten u. Ämterbücher) s. DW[9] 8243. Weistümer s. DW[9] 2302 ff.; K. KOLLNIG, Weistumsforschung am Oberrhein, ZGORh NF 50 (1936); K. FINSTERWALDER, ZRG GA 56 (1936); W. ANDREAS, Stand u. Aufgaben d. Weistumsforschung, Bll. f. dt. Ldsgesch. 83 (1937); P. GEHRING, ZRG GA 60 (1940); H. AUBIN, VSWG 34 (1941); H. STAHLEDER, Weistümer u. verwandte Quellen in Franken, Bayern u. Österreich, Zs. f. bayer. Ldsgesch. 32 (1969).

Kapitel 27
Staat und Reich im hohen Mittelalter

Salische Tradition war nicht nur im Bewußtsein, sondern auch im realen staatspolitischen Planen und Handeln der großen Staufenkaiser, vorab Barbarossas, äußerst stark und lebendig. In dieser Hinsicht sind A. Brackmanns[1] Hinweise auf das weithin wirkende Beispiel der Normannenstaaten als Antrieb des Wandels der Staatsanschauungen im 11. und 12. Jh. zu ergänzen. Aus dem gleichen Grund läßt sich nicht eigentlich von einer »Staatsreform der Hohenstaufen« sprechen[2]. Die verfassungsrechtliche Aufgabe des salischen und staufischen Königtums war die nämliche, Einordnung des Adels und der von ihm beherrschten Kirche in einen königlichen Gesamtstaat, Territorialisierung des Reiches, Befriedigung und Schutz für die aufsteigenden gesellschaftlichen und wirtschaftlichen Kräfte zum Einsatz in einer umfassenden Hegemonialpolitik im Abendland in Auseinandersetzung mit dem theokratischen, vom Staatskirchentum befreiten Papsttum, mit der alten Kai-

27. Staat und Reich im hohen Mittelalter

sermacht von Byzanz[2a], dem aufsteigenden Islam, den erwachenden Kräften der Nationalstaaten im Westen und der slavischen Staaten im Osten.

Die Literatur scheidet nicht immer scharf genug zwischen dem salisch-staufischen *Staats- und Reichsgedanken*[3]. Dem Mittelalter ist allerdings die Gegenüberstellung »Reich« und »Staat« fremd, wie es auch das Wort »Staat« nicht kennt. Die Begriffe regnum, imperium, res publica, rîche bedeuten die persönliche Herrschaft des Königs über Stämme und Länder, sie bedeuten auch die räumliche Ausdehnung des Reiches mit seinen Grenzen, wobei die Ländertrias Deutschland, Italien und Burgund als »Imperium« bezeichnet wird[4]. Regnum ist der deutsche Königsstaat des Mittelalters, aber nicht der Staat in unserem modernen Sinn. Imperium ist Kaiserherrschaft im Sinn eines Überstaates über mehrere regna (Heimpel). Der deutsche König trägt und beherrscht regnum und imperium auch ohne Kaiserkrönung nach dem alten Recht des Eroberers. Das althd. Wort rîche = Reich ist vieldeutig; es konnte den Herrschaftsbereich eines großen oder kleinen Herrn meinen und von sehr verschiedener Art sein. So gibt es neben dem Kaiserreich und Frankreich auch ein Österreich (Ostarichi), das ursprünglich Sprengel des Markgrafen der bayerischen Ostmark war, oder ein Poigreich, die Herrschaft der Grafen von Poigen-Rebgau um Horn (nö. Waldviertel), oder das Campriche, einen größeren Reichsgutsbezirk vor dem Further Landestor, oder das Cröver und Aachener »Reich«.

Die alte deutsche Bezeichnung des Staates ist *Land*[5]. Im Gegensatz zu Reich ist es in sich geschlossen, einheitlich, keine Vielfalt verschiedener Menschengruppen, die ein gemeinsamer Herr eint, sondern eine ursprüngliche Einheit der das Land bewohnenden Menschen selbst. Diese Einheit liegt in der Gemeinsamkeit des Rechts, nach dem diese Menschen leben. Bis zu den Rechtskodifikationen des 18. Jh. lebte der Mensch nach Landrecht (von Bayern, Sachsen, Österreich, Kärnten). Die vollberechtigten Genossen der *Landesgemeinde* sind die *Landsleute*, das Landvolk. Seit dem späten Mittelalter wird sie auch als Land im personalen Sinn, als die »Landschaft« bezeichnet, die sich in Landstände gliedert. An der Spitze des Landes steht der Landesherr oder Landesfürst (dominus terrae). Damit haben wir die Grundelemente der Verfassung des Landes. Das alte heilige Reich gliedert sich in die »deutschen Lande«, die seinen Kern ausmachen, und zwar zuerst in die Länder der

Stämme, dann in die jüngeren Territorien. Erst im 16. Jh. setzt sich gegenüber der Mehrzahl »deutsche Lande«, die das Reich ausmachen, die Einzahl »Deutschland« durch[6]. Land bedeutet nur einen bestimmten Staat, einen bestimmten politischen Verband Land bebauender und Land beherrschender Leute, Bauern und Grundherren, die darum Genossen der Landesgemeinde sind, weil sie Landbesitz und Wohnsitz im Land haben[7]. Es ist irreführend, Staats- und Reichspolitik nur im Zusammenhang und in ihrer inneren Verflechtung zu betrachten. Das hat zu Fehlurteilen über die Staatspolitik der deutschen Könige des Mittelalters geführt. Man sprach von einem Staat der Zähringer in der Südwestecke des Reiches[8] und ebenso von einem Staat der Welfen[9]. Wenn man von einem Staat der Staufer spricht, meint man in erster Linie ihre Politik der geschlossenen Reichsterritorien (= Länder) und ihren Versuch einer Verstaatung des Reiches; terrae imperii = Reichsländer heißen in den Quellen diese neuen Gebilde, ein Beweis, daß »Land« den Staat meint.

[1] A. Brackmann, Ges. Aufsätze (1941), S. 339ff.; L. R. Ménager, L'institution monarchique dans les Etats normands d'Italie, Cahiers de Civ. Médiévale 2 (1959); H. Wieruszowski, Roger II. of Sicily. Rex-Tyrannus in Twelfth Century Political Thought, Speculum 38 (1963).

[2] So O. v. Dungern, in: Festschr. E. Zitelmann (1913); vgl. G. Kallen, ZRG GA 58 (1938).

[2a] P. Lamma, Comneni e Staufer. Ricerche sui rapporti fra Bisanzio e l'Occidente nel sec. XII (2 Bde. 1955/57).

[3] Vgl. Lit. Bd. 4, Kap. 36, Anm. 4; H. Appelt, Friedrich Barbarossa u. das röm. Recht, Röm. Hist. Mitt. 5 (1961/62); H. Koeppler, Frederic Barb. and the Schools of Bologna, EHR 54 (1939); P. Munz, Fred. Barb. and the »Holy Empire«, Journ. of relig. hist. 3 (1964); R. M. Kloos, Nikolaus von Bari, eine neue Quelle z. Entwicklung d. Kaiseridee unter Friedrich II., DA 11 (1955), S. 166–190; P. Classen, Corona imperii, Die Krone als Inbegriff d. Röm.-dt. Reiches im 12. Jh., in: Festschr. P. E. Schramm, Bd. 1 (1964); E. Nellmann, Die Reichsidee in dt. Dichtungen (1963); P. Zerbi, Papato, impero e »Res publica christiana« dal 1187 al 1198 (1955); W. Berges, Die Fürstenspiegel d. hohen u. späteren MA (²1952). Vgl. W. Fesefeldt, Engl. Staatstheorie d. 13.Jh. (1962).

[4] E. E. Stengel, Regnum u. Imperium, engeres u. weiteres Staatsgebiet im alten Reich (1930); P. Rassow, Honor imperii. Die neue Politik Friedrich Barbarossas (1152–1159) (²1960).

[5] K. v. Amira, Grundriß d. germ. Rechtsgesch. (³1913), S. 113.

[6] E. Meynen, Dtld. u. das dt. Reich (1935).

[7] O. Brunner, Land u. Herrschaft (⁵1959), bes. S. 189ff. u. 410ff.; ders. bei Stepan, Das Waldviertel 7 (1937); vgl. O. Stolz, Land u. Landesfürst in Bayern u. Tirol. Ein Beitrag z. Gesch. dieser Bezeichnungen u. Begriffe in Dtld., Zs. f. bayer. Ldsgesch. 13 (1942).

[8] Th. Mayer, Der Staat d. Herzoge von Zähringen (1935); ders., Besiedlung u. polit. Erfassung d. Schwarzwaldes im HochMA, ZGORh 52 (1939); H. Büttner, St. Georgen u. die Zähringer, ebd. 53 (1940); K. S. Bader, Der dt. Südwesten in s. territorialstaatl. Entwick-

lung (1950); ders., Das Freiamt im Breisgau u. die freien Bauern am Oberrhein (1936).
[9] R. HILDEBRAND, Der sächs. Staat Heinrichs d. Löwen (1937); L. HÜTTEBRÄUKER, Das Erbe Heinrichs d. Löwen (1927); G. A. LÖNING, Staat u. Wirtschaft unter Heinrich d. L., in: Festschr. Hedemann (1938) in Auseinandersetzung mit R. Hildebrand.

Kapitel 28
Das Lehensrecht in der staufischen Verfassungspolitik

Die Staufer, voran Barbarossa, haben drei Wege beschritten, um einen königlichen Gesamtstaat aufzubauen. H. Mitteis hat die Ansicht ausgesprochen, daß die Ausnützung der Machtmittel des *Lehensrechtes* Grund- und Hauptstein der Verfassungspolitik Friedrichs I. war[1]. Es bleibt aber zu untersuchen, ob nicht die *Reichslandpolitik*, gepaart mit zielbewußter *Städtepolitik*, d. h. die Durchsetzung des flächenstaatlichen Prinzips, noch stärker im Vordergrund stand. Endlich haben Barbarossa und seine Nachfolger bewußt den Weg des *Rechtes*, der *Rechtserneuerung* und der *Gesetzesbildung* beschritten, um auf einer Reichsgesetzgebung ihren Staat zu gründen.

Barbarossa begann ganz folgerichtig mit der *Zerschlagung der großen Stammesherzogtümer*. Von Bayern wurde 1156 die Ostmark getrennt und zum selbständigen *Herzogtum Österreich* mit dem besonderen Privileg der weiblichen Erbfolge erhoben, das starke byzantinische Rechtseinflüsse zeigt[2]. In der Urkunde, die der Babenberger erhielt, dem berühmten »Privilegium minus« (s. Bd. 4, Kap. 35), anerkannte der Kaiser offiziell die *Territorialisierung aller staatlichen Macht* und ihre *Dezentralisation*, vielleicht in der Hoffnung, durch straffe Anwendung des Lehensrechts alle diese Gebiete einmal wieder dem Reich einzugliedern. Im gleichen Jahr 1156 schuf Friedrich I. auch die *Rheinpfalz* als territoriales Herzogtum, 1168 das Herzogtum *Würzburg* für den Bischof der Stadt mit einem ähnlichen Gerichtsprivileg wie für den österreichischen Herzog. 1180 wurde die *Steiermark* zum Herzogtum erhoben und damit die Zerschlagung des bayrischen Stammesherzogtums abgeschlossen. Im gleichen Jahre wurde nach dem Sturz Heinrichs des Löwen auch das große sächsische Stammesherzogtum zersplittert (s. Bd. 4, Kap. 42). In Frankreich ist es gelungen, von der zentralen Ile-de-France aus die großen Gebietsherrschaften dem Gesamtstaat einzugliedern; sie hatten die Integration der

Teilchen dem Königtum bereits abgenommen. Barbarossa wollte und mußte die für Deutschland typische stämmische Bindung des Adels und des Lehnrechts erst brechen, bevor er an die Eingliederung der *Amtsherzogtümer* in den Staat denken konnte. Dazu aber reichte die Kraft des Königtums nicht aus.

Die drei großen Neubildungen der Barbarossazeit auf der Grundlage des Lehensrechts sind *Reichsfürstenstand, Heerschildordnung* und *Leihezwang der Fahnlehen*. Sie dienten aber nur der Sicherung der reichsfürstlichen Stellung und boten eine Garantie der fürstlichen Gebietsherrschaft. Der Reichsfürstenstand war eine ständische Einigung und Neubildung mit partikularer Tendenz. Wir müssen uns seine Abschließung um 1180 denken[3]. Voraussetzung dafür war die Ablösung der Stammesherrschaft durch die Gebietsherrschaft sowie die Ausbildung des auf Deutschland beschränkten Typs der geistlichen Reichsfürsten durch das Wormser Konkordat. Die *Abschließung des Reichsfürstenstandes* war von dem Willen der geistlichen und weltlichen Kronvasallen getragen, ihren Rechtsbestand durch Zusammenschluß zu wahren. Das Lehnrecht bot dafür die Rechtsgrundlage. Die Fürsten standen auf der obersten Stufe der Lehenspyramide unmittelbar nach dem König, während Grafen und freie Herren grundsätzlich als Untervasallen nach ihnen rangierten und damit mediatisiert waren, weil sie ihre Lehen nicht mehr direkt aus der Hand des Königs empfingen[4]. Die Reichsfürsten waren »homines ligii« des Königs, Lehensverträge untereinander und Bündnisse gegen Kaiser und Reich waren für sie verboten. Sie mußten darum Folge leisten, wenn der oberste Lehensherr sie aufforderte, Reichshilfe gegen einen ihrer Standesgenossen in Form der Reichsexekution zu leisten. Nicht verboten war ihnen, Lehen geistlicher Fürsten zu nehmen; das geschah im Interesse der zahlreichen Kirchenvogteien, die weltliche Fürsten trugen und die für sie Geld- und Gerichtshoheitsquelle waren. Verboten war es auch nicht, Lehen auswärtiger Fürsten zu nehmen, was besonders häufig im Westen des Reiches vorkam[5]. Reich und Staat hatten dem Werben Frankreichs und Englands um die deutschen Fürsten durch die neue geldwirtschaftliche Form der Kapital- und Rentenlehen nichts entgegenzusetzen[6].

Sichtbarer Ausdruck der verwickelten Lehens- und Standesverhältnisse in Deutschland war die *Heerschildordnung* (clipeus militaris). Ursprünglich das Recht, die Vasallen militärisch aufzubieten und sie zu befehlen, verstand man jetzt darunter

28. Das Lehensrecht in der staufischen Verfassungspolitik

die Rangordnung in der Lehenshierarchie. Als Haupt der ganzen Lehensbewegung und oberster Befehlshaber des Lehensheeres steht an der Spitze der König; nur er hat Vasallen, ohne selbst Vasall zu sein; denn auch die Kirchenlehen des Kaisers machten ihn nicht zum Lehensmann. Ihm folgen die geistlichen und die weltlichen Reichsfürsten, auf zwei Heerschilde verteilt; letztere hielten den dritten, weil sie als Träger geistlicher Lehen Lehensleute der geistlichen Reichsfürsten waren; doch sind beide dem König gegenüber gleichwertig und unmittelbar von ihm belehnt. Eine Rangminderung war mit den Kirchenlehen nicht verbunden, da sie ja schließlich auch aus der Hand des Königs stammten. Den vierten Heerschild besetzten die Grafen und freien Herren. Auch wenn sie direkt vom König Lehen erhielten, konnten sie nicht höher steigen; zwischen ihnen und dem König stand zwar kein reichsfürstlicher Zwischenherr, doch konnten sie, von den Reichsfürsten mediatisiert und dem König entfremdet, der reichsfürstlichen Landeshoheit eingegliedert werden. Dadurch bildete sich die Auffassung, daß der Reichsfürst zwischen König und Graf die Lehenskette schließe, weil ihre Landeshoheit großenteils auf Lehensherrschaften und Grafschaften beruhte. Der Sachsenspiegel (Ldr. 5 § 2) nennt im ganzen sieben Stufen des Heerschildes, auf den zwei untersten stehen die Ministerialen und ihre Dienstmannen, die sogenannten Einschildritter, die nur Lehen erhalten, aber selbst keine mehr weitergeben[7].

Die Bestimmung des Sachsenspiegels, daß der König kein heimgefallenes Fahnlehen länger als Jahr und Tag einbehalten dürfe, spricht deutlich den Grundsatz des *Leihezwanges* aus[8]. Tatsache ist freilich, daß Heinrich VI. sich beim Heimfall der Landgrafschaft Thüringen und der Markgrafschaft Meißen daran zunächst nicht hielt; Friedrich II. versuchte nach der Absetzung des letzten Babenberger-Herzogs von Österreich, Friedrichs des Streitbaren, den Leihezwang zu umgehen und das Herzogtum Österreich 1237 zum Verwaltungsgebiet des Reiches herabzudrücken, indem er die Leitung in die Hände eines Reichsprokurators legte. Nach dem Tode des Herzogs (1246) bot sich nochmals eine Gelegenheit, Österreich zu gewinnen und es dem italienisch-sizilischen Beamtenstaat einzugliedern. Dem Kaiser direkt unterstellte Generalkapitäne (capitanei) sollten die Verwaltung führen. Beim Tode des Kaisers (1250) wurde Österreich freilich leicht eine Beute landesherrlicher Territorialpolitik. Die Reichsfürsten dagegen

Der Staat der Staufer

fühlten sich in den Territorien wenig an den Leihezwang gebunden; sie haben im Gegenteil gerade durch rücksichtslose Ausnützung des *Heimfallsrechtes* ihre Territorien aufgebaut.

Der französische und der englische König mühten sich, im Gegensatz zu Barbarossa, gerade um die Untervasallen und brachten so die großen Lehensfürsten zwischen zwei Feuer. Die deutschen Reichsfürsten aber gewannen geradezu ein Monopol der Mitwirkung bei der Leitung des Reiches. Diese Entwicklung verhinderte die Bildung eines breiten königlichen Untertanenverbandes. Barbarossa konnte sich zunächst eines augenblicklichen Erfolges erfreuen; er gewann die Bischöfe wieder und hinderte Papst Alexander III. dadurch, den Angriff Gregors VII. in vollem Ausmaß zu erneuern. Die Bischöfe leisteten dem Staufer wieder Mannschaft (hominium); Barbarossa entschied bei den Bischofswahlen; er übte das *Regalienrecht* (Nutzung der Königslehen beim Tode des Bischofs), das aus der Kirchenhoheit des deutschen Königs floß, sowie das *Spolienrecht* (Recht auf den beweglichen Nachlaß des Reichsprälaten)[9].

Auf eine entscheidende Machtprobe wurde das Königtum durch die Auseinandersetzung mit *Heinrich dem Löwen* gestellt. Barbarossa leitete zwei Verfahren gegen den mächtigen Gegner ein, ein *landrechtliches* und ein *lehensrechtliches*. Dabei fragt es sich, ob landrechtlich nicht so viel wie königsrechtlich meint, da »Land« die Bezeichnung für die Herrschaft des Königs ist. Wegen wiederholter Mißachtung der Ladung (contumacia) wurde Heinrich nach Landrecht in die Acht getan; dieses Urteil wurde nach schwäbischem Stammesrecht von dem königlichen Hofgericht (curia regis) durch schwäbische Urteilsmannen gefällt. Wirksam war nur das lehensrechtliche Verfahren, das ihm die beiden Herzogtümer Sachsen und Bayern absprach. Das Urteil fällten die Reichsfürsten, die hier zum erstenmal als geschlossene Körperschaft unter der Bezeichnung »principes« urkundlich erscheinen. Das Lehensgericht war hier *Standesgericht*. Der Lehensentzug war nicht mehr rückgängig zu machen, nur die Acht. Der Prozeß zerschlug den welfischen Machtblock, stärkte aber nicht die königliche Machtstellung; denn nach Leihezwang mußte Barbarossa die heimgefallenen Lehen wieder austun, und zwar an die Reichsfürsten, die als Schiedsrichter praktisch zwischen König und Herzog standen[10].

Das Lehensrecht deutscher Prägung hat den König nicht

28. Das Lehensrecht in der staufischen Verfassungspolitik

nur von seinen Untervasallen abgetrennt, sondern sogar seine *Ministerialen* lehensrechtlich von ihm geschieden, obwohl die beamtenähnliche Verwendung dieser Personengruppe geradezu ein Kernstück staufischer Staatspolitik war. Es gelang nicht, Lehensrecht und *Dienstrecht*, dem die Dienstmannen unterstanden, streng voneinander zu scheiden. Letzteres war gekennzeichnet durch die starke Betonung des reinen Gehorsams. Der Dienstmann hatte ein *Dienstlehen;* dieses war vom echten Lehen dadurch unterschieden, daß es an den tatsächlichen Dienst geknüpft war und nur so lange genutzt werden konnte, als Dienst dafür geleistet wurde[11]. Dienstlehen konnten nicht weiter verliehen werden oder nur innerhalb des Kreises der Dienstmannschaft des gleichen Herrn (Inwärtseigen). Der Unterschied zwischen echten Lehen und Dienstlehen begann sich in der Stauferzeit bereits zu verwischen, je stärker die Dienstmannschaft politisch und gesellschaftlich in den Vordergrund trat und je mehr sie im gesellschaftlich-kulturellen Kreis des Rittertums mit dem Hochadel zu einer geschlossenen Oberschicht zusammenwuchs. Da aber die Dienstmannen auch die Fähigkeit erlangten, von fremden Herren echte Lehen zu empfangen, drängten in verstärktem Maße aus der Vasallität treurechtliche Vorstellungen in das Dienstverhältnis ein und zerstörten seinen ursprünglichen Charakter. Durch die Eingliederung in die Heerschildordnung ging schließlich der Zusammenhang zwischen König und Dienstmannschaft verloren, obwohl noch Friedrich II. versuchte, die Ministerialität der Gebietsherzogtümer in rechtliche Beziehung zum König zu bringen. Das tritt besonders deutlich im österreichischen Landrecht zutage[12]: Artikel 2 begründet den Gerichtsstand der Herzogsministerialen vor Kaiser und Reich in Sachen, die an Ehre und Recht gehen, damit, daß die österreichischen Dienstmannen zu Reichslehen des Landesherrn erklärt werden.

Das Lehensrecht hat im ganzen die Ausbildung der Reichsministerialität zur Reichsbeamtenschaft verhindert. Damit aber hat es auch eine deutsche Lösung des Problems einer zentralen Reichsverwaltung zunichte gemacht, weil es nicht Grundlage eines Reichsverwaltungsrechts wurde. Frankreich hat im Gegensatz dazu den Grundsatz »nulle terre sans seigneur« entwickelt (alles Land, jedes Stück Boden steht in irgendeiner lehensrechtlichen Beziehung zum König). In England hatten sich niemals Immunitäten geschlossen-rechtlicher Bezirke entwickelt; das Volk war deshalb auch nie von der Zentralgewalt abgeschnürt. »Dem deutschen Lehensrecht fehlte die rechte Treue« (Cl. v. Schwerin); ausgenommen die äußersten Westgebiete, hat sich hier niemals der ligische Treuevorbehalt zugunsten des Königs ausbilden können (s. Kap. 10); funktioneller Ersatz dafür war die deutsche Dienstmannschaft. Conseigneurie und Pariage-Samtherrschaft (Gesamthand), Hauptmittel des französischen Königs zur Auffüllung seines Königsgutes und -staates, entwickelte sich in Deutschland nur im Süden, und zwar an Grund und Boden sowie an Ministerialen zwischen König und Kirche[13]. *Reichskirchengut* stand in staufischer Zeit in besonderer rechtlicher Beziehung zum Staat[14]. Die Staufer griffen dabei vor allem auf die Ministerialität der Reichsbistümer zurück, wie das besonders in der Pfalz (Trifels-Annweiler und Kaiserslautern) in Erscheinung tritt. Das Königtum war aber nicht in der Lage, die lehensrechtlichen Institute so stark mit einheitsbildender Funktion zu erfüllen, daß damit Adelsbannbezirke und Königsbannbezirke in einem zentralbürokratischen Staat gleichgeschaltet werden konnten.

Barbarossa gliederte die emanzipierte Reichskirche durch das Lehensrecht in den Heerschild, d. h. in das Gefüge seines Lehensstaates ein. Die neuen Reformorden der Hirsauer, Zisterzienser, Praemonstratenser aber standen außerhalb dieses Kreises. Darum suchte er das alte Eigenkirchenrecht vor allem in einer *Reichsvogtei über alle Zisterzienserklöster* wieder zu beleben. Dem Vorbild des französischen Königs folgend, nahm er die vogtlosen grauen Klöster in seinen besonderen Schutz (defensio specialis); diesen konnten die Staufer in Süddeutschland zur Reichsvogtei erweitern, auf Grund deren die Klöster des Ordens der besonderen Vogtei des Kaisers unterstanden. Verfassungsgeschichtlich führte dies bei einer Reihe von ihnen zur Reichsunmittelbarkeit (Waldsassen), ja sogar zu einer unentwickelten Form der Landeshoheit (Berchtesgaden O. Praem.)[15].

In der frühen Stauferzeit erweiterten sich, von Burgund her eindringend, Sinn und Begriff des Wortes *Regalien*. Darunter verstand man fortan nicht nur die Königsrechte am Reichskirchengut, sondern alle nutzbaren Hoheitsrechte des Herrschers schlechthin. Die rücksichtslose Zusammenfassung, Ausbeutung, Vermehrung und Erweiterung der Regalien war für die Königslandpolitik ebenso ein wirksames Mittel staatlicher Konzentration der Kräfte zur Erfüllung der Staatszwecke und

28. Das Lehensrecht in der staufischen Verfassungspolitik

zur Deckung des Staatshaushalts (im Sinne moderner Finanzgebarung) wie für den territorialen Flächenstaat des Hochadels und der Kirche. Man unterscheidet sowohl ältere wie jüngere, höhere wie niedere Regalien. Zu den älteren zählen wir Markt-, Münz- und Zollrecht, zu den jüngeren das Recht auf die Erzeugnisse des Bergbaus, der Fischerei, der Jagd, auf Straßen, Brücken, Häfen und vieles andere, was die Juristen seit dem 12. Jh. als Königsrecht in Anspruch nahmen. Zu den höheren Regalien rechnen wir Gerichtsbarkeit und Heerbann, zu den niederen Fähren- und Mühlenrecht. Das vielumstrittene Bodenregal, d. h. das Recht des Königs auf erobertes und unverteiltes Land und seine Bodenschätze (Forstregal), ist wohl als Ausfluß eines archaischen Eroberrechts zu erklären[16].

Die Erneuerung des Lehensrechtes durch Barbarossa ist in der Endwirkung mißlungen, Deutschland ist kein echter Lehensstaat geworden. Die lehensrechtlichen Bemühungen der Staufer waren nur ein Kompromiß und eine Aushilfslösung.

---

[1] H. MITTEIS, Lehnrecht u. Staatsgewalt (1933); J. R. STRAYER, The Development of Feudal Institutions in Twelfth Century Europe and the Foundation of Modern Society (Madison 1961); S. PAINTER, Feudalism in Western Civilization, The Johns Hopkins Magaz. 9 (1957).

[2] Th. MAYER, K. HEILIG u. C. ERDMANN, Kaisertum u. Herzogsgewalt im ZA Friedrichs I., Studien z. polit. u. VG d. hohen MA (1944); E. KLEBEL, Vom Herzogtum zum Territorium, in: Festschr. Th. Mayer, Bd. 1 (1954); H. FICHTENAU, Von der Mark zum Hgtm., Grundlagen u. Sinn d. Territoriums f. Österreich (1958); A. ZAUNER, Oberösterreich zur Babenberger Zeit, Mitt. Ob.Öst. Ldsarch. 7 (1960); Th. MAYER, Die Würzburger Herzogsurkunde von 1168 u. das öterr. Privilegium minus. Entstehung u. verfassungsgesch. Bedeutung, in: Festschr. F. Steinbach (1960); K. BOSL, Aus den Anfängen d. Territorialstaates in Frankreich, Jb. f. fränk. Ldsforsch. 22 (1962); F. MERZBACHER, Judicium provinciale ducatus Franconiae. Das kaiserl. Landgericht d. Hgts. Franken (1956); H. W. VOGT, Das Hgt. Lothars v. Süpplingenburg 1106–1125 (1959); vgl. H. PATZE, Die Entstehung d. Landesherrschaft in Thüringen 1 (1962), u. bes. H. C. FAUSSNER, Herzog u. Reichsgut im bayer.-österr. Rechtsgebiet im 12. Jh., ZRG GA 85 (1968).

[3] J. FICKER, Vom Reichsfürstenstand I (1861), II 1–3 hg. v. P. PUNTSCHART (1911/23); E. E. STENGEL, Land- u. lehnrechtl. Grundlagen d. Reichsfürstenstandes, ZRG GA 66 (1948); G. TELLENBACH, Vom karol. Reichsadel zum dt. Reichsfürstenstand, in: Adel u. Bauern (²1967); H. KOLLER, Die Bedeutung d. Titels »princeps« in der Reichskanzlei u. den Saliern u. Staufern, MIÖG 68 (1960).

[4] Sachsenspiegel, Landrecht III 58, § 1.

[5] W. KIENAST, Die dt. Fürsten im Dienste d. Westmächte (2 Bde. 1924/31); ders., Dtld. u. Frankreich in der Kaiserzeit (1943); G. RAUCH, Die Bündnisse dt. Herrscher mit Reichsangehörigen vom Regierungsantritt Friedrich Barbarossas bis z. Tode Rudolfs v. Habsburg (1966).

[6] Zum Ganzen: J. BRUCKAUF, Fahnlehn u. Fahnenbelehnung (1907); R. BOERGER, Die Belehnungen d. dt. geistl. Fürsten (1900); DW⁹ 7073.

[7] J. Ficker, Vom Heerschilde (1862); H. Conrad, Gesch. d. dt. Wehrverfassung 1 (1939).

[8] H. Gunia, Der Leihezwang, ein angebl. Grundsatz d. dt. Reichsstaatsrechts im MA (1938); dazu krit. H. Mitteis, ZRG GA 59 (1939); W. Goez, Der Leihezwang. Eine Unters. z. Gesch. d. dt. Lehenrechtes (1962).

[9] E. Lesne, Les origines du droit de régale, Rev. hist. de droit franç. 45 (1921); R. Scholz, Beitr. zur Gesch. d. Hoheitsrechte d. dt. Königs (1896); G. Waitz, Der Ursprung d. sog. Spolienrechts, FDG 13 (1873); DW⁹ 7075.

[10] Zum Prozeß Heinrichs d. L. s. Bd. 4, Kap. 42.

[11] Recht d. Weißenburger Dienstmannen 1029, D. Konr. II. 140 u. Const. n. 451.

[12] K. H. Ganahl, MÖIG Ergzbd. 13 (1935), setzte die ältesten Teile d. österr. Landrechts in das Jahr 1237.

[13] W. Kienast, Französ. Krondomäne u. dt. Reichsgut, HZ 165 (1941); ders., Untertaneneid u. Treuvorbehalt in England u. Frankreich (1952).

[14] J. Ficker, Das Eigentum d. Reiches am Reichskirchengut, SB Wien (1872). Das läßt sich in der Stauferzeit besonders an den Bistümern Speyer, Worms, Mainz, Würzburg u. mitteldt. Bistümern zeigen, s. K. Bosl, Rothenburg im Stauferstaat (1947); ders., Würzburg als stauf. Reichsbistum, in: Festschr. Th. Mayer (1953).

[15] H. Hirsch, Die Klostergründungen, in: Das Waldviertel 7 (1937); ders., Studien über die Vogteiurkunden südd. Zisterzienserkl., Archival. Zs. 4; Th. Mayer, Fürsten u. Staat (1950); K. Bosl, Forsthoheit (s. Kap. 17, Anm. 3).

[16] H. Thieme, Die Funktion d. Regalien, ZRG GA 62 (1942); J. Ott, Der Regalienbegriff im 12. Jh., ZRG KA 35 (1948); A. Pöschl, Die Regalien d. mal. Kirchen (1929), dazu krit. A. Degener, ZRG KA 19 (1930); H. Strahm, Die Regalien im ältesten Stadtrecht von Lausanne, in: Festschr. Welti (1937); H. Troë, Münze, Zoll u. Markt (1937); ältere Lit. über Zollrecht DW⁹ 2565 u. 7076; über Geleitrecht DW⁹ 2566; über Judenregal DW⁹ 1815 u. 2725; über Bergregal DW⁹ 3008 u. 8492ff.; A. Zycha, Montani et Silvani, zur ält. Bergwerksverf. von Goslar, DA 3 (1939); Schönbrunner, Beitr. z. Gesch. d. Bergbaurechts (1929); K. Frölich, Die älteren Quellen z. Gesch. d. Bergbaus am Rammelsberge bei Goslar, DA 10 (1953); K. Lindner, Die Jagd im frühen MA (1940); H. Geffcken, Zur Gesch. d. dt. Wasserrechts, ZRG GA 26 (1900); H. v. Voltelini, Königsbannleihe u. Blutbannleihe, ZRG GA 36 (1915); Ph. Heck, Die Bannleihe im Sachsenspiegel, ebd. 37 (1916); H. Lieberich, Zur Feudalisierung d. Gerichtsbarkeit in Baiern, ZRG GA 71 (1954); O. Stolz, Zur Entwicklungsgesch. d. Zollwesens innerhalb d. alten dt. Reiches VSWG 41 (1954).

Kapitel 29
Die staufische Reichsland- und Territorialstaatspolitik

Der *Reichsland- und Territorialstaatspolitik der Staufer* lag ein politisches System zugrunde, das in der wirtschaftlich und kulturell weit fortgeschrittenen oberrheinischen Tiefebene fest verankert war. Dessen Kraftlinien erstreckten sich über die alten Königslandschaften, seine Straßen führten in den mitteldeutschen Osten und mündeten dort in einen Brennpunkt um

29. Die staufische Reichsland- und Territorialstaatspolitik

das zentrale Fichtelgebirgsmassiv aus. Die Könige wandten bei seinem Aufbau die nämlichen Mittel wie ihre adligen Gegenspieler an; ihr Ziel war ein das Kernreich umfassender »Staat«, dessen Umrisse in der regionalen Verbreitung der Reichsministerialität zu veranschaulichen sind[1].

Im Zusammenhang ihrer weitreichenden *Städtegründungen* betrieben die Staufer vielleicht auch schon Wirtschafts- und Handelspolitik, wenn auch der fiskalische Gesichtspunkt noch stark überwog. An dem allgemeinen Aufschwung des Geldverkehrs im 12. und 13. Jh. sind auch die Staufer nicht nur durch ihre lombardische Städtepolitik im Verfolg der Ronkalischen Gesetze (1158) beteiligt[2]. Barbarossa ließ eine Reihe neuer Münzstätten errichten; er erwarb die Münzen Saalfeld und Gelnhausen und gründete neu die Münzen in Altenburg (Sa.), Mühlhausen (Thür.), vor allem aber in Schwäbisch Hall und einer Reihe anderer Orte. Auch Frankfurt, Hauptort der als Durchgangsland hochbedeutsamen Wetterau, ist bekannt durch die Eigenart seiner Prägungen[3]. In Oberitalien schuf Barbarossa den einheitlichen Münzfuß des »denarius imperialis«. Vielleicht ist davon auch der schlechtere Münzpfennig der Reichsmünzstätte Schwäbisch Hall, der *Heller*, und sein italienischer Gegenwert, der *Goldaugustalis* Friedrichs II., angeregt oder beeinflußt. Durch ihre Sorgen für des Reiches Straßen haben die Staufer auch Handel und Verkehr gedient und durch ihre Landfriedensgesetzgebung dem wirtschaftlichen Leben Sicherheit verbürgt und den Aufstieg des Bürgertums und die Kapitalbildung in den Städten gefördert. Das beweist, wie günstig sich die zahlreichen Städtegründungen für die Reichsfinanzen und für den Aufbau einer Reichsgut- und Reichslandverwaltung auswirkten[4].

Gleichgerichtete Politik der Staufer finden wir auch bei den Bauern auf Rodungsland, die als *königliche Freibauern* ebenso Ansätze eines Staatsvolkes im Ausbauland zu werden versprachen, wenn auch die Staufer nicht allein dieses Mittel territorialer Untertanenpolitik anwandten[5].

Das *königliche und landesherrliche Freibauerntum* saß in der Stauferzeit zu *besserem Recht* auf seinem Grund und Boden und war von bestimmten Lasten befreit. Die Freisassen saßen auf ihrem Gut meist zu Erbrecht, der günstigsten Leiheform. Sie waren Rodungsbauern und bildeten das Reservoir für die Auffüllung von Lücken unter den auf eigenem Grund und Boden (Urbar) angesetzten Eigenleuten. Für die Entwicklung dieses

Der Staat der Staufer

Freibauerntums war es entscheidend, daß sich im 12. und 13. Jh. neben dem Grundsatz »Stadtluft macht frei« in deutschen Herrschaftsgebieten der andere durchsetzte »*Luft macht eigen*«[6], der in seiner Auswirkung letztlich auf dasselbe hinauslief, nämlich eine Verbesserung der sozialen, wirtschaftlichen und verfassungsrechtlichen Lage der Betroffenen. Dieser Grundsatz besagte zunächst, daß die Herrschaftsinhaber sämtliche Inwohner ihres Gebietes als Leibeigene betrachteten (Lokal-Leibeigenschaft). Bereits im 10. und 11. Jh. galt dieser Grundsatz vereinzelt an der deutsch-französischen Sprachgrenze. Er gewann in der großen *Kolonisatiousperiode* vom 11. bis 13. Jh. neue Bedeutung. Gesellschaftsgeschichtlich war damit ein sozialer und rechtlicher Aufstieg der zahlreichen Bauernschicht verbunden. Sie rückten in die Positionen der älteren (Königs-)Freien und der Wachszinser ein, die sich durch Ergebung an einen Kirchenheiligen vom »opus servile« (Knechtsarbeit) befreiten und dafür einen gestaffelten Jahreszins zahlten. Ursprünglich hatten sie Heiratsabgabe, Besthaupt und Kopfzins zu erlegen. Seit dem 12./13. Jh. wird aber gerade das Abgabe und Kennzeichen der Lokal-Leibeigenschaft, die allgemein wird. Das bedeutete aber rechtlichen, sozialen und wirtschaftlichen Aufstieg, Verbesserung des Standards. Den Grundherrschaften reichten für ihr Neusiedelwerk ihre eigenen Bauern nicht mehr aus; so waren sie gezwungen, »fremde« Kolonisten heranzuziehen; sie übergaben ihnen Grund und Boden zu besserem Leiherecht, stellten ihnen am Anfang Hilfsmittel, besonders Vieh und Saatgut zur Verfügung und befreiten sie für die ersten schwierigen Anfangsjahre auch von den grund-, leib- und gerichtsherrlichen Abgaben. In ähnlicher Weise gewann auch das staufische Königtum seine rodenden Bauern, die als Königsleute auf des Königs Boden von allen anderen herrschaftlichen Abgaben befreit waren und deshalb mit besonderem Grund den Titel »Freibauern« führten. Diese konnten noch bis ins späte Mittelalter hinein ihre Sonderstellung, ihre Freiheit bewahren. Für dieses neue Element war durch den König als staatliche Organisation die Verwaltungsform der *Landgrafschaft* geschaffen worden. An ihre Stelle tritt im 13. Jh. die *Landvogtei*, die den Beamtencharakter besser wahrte.

Schon als Herzoge von Schwaben erwiesen sich die Staufer im Auftrag der Salierkönige als Meister im *Burgenbau*, der ihren administrativ-strategischen Plänen zu dienen hatte. Auf den

29. Die staufische Reichsland- und Territorialstaatspolitik

Burgen saßen ihre Dienstmannen. Von prunkvollen *Pfalzen* und festen *Reichsburgen* aus verwalteten sie das Land, das sich allmählich um diese repräsentativen Mittelpunkte herum, überspannt von einem großen Burgennetz, zu größeren *Verwaltungseinheiten* mit abhängigen Beamten in den Pfalzen, auf den Festen und in Städten zu formen begann. Beim Aufbau ihrer *Reichsländer* gingen die Staufer aus von den Restbeständen der alten Königslandschaften. Die Mittel, welche sie anwandten, waren Kauf, Tausch, Erbschaft, Vertrag, Übernahme von Kirchenlehen, Rodung, Wiedergeltendmachung alter Königsrechte, Umgehung des Leihezwanges unter mehr oder minder gelindem Druck[7]. Nach der Anschauung jener Zeit galt das Hausgut einer Familie, also ihr Privatbesitz, mit der Thronbesteigung des Eigentümers gleichsam als verstaatlicht. Das beweist der Streit um das salische Erbe zwischen Staufern und Welfen wie auch die Tatsache, daß der König selbst für seine Privatzwecke unbedenklich über das ganze Reichsgut zu verfügen pflegte. Was sich irgendwie in den Händen der Staufer befand, hatte ihrem gemeinsamen Staatsdenken und Reichswollen zu dienen. Das zeigt die Einziehung des sogenannten Herzogtums Rothenburg durch Barbarossa und die willkürliche Behandlung des Herzogtums Schwaben.

Der *Staat der Staufer* ist fest in der *oberrheinischen Tiefebene* verankert, wo nach dem Ausspruch Ottos von Freising die »vis maxima regni« das Kernland des Reiches war. Wichtigste Zentren ihrer Reichslandplanung waren die Pfalzen Hagenau i. E. und Kaiserslautern in der Pfalz mit dem Trifels/Annweiler als Bindeglied. Der Hohenstaufen mit dem Hauskloster Lorch im Remstal war ein weiterer Block; südwärts schloß sich das um Ravensburg massierte alte Welfengut an, das nach der Schweiz (Vogtei Chur, St. Gallen, Bregenzer Wald mit Reichsdorf Dornbirn), nach Bayrisch Schwaben, Oberbayern bis an den Ammersee, nach Tirol und in den Vintschgau hinein reichte und die Hochstiftsvogtei Augsburg und die Straßvogtei zwischen Lech und Wertach einschloß. Für die Verbindung mit dem Elsaß, dem Rektorat Burgund und den Schweizer Alpenpässen war die Erweiterung der königlichen Herrschaftsbasis in der Ortenau, dem Breisgau und in der Schweiz wesentlich; dazu bot sich eine günstige Gelegenheit beim Aussterben der mächtigen Herzoge von Zähringen (1218). 1231 gewann König Heinrich (VII.) Hochgericht und Besteuerung in Uri; 1240 ergaben sich die Leute in Schwyz an das Reich;

Der Staat der Staufer

1241 erwarb Friedrich II. die Vogtei über Kloster Rheinau. Das westliche Bayern barg viel Königsgut, das im Moosamt um Neuburg a. d. D. organisiert war. Der alten Karolingerpfalz Ingelheim und ihrem in einem »Reich« zusammengefaßten Königsgut kam eine verbindende Rolle zwischen dem Nahegau, den Reichsburgen und -gütern an Mosel und Niederrhein (Mittelpunkte: Oberwesel, Boppard, Hammerstein, Sinzig, Pfalz Kaiserwerth, Dortmund, Pfalz Nymwegen, Krönungsstadt Aachen mit ihrem Reich, Burg Kochem an der Mosel) und der »terra imperii« um den alten Königshof Frankfurt am Main zu, die den großen Forst Dreieich im Mainviereck bis zur Rheinebene und die Wetterau mit dem Zentrum Friedberg umfaßte und den großen Büdinger Reichsforst wie die Pfalz Gelnhausen mit einbezog. Hier entwickelte sich später auf Grund alter Königsherrlichkeit eine Vielzahl königlicher Freigerichte um das alte Königsland herum, so die Grafschaft Bornheimerberg, das Freigericht Kaichen und westlich das sogenannte Königssundern, das sich schon in seinem Namen als für den König ausgesondertes, d. h. königliches Banngebiet erweist. Dieses werdende Reichsland war in seiner Entfaltung eingeschnürt durch die Hochstifter Mainz und Würzburg und die Reichsabteien Fulda und Hersfeld, deren Gebiet die Verbindung zum nächsten Kraftfeld um Mühlhausen (Thür.) mit dem südwestlichen Vorposten Boyneburg unterbrach. Ein loser Zusammenhang bestand auch nur zum südlichen Kraftfeld um Wimpfen am Neckar, das wormsisches Kirchenlehen war, und zum südöstlichen um Rothenburg o. T., an Kocher und Jagst[8]. Von dort aus setzten die Staufer zum territorialen Angriff gegen Würzburg an, das sich mit Hilfe unechter Diplome Heinrichs II., Konrads II. und Heinrichs III. den ostfränkischen Dukat zu sichern suchte[9].

An den »Reichsstädten« Donauwörth, Nördlingen, Dinkelsbühl, Rothenburg hatten die Staufer eine feste Ausgangslinie nach *Ostfranken* hinein, wo um die große Reichsburg Nürnberg ein Reichsland im Werden war, das durch die Erwerbung der großen bambergischen Nordgauvogteien der Sulzbacher in direkte Beziehung zur wohlorganisierten »terra imperii« und die Reichsburg Eger kam. Der Ehevertrag zwischen Barbarossa und dem König von Kastilien von 1188 über die Vermählung des jungen Herzogs Konrad von Rothenburg mit Berengaria von Kastilien (MG Const. 1 n. 319) zeigt die Hauptzentren in Ostfranken und Ostschwaben[10].

29. Die staufische Reichsland- und Territorialstaatspolitik

Die *ostfränkische Machtbasis* war von drei alten *Reichsstraßen* durchzogen. In der Stauferzeit gewann die größte Bedeutung die Fernhandelsstraße von Frankfurt über Würzburg nach Nürnberg und weiter über Beratzhausen nach der alten Herzogspfalz und Königsresidenz, Burggrafen-, Bischofs- und späteren Reichsstadt Regensburg, deren Steinerne Brücke den ganzen Ostwesthandel an sich zog. Von Nürnberg ging auch eine große Straße in den bayrischen Nordgau nach Eger und weiter nach Prag. Gekreuzt wurden diese Westostverbindungen durch die alte Nordsüdstraße Hallstadt–Bamberg–Forchheim–Weißenburg–Neuburg (Donau) und die wichtige Fernstraße von Italien über Fernpaß, Augsburg, Donauwörth, Dinkelsbühl, Aub bei Würzburg. Die südlichste Westoststraße, die von Wimpfen über Geislingen–Dinkelsbühl–Weißenburg an die Donau bei Pföring zog, war ein Teil der großen uralten Fernhandelsstraße Paris–Reims–Worms–Passau–Wien–Konstantinopel. Nürnberg wurde in staufischer Zeit Zentrum des ganzen Reichslandes mit seinen beiden großen Forsten (Lorenzer und Sebalder Wald)[11].

Unverkennbar haben die Staufer bereits seit Konrad III. stärkstes Gewicht auf den Aufbau eines starken *Reichslandblockes* im *Fichtel- und Erzgebirge* gelegt. Hier gelang es auf dynastenfreiem, noch unbesiedeltem Boden den reinsten Typ der von Reichsdienstmannen verwalteten »terra imperii« zu entwickeln. Egerland, Vogtland mit dem Zwischenglied des Regnitzlandes (Hof) und dem nördlich anschließenden Pleißenland (terra Plisnensis) stellen einen Machtkeil in den mitteldeutschen Osten hinein dar.

Der *oberste Reichsbeamte im Egerland*, der »iudex provincialis«, ein Reichsministeriale, steht an der Spitze des geschlossenen reichsdienstmännischen Ritteradels der »terra«, er ist höchster Richter, Verwaltungsbeamter und Heerführer des ihm anvertrauten Reichsterritoriums durch königliche Vollmacht, die ihm aber jederzeit wieder entzogen werden kann. Er ist der Typ des hohen staufischen Verwaltungsbeamten, der ebenbürtig neben dem französischen »baïlli« steht. (Bereits 1172 erscheint im Pleißenland ein »iudex terrae« = Landrichter und der »procurator« = Landvogt in Schwaben vor dem 1184 zuerst nachgewiesenen »baïlli« Frankreichs. Den niederen »prévôts« Frankreichs entsprachen die »praepositi« besonders in den welfischen Landen und andere vielfältig betitelte Reichsbeamte.)

Wohl schon unter Barbarossa sind im Westen und Süden der früheren Mark in Ostthüringen *Reichsvögte* eingesetzt worden (negocia imperatoris agentes), die dem Land den Namen Vogtland gaben; er bewahrte das Andenken der Vögte von Weida, Gera und Plauen, deren Nachkommen bis zum Reichsfürstenstand mit eigener Landeshoheit aufgestiegen sind. Die Vögte waren Hochgerichtsbeamte auf Kolonialboden, auf dem der König das Bodenregal ausübte und den Dienstmannen verlieh.

Dem »iudex provincialis« entspricht zu Nürnberg, wo die Verhältnisse bereits ungünstig sind, weil hier ein hochadliger Burggraf schon ältere Rechte hatte, der *Reichsbutigler*, zu Rothenburg seit dem Ende des 12. Jh. der *Reichsküchenmeister* (coquinarius, magister coquinae oder aulae imperialis). Die beiden letztgenannten Titel gehören noch der alten Hofdienstordnung an, die zuerst in Hinkmars ›De ordine palatii‹ bezeugt ist (9. Jh.). In der Bezeichnung *»iudex terrae«* oder *»provincialis«* aber kündet sich das neue territorialstaatliche Denken und Wirken seit dem 12. Jh. an. Reichsministerialen waren auch die eigentlichen Träger der *Zentralregierung*, und zwar als Inhaber der obersten Hofämter (während die sogenannten Erzämter nur mehr Titel waren, deren Träger dem Hochadel angehörten). Fast die ganze *Reichsverwaltung Italiens* lag in ihren Händen. Zusammen mit dem Kanzler und den Notaren bildeten diese führenden Reichsdienstmannen eine *Art Reichsregierung*. Das beweisen vor allem die gewaltigen Gestalten Markwards von Annweiler, des Statthalters von Sizilien, Werners von Bolanden (dapifer imperii), des Reichsmarschalls Heinrich von Kalden (Kallendin-Pappenheim), die maßgeblich die Politik ihrer staufischen Herren bestimmten[12].

Burgenbau, Kolonisation und *Rodung, Städtegründung, Herrschaft*, die vier Grundformen hochmittelalterlichen Staatsaufbaues, liefen in dem großen Reichsland um das Fichtelgebirge parallel[13]. Von hier aus ließen sich auch die Hauptmächte des Nordens und Ostens, Sachsen und Böhmen, beherrschen. In diesem Raum, vor allem im »territorium Plisnense« um die Reichsfeste Altenburg, haben die Staufer intensive Städtepolitik betrieben, wie das Beispiel von Zwickau und Chemnitz zeigt. Von dieser starken Position östlich der Saale aus suchte besonders Heinrich VI. das Reichsland bis zur Elbe vorzuschieben, indem er nach dem Tode Markgraf Albrechts das heimgefallene Reichsfahnlehen der Mark Meißen nicht wieder austat, obwohl ein Erbe vorhanden war. Sein jäher Tod hat auch

29. Die staufische Reichsland- und Territorialstaatspolitik

diesen großen Plan zunichte gemacht. In gleicher Weise hatte der Kaiser auch die Landgrafschaft Thüringen als heimgefallenes Reichslehen angesehen und sich mit der Absicht getragen, sie nicht wieder auszuleihen.

Den staufischen Bemühungen um eine Landverbindung dieser großen Reichsterritorien im mitteldeutschen Osten mit den Reichsgutkomplexen in *Thüringen und Sachsen* war ein Dauererfolg nicht beschieden. Außer einzelnen Stützpunkten und Reichsdienstmannenburgen zwischen Jena und Naumburg konnten sie das Saaletal nicht mehr erfassen; hier stand das territoriale Wirken großer Dynastengeschlechter entgegen. Zwar blieb das Reich in der Stauferzeit in Nordthüringen mit seinen Städten, Pfalzen, Reichsgütern die beherrschende Macht. Dadurch blieb der Zugang zum sächsischen Königsgut am Harz um Goslar von Mühlhausen aus offen. Die Burgen und Pfalzen der Goldenen Aue, die ganz lose durch vereinzeltes Königsgut an der unteren Unstrut mit dem Saaleland und den von dort ins Pleißenland führenden Linien verbunden waren, sind die militärischen und Verwaltungsstützpunkte der durch den welfischen Südstoß gefährdeten Stellung des deutschen Königtums im Norden. Die starke Stellung, die der Deutschorden in Thüringen und im östlichen Reichsland an Elster, Mulde und Pleiße zu erringen wußte, deutet auf ein sehr wichtiges Reichsgutnetz in diesem Raum hin. Mühlhausen, Nordhausen und Goslar sind die drei Schwerpunkte der Reichsverwaltung im Norden[14].

Die um 1073 errichtete *Reichsvogtei Goslar* faßte das gesamte Königsgut am Nordharz vom Gebirgskamm bis tief in die Ebene hinein in einem Gerichts- und Verwaltungsbezirk zusammen. Hier hatten die Dienstmannen (clientes) Bergbau und Waldmark zu verwalten und zu betreuen; ihre Entlohnung bestand in den sogenannten Vogteigeldern (Renten) und den Erträgen vor allem des Bergbaues (Vogteigeldrolle von 1244). Die königlichen Einkünfte in Goslar flossen aus Bergbau, Zoll, Münze, Markt und wurden in der Form der Rentenburglehen zur Entlohnung der Dienstmannen und Burgleute auf der kaiserlichen Harzburg, der Schutzfeste für Goslar und den Harzbergbau, verwandt. Der Vogt in Goslar ist der oberste Reichsbeamte für Verwaltung und Rechtsprechung, seine Gerichtsstätte war das »palacium imperii« (Kaiserpfalz); die kleine Marktgerichtsbarkeit übten hier schon seit der Salierzeit die Kaufleute. Neben dem Vogt und ihn vertretend standen hier vier von den Bürgern gewählte Schultheißen. Als um die Wende vom 12. zum 13. Jh. der Einfluß des Reiches nachließ, brach die Reichsvogtei in eine Anzahl nebeneinanderstehender Teile auseinander. 1290 kam die Vogtei in der Stadt und deren Umland an Rat und Bürgerschaft von Goslar. Nördlich von Goslar aber hörte bereits in der Stauferzeit jeder spürbare Einsatz von Ministerialen auf. Hier wirkte allein noch das Lehensrecht.

Die staufische Reichslandpolitik war von großem Elan, neuen Ideen und zielsicheren Methoden getragen. Ihr Ergebnis ist eindrucksvoll, doch waren ihre Kräfte zu schwach, um den hochadlig-kirchlichen Raum aufzusaugen. Dazu haben wesentlich große Katastrophen wie der plötzliche Tod Heinrichs VI., der darauf folgende Bürgerkrieg und das lange Siechtum des Interregnums beigetragen. Der deutsche Hochadel und das werdende Landesfürstentum wurden nun Erbe staufischen Reichsguts, ihrer Reichsländer und staufischer Staatlichkeit. Die Bemühungen Rudolfs von Habsburg und Albrechts I., das Reichsgut der Staufer wieder zusammenzufassen in einer Revindikationspolitik (Bd. 5, Kap. 21), waren nicht mehr von Erfolg gekrönt.

[1] Grundlegend mit Lit. K. Bosl, Die Reichsministerialität d. Salier u. Staufer, ein Beitrag zur Gesch. d. hochmal. dt. Volkes, Staates u. Reiches (2 Bde. 1950/51, Ndr. 1967/69, mit 7 Karten).

[2] H. Appelt, Friedrich Barb. u. die italien. Kommunen, MIÖG 72 (1964); A. Haverkamp, Die Regalien-, Schutz u. Steuerpolitik in Italien unter F. Barbarossa bis z. Entstehung d. Lombardenbundes, Zs. f. bayer. Ldsgesch. 29 (1966); ders., Königsgastung u. Reichssteuern, ebd. 31 (1968); ders., Herrschaftsformen d. Frühstaufer in Reichsitalien (1970); W. Wohlfahrt, K. Heinrich VI. u. die oberitalien. Städte (1939); D. v. d. Nahmer, Die Reichsverwaltung in Toscana unter Friedrich I. u. Heinrich VI. (Diss. Freiburg 1965); J. Dikow, Die polit. Bedeutung d. Geldwirtschaft in der frühen Stauferzeit (Diss. Münster 1958); N. Kamp, Moneta regis. Beitr. z. Gesch. d. kgl. Münzstätten u. d. Münzpolitik in der Stauferzeit (1957); ders., Münzprägung u. Münzpolitik d. Staufer in Dtld., Hamburger Beitr. z. Numismatik 17 (1963); E. Maschke, Die Wirtschaftspolitik K. Friedrichs II. im Kgr. Sizilien, VSWG 53 (1966); G. Kirchner, Die Steuerliste von 1241. Ein Beitrag zur Gesch. d. stauf. Königsterritoriums, ZRG GA 70 (1953). Zur Straßenpolitik d. Staufer: H. Büttner, Die Alpenpaßpolitik Fr. Barbarossas bis z. J. 1164/65, in: Vortr. u. Forsch. 1 (1955); ders., Kl. Disentis, das Bleniotal u. Fr. Barbarossa, Zs. f. Schweiz. KiG 47 (1953); ders., Die Erschließung d. Simplon als Fernstraße, Zs. f. Schweiz. Gesch. 3 (1953); F. Güterbock, Die Lukmanierstraße u. die Paßpolitik d. Staufer, QFItA 11 (1908); S. Hellmann, Die Grafen von Savoyen u. das Reich bis z. Ende d. stauf. Periode (1900); vgl. R. H. Bautier, Recherches sur les routes de l'Europe médiévale, Bull. phil. et histor. (1960/61).

[3] A. Suhle, Münzbilder d. Hohenstaufenzeit (1938); W. Hävernick,

29. Die staufische Reichsland- und Territorialstaatspolitik

Raum u. Beziehung d. mal. Thüringen im Lichte numismat. Materials, Bll. f. dt. Ldsgesch. 84 (1938); ders., Der Kölner Pfennig im 12. u. 13. Jh. (1930).

[4] K. Weller, Die staufische Städtegründung in Schwaben, Württ. Vjh. f. Ldsgesch. 56 (1930); K. O. Müller, Die oberschwäb. Reichsstädte, ihre Entstehung u. ält. Verfassung (1912); H. Fein, Die stauf. Städtegründungen im Elsaß (1939); H. Thieme, Staufische Stadtrechte im Elsaß, ZRG GA 58 (1938); F. Knöpp, Die Stellung Friedrichs II. u. seiner beiden Söhne zu den dt. Städten (1928); K. Bosl, Frühgesch. u. Typus d. Reichsstadt in Franken u. Ostschwaben mit bes. Berücksichtigung Rothenburgs o. T., Nördlingens u. Dinkelsbühls, Jb. f. Gesch. d. oberdt. Reichsstädte 14 (1968); ders., Die wirtschaftl. u. gesellschaftl. Entwicklung d. Augsburger Bürgertums v. 10. bis z. 14. Jh., SB München, H. 3 (1969).

[5] K. Weller, Die freien Bauern in Schwaben, ZRG GA 54 (1934); Th. Mayer, Die Entstehung d. »modernen« Staates im MA u. d. freien Bauern, ZRG GA 57 (1937); K. S. Bader, Staat u. Bauerntum im dt. MA, in: Adel u. Bauern, hg. v. Th. Mayer (²1967); ders., Bauernrecht u. Bauernfreiheit im späteren MA, HJb 61 (1941); K. H. Ganahl, Bäuerliche Freiheit als Rechtsanspruch d. Grafen, in: Festschr. A. Zycha (1941); K. R. Kollnig, Freiheit u. freie Bauern in elsäss. Weistümern, ELJb 19 (1941); A. Diehl, Die Freien auf der Leutkircher Heide, Zs. f. württ. Ldsgesch. 4 (1940), dazu K. S. Bader, ZGORh 55 (1942); H. Rennefahrt, Die Freiheit d. Berner Landleute im Berner Oberland, Berner Zs. f. G. u. Hkde., Beih. 1 (1939); E. Molitor, Über Freibauern in Norddtld., in: Adel u. Bauern (²1967); vgl. bes. H. H. Hofmann, Freibauern, Freidörfer, Schutz u. Schirm im Ftm. Ansbach, Zs. f. bayer. Ldsgesch. 23 (1960); J. Bog, Dorfgemeinde, Freiheit u. Unfreiheit in Franken (1956).

[6] F. Rörig, Luft macht eigen, in: Festg. G. Seeliger (1920).

[7] Den Erfolg dieses Wettlaufes um die herrschaftl. Organisation d. dt. Bodens zeigen die Karten bei Bosl, Reichsministerialität (s. Anm. 1); sie machen aber auch die gewaltigen Flächen d. Kernreiches sichtbar, die das königsfremde, d. h. hochadlig-kirchliche Hoheitsgebiet bedeckten. Zugleich enthüllen sie die Grenzen staufischer Macht, Staatsplanung u. Königslandpolitik.

[8] R. Kraft, Das Reichsgut im Wormsgau (1934); K. Glöckner, Reichsgut im Rhein- u. Maingebiet, Arch. f. hess. Gesch. 18 (1934); H. Wieruszowski, Reichsbesitz u. Reichsrechte im Rheinland, Bonner Jbb. 131 (1926); A. Waas, Das Kernland d. alten dt. Reiches am Rhein u. Main, DA 7 (1944); H. Krabusch, Untersuch. z. Gesch. d. Königsguts unter den Saliern (1024–1125) (Diss. Heidelberg 1949); W. Metz, Stauf. Güterverzeichnisse (1964); G. Pfeiffer, Studien z. Gesch. d. Pfalz Nürnberg, Jb. f. fränk. Ldsforsch. 19 (1959); H. Büttner, Stauf. Territorialpolitik im 12. Jh., Württ. Franken 47 (1963).

[9] H. Hirsch, Kaiserurkunde u. Kaisergesch., MIÖG 35 (1914); ders., Reichskanzlei u. Reichspolitik im ZA d. sal. Kaiser, ebd. 41 (1927); H. v. Fichtenau, Bamberg, Würzburg u. die Stauferkanzlei, MIÖG 53 (1939); s. Th. Mayer, K. Bosl, F. Merzbacher (Kap. 28, Anm. 2).

[10] P. Rassow, Der Prinzgemahl, ein Pactum Matrimoniale a. d. J. 1188 (1950); K. Bosl, Feuchtwangen u. Walther v. d. Vogelweide, Zs. f. bayer. Ldsgesch. 32 (1969).

[11] Beste Quellen sind das Nürnberger Reichssalbüchlein Ende 13. Jh. (MG Const. 3 n. 644), die Ämtereinteilung d. bayer. Herzogsurbars von 1278 (Mon. Boica 36 a u. b) u. die Verpfändungen Kg. Albrechts I. an die Nassauer Grafen, die Erwerbungen d. Zollern-Burggrafen u. das ziemlich große Territorium d. Reichsstadt Nürnberg; Lit. bei Bosl.

[12] Hofämter: DW⁹ 7080 u. 8396/7; J. Ficker, Forsch. zur Reichs- u. Rechtsgesch. Italiens 2 (1869); A.

SCHULTE, Anläufe zu einer festen Residenz d. dt. Könige im HochMA, HJb 55 (1936).
[13] W. SCHLESINGER, Egerland, Vogtland, Pleißenland, in: Forschungen zur Gesch. Sachsens u. Böhmens (1937); ders., Entstehung u. Bedeutung d. sächs.-böhm. Grenze, NA f. sächs. Gesch. 59 (1938); ders., Die Anfänge d. Stadt Chemnitz. Unters. über Königtum u. Städte während des 12. Jh. (1952); ders., Die Ldsherrsch. d. Herren v. Schönburg. Eine Studie z. Gesch. d. Staates in Dtld. (1954).
[14] Vgl. Mühlhäuser Reichsrechtsbuch von c. 1206, hg. v. H. MEYER (1923); M. SEIDLMAYER, Dt. Nord u. Süd im HochMA (Diss. München 1928).

Kapitel 30
Thronfolge, Königswahl, Kurfürstenkollegium, Reichstag

Einer der Hauptgründe für das Scheitern der staufischen Bemühungen um einen königlichen Gesamtstaat war das Fehlen einer festen *Thronfolgeordnung*. Vor allem durch das Eingreifen des Papsttums verschoben sich die Gewichte immer mehr zugunsten des *Wahlrechts* und zum Schaden des *Geblütsrechts*. Nach Geblütsrecht war Heinrichs V. Neffe, der staufische Herzog Friedrich II. von Schwaben, der Erbe des salischen Hausguts, für das Königsamt prädestiniert. Das Mißtrauen der geistlichen Fürsten führte zu einer *Königswahl* in ganz anderen Formen (s. Bd. 4, Kap. 25). Daß der alternde Sachsenherzog Lothar von Supplinburg, der Kirche treu ergeben, in einem regellosen Verfahren gewählt wurde, war ein Sieg der durch das Wormser Konkordat gestärkten Kirche, wenn auch noch kein endgültiger Sieg des freien Wahlrechts der Fürsten. Er zeigte dem Papst seine Wahl an, bat um päpstliche Bestätigung und leistete beim ersten Zusammentreffen in Lüttich dem Papst den Marschalldienst (officium stratoris et strepae)[1]. Die Wahl Konrads III. (Bd. 4, Kap. 29) schien zwar in das alte salische Geblütsrecht zurückzulenken, war aber auch von Rom beeinflußt und von einer kleinen geistlichen Minderheit (Erzbischof Albero von Trier) durchgesetzt worden. Barbarossa kam durch die Designation seines Oheims auf den Thron und wurde von einer stämmisch gegliederten Fürstenschaft erhoben. Sein genialer Sohn versuchte die Nachfolgefrage endgültig durch seinen *Erbreichsplan* zu lösen, der die Erbfolge im König- und Kaisertum zum Grundsatz der Reichsverfassung machen, das Fürstenwahlrecht ausschalten sollte. (England und Frankreich waren damals praktisch bereits Erbmonarchien.) Dieser

30. Thronfolge, Königswahl, Kurfürstenkollegium, Reichstag

Plan, der auch die dauernde Verbindung Siziliens mit dem Reich, eine staatliche Einheit Mitteleuropas und damit die deutsche Hegemonie im Abendland zur Folge gehabt hätte, ist am Widerstand des Papsttums und des Kölner Erzbischofs gescheitert; das Angebot der Erblichkeit der Fürstenlehen auch in den Seitenlinien und finanzieller Vorteile des Papsttums genügte nicht als Gegenleistung[2].

Bereits 983 und 1056 hatte sich der Streit um die Regentschaft als äußerst unheilvoll erwiesen. Beim plötzlichen Tode des Kaisers 1198 war die Reichsministerialität noch nicht in die Aufgaben eines selbständig funktionierenden Reichsbeamtentums hineingewachsen, um eine Stabilität der Staatspolitik garantieren zu können; sie hat sich freilich stärker bewährt, als man bislang annahm. Bei der Doppelwahl schlossen sich alle Gegner des Erbreichsplanes und Verfechter der freien Wahl dem Sohne Heinrichs des Löwen an, hinter Philipp von Schwaben aber stand neben vielen Bischöfen die Reichsministerialität und begünstigte seine Wahl »in imperaturam«, d. h. zur Wahrnehmung kaiserlicher Herrschaftsrechte in dem von Deutschland außenpolitisch beherrschten Raum mit der Anwartschaft auf die römische Kaiserkrone[3].

Mit den Mitteln des hochmittelalterlichen deutschen Verfassungsrechtes war eine Lösung des Thron- und Wahlstreites nicht möglich. Solange der Stammesgedanke lebte, führten die Stämme eine Einigung herbei. Nach dessen Erlöschen und seitdem die Fürsten *Königswähler* waren, war die Entscheidung einer zwiespältigen Wahl immer eine Machtfrage. Papst Innozenz III. beanspruchte für sich, da er den rechtmäßig Gewählten zu krönen habe, die Prüfung und Entscheidung der zwiespältigen Wahl. Er proklamierte das freie Wahlrecht der deutschen Fürsten und machte dafür gewisse Normen geltend, die dem kanonischen Recht entsprachen[4]. Der Satz, daß »contemptus« = Ausschluß oder Behinderung bestimmter Wähler die Wahl ungültig mache, hat entscheidend zur Ausbildung des *Kurfürstenkollegiums* beigetragen. Indem einzelne Wähler für unentbehrlich und ausschlaggebend erklärt wurden, bildete sich das Gewohnheitsrecht so weiter, daß diese unentbehrlichen Haupt- und Erstwähler schließlich allein den deutschen König wählten. Während Friedrich II. die Wahl 1220 und 1237 noch auf seine Söhne lenken konnte, ließ nach seiner Absetzung Papst Innozenz IV. durch die drei rheinischen Erzbischöfe Gegenkönige wählen. Nicht nur das »Volk«, auch die

Der Staat der Staufer

meisten Fürsten waren daran nicht mehr beteiligt. Die Königswahl wurde zum Monopol einiger weniger Magnaten, die dabei ihre eigenen Interessen verfolgten. Seit der Doppelwahl von 1257 galten die sieben Kurfürsten als alleinige Wähler: neben den drei rheinischen Erzbischöfen von Köln, Mainz, Trier vier Laienfürsten: der Pfalzgraf bei Rhein, der Herzog von Sachsen, der Markgraf von Brandenburg und der König von Böhmen (den der Sachsenspiegel noch ausschließen wollte, weil er »nicht deutsch ist«)[5]. Dieser kleine Wählerkreis unterlag immer wieder dem Mißbrauch des Wahlrechts für eigene Interessen und der Beeinflussung oder Bestechung durch fremde Mächte. Jeder Thronanwärter mußte seinen Wählern Zusicherungen machen und damit sein Regierungsprogramm nach ihren Wünschen festlegen oder mit den Kurfürsten in Konflikt geraten. Zwar bildete sich in Deutschland kein engerer Fürstenrat wie der englische »privy council«, doch mußten die einzelnen Kurfürsten seit Rudolf von Habsburg in sogenannten *Willebriefen* (Bd. 5, Kap. 21) ihre Zustimmung zu königlichen Verfügungen über Reichsrechte und -lehen geben. Nur gelegentlich griffen sie als Kollegium, außer bei der Königswahl, in reichspolitische Entscheidungen ein (Kurvereine zu Rhense 1338, zu Bingen 1424). Die Bestimmung der Goldenen Bulle Karls IV. (c. 12), daß jährliche Kurfürstentage zur Beratung mit dem Kaiser gehalten werden sollten, trat nicht in Kraft. Die Kurfürsten beschränkten sich darauf, die *erste Kurie des Reichstages* zu bilden[6].

Die königlichen *Hoftage*, auf welchen die Kronvasallen auf Befehl des Königs zu erscheinen hatten (Hoffahrtspflicht), bildeten sich seit dem Interregnum zu echten *Reichstagen*[7] um, an denen die Fürsten und Vertreter anderer Stände nicht mehr auf Grund der Lehnspflicht oder königlichen Befehls, sondern kraft eigenen Rechts teilnahmen. Auch die zu wirtschaftlicher Macht gelangten Reichsstädte erkämpften sich das Recht der *Reichsstandschaft*, d. h. der Teilnahme an den Reichstagen. Diese wurden zum Organ der Reichsgesetzgebung, der die auf dem Reichstag versammelten Ständevertreter zustimmen mußten. Das Reich wurde dadurch zum dualistischen Ständestaat. Der Kaiser vertrat immer noch die monarchische Idee und die Reste der zentralen Staatsgewalt; der Reichstag aber war weniger eine Vertretung der Nation als ein Organ fürstlicher, adliger und städtischer Interessengruppen, die möglichst weitgehende Autonomie erstrebten. Das wirkliche staatliche Leben spielte sich nicht mehr im Reich ab, dessen »Verstaatung« mißlungen war, sondern in den Territorien. Wenn aber die staatlichen Funktionen des Reiches auch immer mehr zusammenschmolzen, konnten es die Fürsten doch niemals ganz überwinden und ersetzen. Daher blieb der Dualismus zwischen Kaiser und Reich (Ständen) bis 1806 weiterbestehen. Reichspolitik war nur mehr möglich in der Form der Königsherrschaft (Suprematie) des stärksten Landesherrn. Eine wirkliche Zentralgewalt mit staatlichem Verwaltungsapparat gab es kaum mehr[8].

[1] R. HOLTZMANN, Der Kaiser als Marschall d. Papstes (1928), u. HZ 145 (1931); E. EICHMANN, Officium stratoris et strepae, HZ 142 (1930); vgl. F. J. SCHMALE, Lothar III. u. Friedrich I. als Könige u. Kaiser, in: Vortr. u. Forsch. 12 (1968).

[2] Zum Erbreichsplan Heinrichs VI. s. Bd. 4, Kap. 48; vgl. A. WERMINGHOFF, Zur Lehre von der Erbmonarchie im 14.Jh., HV 20 (1922); G. BAAKEN, Die Altersfolge d. Söhne Fr. Barbarossas, DA 24 (1968).

[3] Anzeige d. Wahl Philipps »in imperaturam Romani solii« in RNI n. 14 (s. Bd. 5, Kap. 3); dazu H. MITTEIS, Die dt. Königswahl (²1944), S. 120ff.

[4] F. KEMPF, Papsttum u. Kaisertum bei Innozenz III. Die geistigen u. rechtl. Grundlagen s. Thronstreitpolitik (1954), ders., Die päpstl. Gewalt in der Welt, Misc. Hist. Pont. 21 (1959); ders., Der favor apostolicus bei der Wahl Fr. Barbarossas u. im dt. Thronstreit, in: Spec. Hist. (Festschr. f. J. Spörl 1965); J. A. WATT, The Theory of Papal Monarchy in the 13th Cent. The Contribution of the Canonists (New York 1966); O. HAGENEDER, Das päpstl. Recht d. Fürstenabsetzung, seine kanonist. Grundlegung 1150–1250, Arch. Hist. Pont. 1 (1963); ders., Exkommunikation u. Thronfolgeverlust bei Innozenz III., Röm. Hist. Mitt. 2 (1957); ders., Das Sonne-Mond-Gleichnis bei Innoz. III., MIÖG 65 (1957); H. HIRSCH, Das Recht der Königserhebung durch Kaiser u. Papst im hohen MA, in: Festschr. E. Heymann 1 (1940).

[5] WEGENER, Böhmen, Mähren u. das Reich im HochMA (1959); V. VANĚČEK, Stát Přemyslovců a středověká »říše« (Der Staat d. Přemysliden u. das mal. Reich) (Prag 1945).

[6] Lit. über Thronfolgerecht u. Entstehung d. Kurfürstenkollegs Bd. 5, Kap. 20, Anm. 2.

[7] Reichstag: DW⁹ 2408, 7087, 8335.

[8] R. SMEND, Zur Gesch. d. Formel »Kaiser und Reich«, in: Festg. K. Zeumer (1910).

Kapitel 31
Landesherrschaft und Territorialstaat

Deutschland war eine »Aristokratie mit monarchischer Spitze« (Mitteis). Der Dualismus zwischen Kaiser und Reich hat keinen einheitlichen deutschen Gesamtstaat wachsen lassen. In den deutschen Territorien aber wurde die Idee der Staatlichkeit entwickelt, so daß schließlich aus einem *Territorialstaat* seit dem

18. Jh. die Idee der nationalstaatlichen Einheit geboren wurde. Dieser preußische Staat baute zum Teil auf der Grundlage des Deutschordensstaates auf, der wohl dem Vorbild des sizilischen Beamtenstaates der Normannen-Hohenstaufen folgte. In dem umfassenden Privileg von 1226 (s. Bd. 5, Kap. 62a) war begründet, daß der Hochmeister nicht Reichsvasall, sondern wirkliches Staatsoberhaupt wurde. Auch andere Länder wie Bayern, Österreich, Sachsen nahmen im Interregnum staatlichen Charakter an, indem sie sich eigenmächtig alle die Hoheitsrechte erwarben, die die einheitliche Staatsgewalt, die Landeshoheit, ausmachen. Die jüngeren Landesherren usurpierten nicht nur die alten Regalien; vieles hatten sie sich auch durch eigene Leistung (Rodung, Siedlung) erworben. Der Aufbau einer landesherrlichen, durchgreifenden Gerichtsbarkeit, der dem Kaiser im Reich niemals gelang, und die Einrichtung einer wirklich funktionierenden Verwaltung und eines Beamtenapparates sind das Werk der »domini terrae«. Aus dem engeren Rat der Landesfürsten entwickelten sich (wie in England) die Zentralbehörden[1]; eine vortreffliche Domänenverwaltung, eine Neuordnung des Finanz- und Steuerwesens verschaffte dem Landesherrn die Mittel zur Erfüllung seiner Staatsaufgaben und Staatspolitik[2]. In Bayern wurden Kammergut und landesherrlicher Grundbesitz in Pflegämtern, in Österreich in Urbarsämtern organisiert. Die Gerichtsbarkeit des Landesherrn breitete sich in den herzoglichen Landgerichten über das ganze Territorium aus[3]. Heirat, Erbschaft, Kauf, Tausch, Vertrag, Einziehung erledigter Lehen und Verhinderung des Leihezwanges waren die Mittel zur Abrundung und Auffüllung des Landesstaates[4]. An die Stelle der Vasallen traten in den Ländern Ministerialen; der Lehensstaat wandelte sich zum zentralen Beamtenstaat[5]. Langsam wuchs auch eine territoriale Wirtschaftspolitik, die sich nach dem Vorbild der Städte die Förderung von Handel, Verkehr und Gewerbe angedeihen ließ. Ein landesherrliches Freibauerntum entwickelte den Landesausbau (s. Kap. 29). Dabei erfolgte eine bedeutsame Erweiterung des Staatszweckes: Zu dem Machtzweck tritt langsam ein Sozialzweck[5a].

Da der Landesherr von Anfang an auf die Rechte der privilegierten Stände Rücksicht nehmen mußte, traten die Territorien meist als *Ständestaaten*, als dualistische Organisationen, ins volle Licht der Verfassungsgeschichte[6]. Die geistlichen und weltlichen Großen hatten in den Lehenshöfen der »principes«

(Fürsten) einst das vasallitische Recht und die Pflicht der Beratung des »dominus« geübt; nun schlossen sie sich zur Wahrung ihrer Interessen genossenschaftlich zusammen und forderten Anteil an der Landesregierung. Aus den *Lehenskurien* wurden die *Ständeversammlungen,* die sich aus geistlichem und weltlichem Adel, den Bischöfen, meist auch den Städten, in einigen Fällen auch den Bauern (Tirol), zusammensetzten. Das Königtum hat die ständische Entwicklung in den Territorien gefördert: 1231 verbot König Heinrich (VII.) den Landesherren, ohne Zustimmung der »maiores et meliores terrae« (Stände) den Untertanen neue Leistungen aufzuerlegen (Const. 2 n. 305). Damit wollte er offensichtlich einen Ausgleich schaffen zu den Konzessionen des »Statutum in favorem principum« (s. Bd. 5, Kap. 11). Das Verhältnis zwischen Landesherren und Ständen aber gestaltete sich in den einzelnen Ländern sehr verschieden. Jedenfalls darf man über dem Verfall des Reichsaufbaus nicht die vielen positiven Leistungen vor allem staatlichverfassungsrechtlicher Neuschöpfung im ausgehenden Mittelalter übersehen[7].

[1] G. Theuerkauf, Zur Typologie spätmal. Territorialverwaltung in Dtld., Annali della fond. ital. per la storia amministrativa 2 (1965); J. Pfitzner, Besiedlungs-, Verf.- u. Verwaltungsgesch. d. Breslauer Bistumslandes 1 (1926); J. K. Mayr, Gesch. d. Salzburger Zentralbehörden, Mitt. d. Ges. f. Salzb. Ldskde. 64/65 (1924/25); F. Grundlach, Die hessischen Zentralbehörden (3 Bde. 1930/31).
[2] E. Bamberger, Die Finanzverwaltung in den dt. Territorien d. MA, Zs. f. d. ges. Staatswiss. 77 (1923); Th. Mayer, Gesch. d. Finanzverwaltung vom MA bis z. Ende d. 18. Jh., in: Gerloff u. Neumark, Hdb. d. Finanzwissensch. 1 (²1952); P. Fried, Zur Gesch. d. Steuer in Bayern, Zs. f. bayer. Ldsgesch. 27 (1964).
[3] E. Rosenthal, Gesch. d. Gerichtswesens u. d. Verwaltungsorganisation Bayerns 1 (1889); E. Wohlhaupter, Hoch- u. Niedergericht in der mal. Gerichtsverfassung Bayerns (1929;) K. Dinklage, Beitr. z. mal. Gesch. d. Zentgerichte in Franken, Mfränk. Jb. (1952).

[4] H. Aubin, Die Entstehung d. Landeshoheit nach niederrhein. Quellen (1920); O. v. Dungern, Die Entstehung d. Landeshoheit in Österreich (1910); A. Dopsch, Die Landesherrlichkeit in Österreich, VSWG 20 (1928); U. Stutz, Das habsburg. Urbar u. die Anfänge d. Landeshoheit, ZRG GA 25 (1904); M. Stimming, Die Entstehung d. weltlichen Territoriums d. Erzbistums Mainz (1915); F. Rörig, Die Entstehung d. Landeshoheit d. Trierer Erzbischöfe (1906); E. Mack, Die Entstehung d. Landeshoheit d. Grafen von Wirtemberg (1926); E. v. Guttenberg, Territorienbildung am Obermain (1927); A. Gasser, Die Entstehung d. Landeshoheit im Gebiet d. Schweizer Eidgenossenschaft (1930), dazu U. Stutz, ZRG GA 51; M. Spindler, Die Anfänge d. bayer. Landesfürstentums (1937); F. Zimmermann, Die Weistümer u. der Ausbau d. Landeshoheit in der Kurpfalz (1937); Th. Mayer-Edenhauser, Zur Territorialbildung d. Bischöfe von Basel, ZGORh NF 52 (1938); H. v. Fichtenau, Grundlagen d. Landeshoheit im mittleren Arelat, MÖIG, Ergbd.

14 (1939); E. Ennen, Burg, Stadt u. Territorialstaat in ihren wechselseitigen Beziehungen, Rhein. Vjbll. 12 (1942); Th. Mayer, Analekten z. Problem d. Entstehung d. Landeshoheit, vornehml. in Süddtld., Bll. f. dt. Ldsgesch. 89 (1952); K. Bosl, Forsthoheit als Grundlage d. Landeshoheit, in: Gymnas. u. Wissenschaft (1950); P. Fried, Grafschaft, Vogtei u. Grundherrschaft als Grundlage d. wittelsbach. Landesherrschaft in Bayern, Zs. f. bayer. Ldsgesch. 26 (1963); E. Klebel, Territorialstaat u. Lehen, Vortr. u. Forsch. 5 (1960); B. Distelkamp, Lehenswesen u. Territorialstaat, ebd. 13 (1970); O. Stolz, Die Staatsverträge der österr. Landesfürsten im 13. u. 14.Jh., MIÖG 58 (1950); H. Schiekel, Herrschaftsbereich u. Ministerialität d. Markgrafen von Meißen im 12. u. 13.Jh. (1956), methodisch lehrreich; H. Helbig, Der wettinische Ständestaat (1955); K. S. Bader, Territorialbildung u. Landeshoheit, Bll. f. dt. Ldsgesch. 90 (1953); H. E. Feine, Die Territorialbildung d. Habsburger im dt. Südwesten, vornehml. im späten MA, ZRG GA 67 (1950); W. Schlesinger, Die Landesherrschaft d. Herren von Schönburg (1954); K. H. Quirin, Herrschaft u. Gemeinde nach mitteldt. Quellen d. 12. bis 18.Jh. (1952); A. Hofemann, Studien z. Entwickl. d. Territoriums d. Reichsabtei Fulda u. s. Ämter (1958); H. K. Schulze, Adelsherrschaft u. Landesherrschaft, Stud. z. VG u. Besitzgesch. d. Altmark, d. ostsächs. Raumes u. d. hannov. Wendlandes im hohen MA (1963); O. Stolz, Zur Entstehung u. Bedeutung d. Landesfürstentums in Bayern – Österreich – Tirol, ZRG GA 71 (1954); L. Petry, Träger u. Stufen mittelrhein. Territorialgesch., in: Festschr. F. Steinbach (1960); H. Schmidinger, Patriarch u. Landesherr. Die weltl. Herrschaft d. Patriarchen von Aquileja bis z. Ende d. Staufer (1954).

[5] H. Aubin, Die Verwaltungsorganisation d. Fürstentums Paderborn im MA (1911); O. v. Dungern, Wie Bayern das Österreich verlor (1930); F. Hartung, Der französisch-burgundische Einfluß auf die Entwicklung d. dt. Behördenverfassung, HZ 167 (1943).

[5a] J. D. Laplanche, La soutenance ou pourvéance (Paris 1952).

[6] O. Hintze, Typologie d. ständischen Verfassungen d. Abendlandes, HZ 141 (1930); G. v. Below, Territorium u. Stadt (1923); H. Spangenberg, Landesherrliche Verwaltung, Feudalismus u. Ständetum, HZ 103 (1909); ders., Vom Lehnstaat zum Ständestaat (1912).

[7] H. Heimpel, Das dt. SpätMA, HZ 158 (1938); W. Näf, Frühformen d. modernen Staates im SpätMA, HZ 171 (1951); ders., Herrschaftsverträge u. Lehre vom Herrschaftsvertrag, Schweiz. Beitr. z. allg. Gesch. 7 (1949).

Kapitel 32
Rechtserneuerung und Reichsgesetzgebung der Staufer

Eine der stärksten Triebkräfte der Erfolge Barbarossas war sein unerschütterlicher Glaube an die *Macht des Rechts*. »Pax et iustitia«, seine Regierungsdevise, steht über dem Toreingang der von ihm erneuerten Kaiserpfalz Kaiserswerth. Seine Landfriedensgesetzgebung eröffnet geradezu eine neue Periode der *Reichsgesetzgebung*. Als Hüter des Rechts gewann Barbarossa das Herz des Volkes. Gesetzgebung wird fortan zur vornehmsten Aufgabe des Kaisertums[1].

32. Rechtserneuerung und Reichsgesetzgebung der Staufer

Lehensrechtliche Bedenken bestimmen den *Landfrieden von 1152* (s. Kap. 24). Das Lehensgericht wurde auf Eigentumsfragen eingeschränkt; der Besitzstreit zwischen zwei Vasallen des nämlichen Herrn wurde vor das Gericht des Königsrichters gezogen. Barbarossa versuchte damit einen *königlichen Besitzprozeß* zu schaffen, der gegen die Adelsjustiz angewandt werden konnte. Im ganzen bedeutete dies lehensrechtliche Stärkung der königlichen Verfügungsgewalt über alle Böden des Reiches (vgl. den französischen Grundsatz: »nulle terre sans seigneur«) und damit Stärkung einer wirklichen königlichen Landesherrschaft. Ein wichtiges Reichsgesetz, mindestens seiner Wirkung nach, war das bei der Erhebung der bayrischen Ostmark zum Herzogtum Österreich ausgestellte *Privilegium minus von 1156*, in dem das besondere Erbrecht und das »ius affectandi« = Recht, einen Nachfolger bei kinderlosem Tod vorzuschlagen, verbrieft waren. Das Privilegium minus, im 14. Jh. in das sogenannte Privilegium maius umgefälscht, wurde eine der bedeutendsten schriftlichen Staatsgrundlagen der neueren Reichsverfassung. Der österreichische Herzog erhielt auch die Kontrolle über alle Gerichte Österreichs zugesprochen, selbst unter Ausschluß des Reiches. Dadurch sollte Österreich zu einem Reichsfürstentum modernen Stils und zu einer Stütze der Reichsgewalt werden, kein Stammesgebiet mehr, sondern territoriales Herzogtum. Die *Territorialisierung* der staatlichen Macht wurde vom Reichsoberhaupt anerkannt[2].

Die Bedeutung der Regierung Friedrichs II. und des ihn in Deutschland vertretenden Sohnes Heinrich (VII.) für die deutsche Verfassungsgeschichte erhellt am stärksten eine Reihe von Urkunden und Erlassen, die den deutschen König auf dem Rückzug vor den Gegnern eines deutschen Gesamtstaates zeigen. Im *Privileg* für den *König von Böhmen* von 1212 (Const. 2 n. 43) machte er dem mit der erblichen Würde bekleideten Herrscher Zugeständnisse, wie sie bisher kein Reichsfürst gehabt hatte. Er erhielt freie Verfügung über die Bistümer, wozu seit Heinrich I. kein deutscher König mehr bereit gewesen war. Die böhmischen Lehenspflichten gegen das Reich wurden auf ein Minimum herabgesetzt.

Da Friedrich II. weitgehend auf die Unterstützung der Kirche angewiesen war, fand er sich bereit, in der *Goldbulle von Eger* 1213 (Const. 2 n. 57ff.) einen Schlußstrich unter den Investiturstreit zu ziehen und der Kirche alle Versprechungen zu bestätigen, die Otto IV. gemacht hatte: Er verzichtete auf

Der Staat der Staufer

Regalien- und Spolienrecht, auf die »presentia regis« bei der Bischofswahl, auf das Recht der Entscheidung bei strittigen Wahlen und gab uneingeschränkte Möglichkeit der Appellation nach Rom. Der Sieg des Papstes war vollständig, die dem König verbleibende Investitur wurde praktisch rechtsunwirksam. Die Machtstellung der geistlichen Fürsten in Deutschland wurde wesentlich dadurch gestärkt.

Friedrich II. erteilte den geistlichen Fürsten als kollektiver Gruppe 1220 das große Privileg der »*Confoederatio cum principibus ecclesiasticis*« (Const. 2 n. 73), in Wirklichkeit, wie der Ausdruck »confoederatio« besagt, ein Abkommen zwischen zwei gleichberechtigten Partnern. Der König sprach hier einen Verzicht auf die Ausübung von Hoheitsrechten aus, über die er längst nicht mehr verfügte. Damit wurde die Landeshoheit, die staatsrechtliche Selbständigkeit der geistlichen Großimmunitäten anerkannt. Der König verzichtete auf den Bau von Burgen auf Reichskirchenboden, auf Markt-, Münz-, Zollrecht und Gerichtshoheit, ausgenommen für die Dauer eines königlichen Hoftages in einer Bischofsresidenz. Die geistlichen Fürsten erhielten freies Verfügungsrecht über das Kirchengut, sie waren nicht gezwungen, es dem König zu leihen. Reichsacht wurde mit dem Kirchenbann verbunden, die Acht hatte dem Bann zu folgen. Entscheidend war, daß die Könige zu einer städtefeindlichen Politik gezwungen wurden. Der Zug in die wirtschaftlich immer stärker aufblühenden Städte hatte die geistlichen Grundherren viele Leibeigene und Hintersassen gekostet, die sich ihnen entzogen. Barbarossa hatte in ganz erheblichem Umfange Städte auf Königs- und Kirchenboden begründet; Friedrich II. traf, prinzipiell wenigstens, eine Entscheidung gegen die frischen, jungen wirtschaftlichen und gesellschaftlichen Kräfte, welchen die Zukunft gehörte.

Für alle Fürsten galt das »*Statutum in favorem principum*«, das Heinrich (VII.) 1231 zu geben und Friedrich II. 1232 zu bestätigen gezwungen war (Const. 2 n. 304 u. 171). Es war vor allem *gegen die Städte* gerichtet, aber auch gegen die Entwicklung der königlichen Gewalt als solcher; die dreizehn städtefeindlichen Artikel bildeten vermutlich den ursprünglichen Entwurf der Fürsten. Das Reich verzichtete auf die Errichtung neuer Städte, Burgen und Münzstätten und begab sich damit eines Hauptmittels zum Ausbau von Reichsländern. In zwei Sondergesetzen des nämlichen Jahres (1231) erhielten die Fürsten die Gültigkeit der von ihnen geprägten Münzen garantiert

32. Rechtserneuerung und Reichsgesetzgebung der Staufer

(Const. 2 n. 301 und 306); dazu bekamen sie das Recht der Befestigung ihrer Städte ausdrücklich verliehen. Das Statutum überläßt den Fürsten das Geleitrecht, eine bei der ständigen Zunahme des Verkehrs ergiebige Einnahmequelle. Damit wird offiziell die Rechtseinheit des Reiches aufgegeben und die königliche Bannleihe an die Grafen, d. h. die königliche Gerichtshoheit außer Kraft gesetzt. Der König konnte zwar noch Prozesse an sein Hofgericht ziehen, und Parteien konnten auch noch an das Hofgericht Berufung einlegen; indem aber mit der Zeit viele Fürsten das »ius de non evocando et appellando« erhielten, wurde das *fürstliche Hofgericht* letzte Berufungsinstanz und das oberste Gericht des Reiches damit völlig ausgeschaltet. Die Landgerichte (centae, cometiae), schon lange Träger der hohen Gerichtsbarkeit (Blutgerichtsbarkeit), werden von jetzt ab von den Landesherren verliehen. Damit wurde die Justiz ausschließlich Sache der Landesstaaten.

Das *Reichssteuerverzeichnis von 1241/42* zeigt den finanziellen Ertrag eigentlicher Städtepolitik, läßt aber auch die Städtefeindlichkeit der Landesfürsten wohl begreifen; denn die Wirtschaftskraft der Städte strebte überall nach Reichsunmittelbarkeit, d. h. Freiheit, und wollte sich der fürstlichen Mediatisierung entziehen. Noch die Goldene Bulle von 1356 war städtefeindlich. Die starke Expansionskraft des *bürgerlichen Städtewesens* begann durch Aufnahme ritterlicher oder bäuerlicher Landbewohner der Umgegend auch das flache Land in den Stadtrechtskreis einzubeziehen. Das ›Mühlhäuser Reichsrechtsbuch‹, das sich ›liber secundum ius imperii‹ nannte, ist ein starker Beweis dafür, wie sehr sich die *Stauferstädte* als Träger des Reichsgedankens fühlten. Die Städte hemmen am stärksten den Ausbau der fürstlichen Landeshoheit, darum widersetzten sich die Landesherren der freien königlichen Städtepolitik.

Auf einem großen Reichstag zu Mainz konnte Friedrich II. 1235 nochmals die Einheit des Reiches zeigen. Das brachte besonders der große *Mainzer Reichslandfrieden* zum Ausdruck, der erste, der auch in deutscher Sprache überliefert ist. Er ist das bedeutendste Reichsgesetz der ganzen Stauferzeit, in manchen Teilen ein wirkliches Grundgesetz der deutschen Reichsverfassung (Const. 2 n. 196). Theoretisch nimmt hier der König noch das Recht zur Gesetzgebung in Anspruch (z. B. über Zoll, Münze, Geleit). Um das oberste Reichsgericht, das königliche Hofgericht besser zu organisieren, setzte der Kaiser einen »iusticiarius curiae« ein und schuf eine eigene Kanzlei für das

Der Staat der Staufer

Hofgericht unter Leitung eines Notars. Entscheidend blieb, daß ein Organ fehlte zur Vollstreckung der Urteile des königlichen Hofgerichts, an dessen Spitze ein Mann von hohem Adel stand. Auf dem oft erneuerten Mainzer Landfrieden beruhte noch der Landfriedensentwurf Albrechts II. von 1438, den Abschluß bildete der Ewige Landfriede des Wormser Reichstages von 1495[3].

[1] W. EBEL, Gesch. d. Gesetzgebung in Dtld. ([2]1958); ders., Die Willkür. Eine Studie zu den Denkformen d. älteren dt. Rechts (1953); H. KRAUSE, Königtum u. Rechtsordnung, ZRG GA 82 (1965); ders., Dauer u. Vergänglichkeit im mal. Recht, ZRG GA 75 (1958); P. W. FINSTERWALDER, Die Gesetze d. Reichstages von Roncaglia, ZRG GA 51 (1931); A. ERLER, Die ronkalischen Gesetze d. Jahres 1158 u. die oberitalien. Städtefreiheit, ZRG GA 61 (1941); V. COLLORNI, Le tre leggi perduti de Roncaglia (1158), retrovate in un manuscritto parigino (1966); M. J. ODENHEIMER, Der christl.-kirchl. Anteil an der Verdrängung d. mal. Rechtsstruktur u. an d. Entstehung d. Vorherrschaft d. staatl. gesetzten Rechts im dt. u. franz. Staatsgebiet (1957); vgl. R. WINTERSWYL, Das neue Recht. Unters. zur frühmal. Rechtsphilosophie, HJb 81 (1962); R. SPRANDEL, Über das Problem neuen Rechts im frühen MA, ZRG KA 79 (1962).

[2] Lit. zum Priv. minus u. Priv. maius s. Bd. 4, Kap. 35, Anm. 1, u. Bd. 5, Kap. 52, Anm. 8.

[3] Zu den Fürstengesetzen Friedrichs II. s. Bd. 5, Kap. 11 mit Anm. 6; zum Mainzer Reichslandfrieden s. Bd. 5, Kap. 12 mit Anm. 5; zur Reichssteuerliste s. Bd. 5, Kap. 17, Anm. 2; G. KIRCHNER, Die Steuerliste von 1241. Ein Beitrag zur Entstehung d. stauf. Königsterritoriums, ZRG GA 70 (1953).

F. Wirtschaft, Gesellschaft, Recht im Spätmittelalter

Quellen und Lit.: s. o. vor Kap. 1. F. LÜTGE, Das 14. u. 15 Jh. in der Sozial- u. WG, Jbb. f. Nat.ök. u. Stat. 162 (1950), auch in: ders., Stud. z. Sozial- u. WG (1963); H. BECHTEL, Wirtschaftsstil d. dt. SpätMA. Der Ausdruck d. Lebensform in Wirtschaft, Gesellschaftsaufbau u. Kunst von 1350 bis um 1500 (1930); ders., Kunstgesch. als Erkenntnisquelle für den Wirtschaftsgeist d. SpätMA, Schmollers Jb. 51 (1927); dazu kritisch H. JECHT, VSWG 26 (1935); H. HEIMPEL, Auf neuen Wegen d. Wirtschaftsgesch., Verg. u. Gegenw. 23 (1933); ders., Das Gewerbe d. Stadt Regensburg (1926); O. BRUNNER, Politik u. Wirtschaft in den Territorien d. MA, Verg. u. Gegenw. 27 (1937); U. DIRLMEIER, Mal. Hoheitsträger im wirtschaftl. Wettbewerb (1966); M. E. SCHLICHTING, Relig. u. gesellschaftl. Anschauungen in den Hansestädten d. späten MA (Diss. Berlin 1935); L. KLAIBER, Beiträge z. Wirtschaftspolitik oberschwäb. Reichsstädte im ausgeh. MA (1927); A. SCHULTE, Gesch. d. mal. Handels u. Verkehrs zw. Westdtl. u. Italien (2 Bde. 1900); WILPERT u. ECKERT (Hg.), Judentum im MA, Miscellanea Mediaevalia 4 (1966); diess. (Hg.), Beitr. z. Berufsbewußtsein d. mal. Menschen, edb. 3 (1964); W. SCHWER u. N. MONZEL, Stand u. Ständeordnung im Weltbild d. MA. Die geistes- u. gesellschaftsgesch. Grundlagen d. berufständ. Idee ([2]1952); M. M. POSTAN, The Cambridge Econ. Hist. of Europe. 1: The Agrarian Life of the MA ([2]1966); A. WAAS, Der Mensch im dt. MA (1964); K. BOSL, La société allemande moderne: ses origines médiévales, Annales 17 (1962); F. HERTZ, The Development of German Public Mind. A Social Hist. of German Political Sentiments, Aspirations and Ideas. The Middle Ages, The Reformation (1957); A. LEHMANN, Le rôle de la femme dans l'hist. de France au MA (1952); E. FARAL, La vie quotidienne au temps de Saint Louis (1956); J. EVANS, Life in Medieval France ([2]1957); ders., Dress in Medieval France (1952); L. GENICOT, Les institutions d'Europe occidentale au MA, Rev. Belge 26 (1948), bespricht an Hand von L. VERRIEST, Institutions médiévales (Mons 1946), Grundprobleme d. Unterschichten im MA; C. STEPHENSON, Medieval Institutions. Selected Essays (1954); W. ULLMANN, The Individual and Society in the MA (1966).

Kapitel 33
Grundzüge der Entwicklung in Land und Stadt

Das politische Leben des späten Mittelalters ist wesentlich dadurch bestimmt, daß von einer deutschen Gesamtbevölkerung von ca. 12 Millionen 10 bis 15 Prozent in Städten, über 80 Prozent aber auf dem Lande lebten und in bäuerlichen Betrieben tätig waren. Von der Jahrtausendwende bis um die Mitte des 14. Jh. hatte sich nach ungenauen Schätzungen die Bevölkerung etwa verdreifacht; die schwarze Pest freilich hatte um 1350 das Wachstum der Bevölkerung stark gehemmt; die Hälfte der europäischen Bevölkerung fiel damals der Seuche zum Opfer.

Die Bevölkerungszunahme im Hochmittelalter hatte einen gesteigerten Lebensmittelbedarf zur Folge; dies besserte die

Lage der Landwirtschaft zusehends. Der Gewinn an neuem Kulturland durch Landesausbau und Ostkolonisation glich die steigende Nachfrage nicht aus. Das hatte zur Folge, daß die Preise für landwirtschaftliche Erzeugnisse, besonders für Getreide, relativ hoch waren. Die Bedarfslücke ließ sich nur durch eine Intensivierung der landwirtschaftlichen Methoden schließen. Der Bauer hatte mehr Geld als früher und konnte die drückenden Lasten der Fronhofwirtschaft mit Geld ablösen, vor allem die alten Hand- und Spanndienste, die körperliche Scharwerkspflicht. Diese Verhältnisse finden ihren literarischen Ausdruck in den Liedern Neidharts von Reuental und im ›Meier Helmbrecht‹ Werners des Gärtners. Seit dem Ende des 14. Jh. setzte eine rückläufige Bewegung ein, die die Getreidepreise fallen ließ; diese bleiben im 15. Jh. so niedrig, daß eine starke Verschuldung der Bauern zu beobachten ist, die Landflucht und Verödung ausgedehnter Gebiete auslöste. In Hessen z. B. gingen 44 Prozent der ländlichen Ortschaften bis zu Beginn des 16. Jh. ein, in der Magdeburger Börde sogar 80 Prozent[1]. Der finanzielle Zusammenbruch des Deutschherrenordens findet eine wesentliche Erklärung in der Zahlungsunfähigkeit seiner ländlichen Hintersassen. Die ländliche Geldknappheit hatte stärkste Wirkungen auf die Bilanz der Grundherrschaften und der Staaaten, die dadurch noch verstärkt wurden, daß die Naturalzinsen in fixierte Renten umgewandelt waren, die mit dem Steigen der Preise und der Geldverschlechterung des 14. Jh. nicht Schritt hielten. Aus der Notlage erwuchs *Gärung im Bauerntum*, die sich in Frankreich schon im 14. Jh. in blutigen Bauernaufständen entlud, in England zu den vom Geiste John Wyclyfs beflügelten Revolten führte, auch bei siegreichen Kämpfen der Schweizer Bauern um die Freiheit ihres Landes von der habsburgischen Herrschaft mitwirkte. Den deutschen Bauernkrieg des 16. Jh. dagegen hält die neuere Forschung eher für den Ausbruch eines in seinem Recht und seiner Ehre betroffenen, wirtschaftlich wohlhabenden Bauerntums[2].

Der finanzielle Niedergang des Bauerntums ist begleitet von einem gewaltigen sozialen und wirtschaftlichen *Aufstieg des städtischen Bürgertums*. Im 15. Jh. gab es ungefähr 3000 Städte, in welchen etwa 1,2 bis 1,6 Millionen Deutsche wohnten. Es gab 12 bis 15 »Großstädte« mit über 10 000, 15 bis 20 Mittelstädte mit 2000–10 000, 150 Städte mit 1000–2000 Einwohnern. Der Rest von 2800 Städten hatte eine Einwohnerzahl von 100

33. Grundzüge der Entwicklung in Land und Stadt

bis 1000 Menschen. Abgesehen von den Großstädten wirkten in den meisten Städtesiedlungen Handel, Handwerk und Landwirtschaft nebeneinander. Der Aufstieg der europäischen und deutschen Stadt ist dem Aufschwung von Handel und Handwerk zu verdanken. Handwerkliche Arbeit war im 15. Jh. gut bezahlt, dem Sinken der Getreidepreise entsprach ein Steigen der Arbeitslöhne. Der Handel weitete sich räumlich wie dem Warenvolumen nach. Die Hanse erschloß den Norden wirtschaftlich. Große Handelsstraßen verbanden Niederdeutschland mit den oberdeutschen Wirtschaftszentren; sie folgten meist dem Rheintal und gabelten sich in Süddeutschland nach vielen Richtungen. Die Ausweitung des Handels machte auch eine Verbesserung der Methoden nötig. Bedeutsam war die Einführung der doppelten Buchführung im 15. Jh. Dadurch wurde erst eine geordnete Rechnungsführung und Geschäftsbilanz möglich. (Vgl. den Fortschritt vom Handlungsbuch der Nürnberger Holzschuher zum Regensburger Runtingerbuch.[3]) Die bedeutendsten Handelsstädte an den großen Fernhandelsstraßen waren Köln, Mainz, Frankfurt, Nürnberg, Regensburg, Augsburg, Ravensburg, Basel. Dort sammelte sich in kurzer Zeit Kapital, das am Ende des 15. Jh. im *Frühkapitalismus* zu politischer Macht emporwuchs[4]. Die Landesstaaten suchten die steigende Steuerkraft der Städte in ihren Dienst zu stellen, um das Haushaltsdefizit zu decken, das der Rückgang der ländlichen Abgaben infolge der Agrarkrise hervorgerufen hatte (landesherrliche Städtegründungen!).

In den Städten (Kap. 34/36) vollzog sich ein starker sozialer und politischer Umbruch und Ausgleich vor allem in den Oberschichten. Gewiß hat der Zusammenschluß in Zünften das Handwerkertum politisch und gesellschaftlich gestärkt; aber was man in der älteren Forschung Zunftrevolutionen genannt hat, entpuppt sich in vielen Fällen als eine Auseinandersetzung zwischen dienstmännisch-niederadligem Altpatriziat und der bürgerlichen Oberschicht der Fernhändler und Bankiers, die zum Patriziat streben[5]. Die zünftischen Handwerker stehen meist auf beiden Seiten. Bei diesen Auseinandersetzungen (Aueraufstand in Regensburg, Stolzhirschaufstand in Augsburg) handelt es sich meist um die Verhinderung der Alleinherrschaft einer Familie oder Familiengruppe. Bei späteren Kämpfen strebt dann das reich gewordene Handwerkertum gewisser Zünfte nach Teilhabe am Stadtregiment (Fugger in Augsburg). Unter starken Führern haben sich aber auch die

Zünfte selber durchzusetzen versucht. (Vgl. den Gegensatz zwischen Herrenstube u. Gesellschaft d. Mehrer in Augsburg!)

Gegen die finanzielle Ausnutzung und politische Bedrückung durch König, Fürsten und Adel schlossen sich *Städtebünde* zusammen, deren bedeutendste der rheinische und der schwäbische Städtebund waren. Noch die Goldene Bulle von 1356 verbot solche politischen Zusammenschlüsse. *Die städtische Freiheit* war ein Fremdkörper in der ständisch gegliederten Reichsverfassung; ihre soziale, wirtschaftliche und politische Bedeutung stand in krassem Gegensatz zu ihrer verfassungsmäßigen Stellung. In der Stadt und im *Stadtrecht* galt nicht Lehensrecht und lehensrechtlich gestaltete Verfassung mit ihren Über- und Unterordnungen. »Stadtluft macht frei«: Darin lag die ganze Anziehungskraft der Städte und ihres Rechts auf das flache Land begründet. Bereits um die Mitte des 13. Jh. erschienen die Städte erstmalig unter König Wilhelm von Holland auf dem Reichstag. Ihre Teilnahme an den Beratungen und Entschließungen (Abschieden) der Reichstage war in der Folgezeit immer noch unregelmäßig und entbehrte einer gesetzlichen Grundlage, sie wurden bis zum Ende des 15. Jh. vielfach überhaupt nicht geladen; geschah dies, so waren meistens praktische Gründe dafür bestimmend, besonders wenn Zwangslagen des Reiches (Gewährung von Reichsbeihilfen) ihre Mitwirkung notwendig machten. Erst der Westfälische Friede von 1648 erkannte ihnen das Stimmrecht zu.

---

[1] W. Abel, Bevölkerungsrückgang u. Landwirtschaft im ausgeh. MA, Schmollers Jb. 59 (1934); ders., Die Wüstungen d. ausgeh. MA ([2]1955); ders., Agrarkrisen u. Agrarkonjunktur. Eine Gesch. d. Land- u. Ernährungswirtschaft Mitteleuropas seit dem hohen MA ([2]1966); H. Dubled, Servitude et liberté en Alsace au moyen âge (13.–15. Jh.), VSWG 50 (1963); K. Schwarz, Bäuerl. cives in Brandenburg u. benachbarten Territorien, Bll. f. dt. Ldsgesch. 99 (1963); G. Barni, Cives e rustici alla fine del XII secolo, Riv. Stor. Ital. 69 (1957).

[2] J. Höffner, Der dt. Bauer im Ständebau d. christl. MA, Stimmen d. Zeit 136 (1939); ders., Bauer u. Kirche im dt. MA (1939); H. Wopfner, Bauerntum, Stadt u. Staat, HZ 164 (1941); K. S. Bader, Bauernrecht u. Bauernfreiheit im spät. MA, HJb 61 (1941); E. Moeren, Zur soz. u. wirtschaftl. Lage d. Bauerntums vom 12. bis 14. Jh. (Diss. Frankfurt 1939); E. Kristek, Bauernlage u. Bauernnot in der Grafschaft Leiningen 1400–1525 (1941); Th. Knapp, Gesammelte Beiträge z. Rechts- u. Wirtschaftsgesch. vornehmlich d. dt. Bauernstandes (1902); R. M. Radbruch, Der dt. Bauernstand zw. MA u. NZ, ein kunstgeschichtl. Versuch (1941); E. Kelter, Die wirtsch. Ursachen d. Bauernkrieges, Schmollers Jb. 65 (1941); G. Franz, Der dt. Bauernkrieg ([7]1965).

[3] A. Chroust u. H. Proesler, Das Handlungsbuch d. Holzschuher in Nürnberg von 1304/07 (1934); F. Bastian, Das Runtingerbuch 1383–1407 (3 Bde. 1935/44). Andere Handlungsbücher: DW³ 8146/7.

[4] J. Strieder, Zur Genesis d. modernen Kapitalismus (²1935), untersuchte an Hand von Steuerlisten von 1396 bis 1540 das Wachsen d. großen Vermögen.
[5] E. Maschke, Verf. u. soziale Kräfte in der dt. Stadt d. späten MA, vornehmlich in Oberdtld., VSWG 46 (1959); Ph. Dollinger, Le patriciat des villes du Rhin supérieur et ses dissensions internes dans la première moitié du XIVᵉ siècle, Schweiz. Zs. f. Gesch. 3 (1953); H. Planitz, Studien zur Rechtsgesch. d. städt. Patriziats, MIÖG 58 (1950); K. Bosl, Die Sozialstruktur d. mal. Residenz- u. Fernhandelsstadt Regensburg. Die Entwicklung ihres Bürgertums vom 9. bis 14. Jh., Abh. Ak. München 63 (1966); ders., Die wirtschaftl. u. gesellschaftl. Entwicklung d. Augsburger Bürgertums v. 10. bis z. 14. Jh., SB München (1969), H. 3; ders., Typen d. Stadt in Altbayern, in: Der soz. u. wirtsch. Aufstieg d. Städte u. d. Bürgertums in bayer. Landen, 32 (1969).

Kapitel 34
Wesen und Typen der deutschen Stadt

Während die Dorf- (Land-) Gemeinde bis in das 19. Jh. im wesentlichen ein wirtschaftlich-genossenschaftlicher Verband ohne staatlich-politische Funktion blieb[1], wurden *Bürgertum und Stadt* durch ihren sozialen und wirtschaftlichen Aufstieg sehr rasch Träger der Selbstverwaltung[2], *Glieder der Verfassung des Reiches und der Länder*, ja Wiege des modernen Staatsgedankens und der freien Demokratie (Repräsentation des Gesamtwillens). Ihre große Blütezeit erlebten sie im Hoch- und Spätmittelalter (12. bis 16. Jh.), als das städtische Bürgertum auch Träger der Bildung und Kultur war (Gotik, Meistersang, Rechtsgelehrsamkeit usw.) und der Frühkapitalismus sich entwickelte.

a) Einen allgemeingültigen »*Idealtyp*« der Stadt, wie ihn Max Weber forderte, gibt es nicht; man kann nur von epochalen Realtypen, von historischen Erscheinungsformen der Stadt sprechen, die nach Zeiten, Völkern, Kulturen, Landschaften verschieden sind[3]. Die westlich-abendländische Stadt unterscheidet sich von der orientalischen[4] und (spät-)antiken Stadt[4a] dadurch, daß mit Willen und unter Schutz des Stadtherrn zunächst eine Befreiung vom »opus servile«, unbegrenzter körperlicher (und geistiger) Leistung für den alten Leibherrn, durch Ergebung an einen Kirchenheiligen und gegen Jahreszins erkauft wird; der werdende Bürger (urbanus) gewinnt dadurch Freiheit für seine Arbeitskraft und seinen Arbeitsertrag, wird aber persönlich noch nicht frei (libertas et servitus, libera servitus = freie Unfreiheit)[5]. Erst wenn – seit dem 12. Jh. – der Zuzügler, der Leibeigener des Stadtherrn wird (Luft macht eigen), eine bestimmte Zeit (1–10 Jahre) unangefochten unter dem Schutze des Stadtherrn in der Stadt seßhaft war, garantiert ihm dieser auch andere Freiheiten, Privilegien, die allmählich auch zur persönlichen Freiheit führen. Vielfach war aber das Verhältnis des Bürgers in kleinen Städten zu seinem alten Leibherrn noch im Spätmittelalter nicht erloschen, so daß er immer noch Leibzins an diesen zahlte. Man kann diesen Gesamtvorgang eine rechtliche »Usurpation« nennen, weil die Rechte des alten Leibherrn angetastet wurden. Aber die Usurpation vollzieht der Stadtherr, der Leib-, Grund- und Schutzherr ist und wird. Bevölkerungszunahme und -druck auf dem grundherrschaftlich-fronhofswirtschaftlich organisierten Lande haben ein Ventil im Zug in die neuaufkommenden Städte ebenso wie in die neugeöffneten Gebiete des Landesausbaus und der Rodung gefunden[6]. Städtische »Freiheit« ist in verschiedenen Stufen und Wandlungen gewachsen. Daran war in entscheidender Weise die politisch und wirtschaftlich höchstinteressierte Stadtherrschaft, der Stadtherr, beteiligt, der durch Befreiungsakte die Initiative der urbani (Bürger) des 11. und beginnenden 12. Jh. anlockt und dann in seinem Interesse schützt. Der »revolutionäre« Charakter der beschworenen »Einung« kann auch dort, wo er bezeugt ist oder vermutet werden kann, nur sehr maßvoll gewesen sein (Nordwesteuropa, Rheintal) und nur positive, nicht ordnungstörende Zwecke gehabt haben[7]. So bleibt es fraglich – ein Problem, das noch zu untersuchen ist –, inwieweit die neue autonome Stadtgemeinde, die sich seit der zweiten Hälfte des 11. Jh. auszubilden beginnt, das Ergebnis einer »coniuratio« zwischen Kaufleuten (Gilden) und Handwerkern (Zünften), bzw. bei den »Mutterstädten« zwischen den alten »cives« der Kernstadt, die im Fronhofsverband Kaufleute (mercatores, negotiatores) waren und im Auftrag des Herrn »Karawanenhandel« betrieben, zu denen auch Handwerker zählten, und den nichtagrarischen (und agrarischen) Einwohnern der suburbia, portus war. In Nordfrankreich ist nach neueren Forschungen die frühe Commune eine Einung zwischen Stadtherrn und Bürgern zum Zwecke der Aufrechterhaltung des Friedens. Der Gesichtspunkt militärischer Sicherung hat also eine große Rolle gespielt[8].

Im klassischen Altertum und im mittelalterlichen Italien war die Stadt Sitz des Adels, der sich in Italien gegen den bischöf-

34. Wesen und Typen der deutschen Stadt

lichen Stadtherrn durchsetzte[9]. Man kann heute nicht mehr sagen, daß die Wiege des Bürgertums und der Stadt »unfeudal« gewesen sei, auch in Deutschland nicht. Wir wissen heute, daß das städtische Patriziat zwar aus der qualifizierten freien Unfreiheit wie das gewöhnliche Bürgertum kam, daß sich aber bereits im Akt der Ergebung und Befreiung vom »opus servile« (freies Verfügungsrecht über Arbeitskraft und -ertrag) auf Grund finanzieller Vermögensunterschiede eine Differenzierung vollzog, die sich in der Höhe des zu zahlenden Jahreszinses ausdrückte. Dadurch schied sich das Bürgertum der Kaufleute und Handwerker vom gehobenen »Bürgertum« der ministerialischen Verwalter der dem Stadtherrn gehörenden Ämter in und um die Stadt. So kommt es, daß in den meisten süddeutschen Städten jedenfalls die älteste Oberschicht ein Verwaltungs- und Dienstmannen-Patriziat ist, in dessen Hände gerade die lukrativen Ämter des Stadtherrn in der Stadt wie Markt, Münze, Zoll, Torhut usw. kamen, an deren Erträgnissen sie dem Niveau der Zeit entsprechend partizipierten und dabei reich wurden[10]. Erst seit dem endenden 13. Jh. setzt sich allmählich das reiche und dadurch politisch wichtige Element der Fernhändler und Geldverleiher durch; dieses Geld- und Handelspatriziat verdrängt das ältere Ministerialenpatriziat aus der Stadt; letzteres setzt sich auf dem Lande fest und führt als niederadliger Stand, ja »Landstand«, das Leben der alten adligen Herren. Das Bürgertum der westlichen Stadt ist im ganzen ein *Mittelstand* zwischen feudalem Adel und der großen Masse der leibeigenen Unterschichten[10a]. Es kommt aus der gleichen Unfreischicht wie die Ministerialität, aber es vollzieht als Ganzes nicht den Sprung zur Oberschicht wie die Dienstmannschaft, differenziert sich jedoch gegen Bauernschicht und Arbeitertum, ohne sich dagegen abzusperren. Die Entfaltung dieses Mittelstandes hat die alte feudale Gesellschaft gesprengt und eine nichtfeudale Lebensform, Denkungsart und Wirtschafts- bzw. Arbeitsgesinnung durchgesetzt, der sie gesellschaftliche Anerkennung verschaffte. Mit dem Aufstieg des Bürgertums ist die geschlossene hochfeudale Gesellschaft und ihre Welt zu Ende, ohne daß damit der Feudalismus beseitigt wäre. Die Dynamik und Aktivität dieser neuen Schicht ist angeregt und orientiert an Arbeit, Geld, Erwerb, Gewinn und Leistung. Dieses neue Ethos beginnt seit dem 12. Jh. Herrschaft, Kirche, Welt, Geist und Kultur zu verwandeln und immer stärker zu bestimmen[11], es setzt sich im werdenden Territorialstaat allmählich auch politisch als eigener und geschlossener Reichs- bzw. Landstand neben Adel und Prälaten durch. Die antike griechische Stadt (polis) erstand aus dem Untergang des Königtums und wurde von hervorragenden Adelsgeschlechtern getragen; ähnlich geschah es im mittelalterlichen Italien. In Frankreich, England oder Böhmen blieb die Stadt in des Königs Händen. Der Typus der Freien und der Reichsstadt (ursprünglich Territorialstadt des Königs) konnte sich auf Grund der besonderen Situation seit dem Interregnum nur in Deutschland bilden. Der Stadtstaat, die Signorie mit dem starken Mann an der Spitze, bildete sich rein nur in Italien aus; doch gab es in Deutschland Reichsstädte wie Nürnberg, Rothenburg o. T., Ulm usw. mit größeren Territorien, in denen der Rat der Stadt genau wie Adel und Kirche Landesherrschaft und Landeshoheit ausübten. Gemessen an Italien, trat aber in den Städten West- und Mitteleuropas der politisch-militärische Gesichtspunkt stärker hinter der wirtschaftlichen Orientierung zurück. Hier entfaltete sich der wirtschaftlich denkende und handelnde »Bourgeois«, nicht der homo politicus, den die griechischen »poleis« und die römische »res publica« ausformten. Die mittelalterliche Welt entband das Bürgertum als »Stand« zwischen den Herren- und den Unterschichten mit eigener Rechtssphäre und besonderem gesellschaftlichen Ethos.

b) Der Vorstoß des Islam nach Nordafrika und Spanien und die Blockade der Häfen des Tyrrhener Meeres brachten das städtische Leben der Alten Welt seit dem 7. Jh. zum Erlöschen. Aus den Städten der Mittelmeerländer und Galliens verschwanden die freien und fremden Kaufleute und Handwerker. Die Germanen an Rhein und Donau hatten sich niemals auf den Stätten der alten Römersiedlungen niedergelassen, sondern daneben[12].

Wo ein Bischof residierte (*Bischofsstädte*), waren die »civitates« Zentren der Bistumsverwaltung, wirtschaftlich völlig vom Lande abhängig und ausgesprochen grundherrschaftlich und agrarisch (Sitz von Fronhofsverwaltungen). Kleine Lokalmärkte dienten der Bedarfsdeckung der zahlreichen Bevölkerung (Domklerus, Mönche, leibeigene Leute und gelegentliche Pilgerzüge zu bestimmten Jahresfesten, besonders bei und nach Translationen von Heiligengebeinen) mit den landwirtschaftlichen Produkten der Umgebung[13]. Die *schützenden Mauern* dieser alten Städte nahmen in Kriegsläufen die Bevölkerung des flachen Landes auf. In der Epoche größter Unsicherheit

34. Wesen und Typen der deutschen Stadt

beim Zerfall des Karolingerreiches um 900 wetteiferte auch der Adel, vor allem die Stammesherzöge und der feudale Stammesadel mit der Kirche in der Anlage befestigter Plätze (burga) mit Wall und Graben für ihre bäuerlichen Hintersassen gegen die Normannen-, Ungarn- und Sarazeneneinfälle. Im Frondienst errichteten und unterhielten die Bewohner des Umlandes den Bau und stellten dorthin auch eine berittene Kriegsschar in Zeiten der Gefahr (»milites agrarii« in den von Heinrich I. gegen die Ungarn erbauten »urbes«). Um den festen Turm des Königs oder Feudalherrn erstanden im Laufe der Zeit Kirche, Kloster, Wirtschaftsgebäude und Wohnstätten. Auch dieses *weltlich-feudaladlige burgum* ist wie die Bischofsstadt vom umgebenden agrarischen Land abhängig; beide waren Produkte der bäuerlichen Kultur ohne größere wirtschaftliche Aktivität.

Das *Wiederaufleben des Handels* seit der 2. Hälfte des 10. Jh. gab den Anstoß zum Strukturwandel dieser Siedlungen. Vor den Fehden und Plünderungen des Adels suchten die wandernden (Fern-) Kaufleute Schutz in mauerbeitingen Orten entlang den Flüssen und großen Handelswegen, die sie im Winter auch zum Bleiben einluden. An Orten, wo Waren eingeladen werden mußten, weil die Schiffbarkeit von Wasserwegen aufhörte, trafen sich mit Vorliebe Händler (mercatores) und konzentrierte sich der Warenverkehr. Die Zunahme der Neuankömmlinge und ihrer Waren sprengte allmählich den alten Mauerring; man erweiterte den *ältesten Siedlungskern* und errichtete eine Außenstadt (*Neustadt* oder *Vorstadt* im Gegensatz zur Innen- und Altstadt). Neben den alten Bischofsstädten (civitates), die meist Römerorte waren (Regensburg, Augsburg, Mainz, Worms, Trier, Köln) und den adligen »burga« erstanden *Kaufmannssiedlungen* mit anderem Lebensstil. Diese kaufmännischen »Neustädte« (nova civitas, novum forum, Neumarkt) am Fuß des alten »burgum« oder neben der Bischofsstadt umgaben sich zum eigenen Schutz mit Mauer und Palisadenzaun und wurden selber »burgum«. Der Zustrom von Kaufleuten lockte auch *Handwerker*, die in den Siedlungen Aufnahme und günstige Lebensbedingungen fanden. Das Handwerk wurde zwar auch im grundherrschaftlichen Verband zur Deckung des Eigenbedarfs, vielleicht sogar eines begrenzten Fremdbedarfs, im großgewerblichen Ausmaß betrieben (Handwerkerdörfer in den ostmitteldeutschen und slavischen Burgwardeibezirken; -arn-Orte in Bayern). Im allgemeinen aber arbeiteten die Handwerker nicht für den Markt. Sie wanderten dorthin ab, wo sich ihrer gesteigerten oder steigerungsfähigen Produktion bessere *Absatzmöglichkeiten* boten[14].

Die Lebensgewohnheiten der Kaufleute und Handwerker der neuen Städte sind nicht mehr vom Grund und Boden bestimmt; damit setzt sich die neue Stadt von der bäuerlichen Sozialordnung des Mittelalters ab. *Handel und Gewerbe* wurden zu *selbständigen Berufen*. Hauptkennzeichen städtischer Wirtschaftsform wurden *Freiheit von der Bindung an die Scholle* und *Freizügigkeit* über das ganze Land hin, freie Verfügung über Arbeitskraft und Arbeitsertrag.

c) Siedlungsakt und Rechtsakt schaffen die mittelalterliche Stadt. Die entscheidenden Vorgängen der Stadtwerdung im Rechtssinn fallen in das 11. und 12. Jh. Die Frage nach den maßgebenden Anstößen hat eine Reihe von *Theorien* erstehen lassen. Von den Stadtrechtstheorien des 19. Jh. hat nur die *Marktrechtstheorie* R. Sohms allgemeine Bedeutung erlangt; ein Markt ist für jede Stadt wesentlich. Sohm schloß, daß das Recht (Verbandsnorm) der Kaufleute zum Recht der Stadt wurde (*Kaufmannsrecht*). Die Stadttopographie (Stadtplanforschung) hat den Nachweis dafür erbracht, indem sie Markt- und Kaufmannssiedlungen neben den älteren Siedlungen (Immunitäten, Burgen) aufzeigte. Max Weber hat die Stadt ihrem Ursprung nach als Ergebnis einer *bürgerlichen Freiheitsbewegung* angesehen[15]; er konnte allerdings ihre Geschichte nicht näher belegen. Schon O. Gierke (Genossenschaftsrecht 1, 1868) hatte die *Einung* als Grundlage der Stadtwerdung angesprochen und Herb. Meyer führte diese Freiheitsbewegung auf die Gottesfriedensbewegung zurück[16]. Die Bedeutung der Einung für die Stadtwerdung, der Anteil der Kaufmannschaft (Kaufmannsgilde) an der Stadtgründung und der Ausbildung der Stadtgemeinde wurde zuletzt strittig zwischen F. Rörig, der die These vertrat, daß ein *Unternehmerkonsortium* (Einung) Lübeck und andere Städte begründet habe, und Th. Mayer, der demgegenüber den grundherrlichen bzw. landesherrlichen Charakter der Stadtgründung betonte (*Gründungsstädte* vor allem im Osten)[17]. Auch im Lande östlich der Saale reichen die Anfänge städtischen Lebens bis ins 11., ja 10. Jh. zurück[18]; schon in salischer Zeit erschienen Lokalmärkte um Burgwardeimittelpunkte und bereits in sächsischer Zeit Kaufmannswiken an besonderen Plätzen. Der Fernhandel (vor allem mit Salz) hat besonders anregend gewirkt. Stadtrecht erwuchs

34. Wesen und Typen der deutschen Stadt

hier nicht aus dem Marktrecht, aber der Fernhandelsmarkt war wirtschaftlich und siedlungsmäßig Kern der Stadt. Kaufmannsrecht und Marktrecht sind hier Ausfluß des Königsrechts; denn die Städte des 12. Jh. entsprangen in diesem Raum *königlicher Gründerinitiative* (der Raum von Nürnberg bis Bautzen und Meißen ist in eine große königliche Staatsplanung eingespannt); sie unterscheiden sich von den grund- und landesherrlichen Städten des 13. und 14. Jh., für die der Markt das eigentlich konstitutive Element war (Kleinstadtmärkte und Kleinstädte). So hält der mitteldeutsche Stadttyp die Mitte zwischen den alten Städten Westdeutschlands und den Gründungsstädten des 12. Jh. im Ostseeraum und deckt sich mit der Verbreitung des Goslarer Rechts. Hauptkennzeichen ist nicht nur hier ein Übergewicht des *Stadtherrn* und die deutliche Beteiligung von Ritterbürtigen am Leben der Stadt bei merklich zunehmendem Einfluß der Kaufleute und ihrer Gilden. Im mitteldeutschen Raum aber fand keine Verpflanzung von Stadtschemata aus dem Westen und Süden statt, wie sie Rörig für Lübeck und den Ostseeraum annahm, sondern hier erfolgte eine bodenständige Entwicklung, indem eine »gewordene« Stadt in eine »gegründete« Stadt überführt wurde. Daraus allein ergibt sich auch die vielfache Überschichtung von Siedlungsformen und Rechtsformen. Dieses Ergebnis ist darum wesentlich, weil die Landschaft östlich der Saale in Siedlung, Recht und Wirtschaft für die Ausbildung der *neuen Formen des deutschen Ostens* vorbildlich wurde. Die *Königsstädte* wurden Vorbild für die landesfürstliche Stadtpolitik (der Wettiner); ihren Städten aber gaben nicht die Kaufleute, sondern Gewerbetreibende und Ackerbürger das Gepräge.

Daß Siedlungs- und Rechtsakt (im Sinne der Marktrechtsverleihung) zusammen mit Kaufmannsrecht mindestens in den alten Mutter- oder Bischofsstädten die mittelalterliche Stadt allein nicht schaffen, hat das quellenreichere Regensburg gezeigt; es muß ein »Sozialakt« hinzukommen. Dieser besteht in der Befreiung vom »opus servile«, d. h. in der Freiheit der individuellen Arbeitskraft und des persönlichen Arbeitsertrages durch Ergebung in die Zinsigkeit eines (Kloster-) Kirchenheiligen (St. Emmeram) gegen Zahlung eines gestaffelten jährlichen Geldzinses. Den dadurch erreichten Sozialrechtsstand bezeichnen die Quellen sowohl als »servitus et libertas« (freie Unfreiheit) als auch als »lex urbana« und »ius urbanum«, womit die Bedeutung dieses Sozialaktes für die Ausformung von Stadtcharakter und Stadtrecht ungewöhnlich klar ausgedrückt ist; damit aber ist nicht nur die kaufmännische, sondern auch die Handwerkerschicht erfaßt[19]. Entscheidend ist der Schutz, der für diese Freiheit gewonnen wird.

Diesem Spättyp zeitlich vorgelagert ist der *niederfränkische* des 11. Jh. im Raum zwischen Rhein und Seine, wo fränkisches Recht galt und römische Urbanität nachwirkte. Wie in Italien war hier im 9. Jh. der Bischof *Stadtherr;* dieser ließ durch seinen adligen Vogt die Stadt verwalten nach den Gewohnheiten fränkischer Grundherrschaft und der vom König verliehenen Immunität. Einige Städte dieses niederfränkischen Raumes, wie Amiens, Köln und Mainz, waren handelsaktiv geblieben. So konnte sich an einigen Stellen die Gewohnheit städtischen Zusammenlebens erhalten. Das hat seinen Grund darin, daß hier das Zentrum des Karolingerreiches lag[20].

Die *städtische Commune* ist in den beiden großen Handelszentren des Abendlandes im 10. Jh. erstanden, am Mittelmeer, wo Konstantinopel, Venedig, Genua führten, und zwischen Seine und Rhein. Die lombardische hat auf Deutschland erst seit dem 13. Jh. eingewirkt. Im Kernland des Karolingerreiches wuchs eine Vielzahl neuer Städte (Brügge, Gent, Ypern, Lille, Douai, Valenciennes) als Handelsniederlassungen (suburbium, novus burgus, portus) neben Burgen empor, die in der Normannenzeit zum Schutze der Bevölkerung erbaut worden waren. In Köln, Regensburg und Augsburg entstanden außerhalb der Römermauern neue Kaufmannssiedlungen, die allmählich zum Kern der Städte wurden. In den *stadtherrlichen Städten* des 10. und 11. Jh. war der Bürger Objekt stadtherrlicher Verwaltung und Gerichtsbarkeit. Der Stadtherr war Grundherr, der Bischof hatte meist die ganze öffentliche Gerichtsbarkeit und die wichtigsten Regalien (Münze, Zoll, Befestigungshoheit), der Graf war in seinem »burgus« oberster Richter und Inhaber bedeutender Hoheitsrechte. Im 12. Jh. wurde die übermächtige Stellung des Stadtherrn gemildert und ein Mitregiment der Bürger aufgebaut. Den Anstoß dazu gaben politische, wirtschaftliche, soziale Momente, Einungen und genossenschaftlicher Zusammenschluß, vor allem das Interesse des Grund- und Stadtherrn.

Wenn man die Typen der mittelalterlichen Stadt zusammenfaßt, so reihen sich den gewachsenen Mutterstädten, die Bischofsstädte waren, die gegründeten -burg (auch gewisse -pfalz)Städte an; sie alle haben einen Stadtherrn oder sogar

34. Wesen und Typen der deutschen Stadt

mehrere, z. B. König und Bischof, wie in Regensburg oder Augsburg (seit 1168) und anderswo. Elemente der Kontinuität und der neuschöpferischen Initiative gehen ineinander über, Siedlungsakt, Rechtsakt, Sozialakt verbanden sich allmählich zum Stadtrecht, zur sogenannten »Vollstadt«, die eine relativ kurze Blütezeit von ca. 1180–1250/60 erlebte. In Anlehnung oder Neubelebung der alten Königsfreiheit wie der Wachszinsigkeit entwickelt sich ein neuer Sozialstatus, ein neuer Standard der Einwohner der Stadt. Dieses Bürgertum entfaltet sich in drei Phasen: 1. die cives der alten Bischofs- und Königsstädte, wo Bischof und König zwei Pfalzen oder eine gemeinsame haben; sie dürften die ältesten Fern- und Karawanenhändler gewesen sein, sammeln schon Reichtum und gewinnen Prestige; 2. die urbani des 11. und beginnenden 12. Jh., eine neue Schicht, identisch mit den sich an einen Heiligen zum Zwecke der Befreiung vom »opus servile« ergebenden Unfreien; 3. die cives seit etwa der Mitte des 12. Jh., eine bereits in Ober- und Unterschichten differenzierte Gruppe, das entwickelte Bürgertum der mittelalterlichen Stadt. Im Spätmittelalter erwachsen noch zahlreiche »Minderstädte«, meist Märkte, die den Vollstandard der Stadt nicht mehr erreichen.

[1] Vgl. Kap. 16 u. Kap. 17 mit Anm. 8; besonders: Die Anfänge d. Landgemeinde u. ihr Wesen, hg. von Th. MAYER, Vortr. u. Forsch. 7 u. 8 (1964); K. BOSL, Zs. f. Agrargesch. u. Agrarsoz. 9 (1961); J. BOG, Dorfgemeine, Freiheit u. Unfreiheit in Franken (1956); ders., Geistl. Herrschaft u. Bauer in Bayern u. die spätmal. Agrarkrise, VSWG 45 (1958).

[2] F. STEINBACH, Geschichtl. Grundlagen d. kommunalen Selbstverwaltung in Dtld. (1932).

[3] F. BEYERLE, Zur Typenfrage in der Stadtverfassung, ZRG GA 50 (1930); K. FRÖLICH, Zur Verfassungstopographie d. dt. Städte d. MA, ebd. 58 (1938); W. HILDEBRANDT, Die Stadt in Südosteuropa, Leipz. Vjh. 3 (1939); E. ENNEN, Die europ. Stadt d. MA als Forschungsaufgabe unserer Zeit, Rhein. Vjbll. 11 (1941); dies., Aufgaben d. landschaftl. dt. Städteforschung aus europ. Sicht, Bll. f. dt. Ldsgesch. 93 (1957); C. HAASE, Probleme d. vergleich. Stadtrechtsforschung in landesgesch. Sicht, Hess. Jb. f. Ldsgesch. 5 (1955); E. KEYSER, Erforsch. u. Darstellung d. dt. Städtegesch. 1945–1965, in: Festschr. H. Ammann (1965); H. PLANITZ, Die dt. Stadt im MA. Von d. Römerzeit bis zu d. Zunftkämpfen (1954), dazu W. SCHLESINGER, HZ 181 (1956), S. 352ff.; E. ENNEN, Frühgesch. d. europ. Stadt (1953); dies., Die Entwickl. d. Städtewesens an Rhein u. Mosel vom 6. bis 9. Jh., SSCI 6 (1959); F. RÖRIG, Die europ. Stadt u. die Kultur d. Bürgertums (1955), aus Propyl.-Weltgesch., hg. v. W. GOETZ, Bd. 4 (1932); W. SCHLESINGER, Burg u. Stadt, in: Festschr. Th. Mayer, Bd. 1 (1954), auch in Beih. z. dt. VG d. MA 2 (1963); ders., Über mitteleurop. Stadtlandschaften d. Frühzeit, Bll. f. dt. Ldsgesch. 94 (1957) [Burgstädte!]; Studien zu den Anfängen d. europ. Städtewesens, Vortr. u. Forsch. 4 (1958); Untersuch. zur Gesellschaftsstruktur d. mal. Städte, ebd. 11 (1966); La Ville 1: Institutions admini-

stratives et judiciaires, 2: Inst. écon. et soc., Recueil Soc. Jean Bodin 6 u. 7 (1954/55); dazu Th. MAYER, HZ 191, S. 101ff.; Ph. DOLLINGER, Les villes allemandes au MA. Les groupements sociaux, Recueil Soc. J. Bodin 7 (1956); E. SESTAN, La città comunale Italiana dei sec. XI–XIII nelle sue note charatteristiche rispetto al movimento comunale Europeo, Rapp. du XI. Congr. Intern. 3 (Stockholm 1960); F. H. SCHMID, Das Weiterleben u. die Wiederbelebung antiker Institutionen im mal. Städtewesen, Annali di storia del diritto (1957); H. STOOB, Minderstädte. Formen d. Stadterstehung im SpätMA, VSWG 46 (1959); ders., Kartograph. Möglichkeiten zur Darstellung d. Stadtentstehung in Mitteleuropa, bes. zw. 1450 u. 1800, in: Hist. Raumforsch I Bd. 6 (1965); C. HAASE, Die Entstehung d. westfäl. Städte (1960); ders., Gegenwart. Stand u. neue Probleme d. Stadtrechtsforschung, Westfäl. Forsch. 6 (1943/52); W. RAUCH (Hg.), Die Städte Mitteleuropas im 12. u. 13.Jh. (Linz 1963); H. FISCHER, Burgbezirk u. Stadtgebiet im dt. Süden (1956); ders., Siedlungsverlegung im ZA d. Stadtbildung (österr. Raum) (1952); dazu W. SCHLESINGER, HZ 177 (1954), S. 353 ff.; W. SCHLESINGER (s. Anm. 18); F. DUPRÉ-THESEIDER, Problemi della città nell'alto medioevo, SSCI 6 (1959); P. HAUCK, Darstellung u. Kritik d. Theorien über die Entstehung d. dt. Städtewesens (Diss. Ms. Jena 1954); H. PATZE, Recht u. Verf. thüring. Städte (1955); J. BÄRMANN, Die Städtegründungen u. die Stadtverf. d. 12.Jh. (1961).

[4] S. D. GOITEIN, Studies in Islamic History and Institutions (Leyden 1966).

[4a] H. G. BECK, Konstantinopel. Zur Sozialgesch. einer frühmal. Hauptstadt, Byz. Zs. 58 (1965).

[5] K. BOSL, Sozialstruktur ... Regensburg; ders., Augsburg (s. Kap. 33, Anm. 5); ders., Frühgesch. von Nürnberg (1000–1300), in: G. PFEIFFER (Hg.), Die Stadt Nürnberg (1970).

[6] Über Probleme d. Bevölkerungsbewegung s. allg. K. HELLEINER, Europas Bevölkerung u. Wirtschaft im späteren MA, MIÖG 62 (1954); D. HERLIHY, Population, Plague and Social Chance in Rural Pistoia 1201–1430, Econ. Hist. Rev. 2. ser. 18 (1965), [Bevölkerungsrückgang seit Ende d. 13.Jh.]; G. KIRCHNER, Probleme d. spätmal. Klostergrundherrschaft in Bayern: Landflucht u. bäuerl. Erbrecht, Zs. f. bayer. Ldsgesch. 19 (1956), [Die Bauern versuchen ihre rechtliche Stellung durch die städtischen Freiheiten zu verbessern u. geraten so meist in die Abhängigkeit d. Landesherrn]; vgl. R. W. EMERY, The Black Death of 1348 in Perpignan, Speculum 42 (1967).

[7] Das Problem der »coniuratio« besonders im Rheintal hat am Modellfall Freiburg i. Br. jetzt geklärt: W. SCHLESINGER, Das älteste Freiburger Stadtrecht, ZRG GA 83 (1966); im gleichen Sinne: B. DISTELKAMP, Die Städteprivilegien Hzg. Ottos d. Kindes, ersten Hgs. v. Braunschweig-Lüneburg (1961); für eine »coniuratio«-Eidgenossenschaft d. Kaufleute u. Bürger wie in Cambrais noch: F. STEINBACH, Rhein. Anfänge d. dt. Städtewesens, Jb. d. Köln. Gesch. 25 (1950).

[8] Vgl. A. VERMEESCH, Essai sur les origines et la signification de la commune dans le nord de la France (XIe et XIIe siècles) (Heule 1966), [La commune est une institution de paix, garantie par le serment, qu'elle soit basée sur une loi et arbitrée par une autorité dotée de certains pouvoirs, garantie par une armée populaire].

[9] Die italien. Stadt hat die Forschung wegen ihres spezifischen Modellcharakters viel beschäftigt: E. SESTAN (s. Anm 3); G. FASOLI, Le autonomie cittadine nel medioevo (1964); G. FASOLI, R. MANSELLI u. G. TABACCO, La struttura sociale delle città italiane da V al XII secolo, Vortr. u. Forsch. 11 (1966); G. FASOLI, Frederico Barbarossa e la città Lombarde, Vortr. u. Forsch. 12 (1968); dies., La lega Lombarda. Antecedenti, formazione, struttura, ebd. N. ARBINGER, Komitat, Adel u. städt Kommunen in der Lombardei während

d. 12. Jh. (Diss. Wien 1967); P. Brezzi, I comuni cittadini italiani e l'impero medioevale, in: Nuove questioni di stor. med. (Mailand 1964); G. Dahn, Untersuch. zur Verf. u. Strafrechtsgesch. d. ital. Stadt im MA (1941); ders., Zur Rezeption d. römisch-ital. Rechts (1955); C. W. Previté Orton, The Italian Cities till the c. 1200, in: The Cambridge Med. Hist. 5 (1957); A. Sapori, Le marchand italien au moyen âge (1952); F. Carli, Storia del commercio italiano 1: Il mercato nell'età del comune (1934/36); M. Pacaut, Aux origines du guelfisme: Les doctrines de la ligue lombarde (1167–1183), RH 230 (1963); B. Stahl, Adel u. Volk im Florentiner Dugento (1965); D. Herlihy, Medieval and Renaissance Pistoia: The Social Hist. of an Italian Town 1200–1430 (1967); W. Bowsky, Medieval Citizenship. The Individual and the State in the Commune of Siena 1287–1355, in: Studies in Mediev. and Renaiss. History 4 (1967); M. Becker u. G. Brucker, The Arti minori in Florentine Politics 1324–1378, Mediev. Studies 18 (1956); M. Becker, A Study in Political Failure: The Florentine Magnates 1280–1343, ebd. 27 (1965); ders., The Republican City-State in Florence. An Inquiry into its Origine and Survival (1280–1434), Speculum 25 (1960); H. Baron, The Social Background of Political Liberty in the Early Italian Renaissance. Comparative Studies in Society and Hist. 11 (1960); M. Berengo, Nobili e mercanti nella Lucca di Cinquecento (1965).

¹⁰ Neben K. Bosl, Regensburg, Augsburg, Nürnberg s. H. H. Hofmann, Nobiles Novimbergenses. Beob. zur Struktur d. reichsstädt. Oberschicht, Vortr. u. Forsch. 11 (1966); Das dt. Patriziat (1966); K. Schulz, Ministerialität u. Bürgertum in Trier (1968).

¹⁰ᵃ W. Schwer, Stand u. Ständeordnung im Weltbild d. MA (1952).

¹¹ F. J. Schmale, Das Bürgertum in der Lit. d. 12. Jh., Vortr. u. Forsch. 12 (1968); ders., Zu den Anfängen bürgerl. Kultur im MA, RQs 58 (1963); F. Steinbach, Studien z. Gesch. d. Bürgertums, Rhein. Vjbll. 14 (1949); F. Weyer, Der reisende Kaufmann (1948); A. Sapori, Le marchand italien au moyen âge (1952); K. L. Wood-Legh, Perpetual Chantries (Ewigmessen) in Britain (1965), [Recht d. bürgerl. Laien, für sein Seelenheil selber zu sorgen; Laienkontrolle]; S. Reicke, Stadtgemeinde u. Stadtpfarrkirche d. Reichsstadt Nürnberg im 14. Jh., Mitt. d. V. f. Gesch. d. Stadt Nürnberg 26 (1926); D. Kurze, Pfarrerwahlen im MA (1966); O. Brunner, Das Wiener Bürgertum in Jan Enikels Fürstenbuch, MIÖG 58 (1950); H. Schmidt, Die dt. Städtechroniken als Spiegel d. bürgerl. Selbstverständnisses im SpätMA (1958).

¹² H. Pirenne, Mahomet et Charlemagne (³1937), dt. P. E. Hübinger: Geburt d. Abendlandes (²1941); ders., Les villes et les institutions urbaines (2 Bde. 1939); ders., Le mouvement écon. et social (11.–15. Jh.), dt. M. Beck: Sozial- u. WG Europas im MA (1947).

¹³ G. Pfeiffer, Das Verhältnis von polit. u. kirchl. Gemeinde in den dt. Reichsstädten, in: Staat u. Kirche, hg. v. W. P. Fuchs (1966); H. Planitz, Handelsverkehr u. Kaufmannsrecht im fränk. Reich, in: Festschr. E. Heymann (1940); J. W. Thompson, The Commerce of France in the 9th Cent., Journ. of Polit. Econ. 23 (1915); La foire, Rec. Soc. Jean Bodin 5 (1953); H. Büttner, Studien z. frühmal. Städtewesen in Frankreich, Vortr. u. Forsch. 4 (1958); ders., Markt u. Stadt zw. Waadtland u. Bodensee bis z. Anfang d. 12. Jh., Schweiz. Zs. f. Gesch. 11 (1961); T. Endemann, Markturkunde u. Markt in Frankreich u. Burgund v. 9. bis 11. Jh. (1964); R. H. Bautier, Les foires de Champagne, Rec. Soc. J. Bodin 5 (1953); F. Carli, Storia del Commercio Italiano 1. Il mercato nell'alto medio evo (1934); E. Chapin, Les villes de foires de Champagne. Des origines au début du XIVᵉ siècle (1937); F. Deisser-Nagels, Valenciennes, ville carolingienne, Moyen Age 68 (1962); J. Dhondt, L'essor urbain entre Meuse et Mer du Nord à l'epoque mérovingienne, in: Studi in

onore A. Sapori, Bd. 1 (1957); Y. DOLLINGER-LÉONARD, De la cité romaine à la ville médiévale dans la région de la Moselle et la Haute Meuse, Vortr. u. Forsch. 4 (1958); G. DUBY, Les villes du sud-est de la Gaule du VIIIe au XIe siècle, SSCI 6 (1959); ders., L'économie rurale et la vie des campagnes dans l'occident médiéval (Frankreich, England, Reich, 9.–15. Jh.) (1962); A. DUPONT, Les cités de la Narbonnaise première depuis les invasions germaniques jusqu'à l'apparition du consulat (1942); O. FEGER, Auf dem Wege vom Markt zur Stadt, ZGORh 67 (1958); F. GANSHOF, A propos du Tonlieu à l'époque carolingienne, SSCI 6 (1959); A. JORIS, La ville de Huy en moyen âge (1959); F. LOT, L'hist. urbaine du nord de la France de la fin du IIIe à la fin du XIe siècle, Journ. des Savantes (1935); E. MAYER, Kaufmannschaft u. Markt zw. Rhein u. Loire bis in das 13. Jh., in: Germ. Abh. f. K. v. Maurer (1893); Ch. PETIT-DUTAILLIS, Les communes françaises (1947); F. PETRI, Die Anfänge d. mal. Städtewesens in den Niederlanden u. dem angrenzenden Frankreich, Vortr. u. Forsch. 4 (1958); S. RIETSCHEL, Markt u. Stadt in ihrem rechtl. Verhältnis (1897); G. SAUTEL, Les villes du Midi Méditerranéen au moyen âge (9.–13. Jh.), Rec. Soc. J. Bodin VII, 2 (1955); W. SCHLESINGER, Forum, villa fori, ius fori. Einige Bemerkungen zu Marktgründungsurkunden d. 12. Jh. aus Mitteldtld., Mitteldt. Beiträge (1961); W. SPIESS, Das Marktprivileg (1916); J. W. THOMPSON, The Commerce of France in the 9th Cent. (1935); F. VERCAUTEREN, Etudes sur les Civitates de la Belgique Seconde (1934); ders., La vie urbaine entre Meuse et Loire du VIe au IXe siècle, SSCI 6 (1959); W. VOGEL, Wik-Orte u. Wikinger. Eine Studie zu den Anfängen d. german. Städtewesens, Hans. Gbll. 60 (1935); H. v. WERVEKE u. A. E. VERHULST, Castrum en Oudbourg te Gent. Bijdragen tot de oudste Geschiedenis van de Vlaamse Staden, Handelingen der Maatschappij v. G. en Oudh. te Gent 14 (1960); H. AMMANN, Die Anfänge d. Aktivhandels aus Nordwesteuropa u. dem Mittelmeergebiet, in: Studi in on. A. Sapori (1957); J. SYDOW, Der Regensburger Markt im Früh- u. HochMA, HJb 80 (1961).

[14] H. PLANITZ, Frühgesch. d. dt. Stadt (9. b. 11. Jh.), ZRG GA 63 (1943).

[15] M. WEBER, Die Stadt. Eine soziol. Untersuchung, Arch. f. Sozialwiss. 47 (1921).

[16] H. MEYER, HZ 147 (1932).

[17] F. RÖRIG, Hans. Beiträge z. dt. WG (1928); Th. MAYER, Zur Frage d. Stadtgründungen im MA, MÖIG 43 (1929); dazu W. SCHLESINGER, ZRG GA 83 (1966); s. Anm. 7.

[18] W. SCHLESINGER, Die Anfänge d. Stadt Chemnitz u. a. mitteldt. Städte (1952).

[19] Dazu K. BOSL, Sozialstruktur ... Regensburg, Abh. Ak. München (1966) u. Vortr. u. Forsch. 11 (1966); ders., Augsburg, SB München (1969); s. Kap. 33, Anm. 5.

[20] H. PLANITZ, Die dt. Stadt im MA (1954), dazu W. SCHLESINGER, Burg u. Stadt, Beitr. z. dt. VG d. MA 2 (1963).

Kapitel 35
Kaufmann und Gilde
Einung, Kommune, Stadtrecht

Die *wandernden Kaufleute* der Frühzeit schlossen sich häufig zu Fahrtgenossenschaften zusammen; denn den Gefahren der Handelsreise waren nur abenteuernde Gesellen mit Waffenübung, genügenden Kenntnissen der Handelswege, Sitten und Sprachen fremder Völker gewachsen. Schloß der Stadt-(Kauf-)herr sie zu »Karawanen« zusammen, setzte er ihnen einen Führer für die Fahrt (Hansgraf in Regensburg). In einer Gesellschaft, in der Bodenbesitz Kapital und Macht bedeutete, waren sie Außenseiter. Da die Hufe, das Bauernlehen, die nachgeborenen Söhne nicht mehr ernähren konnte, nutzten diese darum die an Küsten, Flüssen und Flußmündungen sich ergebenden Möglichkeiten des Handels und Verkehrs. Sie gingen auf venetianische oder skandinavische Schiffe oder schlossen sich an Handelskarawanen über Land an[1]. Gar mancher von ihnen wurde ein reicher Mann.

Die Kirche, die größte Grundherrin, war ihrer Gesinnung nach handelspassiv und handelsfeindlich. Trotzdem fand das in der Landwirtschaft erstarrte Westeuropa durch den gewaltigen Ansporn der venetianischen und skandinavischen Schiffahrt zu einer neuen *kaufmännisch-bürgerlichen Lebensform*. Diese hatte solche Anziehungskraft, daß eine Landflucht die Folge war und die leibeigenen nachgeborenen Bauernsöhne ihren Grundherren davonliefen; sie wurden Handwerker und Angestellte reicher Kaufleute und siedelten sich in den aufkommenden Städten an. Durch den Bau von Kirchen, von Spitälern und Asylen suchten diese Kaufleute im Diesseits gutzumachen, was sie durch Profitgier und Wucher gefehlt hatten[2].

Das Bürgertum wurde soziale »Gesellschaftsschicht« und Rechtsstand; die Entwicklung zum Rechtsstand ist sowohl durch Interesse und Politik des Stadtherrn wie auch durch die genossenschaftlichen Verbände der meist kaufmännischen Gilden und der meist handwerklichen Zünfte und durch deren beschworene Einungen untereinander und mit dem Stadtherrn kraftvoll gefördert worden. Der Gilde und Zunft ist im Verstande des Mittelalters ein religiöses Element eigen. *Gilde* bedeutet Opfergemeinschaft; sie ist Kaufmannsgemeinschaft für die Stadt selbst und erscheint seit Beginn des 11. Jh. in den niederfränkischen Städten (Gildestatut von Valenciennes 1050/

70). Die gemeinschaftsbildende Kraft des religiös unterbauten Gildegedankens bewährte sich bei Totenkult und Gildegelage, im Gildegericht, in Hilfs- und Racheverpflichtung und in Brudertreue. Hier lebte altes Formenerbe in Speisegemeinschaft, Trinkgelage, Nikolausverehrung und germanischer Blutsbrüderschaft weiter, obwohl eine starke christliche Wendung in der Gilde des 11. Jh. nicht zu übersehen ist (Johannesminne, Abendmahlsrunde). Die Kaufmannsgilde des niederfränkischen Raumes ist um 1000 entstanden[3]. Zunächst *Schutzverband* zur Wahrung gemeinsamer Interessen, wurde sie am Ende des 11. Jh. zur Monopolgilde, die jeden Kaufmann zum Beitritt nötigte; die Kaufmannschaft als Gruppe innerhalb der nun zum Stadtkern gewordenen »suburbia« fand in der Gilde ihren gesellschaftlichen und rechtlichen Rahmen. Sie selbst wurde zur *Oberschicht* einer sich ständig mehrenden städtischen Gesellschaft; deren untere Schicht bildeten zunächst die Gewerbetreibenden, die der Handel in die Stadt lockte, wo sich ihre Erzeugnisse verfeinerten und spezialisierten. Stadt und Land vollziehen eine erste Scheidung, indem die Vervollkommnung der städtischen Gewerbetechnik das ländliche Handwerk konkurrenzunfähig machte. Da der Adel in Deutschland – anders als in Italien – auf dem Lande blieb, konnte in der Stadt der reich gewordene Kaufmann ungehindert die Führung übernehmen.

Im 12. Jh. spielt die Gilde keine einheitliche Rolle. In den großen Handelsplätzen verliert sie die Führung der Stadt an neue Verbände, da mit dem weiteren Aufblühen des Handels die alte Kaufmannssiedlung zu eng wurde, sich außerhalb neue Kaufleute ansiedelten, die gildelos waren, aber Anteil an der Leitung der Stadtgeschäfte begehrten. Dadurch entstand ein *neuer*, die ganze Stadt umgreifender Verband der »meliores« und »maiores«, Zeichen einer *sozialen Differenzierung* sogar innerhalb der Kaufmannschaft. Das brachte die Kaufmannsgilde um ihre Bedeutung.

Die *städtische Eidgenossenschaft (coniuratio)* ist jünger als die Gilde, die noch der stadtherrlichen Zeit angehörte; ihre Spuren beginnen um 1100. Sie umfaßte alle Teile der Stadt zum Ganzen und führte in bestimmten Städtelandschaften (nicht rechts des Rheins) die »Commune« herauf. Zwar haben die führenden Männer der Kaufmannsgilde bei der Begründung der Eidgenossenschaft mitgewirkt, doch geschah dies auf dem Hintergrund der sozialen Umschichtung innerhalb der Städte,

35. Kaufmann und Gilde. Einung, Kommune, Stadtrecht

deren Dynamik *neues Recht* schuf. Die Bürger erhoben sich gegen die Rechtswillkür ihrer Stadtherren. Das brachte ihnen *Anerkennung ihres Schwurverbandes*, der sich im Bereich der Stadt selber Frieden und Ordnung setzen wollte.

Die neuen Schwurverbände nannten sich »coniuratio«, »communio iurata« (Eidgenossenschaft) oder »pax« (Friedensverband). Die ethischen Grundlagen dieser neuen Gemeinschaft waren gegenseitige Treue, Rachepflicht, Hilfspflicht bei Not. Die Treue zur Genossenschaft verpflichtete zum Dienst mit der Waffe, zum Mauerbau und zum gemeinsamen Tragen der Lasten. Von der Gilde unterschied sie sich durch das Fehlen von Totenkult und Gildegelage[4]. Da sie mit dem Anspruch auftrat, eine Friedensordnung zu errichten, baute sie im 12. Jh. *Selbstverwaltung* und *Gerichtsbarkeit* aus. Träger dieser Aufgaben war grundsätzlich die Genossenschaftsversammlung, die sich aber zur Durchführung im einzelnen selbständiger Organe bediente. Je nach dem Ausmaß des Sieges über die Stadtherrn war die *Entwicklung städtischer Behörden* verschieden. In den meisten niederfränkischen Städten kam es zur Institution der *Geschworenen* (iurati), einem Ausschuß der Stadtgemeinde. Patrizisch waren ihre Mitglieder, patrizisch auch der Vorsitzer (praefectus, maior), der von der Gemeinde auf ein Jahr gewählt wurde. In einer Reihe mächtiger Städte Flanderns (Arras, Brügge, Gent) wie auch in Köln konnten die Stadtherrn das Institut der Geschworenen verhindern. Sie waren es, die hier *städtische Schöffen* aus vornehmen Bürgerkreisen einsetzten. Der Erzbischof von Köln genehmigte 1112 die Bürgerversammlung und bestimmte zu deren Leitung zwei von ihm ausgewählte bürgerliche »rectores«.

Der Friedensverband entwickelte eine *Sühnegerichtsbarkeit*. Der Friedensbrecher, der dem Spruch trotzte, wurde aus der Stadt verwiesen, sein Haus zerstört; er wurde aus der Gemeinschaft der »coniurati« ausgeschlossen. Der auswärtige Missetäter wurde mit Boykott belegt (Verbot der Aufnahme in die Stadt und des Kaufverkehrs mit ihm). Aus dem Verbandsgericht wurde das *Stadtgericht*, das neben Totschlag, Verwundung, Beleidigung auch andere Arten der Friedensstörung wie Raub und Plünderung an sich zog. Es gewährte auch fremden Kaufleuten Gerichtsschutz[5].

Die Verwaltung der Verbandsangelegenheiten durch eigene Behörden war ein Gebot der Wahrung des Widerstandsrechtes gegen den Stadtherrn (*Selbstverwaltung*). Bau und Unterhalt der Mauern und Stadtverteidigung waren ursprünglich Angelegenheit des Stadtherrn[6]. In der befestigten Kaufmannssiedlung neben Römerstadt und Burg aber fiel dem bewaffneten Kaufmann die Verteidigung wie der Unterhalt seines Mauerabschnitts zu. Damit nahm die Stadt das *Wehrwesen* in eigene Verwaltung. Die Kölner Bürger erhielten 1106 vom König das Befestigungsrecht für die ganze Stadt. *Mauerbau und Wehrpflicht aller Bürger* machte die Umlage der Lasten nötig; so entstand die *städtische Steuer*[7].

Da die Gemeinde seit der Ausbildung der beschworenen Einung über Aufnahme und Ausschluß von Bürgern entschied, brachte die Eidgenossenschaft auch die Regelung der Marktangelegenheiten in ihre Hände. Mit der *Marktaufsicht* verband sich die *Aufsicht über das Gewerbe, die Zünfte*. Schließlich erhielt sie das Recht, neben dem Stadtherrn ihre auswärtigen Angelegenheiten selbständig zu vertreten. Seit dem 12. Jh. wurde die Stadt zur *juristischen Person*, die, durch ihre Behörden vertreten, Verträge und Bündnisse mit anderen Städten oder Herren schloß und Kriege führte. Je nach Lage und wirkenden Kräften entwickelten sich städtische Aufgaben und städtisches Recht sehr mannigfach (communitas oder universitas civium).

Die Bürgergemeinde sicherte vor allem ein *neues freies Stadtrecht*. Die Hilfspflicht der Genossen dehnte sich auch auf die Neuankömmlinge aus, die unfrei waren und sich der Leibherrschaft irgendeines Herrn entzogen hatten. Um Konflikte zu vermeiden, entwickelte sich die Gewohnheit, daß Zuwandernde in den Bürgerverband erst dann aufgenommen wurden, wenn sie über Jahr und Tag ohne Rechtsanspruch geblieben waren. Der Neuankömmling wurde zuerst Eigenmann des Stadtherrn (»Luft macht eigen«). Hatte letzterer Stadtrecht und städtische Freiheit gewährt, so kam der Zuwandernde auch in den Genuß der von ihm gewährten Freiheiten, wenn er ein Jahr lang von seinem alten Leibherrn nicht zurückgefordert wurde (»Stadtluft macht frei«, vgl. Kap. 29).

Im Stadtrecht fanden im Laufe der Zeit auch eine Reihe von Kaufmannsrechten oder persönlicher Freiheiten allgemeine Geltung. Der Kaufmann war frei von Heiratszwang und hofrechtlichen Abgaben; er war freizügig, d. h. nicht an die Scholle gebunden; er konnte als freier Mann über seinen Nachlaß verfügen; man konnte ihn nicht zwingen, im Gericht einen Zweikampf anzunehmen oder sich einem Gottesurteils zu unterwerfen, für ihn genügte der Reinigungseid. So entstanden

35. Kaufmann und Gilde. Einung, Kommune, Stadtrecht

bürgerliche Freiheiten, die sich mehrten, je stärker die Organisation der Stadt wurde. (Freiheit von öffentlicher Heerfahrts- und Steuerpflicht und stadtfremder Gerichtsbarkeit.) Diese bürgerlichen Freiheitsrechte sind die ersten Ansätze eines modernen *Staatsbürgerrechts* aus wirtschaftlichen und gesellschaftlichen Wurzeln. So erstanden neue *autonome Rechtskreise* und neue Rechtsformen. Die Freiheitsrechte gewährte zunächst in verschiedenem Ausmaß der Stadtherr durch Privileg[8]. Mit dem Ausbau der Stadt im Rechtssinn verlor jedoch die Anerkennung einzelner Freiheitsrechte an Bedeutung.

Die deutsche Stadt erlebte ihre Blütezeit im 14. und 15. Jh., der Glanzperiode deutschen Handels und zünftigen Handwerks. Ihre Verfassung war im wesentlichen gekennzeichnet a) durch das Recht der eigenen Verwaltung durch einen Rat, einen vielgliedrigen Gemeindeausschuß; b) durch das Stadtgericht: Jede Stadt bildet einen eigenen Gerichtsbezirk; c) durch das Recht einen Markt abzuhalten; d) durch eine Reihe von Privilegien, wie Zollfreiheit, eine gewisse Steuerfreiheit, Münzrecht usw.; e) durch das Befestigungsrecht[9].

---

[1] W. Vogel, Ein seefahrender Kaufmann um 1100, Hans. GBll. 18 (1912); ders., Gesch. d. dt. Seeschiffahrt 1 (1915); F. Weyer, Der reisende Kaufmann (1948); A. Sapori, Le marchand italien au moyen âge (1952); vgl. S. L. Thrupp, The Merchant Class of Medieval London (1948); E. Maschke, La mentalité des marchands européens au moyen âge. Rev. d'hist. écon. et soc. 42 (1964).

[2] Vgl. G. Schreiber, Gemeinschaften d. MA (1948), bes. S. 3 ff.: Byzantin. u. abendländ. Hospital; S. Reicke, Das dt. Spital u. sein Recht im MA (1932); J. Imbert, Les hôpitaux en droit canonique, L'Eglise et l'Etat au moyen âge 8 (1947).

[3] H. Planitz, Kaufmannsgilde u. städtische Eidgenossenschaft ... im 11. u. 12. Jh., ZRG GA 60 (1940); K. Frölich, Kaufmannsgilde u. Stadtverfassung im MA, in: Festschr. A. Schultze (1934); K. Hegel, Städte u. Gilden d. german. Völker im MA (2 Bde. 1891); G. v. Below, Stadtgemeinde, Landgemeinde u. Gilde, VSWG 7 (1909); M. Weider, Das Recht d. dt. Kaufmannsgilden im MA (1931).

[4] A. Vermeesch (s. Kap. 34, Anm. 8) warnt davor, mit Planitz den revolutionären Charakter d. Entstehung d. Kommune u. d. coniuratio in Nordwesteuropa zu stark zu betonen. Sie war Friedenseinung u. Volksaufgebot zur Verteidigung; der Stadtherr war daran beteiligt.

[5] L. v. Winterfeld, Gottesfrieden u. dt. Stadtverfassung, Hans GBll. 32 (1928) u. ZRG GA 54 (1934); H. Conrad, Stadtgemeinde u. Stadtfrieden in Koblenz, ZRG GA 58 (1938). Aus diesen Anfangsgründen entwickelte sich der Bürgereid: W. Ebel, Der Bürgereid als Geltungsgrund u. Gestaltungsprinzip d. dt. mal. Stadtrechts (1958).

[6] Fr. Beyerle, Zur Wehrverfassg. d. HochMA, in: Festschr. E. Mayer (1932).

[7] G. v. Below, Die städt. Verwaltung d. MA als Vorbild d. späteren Territorialverwaltung, HZ 75 (1895); A. Erler, Bürgerrecht u. Steuerpflicht im mal. Städtewesen mit bes. Untersuchung d. Steuereides ([2]1963).

[8] Fr. Beyerle, Untersuch. z. Gesch. d. älteren Stadtrechts von Freiburg i. B. u. Villingen (1910); K. Weller, Die staufische Städtegründung in Schwaben, Württ. Vjh. 36 (1930); E. Rüti-Meyer, Stadtherr u. Stadtherrschaft in den rhein. Bischofstädten (1928), dazu Fr. Beyerle, ZGORh NF 44, K. Frölich, ZRG GA 49 (1929); H. Planitz, Das Kölner Recht u. s. Verbreitung in der späteren Kaiserzeit, ZRG GA 55 (1935); ders., Die dt. Stadtgemeinde, ebd. 64 (1944); ders., Die Städte Flanderns, Rhein. Vjbll. 11 (1941).

[9] E. Pitz, Die Entstehung d. Ratsherrschaft in Nürnberg im 13. u. 14. Jh. (1956); P. Berghaus, Die Münzpolitik d. dt. Städte im MA, in: Pro Civitate (1964); R. Geyer, Die mal. Stadtrechte Wiens, MIÖG 58 (1950).

Kapitel 36
Organisationsformen der bürgerlichen Wirtschaft und Gesellschaft
Produktion und Kapital

Gegen die frühere Meinung, das Wirtschaftsleben der mittelalterlichen Stadt sei vom »Nahrungsprinzip« bestimmt, d. h. nur auf Sicherung eines standesgemäßen Bedarfs ohne eigentliches Erwerbs- und Gewinnstreben bedacht gewesen, spricht vor allem die starke Expansion und Intensivierung der Wirtschaft und die zunehmende Rationalisierung ihrer Methoden. Allerdings war der Drang nach Reichtum und wirtschaftlicher Macht gebändigt durch die Idee einer gottgewollten, im Jenseits verankerten ständischen Gliederung der Gesellschaft (Ordo-Gedanke) und durch eine religiös begründete Ethik, die die Wirtschaft nicht zum Selbstzweck werden ließ, sondern sie unter das Gebot der Gerechtigkeit und sozialen Ordnung stellte[1]. Theoretisch spricht sich das in der kanonistisch-scholastischen Lehre vom »*gerechten Preis*« aus[2], praktisch in der Überwachung und *Regelung der Preise* durch Stadt- oder Ratsherren und Zünfte[3], wenn auch diese mehr als jene sich dabei späterhin oft engherzig von ihrem Gruppeninteresse leiten ließen. Die Preisfestsetzung, die einen Ausgleich zwischen dem Gewinnstreben und einem tragbaren Lohn- und Preisniveau herstellen sollte, beschränkte sich jedoch meist auf die wichtigsten Lebensmittel und auf Ausnahmefälle (Mißwachs, Hungersnot, Teuerung); sie erfaßten nur das Endprodukt, während Rohstoffe, Halbfabrikate und Löhne nicht unmittelbar davon betroffen wurden und bei den meisten Gütern die Preisbindung völlig frei blieb; auch das spricht gegen das bloße »Nahrungsprinzip«.

36. Organisationsformen der bürgerlichen Gesellschaft

Die *Zünfte*[4] waren nicht nur Träger der Preis- und Wirtschaftspolitik, sondern Lebensgemeinschaften, die den Alltag des gewerblichen Stadtbürgers auch gesellschaftlich, geistig, religiös bestimmten. Ihr Aufstieg vollzog sich in den gewachsenen Städten langsam und organisch, während in den Gründungsstädten ihre Rechte meist von Anfang an festgelegt wurden. Eine lange, widerspruchsvolle Diskussion über ihren Ursprung, vor allem ihre »hofrechtlichen« Anfänge, hat ergeben, daß die Zünfte teils auf Anordnung der Stadtherren, teils auf freiwilligen genossenschaftlichen Zusammenschluß (Bruderschaft, Einung = Innung) zurückgehen. In den älteren Städten des Westens richteten die Stadtherren sogenannte »*Ämter*« ein als Organe zur Überwachung von Preis- und Marktvorschriften; sie umfaßten meist nur Gruppen von Handwerkern gleichen oder ähnlichen Gewerbes. Die *Einungen* erwuchsen aus dem Willen zu gegenseitiger Hilfe und erhielten vom Stadtherren gewerbliche Zwangsrechte übertragen. Die voll entwickelte Zunft nahm beide Hauptaufgaben wahr. Während sie aber anfangs allen Gewerbetreibenden »offen« stand ohne Beschränkung ihrer Mitgliederzahl, wurde sie später zur kartellartigen Organisation eines »geschlossenen« Kreises bevorrechteter Zunftmeister und Handwerkerfamilien, die den Markt im Interesse der Gruppe beherrschte. In landesherrlichen Städten wurden die vollen Zunftrechte meist nicht erlangt, sondern die »Handwerke« blieben auf soziale Aufgaben beschränkt.

Wurde die Preisbildung durch die Zünfte vornehmlich vom Eigeninteresse diktiert und häufig eine Preisabrede den Obrigkeiten abgetrotzt, so wahrte doch die Zunft in ihrer Blütezeit auch die Berufs- und Standesehre durch Überwachung der Güte der gelieferten Waren, durch Vorschriften über Nachtarbeit und Sonntagsruhe, über Lehrlings- und Gehilfenausbildung. Sie schützte die wirtschaftlich Schwachen und erschwerte übermäßige Bereicherung indirekt durch Beschränkung von Produktion und Verdienst, wenn sich auch der »Zunftzwang« nicht immer durchsetzte. Die Zunft war zugleich Kultgemeinde (Zunftaltäre) und militärische Einheit (zur Verteidigung der Stadttore und -mauern). Sie formte die bürgerlichen Kräfte zur Gemeinschaft, brachte sie allererst zu politischem Einsatz und diente im ganzen dem sozialen Ausgleich. Das Zunftwesen, das freilich in großen und kleinen Städten beträchtliche Unterschiede aufwies, blieb auch nicht auf die Handwerker beschränkt, sondern erfaßte einen viel weiteren Kreis von Beschäftigten und Arbeitern.

Das *Handwerk*[5] nahm in den deutschen Städten im Zuge der Schwergewichtsverlagerung von der agrarischen auf die städtische Wirtschaft einen großartigen Aufschwung und wurde zur Wirtschaftsmacht neben dem schon eher entwickelten Handel. Entgegen früherer Auffassung arbeitete der Handwerker im Mittelalter nicht nur auf Kundenbestellung und Lohn, sondern bereits vielfach für den Markt, den der ausgedehnte Handel erschloß. Seit dem 14. Jh. siegte daher Preiswerk über Lohnwerk. Bei zunehmender Spezialisierung der Berufe weitete sich das Produktionsvolumen aus und steigerte sich die Qualität. Diese Entwicklung wurde beschleunigt durch die »Preisschere« des 14. Jh.: sinkende Preise für landwirtschaftliche Erzeugnisse bei steigenden Preisen für Gewerbeprodukte[6]. Infolge dieser günstigen Konjunktur ergab sich seit der Mitte des 15. Jh. in den »Großstädten« eine Übersetzung des Handwerks und eine »soziale Frage«[7]: Meister und Gesellen traten wirtschaftlich und gesellschaftlich auseinander. Während die Meister in großen Handwerksbetrieben zu leitenden Unternehmern wurden[8], schlossen sich Gesellenbruderschaften zusammen; neben dem gelernten Handwerker erscheint der ungelernte, unzünftige Arbeiter und der für den Handel arbeitende Hausgewerbler. Eine städtische Unterschicht entstand, die sich den alten Lebensformen und -ordnungen nicht mehr einfügte.

Zur sozialen Differenzierung der Stadtbevölkerung führte erst recht der *Handel*, der die höchsten Gewinne brachte und Kapitalanhäufung ermöglichte. Der Kaufmann[9], nicht als Krämer, sondern als Fernhändler, war schon an der Entstehung der autonomen Stadtgemeinde führend beteiligt[10] und bildete in ihr nach den Verwaltungsministerialen die zweite Gruppe des Patriziats. Sein Handel, seine Erfahrungen und Gewinne wuchsen infolge der Ausweitung des Handelsraumes durch die Kreuzzüge und die Ostbewegung. Beim Vorstoß in den Nord- und Ostseeraum schlossen sich die norddeutschen Kaufleute im Ausland und später ihre Heimatstädte zur *Hanse* zusammen (s. Bd. 5, Kap. 63), die durch Privilegien und Stapelzwang[11] fast das Handelsmonopol in Nordeuropa gewann und unter Lübecks Führung ihre Wirtschaftsmacht durch kluge Diplomatie oder, wenn nötig, auch mit dem Schwert sicherte. Sie vermittelte zwischen Ost und West nicht nur

36. Organisationsformen der bürgerlichen Gesellschaft

Luxuswaren, wie das russische Pelzwerk und die hochwertigen flandrischen Tuche, sondern auch Konsumgüter, wie Getreide[12] und Fisch, Salz, Honig und Wachs, auch Holz, Erze und die Rohstoffe Wolle, Flachs, Baumwolle für die Weberei, die nicht nur in Flandern schon als Exportgewerbe betrieben wurde (Ulmer Barchentweberei)[13]. In fortschreitender Arbeitsteilung entwickelte und organisierte sich die Schiffahrt und das Transportgewerbe in Schiffergilden und Fuhrmannsgenossenschaften, auch das Nachrichtenwesen mit weiten Postlinien (z. B. Riga–Hamburg–Antwerpen). So wichtig dabei die Versorgung der Städte mit Nahrungsmitteln und Bedarfsgütern war, hielt sich der Großhandel doch nicht im Rahmen der »Stadtwirtschaft«, sondern weitete sich zu einer »Weltwirtschaft«[14], die wenigstens das ganze Abendland zu einem einheitlichen Wirtschaftsraum verband, mit Deutschland in der Mitte.

Teils Voraussetzung, teils Folge dieser Ausweitung des Handels war die zunehmende Intensivierung seiner Organisation. Das Aufkommen der Schriftlichkeit im Geschäfts- und Rechtsverkehr[15], Buchführung, Wechsel und Kredit ermöglichte die Leitung großer kaufmännischer Unternehmen vom heimischen Kontor aus, wodurch sich Unternehmer und Angestellte auch im Großhandel schärfer schieden. Während der norddeutsche Hansehandel zumeist vom Einzelkaufmann mit allen Gütern betrieben wurde, schlossen sich in Süddeutschland *Kaufmannsgesellschaften*[16] zusammen und spezialisierten sich auf einzelne Warengattungen. Aus gelegentlichen Personalgesellschaften mehrerer Kaufleute für bestimmte Unternehmen wurden Kapitalgesellschaften auf der Grundlage eines Commenda-Vertrags (Kapitaleinlage ohne persönliche Mitarbeit), die ein reines Kapitalrenteneinkommen gewährten. Ebenso wich im *Bergbau*[17] die seit dem 13. Jh. bezeugte kleinbetriebliche Form der »Gewerkschaften« mit Verpflichtung zur Zubuße im 15. Jh. der Kapitalgesellschaft durch Hereinnahme bloß finanziell beteiligter »Gewerken« (Aktionäre), deren Gewinne aus »Kuxen« (Aktien) die daran nicht beteiligten Arbeitnehmer zu Feindseligkeiten und Streiks herausforderten.

Der Aufschwung des Bergbaus im 15. Jh. stand in engstem Zusammenhang mit der Entwicklung des *Geldwesens und Kapitalverkehrs*[18]. Zwar führte der Übergang des königlichen Münzregals in landesherrliche oder städtische Hände zu großer Verwirrung im Geldwesen[19] durch die Vielzahl der Münzsorten, durch häufige Münzverschlechterungen und »Verrufungen«

und die Praktiken der »Kipper und Wipper«[20]. Aber der weiträumige Großhandel, dem das Anwachsen des Geldumlaufs zugute kam, unterschied zwischen Landes- und Handelsmünze, wog das Geld als Metall (Barren) und bediente sich zunehmend der Goldmünze, seit die Goldgewinnung im 14. Jh. aufblühte (Alpen, Sudeten). Das Absinken des Realwertes fixierter Renten, von dem am schlimmsten die kleinen Grundherrschaften der Ritter betroffen wurden (Kap. 37), hatte eine »Flucht in die Ware« zur Folge, von der die gewerbliche Produktion der städtischen Wirtschaft den Vorteil hatte. Geldhandel und Bankgeschäft breiteten sich von Oberitalien her aus mit dem Wechsel zunächst als Mittel des Zahlungsverkehrs (cambium per litteras), dann auch als Kreditinstrument (Akzept und Wechselprotest bereits im 14. Jh.). Zwar stand das kirchliche Zinsverbot dem Ausbau des Kreditwesens entgegen und wurde trotz vieler Übertretungen erst im 16. Jh. fallengelassen. Doch umging man es meist durch »Rentenkauf«, der der grundherrlichen Rente aus verliehenem Boden entsprach[21]. Das Geldgeschäft wurde von großen (Familien-)Gesellschaften wie den Fuggern monopolistisch organisiert und ermöglichte die Zusammenballung großer Vermögen, die wieder zum Erwerb genutzt wurden. Kapital und Firma wurden selbständig[22]. Der »Frühkapitalismus«[23] war das Ergebnis der bürgerlich-städtischen Wirtschaft des Spätmittelalters, die sich weder als bloße »Stadtwirtschaft« noch als Territorialwirtschaft (wie später im absoluten, merkantilistischen Fürstenstaat) abstempeln läßt[24], sondern sich zu einer Verkehrswirtschaft mit freiem Austausch von Gütern und Arbeitskräften innerhalb der damals bekannten Welt entfaltet hatte.

[1] E. TROELTSCH, Die Sozialllehren d. christl. Kirchen u. Gruppen (1912 = Ges. Schr. 1, 1923); J. HÖFFNER, Wirtschaftsethik u. Monopole im 15. u. 16. Jh. (1941); O. v. ZWIEDINECK-SÜDENHORST, Weltanschauung u. Wirtschaft, SB München (1942); ders., Zur Wirtschaftsethik d. SpätMA u. d. 16. Jh., Jbb., f. Nat.ök. u. Stat. 156 (1942, Lit.bericht); Cl. BAUER, Kirche, Staat u. kapitalist. Geist, AKG 21 (1931); J. B. KRAUS, Scholastik, Puritanismus u. Kapitalismus (1930); R. H. TAWNEY, Religion u. Frühkapitalismus (1946).

[2] C. BRINKMANN, Geschichtl. Wandlungen in der Idee d. gerechten Preises, WaG 5 (1939), auch in: Wirtschaftsformen u. Lebensformen ([2]1950).

[3] E. KELTER, Gesch. d. obrigkeitlichen Preisregelung 1: In der Zeit d. mal. Stadtwirtschaft (1935); M. J. ELSAS, Umriß einer Gesch. d. Preise u. Löhne in Dtld. vom ausgeh. MA bis zum Beginn d. 19. Jh. (2 Bde. 1936/49); F. LÜTGE, Die Preispolitik in München im hohen MA, Jbb. f. Nat.ök. u. Stat. 153 (1941); DW[9] 3049.

[4] Zünfte: DW[9] 3120/1 u. 7206/7; E. WEGE, Die Zunft als Träger wirtschaftl. Kollektivmaßnahmen (1932); G. MICKWITZ, Die Kartellfunktionen d. Zünfte u. ihre Bedeutung bei der Ent-

36. Organisationsformen der bürgerlichen Gesellschaft

stehung d. Zunftwesens (1936); E. KELTER, Die Wirtschaftsgesinnung d. mal. Zünftlers, Schmollers Jb. 56 (1932); H. BREUER, Das Wesen d. dt. Zünfte im MA (Diss. München 1942).

[5] E. MUMMENHOFF, Der Handwerker in der dt. Vergangenheit ([2]1924); R. WISSEL, Des alten Handwerks Recht u. Gewohnheit (2 Bde. 1929); O. D. POTTHOFF, Kulturgesch. d. dt. Handwerks (1938); R. SPRANDEL, Die Ausbreitung d. dt. Handwerks im mal. Frankreich, VSWG 51 (1964); ders., Das Eisengewerbe im MA (1968).

[6] Vgl. F. LÜTGE, Dt. Soz.- u. Wirtschgesch. ([3]1966), S. 204ff.

[7] H. JECHT, Studien z. gesellsch. Struktur d. mal. Städte, VSWG 19 (1926); auch H. HERKNER, Die Arbeiterfrage ([7]1921); E. MASCHKE, Verf. u. soziale Kräfte in der dt. Stadt d. späten MA, vornehmlich in Oberdtld., VSWG 49 (1959); ders., Die Unterschichten d. mal. Städte Dtlds., in: MASCHKE-SYDOW (Hg.), Gesellschaftl. Unterschichten in den südwestdt. Städten (1967); B. TIERNEY, Medieval Poor Law. A Sketch of Canonical Theory and its Application in England (Berkeley 1959).

[8] Beispiel eines »Unternehmers«: G. ESPINAS, Jean Boine Broke, bourgeois et drapier Douaisien, VSWG 2 (1904).

[9] H. SIEVEKING, Der Kaufmann im MA, Schmollers Jb. 52 (1928); G. STEINHAUSEN, Der Kaufmann in der dt. Vergangenheit ([2]1924); F. WEYER, Der reisende Kaufmann (1948); vgl. H. de MAN, Jacques Coeur, der kgl. Kaufmann (1950); vgl. Kap. 35, Anm. 1.

[10] F. RÖRIG, Magdeburgs Entstehung u. die ältere Handelsgesch., Vortr. u. Schr. d. Akad. Berlin 49 (1952) u. o. Kap. 35.

[11] O. GÖNNENWEIN, Das Stapel- u. Niederlagsrecht (1939).

[12] Vgl. H. G. v. RUNDSTEDT, Die Regelung d. Getreidehandels in den Städten Südwestdtlds. u. d. dt. Schweiz im späteren MA u. im Beginn d. Neuzeit (1930).

[13] Vgl. H. JECHT, Beitr. z. Gesch. d. ostdt. Waidhandels u. Tuchmachergewerbes, N.Laus. Magaz. 99/100 (1923/24).

[14] B. KUSKE, Die histor. Grundlagen d. Weltwirtschaft (1926); F. RÖRIG, Mal. Weltwirtschaft (1933). – Handelsgesch. einzelner Städte u. Territorien: DW[9] 3050ff.; H. VIETZEN, Der Münchener Salzhandel im MA (1936).

[15] Schriftlichkeit im Handel s. Bd. 5, Kap. 63a, Anm. 10; E. HAJNAL, Le rôle social de l'écriture et l'évolution europ., Rev. de l'Institut de Sociol. Solvay (1934).

[16] A. SCHULTE, Gesch. d. großen Ravensburger Handelsges. 1380–1530 (3 Bde. 1923); J. STRIEDER, Studien z. Gesch. frühkapitalist. Organisationsformen ([2]1925); Cl. BAUER, Unternehmung u. Unternehmungsformen im SpätMA u. in der beginn. Neuzeit (1936).

[17] O. HUË, Der Bergarbeiter 1 (1910); O. JOHANNSEN, Gesch. d. Eisens (1925); H. QUIRING, Gesch. d. Goldes (1948).

[18] B. KUSKE, Die Entstehung d. Kreditwirtsch. u. d. Kapitalverkehrs, in: Die Kreditwirtschaft (1927).

[19] Der Verwirrung suchten Münzbünde zwischen Städten u. Landesherren zu steuern, darüber W. JESSE, Der wendische Münzverein (1928).

[20] »Kippen« heißt das Beschneiden vollwertiger Münzen, »wippen« das Aussortieren schwerer Stücke.

[21] Bei Rentenkauf bekam der Kapitalgeber statt Zinsen eine bestimmte Rente.

[22] C. BRINKMANN, Zwei sprachgesch. Beiträge z. Entwickl. d. Wirtschaftsrechts, in: Wirtschaftsform u. Lebensform ([2]1950).

[23] Frühkapitalismus: DW[9] 2955; H. SÉE, Die Ursprünge d. mod. Kapitalismus (1948); auch G. v. PÖLNITZ, Jakob Fugger (2 Bde. 1949/51).

[24] H. SPANGENBERG, Territorialwirtsch. u. Stadtwirtsch. (1932); dazu F. RÖRIG, HZ 150 (1934); u. zusammenfassend ders., Die europ. Stadt (1955), aus Propyl.-Weltgesch. 4 (1932).

215

Kapitel 37
Rittertum und Adel
Volksbewegung und Religiosität

Der Ritterstand der Stauferzeit hatte Adel und Ministerialen zu einer Gesellschaft gleicher Lebensformen und Ideale verbunden, die sich nach unten gegen Emporkömmlinge aus dem Bürger- und Bauerntum abschloß[1]. Adlige Normen der Ebenburt und Echtheit und adliger Brauch, wie Schwertleite und Turnier, wurden auch für die ritterlichen Dienstmannen gültig; sie hatten wesentlichen Anteil an der höfischen Kultur, am Reichsdienst und am Kreuzzug.

In der höfischen Gesellschaft, die Leitbilder setzte und Lebensnormen vorschrieb, meldete sich erstmals die adlige »Laienwelt« kräftig zu Wort und fand zugleich in der Nationalsprache einen entsprechenden literarischen Ausdruck[2]. Das kann nicht besagen, daß der Adel vorher nicht gebildet und literaturbeflissen gewesen wäre. In der archaischen Zeit schrieb nur der Mönch, und der tat es in der heiligen Kultsprache seiner Kirche und mit den Worten und Denkformen der antiken lateinischen Geistigkeit. Der neue Geist der Laien war nicht unkirchlich, aber er war christlich auf seine Weise[3]. Dieses literarische Erwachen der schwerttragenden Oberschicht ist begleitet von einem religiösen Erwachen der aufsteigenden Unterschichten der Arbeit, des Handels, der Produktion. Diese wenden sich in ihrem sozialen Impuls vor allem gegen die reiche und herrschende Kirche, gegen »avaritia« und »superbia« der Oberschichten; sie sehen im »nudus Christus in nudo ligno« ihr Gottesideal, und sie finden in Franz von Assisi[4] und den Bettelorden die Verkörperung ihrer tiefsten Sehnsüchte und Wünsche, ihre religiöse Idealgestalt. Seit dem 12. Jh. war Europa durch die Wanderpredigerbewegung, durch Katharer und Waldenser dahin gelenkt und geführt[5].

Im Spätmittelalter zerfiel die Gemeinschaft des Ritterstandes in die beiden Kreise des *hohen* und des *niederen Adels*[6], die sich ständerechtlich voneinander schieden, wenn auch das Bewußtsein eines Gesamtadels nicht verlorenging. Zum Hochadel zählten fortan nur die Reichsfürsten und Grafen, während auch die Reichsritter trotz ihrer Reichsunmittelbarkeit dem landsässigen niederen Adel zugezählt wurden. Mit dem Rittertum des einstigen Berufskriegerstandes hatte er in seiner Lebensweise nicht mehr viel gemein. Symptomatisch für seinen poli-

37. Rittertum und Adel

tischen, gesellschaftlichen und kulturellen Abstieg ist die häufige Verschuldung an die Städte infolge des Schwindens der wirtschaftlichen Grundlagen und das Fehlen politischer und militärischer Aufgaben, da die aufkommenden territorialen Gewalten sich eines fachmännischen Beamtentums bedienten, dem nicht ritterliche Tugenden, sondern Verstand, Wissen, Schulung und Erfahrung nötig waren. Ein neuer politischer Stil, ein neues Gesellschaftsideal, ein neuer Ehrbegriff traten zugleich mit der neuen Wissenschaft der Universitäten auf den Plan. Die privilegierte Stellung des Ritters war nicht mehr durch Pflicht und Leistungen gerechtfertigt. Ritterheere unterlagen häufig den Fußtruppen der Schweizer oder der Städte. Das Rittertum war als Wehrstand überholt. Auch bündische Zusammenschlüsse konnten darüber nicht hinwegtäuschen[7].

Die *Reichsritter*[8] entstammen ursprünglich ehemaligen Königs-, Reichsministerialenfamilien, die sich aus eigener Kraft oder mit Hilfe von Bündnissen der Unterwerfung unter eine Landesherrschaft erwehren konnten und unter kaiserlichem Schutz als adlige Glieder des Reiches besondere Standesrechte zu wahren wußten. Zu diesen Rechten gehörten die Befreiung von Reichssteuern, der Gerichtsstand der Reichsunmittelbaren, die Hausgesetzgebung mit kaiserlicher Bestätigung. Hauptverbreitungsgebiet der Reichsritterschaft war der Bereich der staufischen Königsländer in Franken, Schwaben, am Rhein und im Elsaß. Diesem niederen Reichsadel strebten nicht nur einzelne, sondern ganze Landesritterschaften zu, um sich von der Territorialhoheit zu lösen, besonders in Württemberg, auch im Kurfürstentum Trier.

Im Gegensatz dazu war der niedere *Landesadel*[9] als solcher landsässig. Viele Reichsministerialen hatten sich freiwillig oder gezwungen unter die Landesherrschaft gebeugt und verfielen dadurch der Mediatisierung. Ihnen gesellten sich die landesherrlichen Ministerialen zu und später der neuverliehene Adel, der grundsätzlich Landesadel war, wenn auch die Standeserhöhung kaiserliches Reservatrecht war.

Zur Bezeichnung der Adelsgüter kam später der Ausdruck »*Rittergut*« in allgemeinen Gebrauch. Er hatte allerdings im Westen Deutschlands eine andere Bedeutung als im Osten. Im Westen gab es wenig Großgüter in Eigenregie, da in der Regel ein Rittersitz überhaupt keinen Großbetrieb hatte. Im Kolonialland dagegen schuf ein jüngeres Wirtschaftssystem aus größeren (Fron-, Herren-)Hofländereien neuartige Großgüter.

Dieses Wirtschaftssystem nennt man *Gutsherrschaft* (s. Kap. 17)[10]. Sie bestand wie die alte Grundherrschaft aus Herren- und Bauernland, jedoch überwog das Herrenland. Die bäuerliche Arbeitskraft aber wurde nicht nur sachlich durch Abgaben, sondern auch persönlich durch Dienstleistungen in ausgedehntem Maße für den Großbetrieb eingesetzt (unfreie Arbeitsordnung). Das gutsherrschaftliche Wirtschaftssystem setzt aber eine andere geistige Haltung voraus, die eine Folge des wirtschaftlich-gesellschaftlichen Strukturwandels im Spätmittelalter war. Der Adel, der vom Ritterleben in Krieg und Fehde abgedrängt und von der Versorgung mit geistlichen Stellen ausgeschlossen war, dessen niedere Schichten von einer schmalen Rente leben mußten, sah sich in seinen vermögenden Schichten gezwungen, Ausschau nach besserer Kapitalanlage zu halten. Die andere Bodenverteilung und die geringe Bevölkerungsdichte im Osten erleichterten eine wirtschaftliche Konzentration. Dazu winkten dort neue Absatzmöglichkeiten, und Preisschwankungen gaben entsprechenden Anreiz. Während das ältere Rittertum höchstens Überschüsse zum Markt brachte, begann die neue adlige Agrarwirtschaft sich unternehmermäßig zu organisieren; dieser Prozeß hat sich freilich sehr langsam vollzogen. Dieser Ritteradel benützte dazu besonders seine Patrimonialrechte in geschlossenen Gebieten. Der adlige Grundherr, der auch Gerichts-, Dorf- und Steuerherr war, dehnte sein Herrenland auf Kosten des Bauernlandes aus (Bauernlegen) und begründete eine Privat-(Erb-)Untertanenschaft seiner Bauern. Die Territorialgewalt konnte ihn dabei nicht hemmen, mußte ihm sogar weit entgegenkommen, da dieser landsässige Adel als Mitglied der »Landschaft« (Landtage) vom Landesherrn immer wieder zur Steuerbewilligung gebraucht wurde. Hauptverbreitungsgebiet der adligen Gutsherrschaft waren der Nordosten, die böhmischen Länder und der Südosten. Der Westen dagegen behielt seine ältere grundherrschaftliche Agrarwirtschaft bei.

---

[1] E. Otto, Von der Abschließung des Ritterstandes, HZ 162 (1940).
[2] H. Kallfelz, Das Standesethos d. Adels im 10. u. 11.Jh. (1960); K. Hauck, Haus- u. sippengebundene Lit. mal. Adelsgeschlechter, MIÖG 62 (1954); E. Neumann, Der Streit um das ritterl. Tugendsystem, in: Festg. K. Helm (1951); W. Braun, Studien zum Ruodlieb: Ritterideal, Erzählstruktur u. Darstellungsstil (1962); S. Painter, The Ideas of Chivalry, in: Cazel (ed.), Feudalism and Liberty (Baltimore 1961); ders., French Chivalry: Chivalric Ideas and Practices in Medieval France (ebd. 1940); A. Borst, Das Rittertum im HochMA: Idee u. Wirklichkeit, Saeculum 10 (1959); J. P.

RITTER, Ministerialité et Chevalerie. Dignité humaine et liberté dans le droit médiéval (1955).
[3] H. KUHN, Rittertum u. Mystik, Münchener Univ.-Reden, NF 33 (1962).
[4] O. ENGLEBERT, Saint Francis of Assisi (Chicago [2]1965).
[5] H. GRUNDMANN, Relig. Bewegungen im MA ([2]1961); A. BORST, Die Katharer (1953); Chr. THOUZELLIER, Catharisme et Valdéisme en Languedoc (1966); E. WERNER, Pauperes Christi. Studien zu sozial-relig. Bewegungen im ZA d. Reformpapsttums (1956); M. ERBSTOESSER u. E. WERNER, Ideolog. Probleme d. mal. Plebejertums. Die freigeistige Häresie u. ihre sozialen Wurzeln (1960); H. HÜGLI, Der dt. Bauer im MA nach den dt. literar. Quellen vom 11.–15. Jh. (1929); E. MOEREN, Zur sozialen u. wirtschaftl. Lage d. Bauerntums vom 12.–14. Jh., Nass. Annal. 59 (1939); F. THIEL, Die Lage d. süddt. Bauern nach der Mitte d. 13. Jh. auf Grund d. Predigten Bertholds v. Regensburg, Jber. Klosterneuburg (1906).
[6] J. St. PÜTTER, Über den Unterschied der Stände, des hohen und niederen Adels in Teutschland (1795); über Ebenbürtigkeit: DW[9] 2410; K. BOSL, Reichsministerialität (s. Kap. 29, Anm. 1); G. GATTERMANN, Die dt. Fürsten auf der Reichsheerfahrt. Studien z. Reichskriegsverfassung d. Stauferzeit (Diss. Frankfurt 1956); A. NITSCHKE, La posizione della nobilà nelle leggi siciliane di Federico II, Arch. Stor. Pugliese 13 (1960); J. M. van WINTER, Ministerialiteit en Ridderschap in Gelre en Zutphen (2 Bde. Groningen 1962); dies., Rittertum. Ideal u. Wirklichkeit (1969).
[7] Vgl. Bd. 6, Kap. 2 u. 15; K. O. MÜLLER, Zur wirtschaftl. Lage d. schwäb. Adels am Ausgang d. MA, Zs. f. württ. Ldsgesch. 3 (1939); H. OBENAUS. Recht u. Verf. d. Gesellschaft mit St. Jörgenschild in Schwaben (1961).
[8] Zur Reichsritterschaft: DW[9] 2416; G. PFEIFFER, Studien z. Gesch. d. fränk. Reichsritterschaft, Jb. f. fränk. Ldsforsch. 22 (1962).
[9] U. STUTZ, Zum Ursprung u. Wesen d. niederen Adels, SB Berlin (1937) u. DW[9] 2415.
[10] Rittergüter u. Gutsherrschaft: DW[9] 2658 ff.; G. v. BELOW, Probleme d. WG ([2]1926); F. LÜTGE, Die mitteldt. Grundherrschaft (1934); ders., Die bayer. Grundherrschaft (1949); W. RICHTER. Die Organisation einer Grund- u. Gutsherrschaft im Saale-Unstrut-Tal (1925); H. BECHTEL, Mal. Siedlung u. Agrarverhältnisse im Posener Land. Ein Beitrag zur Entstehungsgesch. d. Gutsherrschaft, Schmollers Jb. 49 (1925), Die marxist. Gesch.wissenschaft spricht hier von der zweiten Leibeigenschaft.

Kapitel 38
Die Rezeption des römischen Rechts

Eine Unzahl von Theorien suchte die Gründe für die *Rezeption des römischen Rechts* zu klären[1]. Die Aufnahme römischen und kanonischen Rechts sowie italienischen Lehensrechtes (Libri feudorum) war in Deutschland schon seit dem 12. Jh. vorbereitet. Durch die Exegese des Corpus iuris civilis Iustinians in der um 1100 von Irnerius in Bologna begründeten Glossatorenschule und noch mehr durch die nach scholastischer Methode kommentierenden und systematisierenden Postglossatoren des 14. Jh. (Perugia, Padua, Pavia, Pisa) war das römische Recht zum Gegenstand einer Wissenschaft geworden wie das Kirchenrecht des Corpus iuris canonici seit dem sogenannten Dekret Gratians um 1140. Die *Rechtszersplitterung des 13. Jh.*, das Nebeneinander zahlloser Rechtsquellen, die Unterschiede der Stammes-, Standes-, Stadt- und Landrechte weckten das Bedürfnis nach einem gemeinsamen Recht. Zwar tritt die Absicht der Sammlung gemeindeutschen Rechts bereits im Deutschen-, Schwaben- und Frankenspiegel des 13. und 14. Jh. deutlich zutage, aber Reich und Reichsgesetzgebung waren außerstande, dem Eindringen des römischen Rechts Halt zu gebieten. Humanistische Geisteshaltung und das Bewußtsein vom Zusammenhang des antiken mit dem deutschen »Kaiserrecht« förderte die Rezeption weiterhin[2].

Man hat die politische Verwendung des römischen Rechts im 12. und 13. Jh. als theoretische Rezeption bezeichnet; erst im 15. Jh. beginnt mit der juristischen Anwendung des römischen Rechts die praktische Rezeption. Sie knüpfte nicht mehr unmittelbar an die Justinianische Gesetzgebung an, sondern an die oberitalienische Rechtslehre der Kommentatoren, die das römische Recht den Zeitverhältnissen anpaßten. Dieses umgebildete römische Recht wurde vor allem in den Gerichten angewandt; ihr Träger war der gelehrte, römisch-rechtlich gebildete Richter. Daneben wurde aber auch die Gesetzgebung durch Juristen romanistisch beeinflußt. Seine Tätigkeit begann der gelehrte Jurist in der Verwaltung als königlicher oder landesherrlicher Rat; von da aus stieg er zu den oberen Gerichten auf (Kammergericht, landesherrliche Hofgerichte, daneben auch Stadtgerichte). Langsam wurde der Laienrichter durch den Berufsrichter abgelöst. Des Reichs »gemeinsames Recht« wurde in erster Linie das römische Recht; das *deutsche Recht* aber wurde des Beweises und einer Auslegung bedürftig erachtet. Nach den schon im Mittelalter geübten Gewohnheiten der Oberhöfe, Rechtsbelehrungen zu erteilen, wurde seit dem 15. Jh. die Spruchtätigkeit der Juristenfakultäten an den Universitäten üblich[3].

Der Verbreitung der Kenntnis römischen Rechts diente vor allem seit dem 14. Jh. eine ausgedehnte populär-juristische Literatur in Form von Vokabularien, Summen, Formelbüchern, Traktaten. Sie befaßten sich mit Privat-, Straf- und Prozeßrecht. In der Schweiz setzte sich dieses Recht nicht durch, auch in Schleswig-Holstein nicht; in Sachsen hielt sich weiterhin in ausgedehntem Maße heimisches Recht; im Bauernrecht blieben

38. Die Rezeption des römischen Rechts

die Weistümer bis in das 18. Jh. fast völlig unbeeinflußt; auch das Handelsrecht wahrte seinen deutschrechtlichen Charakter[4].

Mit dem römischen Recht fanden auch die Formprinzipien der politischen Welt der Römer und der Romania, *auctoritas und disciplina*, in Deutschland Eingang und traten als Regierungsmaximen an die Stelle von *pax et iustitia*. Wer »Friede und Gerechtigkeit« vertrat, suchte Ausgleich der Kräfte auf Grund eines Kompromisses; er hatte es mit gleichberechtigten Partnern zu tun, die er unter einen Hut bringen mußte. Auctoritas und disciplina aber waren die geistigen Grundlagen der modernen Staatenwelt mit ihren autonomen Territorien, der aufkommenden Souveränitätsidee des Fürsten und Staates und dem Gehorsamsverhältnis des Untertanen[5].

Die neuen Anregungen aus dem Süden trafen in Deutschland auf eine Welt, die sich eben in der Verbindung von Stadt und Staat konsolidieren wollte. Ein starker Drang nach Festigung und Ordnung schwang am Vorabend der Neuzeit, dessen Menschen unsicher, kritisch, voll Sentiments und düsterer Stimmungen waren; er regte sich auch auf dem Felde der Reichsverfassung. Breite Volksschichten trugen in sich die Überzeugung, daß das Reich einer festen Form bedürfe, in der Friede und Recht gesichert wäre. Da aber eine durchgreifende Reichsreform nicht gelang, kam auch die Rezeption des römischen Rechts mehr den landesherrlichen Territorialstaaten als der kaiserlichen Autorität und dem Reich zugute.

---

[1] DW⁹ 8457, bes. G. v. Below, Die Ursachen d. Rez. d. röm. Rechts in Dtld. (1905).

[2] F. K. v. Savigny, Gesch. d. röm. Rechts im MA 1 (1915); P. Vinogradoff, Roman Law in Medieval Europe (²1929); P. Koschaker, Europa u. das römische Recht (1947); F. Calasso, Medio evo del diritto 1 (1954); H. Krause, Kaiserrecht u. Rezeption, Abh. Ak. Heidelberg (1952); W. Trusen, Anfänge d. gelehrten Rechts in Dtld. Ein Beitrag zur Gesch. der Frührezeption (1962); W. E. Brynteson, Roman Law and Legislation in the Middle Ages, Speculum 41 (1966); W. Goetz, Das Wiederaufleben d. römischen Rechts im 13. Jh., in: ders., Italien im MA (1942); H. Coing, Römisches Recht in Dtld., Ius Romanum medii aevi V 6 (1964).

[3] Th. Görlitz, Die Magdeburget Schöffensprüche für die Hansestadt Posen u. andere Städte d. Warthelandes (1944); W. Weizsäcker, Magdeburger Schöffensprüche u. Rechtsmitteilungen f. den Oberhof Leitmeritz (1943).

[4] C. Bornhak, Römisches u. dt. Recht, HZ 159 (1939); G. Dahm, Zur Rezeption d. römisch-italien. Rechts, HZ 167 (1943); Eb. Schmidt, Inquisitionsprozeß u. Rezeption, Studien zur Gesch. d. Strafverfahrens in Dtld. vom 13. bis 16. Jh., in: Festschr. H. Siber (1940); F. Merzbacher, Römisches Recht u. Romanistik im MA. Zum gegenwärt. Stand d. Forschung, HJb 89 (1969).

[5] P. Laband, Bedeutung d. Rezeption d. röm. Rechts für das dt. Staatsrecht (1880); M. Cremer, Staatstheoretische Grundlagen d. Verfassungsreformen im 14. u. 15. Jh. (Diss. Kiel 1939).

G. Ständische Bewegung und ständische Gesellschaft
Der Dualismus im Reich und in den Territorien

Literatur: F. Hartung, Dt. VG vom 15. Jh. bis z. Gegenwart ([8]1964), mit reichen Quellen- u. Lit. angaben; E. Forsthoff, Dt. VG d. Neuzeit ([3]1967); A. Mitteis u. H. Lieberich, Dt. RG ([11]1969). – F. Hartung, Herrschaftsverträge u. ständischer Dualismus in dt. Territorien, Schweiz. Beitr. z. allg. Gesch. 10 (1952), betont den konservativen Charakter d. Stände u. lehnt den von Näf verwendeten Begriff Dualismus ab; H. Heimpel, Das Wesen d. dt. SpätMA, in: ders., Der Mensch in seiner Gegenwart (1954); ders., Das dt. 15. Jh. in Krise u. Beharrung, Vortr. u. Forsch. 9 (1965); F. A. v. Heydte, Die Geburtsstunde d. souveränen Staates (1952), dazu H. Heimpel, GGA 208 (1954), S. 197 ff., u. F. Merzbacher, DA 11 (1954/55), S. 279 ff.; O. Hintze, Staat u. Verfassung, Ges. Abh. z. allg. VG (2 Bd. [2]1962/64), hg. v. G. Oestreich; G. v. Below, System u. Bedeutung d. landständ. Verfassung, in dess. Territorium u. Stadt ([2]1923); E. Lousse, Parlamentarisme ou corporatisme? Les origines des assembleés d'états, Rev. hist. du droit franç. et étr. 4, ser. 14 (1935); W. Näf, Frühformen d. »Modernen Staates« im SpätMA, HZ 171 (1951); ders., Herrschaftsverträge d. SpätMA (1951); ders., Herrschaftsverträge u. Lehre vom Herrschaftsvertrag, Schweiz. Beitr. z. allg. Gesch. 7 (1949); F. Rachfahl, Der dualistische Ständestaat in Dtld., H. f. Gesetzgeb. u. Verwalt. 26 (1902); ders., Alte u. neue Landesvertretung in Dtld., ebd. 33 (1909); ders., Waren die Landstände eine Landesvertretung?, ebd. 40 (1916); H. Spangenberg, Vom Lehenstaat zum Ständestaat (1912); K. Wolzendorff, Staatsrecht u. Naturrecht in der Lehre vom Widerstandsrecht d. Volkes ... (1916). – S. auch Bd. 11, Kap. 13.

Kapitel 39
Die ständische Bewegung

Die ständische Bewegung seit dem Spätmittelalter ist eine gesamteuropäische Erscheinung[1], die zeitweise auch die Kirche erfaßt hat (Konziliarismus)[2]. Sie hat weit zurückreichende Wurzeln im genossenschaftlichen Mitspracherecht[3], in der Bindung des Herrschers an Recht und Gesetz, deren Verletzung den Beherrschten ein Widerstandsrecht gab, in der Mitwirkung des »Volkes« durch seinen Adel an der Königswahl[4], wenn sie sich auch bald auf weltliche und geistliche Fürsten, schließlich auf 7 Kurfürsten beschränkte; auch die Verpflichtung des Lehnsherrn zu Schutz und Unterhalt der Lehensträger gab diesen eine Art lehensständischer Rechte. Auf »Rat und Hilfe« des Lehensadels war der König als oberster Lehensherr angewiesen, auf Zustimmung (consensus) zu politisch-rechtlichen Beschlüssen wie Heerfahrt, Landfriedensordnung und vor allem Besteuerung, längst ehe sich ständische Organisationen und Institutionen ausbildeten. Unmittelbarer Anlaß dazu

39. Die ständische Bewegung

wurde vornehmlich der wachsende Geldbedarf der Herrschenden, seit sie ihre Kriege nicht mehr allein mit dem Lehensaufgebot ihrer berittenen Vasallen führten, sondern dafür Söldnertruppen anwarben wie die berüchtigten Brabanzonen und Rotten, die schon Friedrich Barbarossa 1167 in Italien, der Kölner Erzbischof 1179 gegen Heinrich d. Löwen und dann der englische und der französische König in ihren Kämpfen gegeneinander verwendeten[5]. Gegen die auch aus anderen Gründen wachsenden Geldforderungen setzten sich die Betroffenen zur Wehr und machten ihre Bewilligung von der Gewährung oder Sicherung anderer Rechte abhängig. Dabei ging der feudale Lehensadel als nächster Partner des Königtums voran, hatte meistens die Bischöfe und Klöster auf seiner Seite und mußte bald auch die jungen steuerkräftigen Städte einbeziehen, um gemeinsame Interessen und Rechte gegen herrscherliche Willkür zu wahren. Das zeigt schon die englische Magna Charta Libertatum von 1215, die dem aus seinem französischen Festlandsbesitz verdrängten, dem Papst lehens- und zinspflichtig gewordenen König Johann Ohneland abgenötigt wurde: Sie mußte nicht nur die alten, oft mißachteten Lehensrechte der Barone gegen königlichen Mißbrauch garantieren, auch die »Rechte und Freiheiten der Kirche« (c. 1) und die Handelsfreiheiten der Kaufleute insbesondere der Stadt London; sie mußte jedem »liber homo« das Gericht durch Standesgleiche (iudicium parium) zusichern (c. 39), und sie wollte sogar die Einhaltung dieser Königspflichten durch einen Überwachungsausschuß von 25 Baronen dauerhaft sichern. Darin lag ein Keim zu parlamentarischer Kontrolle der Staatsführung durch die Stände, wenn sie auch nach mehrfacher Erneuerung der Magna Charta erst im Laufe des 13. Jh. festere Formen annahm[6].

Zur gleichen Zeit konnte in Deutschland der zu eigener Territorienbildung und Landesherrschaft aufstrebende Fürstenadel, die Kirchenfürsten voran (Confoederatio 1220), dem auf seine politische oder militärische Hilfe angewiesenen Staufer Friedrich II. und seinem in Deutschland bleibenden Sohn Heinrich (VII.) die Anerkennung landesherrlicher Rechte in seinen Territorien als »domini terrae« abgewinnen, hier allerdings noch in schroffer Abwehr städtischer Autonomiebestrebungen. Den Städten wurden Anfang 1231 – kurz vor dem »Statutum in favorem principum«, das der Kaiser im nächsten Jahr bestätigte (s. Bd. 5, Kap. 11), – durch einen Fürstenspruch auf einem Wormser Hoftag König Heinrichs alle »communiones, constitutiones, colligationes, confoederationes seu coniurationes« oder wie man es nennen mochte, Einungen (»Innungen«) in den Städten oder Bündnisse zwischen ihnen ohne Zustimmung ihrer Stadtherren strikt untersagt (Const. 2 n. 299), den Bischofsstädten insbesondere bald darauf vom Kaiser selbst die eigenmächtige Bildung von Stadträten, Zünften oder anderen »confraternitates seu societates« der Handwerker verboten (ib. n. 156), beides ohne nachhaltige Wirkung. Daß auch hier die ständische Bewegung nicht auf den Fürstenadel zu beschränken war, zeigt schon ein Reichsspruch aus derselben Zeit (1. V. 1231, ib. n. 305), daß die fürstlichen »domini terrae« ihrerseits keine »neuen Rechte und Bestimmungen« einführen dürfen ohne vorherigen Konsens der »meliores et maiores terrae« – ein Ansatz zur Mitwirkung von Landständen bei der territorialen Gesetzgebung, vor allem bei der Besteuerung durch ihre Landesherren. Am Schluß des Sachsenspiegel-Landrechts (III 91 § 3) heißt es, daß kein Gebot noch Herberge noch Bede (Steuer) noch Recht im Land gesetzt werden darf, wenn es dem nicht zustimmt (»it ne willekore das lant«). Wenn das auch nicht überall gleichmäßig zur Geltung kam, drang doch im 13. Jh. auch in die Staatslehre der Grundsatz des kanonischen Rechts ein: »Quod omnes tangit, ab omnibus approbari debet« (was alle betrifft, muß von allen gebilligt werden)[7]. Kaiser Friedrich II. begründete damit auch die Einberufung zweier Reichstage nach Oberitalien. Wollten zu seiner Zeit die Reichsfürsten allein mitsprechen und die aufstrebenden Städte noch ausschalten, so bildeten sich bald nach seinem Tod in der Krise des Interregnums trotz aller Verbote neue Städtebünde am Rhein und in Westfalen und schlossen sich 1254 Städte zu dem großen Rheinischen Bund zusammen, dem auch manche Fürsten und Adlige beitraten, um beim Versagen des Königtums die Rechts- und Friedenswahrung selbst in die Hand zu nehmen. Unter König Wilhelm von Holland schien diese ständische Selbsthilfe zu einem Organ der Reichsverfassung werden zu können[8]. Sein früher Tod und die Doppelwahl von 1257, die diesen von Lübeck und Aachen bis Basel und Regensburg reichenden Rheinischen Bund vergeblich zu verhüten suchte, hat ihn zerbrechen lassen. Seitdem sind immer nur begrenztere, nicht Nord- und Süddeutschland zugleich umfassende Städtebünde zustandegekommen, sei es im Interesse ihres Handels zumal im Ausland

39. Die ständische Bewegung

wie die norddeutsche Hanse oder zur Abwehr territorialfürstlicher und adliger Übergriffe wie die schwäbischen Städtebünde von 1376 und 1438 und andere. Noch die Goldene Bulle Karls IV. von 1356 (c. 15) hat zwar solche Städtebünde (außer Landfriedenseinungen zwischen Fürsten und Städten) überhaupt verboten, wie auch alle »colligationes« innerhalb der Städte. Aber schon Rudolf von Habsburg mußte in seiner Spätzeit, um die zahlungskräftigen Städte steuerwillig zu machen, ihre Vertreter zu seinen Hof- und Reichstagen zuziehen, die schon damals gelegentlich »parlamentum« genannt wurden; und Ludwig der Bayer hat 1338 auf dem Höhepunkt seines Ringens mit dem avignonesischen Papsttum und Frankreich als Verbündeter Englands, vielleicht nach dem Vorbild von dessen Parlament, nicht nur die Kur- und Reichsfürsten, Bischöfe und Prälaten, sondern auch die Städte zu Ständetagen berufen, um bei ihnen Rückhalt und Zustimmung für seine Politik zu finden (s. Bd. 5, Kap. 45). Nach seinem Ende wurde unter Karl IV. diese ständische Bewegung im Reich zurückgedrängt, erst in der Zeit der Reformkonzilien und der Reichsreformpläne Kaiser Sigmunds wieder belebt. Seit den von den Reichsständen dem Kaiser Maximilian I. abgerungenen Reichsreformen wurden auch die Frei- und Reichsstädte zu allen Reichstagen zugezogen und stets als letzte Gruppe der Reichsstände nach den Kurfürsten, geistlichen und weltlichen Fürsten, Prälaten, Grafen und Herren für alle Geld- und Truppenaufgebote zum Romzug und Türkenkrieg veranschlagt.

Erst recht waren die landesherrlichen Reichsfürsten in ihren Territorien für ihre oft kostspielige Politik und Hofhaltung auf die Zustimmung und Mitwirkung, vor allem auf Steuerbewilligung ihrer Landstände angewiesen, der adligen »Landherren«, der Prälaten und Klöster, auch der Städte und manchmal der Bauern (so in Tirol, Kempten, Oberschwaben). Hier hat sich vielfach seit dem 13./14. Jh. eine Art landständische Verfassung ausgebildet, wenn auch nicht gleichmäßig in allen Territorien, oft durch besondere Umstände bedingt. Am stetigsten läßt sich das Bayern beobachten, wo ein ziemlich geschlossenes Stammesgebiet 1180 zum Territorialherzogtum geworden war, aus dem nur die Bischöfe als Reichsfürsten und Landesherren im eigenen Territorium ausschieden. Je häufiger aber seit 1255 die Wittelsbacher (wie andere Territorialfürsten auch) ihr Land untereinander teilten und dadurch schwächten, um so mehr waren die Herzöge für ihren Geldbedarf auf die

Ständische Bewegung und ständische Gesellschaft

Hilfe ihrer »Landherren«[9] angewiesen und mußten dafür deren eigenen Herrschaftsrechten Zugeständnisse machen. Das zeichnet sich schon in einer Vilshofener »Hofordnung« von 1293 ab, die alle Grafen, Freien, Ministerialen »und alles lantvolch« dem Hof und Hofgesinde gegenüberstellt[10]. Als in Oberbayern 1301 der Landadel auf einem Rittertag dem Herzog Rudolf eine Notsteuer bewilligte, schloß er zugleich eine Einung zu gemeinsamem Widerstand gegen weitere Besteuerung. Und Herzog Otto von Niederbayern mußte 1311, als sein mißglückter Griff nach der Krone Ungarns und Kämpfe mit Österreich ihn in Geldnöte brachten, die Bewilligung einer Viehsteuer durch Adlige, Kirchen und Klöster, Städte und Märkte damit erkaufen, daß er ihnen in der »Ottonischen Handfeste« die Niedergerichtsbarkeit überließ und zugestand, daß sie sich zu gegenseitiger (notfalls auch auswärtiger) Hilfe gegen Vertragsverletzungen durch den Herzog und seine Beamten verschworen[11]. Diese Landshuter Vereinbarung, bis 1347 mehrfach bestätigt, galt bald als Grundlage ständischer Freiheit in Bayern, die bei ähnlichen Anlässen[12] immer wieder gesichert und gestärkt werden konnte, auch zur Abwehr von Verpfändungen und Entfremdungen oder weiteren Landesteilungen, mit dem Anspruch auf Mitsprache bei der Bestellung fürstlicher Räte[13], die aus dem Kreis der Landstände kommen sollten, mit Beschwerden und Klagen gegen Mißstände der landesherrlichen Verwaltung, mit der Kontrolle der Steuerverwendung durch ständische Ausschüsse oder eigene Verwaltung der Ständesteuern, mit Mitwirkung an der Gesetzgebung und auch an der Politik des Landesherrn. Dabei ergab sich zwar hier wie anderwärts ein oft gegensätzlicher Dualismus zwischen Fürsten und Ständen, aber auch deren Beteiligung an den gemeinsamen Sorgen und Nöten des Landes, ein gemeinsames »Staatsinteresse«. Während in Ungarn und Böhmen die Landesheiligen (Stefan, Wenzel) und dann die »Krone« zum Symbol und zur Repräsentation einer transpersonalen Herrschaftsidee wurden[14], ist in den deutschen Territorien vielfach (nicht überall) das »Land« (terra) zum Inbegriff der Gemeinsamkeit der Bewohner neben und mit dem Landesherrn geworden[15]. Territoriale Landfriedenseinungen oder die »samnung umb des landes not«, zu der der Landesherr einzelne Landstände berief, zumeist in Geldnöten zur Steuerbewilligung, wurden zu Vorstufen regelmäßiger Landtage, auf denen seit dem 15. Jh. einem bestimmten, in einer »Landtafel« verzeichneten Kreis von Ständevertretern der »Landschaft« ein Anrecht auf beratende Mitwirkung an gemeinsamen Landesangelegenheiten bis zu Beschlüssen über Bündnis und Krieg zustand.

Überall bekam diese ständische Bewegung seit der Wende zum 14. Jh. kräftigen Auftrieb und setzte dann nach einer Beruhigung unter Karl IV. im 15. Jh. verstärkt wieder ein. Oft haben sich einzelne Ständegruppen auch über die Territorialstaatsgrenzen hinweg zu »Einungen«[16] verbunden, um gemeinsam ihre Interessen zu verfechten, sei es gegen den König oder die Territorialfürsten, sei es gegeneinander wie die Städte- und Ritterbünde in Schwaben[17] (beide auch gegen die Herzoge von Württemberg). So beträchtlich zeitweise ihre Wirkung sein konnte, sind sie doch weniger zu einer dauerhaften Institution oder Korporation geworden als die Landstände vieler Territorien, die allerdings beim weiteren Ausbau der fürstlichen Landesherrschaft im 16. Jh. zumeist in diese integriert oder wieder zurückgedrängt wurden. Da auch die Errichtung eines ständischen Reichsregiments unter Maximilian und Karl V. keinen festen Bestand gewann, ist im ganzen die politisch-staatliche Ordnung Deutschlands nicht so nachhaltig durch die Ständebewegung des Spätmittelalters umgestaltet worden wie in anderen, staatlich einheitlicheren Ländern[18]. Wohl aber ist die gesellschaftliche Struktur der Folgezeit auch in Deutschland durch diese ständische Bewegung tiefgreifend geprägt worden. Die seit dem 11. Jh. aus unfreier Abhängigkeit aufgestiegenen Schichten und Gruppen bildeten seit dem 13. Jh. neue Stände und verschafften sich als solche Geltung neben dem alten freiherrlichen Adel, der zum Reichsfürstenstand aufstieg (soweit er nicht ausstarb oder im Landadel aufging). Die im Hof- und Ritterdienst des Königs, des Adels, der Kirche hochgekommenen Ministerialen wurden zum landsässigen »niederen Adel« und stark am Landesausbau mit eigenem Grundbesitz beteiligt. Die Stadtbürger wurden zu patrizischen Ratsgeschlechtern oder zu selbstbewußten Zunfthandwerkern, die sich im 14. Jh. auch Anteil am Stadtregiment errangen. Neben adligen Landherren und Prälaten konnten die Landstädte zumeist wenigstens zeitweise ein Mitspracherecht in Landesangelegenheiten und auf Landtagen erreichen wie die Frei- und Reichsstädte auf den Reichstagen. In diesem institutionalisierten und organisierten Ständen haben sich die Lebensformen und Denkweisen, die Gemeinschaftsordnungen und das »Standesbewußtsein« der »altständischen Gesellschaft« ausgebildet, die bis ins 18. Jh. ziemlich beständig blieb[19].

[1] E. LOUSSE, La formation des états dans la société européenne au moyen âge et l'apparition des assemblées d'états, Bull. of the Internat. Comm. of hist. Sciences 5 (1933); R. FOLZ, Les assemblées d'états dans les principautés allemandes (fin XIIIe–début XVIe s.), Etudes suisses d'hist. gén. 20 (1962/63); F. L. CARSTENS, Princes and Parliaments in Germany from the 15th to the 18th Cent. (1959).

[2] B. TIERNEY, Foundation of the Conciliar Theory, Cambridge Studies in Medieval Life and Thought 4 (1955); K. A. FINK, Die konziliare Theorie im späten MA, in: Die Welt z. Zt. d. Konstanzer Konzils (1965); H. ANGERMEIER, Das Reich u. der Konziliarismus, HZ 192 (1961).

[3] K. BOSL, Herrscher u. Beherrschte im dt. Reich d. 10. bis 12. Jh., SB München (1963), 2 u. in: Frühformen d. Ges. (1964).

[4] W. SCHLESINGER, Die Anfänge d. dt. Königswahl, ZRG GA 66 (1948) u. in: Beitr. z. dt. VG d. MA 1 (1963).

[5] P. SCHMITTHENNER, Lehenskriegswesen u. Söldnertum im abendländ. Imperium d. MA, HZ 150 (1934); ders., Das freie Söldnertum im abendländ. Imp. d. MA (1934); H. GRUNDMANN, Rotten u. Brabanzonen, Söldnerheere im 12. Jh., DA 5 (1942).

[6] J. C. HOLT, The Making of Magna Carta, EHR 72 (1957); ders., Rights and Liberties in M. C., in: Album Helen Cam 1 (1965); H. G. RICHARDSON u. G. O. SAYLES, The Governance of Medieval England (1964).

[7] Y. CONGAR, Quod omnes tangit, ab omnibus tractari et approbari debet, Rev. hist. du droit franç. et étr. 36 (1958); G. POST, A Roman Legal Theory of Consent »quod omnes tangit« in Medieval Representation, Wisconsin Law Review ... (1950); ders., Plena potestas and Consent in Medieval Assemblies. A Study of Roman-canonical Procedure and the Rise of Representation, Traditio 1 (1934); ders., A Roman-canonical Maxim »quod omnes tangit« in Braxton, ebd. 4 (1946); H. CAM, The Theory and Practice of Representation in Medieval England, History NS 38 (1953).

[8] E. BIELEFELDT, Der Rhein. Bund von 1254. Ein erster Versuch einer Reichsreform (1937); s. Bd. 5, Kap. 18.

[9] H. LIEBERICH, Landherren u. Landleute. Zur polit. Führungsschicht Bayerns im SpätMA (1964).

[10] K. BOSL, Aus den Anfängen d. landständ. Bewegung u. Verf.: Der Vilshofener Vertrag von 1293, in: Wirtsch., Gesch. u. Wirtschaftsgesch. (Festschr. f. F. Lütge 1966); ders., Gesch. d. Repräsentation in Bayern (1970); ders., Stände u. Territorialstaat in Bayern im 14. Jh., Vortr. u. Forsch. 13 (1970).

[11] Text in Monumenta Wittelsbacensia, hg. v. F. M. WITTMANN, Bd. 2: Quellen u. Erört. z. bayer. u. dt. Gesch. 6 (1861) Nr. 238; G. v. LERCHENFELD, Die altbaier. landständ. Freibriefe mit den Landesfreiheitserklärungen (1853).

[12] Vgl. P. FRIED, Zur Gesch. d. Steuern in Bayern, Zs. f. bayer. Ldsgesch. 27 (1964); K. BOSL, Art. Steuer, Bede, in: Sachwb. d. dt. Gesch. (²1970).

[13] Vgl. J. KOTHE, Der fürstl. Rat in Württemberg im 15. u. 16. Jh. (1938).

[14] M. HELLMANN (Hg.), Corona regni. Studien über die Krone als Symbol des Staates im spät. MA (1961); F. PROCHNO, Terra Bohemiae, regnum Bohemiae, corona Bohemiae, in: Prager Festg. Th. Mayer (1953); J. DÉER, Die heilige Krone Ungarns (1966); P. CLASSEN, Corona imperii. Die Krone als Inbegriff d. Röm.-dt. Reiches im 12. Jh., in: Festschr. P. E. Schramm, Bd. 1 (1964).

[15] O. BRUNNER, Land u. Herrschaft (1942, ⁴1959); O. STOLZ, Land u. Landesfürst in Bayern u. Tirol. Ein Beitr. z. Gesch. dieser Bezeichnungen u. Begriffe, Zs. f. bayer. Ldsgesch. 13 (1941/

42); einschränkend W. SCHLESINGER, Entstehung d. Landesherrschaft (1941, Ndr. 1964); H. HELBIG, Der wettinische Ständestaat (1955); H. PATZE, Die Entstehung d. Landesherrschaft in Thüringen (1962); vgl. L. ZIMMERMANN, Zur Entstehungsgesch. d. hess. Landstände, Zs. d. V. f. hess. Gesch. 63 (1952), sowie K. BOSL, Böhmen als Paradefeld ständischer Repräsentation vom 14. bis ins 17. Jh. in: Aktuelle Forschungsprobleme um die erste tschechoslov. Republik (1969).

[16] E. BOCK, Monarchie, Einung u. Territorium im spät. MA, HV 24 (1929); H. ANGERMEIER, Die Funktion d. Einung im 14. Jh., Zs. f. bayer. Ldsgesch. 20 (1957).

[17] H. MAU, Die Rittergesellschaften mit St. Jörgenschild in Schwaben. Ein Beitr. z. Gesch. d. dt. Einungsbewegung im 15. Jh., 1: Polit. Gesch. 1406–37 (1941); H. OBENAUS, Recht u. Verf. d. Gesellschaften mit St. Jörgenschild in Schwaben. Untersuch. über Adel, Einung, Schiedsgericht u. Fehde im 15. Jh. (1961).

[18] Vgl. G. L. HASKINS, Parliaments in the Later MA, AHR 52 (1946/47); R. HOWARD LORD, The Parliament in the MA and the Early Modern Period, Cath. Hist. Rev. 16 (1930); A. R. MYERS, The English Parliament and the French Estates General in the MA, in: Album H. Cam 2 (1961); R. FAWTIER, Parlement d'Angleterre et états généraux de France au MA, Comptes rend. Ac. des Inscript. et Belles Lettres (1953); J. R. MAJOR, The Loss of Royal Initiative and the Decay of the Estates General in France 1421–1615, in: Album H. Cam 2 (1961). – Vgl. G. ROHDE, Stände u. Königtum in Polen/Litauen u. Böhmen/Mähren, Jb. f. Gesch. Osteuropas 12 (1964).

[19] O. BRUNNER, Die Freiheitsrechte d. altständ. Gesellschaft, in: Festschr. Th. Mayer, Bd. 1 (1954); ders., Neue Wege d. Verf. u. Sozialgesch. (²1968); D. GERHARD, Regionalismus u. Ständisches Wesen als ein Grundthema europ. Gesch., HZ 174 (1952); E. LOUSSE, La société d'ancien régime. Organisation et représentation corporative 1 (1943).

Kapitel 40
Die Verfassungsstruktur des spätmittelalterlichen Reiches
Wahlreich – Territorien – Stände

Seit der Mitte des 13. Jh. war die Zeit des Reiches alter Ordnung vorbei. Es gab zwar noch weiter Römische Kaiser Deutscher Nation und es fanden bis 1452 auch noch Kaiserkrönungen in Rom statt, aber die Machtstellung des Kaisertums in Deutschland und Italien und sein Anspruch an die westliche Christenheit waren dahin. Während England und Frankreich dank ununterbrochener Thronfolge vom Vater auf den Sohn bereits Erbmonarchien waren und die Wahl zu einer bedeutsamen Zeremonie ausgehöhlt war, mißlangen die Bemühungen der Staufer (Heinrich VI.) um die Erblichkeit der deutschen Könige; mit päpstlicher Hilfe setzte sich seit 1198 ein Recht bestimmter geistlicher und weltlicher Reichsfürsten auf die Vorwahl durch; diese wurden seit der Interregnumswahl von 1257 Alleinwähler. Die Goldene Bulle Karls IV. sicherte reichsgesetzlich ihre Wahlrechte und gewährte ihnen reiche Sonderrechte, die ihre Länder zum Modell der neuen Territorien machten. Während die Kurfürsten vorher nur schwache Vertreter ohne große Macht zu Königen wählten und keinen Erbanspruch beachteten, waren sie seit 1356 wieder bereit, Söhne und Erben zu küren (Luxemburger, Habsburger). Da sich in solcher Lage nur ein mächtiger Territorialherr im Reiche als Herrscher durchsetzen konnte, rafften die Wahlkönige fürstliche Reichslehen schnell zusammen, aber nicht für Königtum und Reich, wie noch Friedrich II. mit Österreich beim Aussterben der Babenberger, sondern für ihre Nachkommen, die auf die Königskrone nicht rechnen konnten, aber die Reichslehen in Händen behielten (die Habsburger Österreich und Steiermark, die Luxemburger Böhmen und Mähren, auch Brandenburg). Von einer »Revindikation« oder gar Mehrung oder Sammlung von Reichsgut und Reichsrecht konnte keine Rede mehr sein. In Deutschland blieb das Reich als »Idee« lebendig in den Schriften der Staatstheoretiker (Jordanus von Osnabrück, Alexander von Roes, Lupold von Bebenburg, Konrad von Megenberg, Engelbert von Admont, Dietrich von Nieheim, Peter von Andlau, auch Nikolaus von Kues und Ennea Silvio Piccolomini, der spätere Papst Pius II.), in Italiens politischer Zersplitterung wirkte es bei Dante und dem großen Juristen Bartolo von Sassoferrato als geistiges Element der Einheit. Die »Staatsgewalt« des deutschen Königs verlor sich in der quasivölkerrechtlichen Hoheit des »Kaisers«[1], die ihm Frankreich in den Staatsschriften des Pierre Dubois, eines Advokaten aus dem normannischen Caen, streitig machte. Jeder Herrscher betonte seine Selbständigkeit (rex imperator in regno suo); die Vorstellungen von Hegemonie und »Überreich« aber wirkten sich im deutschen Reich selber aus, das zu einem lehensrechtlichen Verband und System mehr oder minder autonomer Könige, Fürsten und Gewalten wurde[2]. Die Verfassung des Reiches bewahrte bis zu seinem Ende einen archaischen Charakter[3]. Was man als »Hausmachtpolitik« bezeichnet hat, ist systemgerecht die Königsherrschaft »des stärksten Landesherrn«. Im Westen bröckelten seit dem 13. Jh. Grenzgebiete ab, und seit 1495 beanspruchte die Schweizer Eidgenossenschaft Freiheit vom Reichsgericht und den Reichssteuern[4].

Die Goldene Bulle von 1356, die durch die Verleihung

40. Die Verfassungsstruktur des spätmittelalterlichen Reiches

wichtiger Regalien, Freiheits- und Ehrenrechte im Grunde Sonderherrschaft und kurfürstliche Landeshoheit bestätigte, war von einem Kaiser erlassen, der wohl die stärkste Herrschergestalt der Epoche des kritischen Mittelalters war[5]. Die Ausbildung eines Anteils der Königswähler an der Reichsregierung kam nicht zustande, weil die Kurfürsten uneins und ein stärkerer König daran uninteressiert waren. Die Verbote von Städtebündnissen, Innungen, der Aufnahme von »Pfahlbürgern«[6] durch die Bulle zeigen den wesentlich aristokratischen Charakter der Herrschafts- und Gesellschaftsstruktur in der Mitte des 14. Jh. an, die dem unfeudalen Stadtrecht Deutschlands zuwiderlief (im Gegensatz zu den Städten der Romania, die Vasallenpflichten leisteten). Der Territorialstaat trennte König und Reichsbewohner, verhinderte einen Reichsuntertanenverband, ließ die Reichseinnahmen stetig einschrumpfen.

Im deutschen Reich des 14. und 15. Jh. trat zur Spannung zwischen Kaiser und Reichsfürsten bzw. Reichsständen die zwischen Landesherren und Landständen. Im 15. Jh. wurde der Reichstag institutionell verbessert[7]. Notlagen wie Hussitische Revolution[8] oder Türkenkrieg zwangen den Herrscher zur Bitte um Reichshilfe, die von den Reichsständen auf den Reichsversammlungen gewährt wurde; das brachte auch die Landesherren und auch des Reiches Städte stärker ins Spiel. Der Reichstag wurde zur festen Einrichtung, er war Spiegelbild und Forum der im spätmittelalterlichen Reich tragenden Kräfte. Die Stände zwangen den Herrscher, ihr Gesamtgremium als Verhandlungspartner und Mitsprecher zu setzen. Die Reichsstände waren die einzigen, die eine direkte Beziehung zum Reichsoberhaupt hatten; die große Masse der Einwohner des Reiches waren nur mittelbare Untertanen, die ihren Willen den Landesherren durch ihre landständischen Korporationen aufzwangen. Doch haben die Landstände die innere Struktur auch des Reiches auf Jahrhunderte bestimmt. Im monarchisch geführten und ständisch mitregierten Reich wurden Reichstagsabschiede und Reichsgesetze nur dann wirksam, wenn Landesherren und Landstände sie bestätigten.

Die *Kurfürsten*[9] als führender Reichsstand und das Kurfürstenkollegium waren ein Dauerbestandteil der Reichsverfassung; seine Mitglieder hatten sich gegenüber Papst (Kurverein von Rhense) und Frankreich als Hüter von Reichs- und Königsrecht bewährt. Die Festlegung der Unteilbarkeit ihrer

Ständische Bewegung und ständische Gesellschaft

Territorien in der Goldenen Bulle sollte einer territorialen Auflösung des Reiches vorbeugen. Daß dieser Fürstenrat trotz kurfürstlicher Versammlungen (zwischen 1338 und 1446) niemals das Reichsregiment in seine Hände bekam, war eine Folge des Fehlens von Reichsfürsten, die ihnen an Macht gleichstanden oder sie überragten (z. B. Habsburger, Wittelsbacher, Wettiner, Erzbischöfe von Salzburg oder Magdeburg). Die Kurfürsten gingen ihrer Sonderinteressen wegen lieber mit dem Kaiser als mit den anderen *Reichsfürsten*[10], die erst langsam zu einer festen Vertretung auf den Reichstagen kamen. Die fürstliche Kurie bildete sich zwischen 1454 und 1487 aus; der Hinzutritt von Grafen und Herren mit Reichsstandschaft verstärkte ihre Stellung. Manche Bischöfe, Äbte, Dynasten waren sowohl freier Reichsstand wie Landstand eines Territoriums. In den staufischen Reichsländern (Schwaben, Franken, Rhein, Elsaß) bildete sich durch korporativen Zusammenschluß die Sondergruppe der *Reichsritterschaft*[11] aus, die kein Reichsstand wurde, aber reichsunmittelbar war. Diese Ritterschaft des niederen Adels, die der König schützte und privilegierte, besuchte nicht die Reichstage und zahlte keine Reichssteuer, sondern die freiwillige Leistung der subsidia caritativa an das Reich. Ihr persönlicher Gerichtsstand war vor den höchsten Reichsgerichten. Aus den staufischen Königs- und den Freien Städten nach dem Interregnum wurden im 15. Jh. die *Reichsstädte*[12]. Ihr korporativer regionaler Zusammenschluß in Städtebünden (Rheinischer Städtebund 1254)[13] diente zuerst der Aufrechterhaltung des Landesfriedens und war von einem echten Gemeinschaftsbewußtsein zur Aufrechterhaltung der Reichseinheit getragen. Noch an den Reichstagen des 15. Jh. nahmen Vertreter der Städte noch keineswegs regelmäßig teil. Weil König und Reichsstände es ihnen verweigerten, organisierten die Städte selber ständische Korporationen; diese riefen im 15. Jh. zahlreiche Städtetage ein zur Beratung und Entscheidung gemeinsamer Interessen (Haushalt, Reichssteuern, Stellungnahmen an den Reichstag). Dadurch brachten sie ihr finanzielles Übergewicht gegenüber den Feudalständen wirksam zur Geltung. In der Bitte um Finanz- und Militärhilfe erschöpften sich gar oft die Beziehungen der Könige zu den Reichsstädten[14]; eine korporative Städtepolitik lehnten die Könige wegen der politischen Risiken für das Reich fast immer ab. Im ganzen war das Reich ein sehr loser Quasi-Ständestaat in fast völkerrechtlichen Formen; der Reichstag aber war

40. Die Verfassungsstruktur des spätmittelalterlichen Reiches

korporatives Repräsentativorgan und Gesandtenkongreß zugleich.

Die *Geistlichkeit*, ein Herrschafts-, Bildungs-, Seelsorgestand, der in eine hohe und niedere Gruppe zerfiel, war in der Prälatenbank der Territorien nicht gleichmäßig repräsentiert[15]. In den geistlichen Hochstiften waren die Domkapitel der Stand, der durch Wahlkapitulationen das Regierungsprogramm des geistlichen Landesherrn festlegte und bei Sedisvakanz oft kollektiver Landesherr war. Oft schlossen sich Domkapitel und Klöster zu einer Prälatenkurie zusammen. In den weltlichen Territorien war der Zusammenhang unter den Vertretern des geistlichen Standes gegenüber dem Landesherrn meist sehr locker. Geistliche Kurien erscheinen darum hier oft lange nach den ständischen Zusammenschlüssen von Ritterschaft und Städten. Bei den *weltlichen Ständen* in den Territorien waren Homogenität und gemeinsames Auftreten der Ritterschaft, des Niederadels, am frühesten und am stärksten. Nur in einigen großen Territorien bildeten die freien Herren eigene ständische Korporationen neben der landsässigen Ritterschaft (Köln, Schlesien, Österreich, Steiermark, Kärnten: Herrenkurien). In Böhmen hatten die Barone (domini terrae, Landherren) ihre eigene Korporation neben den milites = Rittern und der adligen Unterschicht der »vladykones«. In Bayern und den Donauländern schlossen sich Grafen, freie Herren und Ministerialen zur einen und ersten adligen Kurie der Landherren zusammen[16]. In der Grafschaft Flandern behauptete die Bürgerschaft das Feld der Repräsentation vor den Rittern[17]. Da in den alten Reichsländern die Ministerialität reichsunmittelbare Reichsritterschaft wurde, spielte das Bürgertum z. B. in Württemberg eine ähnlich vorherrschende Rolle wie in Flandern[18]. Die Ritter spielten aber noch lange die führende Rolle auch als Protagonisten der ständischen Bewegung und als Träger der landständischen Verfassung. In der Schweiz, in Vorarlberg, Tirol, Kempten, an der Nordseeküste und in kleineren Herrschaften Binnendeutschlands besaßen auch die *Bauern* Landstandschaft[19].

Die Spannungen zwischen den ständischen Kräften im Reich und in den Territorien, der strukturelle Unterschied der Stände in den Einzelherrschaftsbereichen, die drängende Vielfalt ihrer Interessen machen den Reichtum in Gesellschaft und Kultur, aber auch die Bürde von Kaiser und Landesherr aus. Im Reich engte die korporative Repräsentation der Reichsstände die monarchische Gewalt des Königs bedeutend ein; die Territorien aber wurden zu Ständestaaten, deren gesellschaftlich-politisches Leben der Dualismus zwischen Fürsten und Landständen prägte[20].

[1] Positiver beurteilt Stellung u. Wirkung d. Kgtms.: H. ANGERMEIER, Kgtm u. Landfriede im dt. SpätMA (1966); vgl. A. GERLICH, Studien z. Landfriedenspolitik Kg. Rudolfs v. Habsburg (1963).

[2] Vgl. W. GOEZ, Der Leihezwang (1962).

[3] K. G. HUGELMANN, Die Gestalt d. Reiches in Idee u. Welt, Zs. f. ö. Recht 16 (1936); ders., Volk und Staat im Wandel d. Schicksals (1940); F. RÖRIG, Ursachen u. Auswirkungen d. dt. Partikularismus (1937).

[4] P. KIRN, Polit. Gesch. d. dt. Grenzen ([4]1958); O. VASELLA, Vom Wesen d. Eidgenossenschaft im 15. u. 16.Jh., HJb 71 (1952).

[5] F. SEIBT, Karl IV. 1346–1378, in: K. BOSL, Hdb. d. Gesch. d. Böhm. Länder 1 (1966).

[6] E. SCHRÖDER, Pfahlbürger, in: Festschr. E. Heymann, Bd. 1 (1940); vgl. G. BARNI, Cives e rustici alla fine del XII secolo e al fine del XIII sec. Il liber consuetudinum Mediolani, Riv. Stor. Ital. 69 (1957).

[7] H. HELBIG, Königtum u. Ständeversammlungen in Dtld. am Ende d. MA, Anciens pays et assemblées d'Etats 24 (1962); ders., Fürstentum u. Landstände im Westen d. Reiches im Übergang vom MA z. NZ, Rh. VjBll. 29 (1964).

[8] F. SEIBT, Hussitica. Zur Struktur einer Revolution (1965).

[9] C. C. BAILEY, The Formation of the German College of Electors in the mid-thirteenth Cent. (1949); M. LINTZEL, Die Entstehung d. Kurfürstenkollegs, SB Leipzig 99, 2 (1952), auch in: ders., Ausgew. Schr. 2 (1961).

[10] E. E. STENGEL, Land- u. lehenrechtl. Grundlagen d. Reichsfürstenstandes, ZRG GA 66 (1948).

[11] O. EBERBACH, Die dt. Reichsritterschaft in ihrer staatsrechtl.-polit. Entwicklung v. den Anfängen bis z. J. 1495 (1913).

[12] J. SYDOW, Zur verf.gesch. Stellung von Reichsstadt u. Territorialstadt im 13. u. 14.Jh., in: Les libertés urbaines et rurales du XIe au XIVe siècle (1968); ders., Reichsstadt, Territorialstadt u. freie Stadt im MA, Tübinger Forsch. (1966); s. Bd.5,Kap. 18; vgl. W. ZORN, Die polit. u. soz. Bedeutung d. Reichsstadtbürgertums im SpätMA, Zs. f. bayer. Ldsgesch. 24 (1961); G. LANDWEHR, Die Verpfändung d. dt. Reichsstädte im MA (1967).

[13] H. ANGERMEIER, Städtebünde u. Landfriede im 14.Jh., HJb 76 (1957); H. BLEZINGER, Der schwäbische Städtebund 1438–1445 (1954); A. HOFFMANN, Der oberöst. Städtebund im MA, Jb. d. oberösterr. Musealvers. 93 (1948); I. BOG, Betrachtungen z. korporativen Politik d. Reichsstädte in Ulm u. Oberschwaben (1955).

[14] H. HEIMPEL, Nürnberg u. das Reich im MA, Zs. f. bayer. Ldsgesch. 16 (1951/52).

[15] F. MERZBACHER, Judicium Provinciale ducatus Franconiae (1956); E. SCHUBERT, Die Landstände d. Hochstifts Würzburg (1967); S. BACHMANN, Die Landstände d. Hochstifts Bamberg, Ber. d. Hist. V. Bamberg 98 (1962).

[16] H. PIRCHEGGER, Landesfürst u. Adel in Steiermark während d. MA (1951); A. HOFFMANN, Die oberösterr. Landstände u. Landtage, in: Verf. u. Verw. d. Landes Österreich (1937).

[17] W. PREVENIER, De Leden en de Staten van Vlanderen (1384–1405), Verh. Kon. Acad. 43 (Brüssel 1961); vgl. W. JAPPE ALBERTS, De Staten van Gelre en Zutphen (1950); ders., Zur Entstehung d. Stände in den weltl. Territorien am Niederrhein, in: Aus Gesch. u. Ldskde. (Festschr. f. F. Steinbach 1960).

[18] W. GRUBE, Der Stuttgarter Landtag 1457-1957 (1957).
[19] O. STOLZ, Die Landstandschaft d. Bauern in Tirol, HV 28/29 (1933/34); H. AUBIN, Das Schicksal d. schweiz. u. d. fries. Freiheit, in: Grundlagen u. Perspektiven d. geschichtl. Kulturraumforschung u. Kulturmorphologie (1965); Th. MAYER, Über die Grundlagen d. Freiheit d. Bauern in Tirol u. in der Schweizer Eidgenossenschaft, Schlernschr. 207 (1959); W. LAMMERS, Die Schlacht bei Hemmingstedt. Freies Bauerntum u. Fürstenmacht im Nordseeraum (o. J.); H. KLEIN, Die Bauernschaft auf den Salzburger Landtagen, Mitt. d. Ges. f. Salzb. Ldskde. 88/89 (1948/49); P. BLICKLE, Ständische Vertretung u. genossenschaftl. Verbände d. Bauern im Erzstift Salzburg, Zs. f. bayer. Ldsgesch. 32 (1969).
[20] Vgl. G. DROEGE, Die finanz. Grundlagen d. Territorialstaats in West- u. Ostdtld. an der Wende v. MA z. NZ, VSWG 53 (1966).

Kapitel 41
Reichsreformbestrebungen im 15. Jahrhundert

Im 15. Jh. versuchten zahlreiche *Reformschriften* und -vorschläge eine Neugestaltung der Reichsverfassung anzubahnen[1]. Im Zusammenhang mit den kirchlichen Reformbestrebungen auf dem Basler Konzil behandelte am tiefgründigsten Nikolaus von Kues, wohl der bedeutendste Geist des Jahrhunderts, in seinem Frühwerk ›De Concordantia catholica‹ von 1433 auch die Reichsreformfragen. Wenig später entstand die erste deutsch geschriebene, volkstümlichere Reformschrift, die sogenannte ›Reformatio Sigismundi‹. Seit den 30er Jahren beschäftigte sich auch der Reichstag mit der Reform; doch erstrebten die Kurfürsten dabei von vornherein eine Verstärkung der kurfürstlich-territorialen Rechte, während königliche Reformentwürfe den Interessen des niederen Adels und der städtischen Selbständigkeit entgegenkommen wollten. So scheiterten die Reformbestrebungen auf dem Nürnberger Reichstag von 1438 am Gegensatz zwischen Kaiser, Fürsten und Städten und kamen erst in den 80er Jahren wieder in Fluß. Man hatte unterdessen erkannt, daß nur durchgreifende Maßnahmen Recht und Frieden im Reich wiederherstellen konnten. Die *Reichsstädte*, die vielfach ferngeblieben waren, kehrten wieder in den Reichstag zurück. So hat sich 1489 zu Nürnberg der Reichstag überhaupt erst wieder als funktionierende Körperschaft konsolidieren müssen. Die *Reichsstände* waren vor allem auf eine Isolierung bedacht; sie wollten darum ein vom Kaiser unabhängiges Gericht schaffen und ein dem Kaiser gegenüber möglichst selbständiges Reichsregiment. Da Maximilian 1489 bei seinem ersten Erscheinen auf dem Reichstag dringend die Unterstützung der Reichsstände zum Schutz seiner Erblande brauchte, versprach er, sich für diesen Plan einzusetzen und wurde 1495 daran gemahnt.

Die Reichsreform wurde 1495 endlich in Angriff genommen. Am 7. August wurde ein *Ewiger Landfrieden* verkündet, der Fehde und Selbsthilfe für alle verbot. Wer Recht suchte, sollte sich in Zukunft an ein Gericht wenden. Damit war die Errichtung des *Reichskammergerichts* gegeben, dessen Verfassung in der Kammergerichtsordnung festgelegt wurde; sie sah einen vom König ernannten Präsidenten vor und Beisitzer, deren Zahl 1521 auf 50 festgelegt wurde. Der Beirat wurde von den Reichsständen ernannt, er sollte zur einen Hälfte aus Adligen, zur anderen aus gelehrten Juristen bestehen. Die Urteile wurden nach römischem Recht gefällt. Das Reichskammergericht war in erster Linie Appellationsinstanz; erste Instanz sollten grundsätzlich die Gerichte der Landesstaaten bleiben, das Reichskammergericht nur für Landfriedensbruch und Rechtsverweigerung zuständig sein. Im Gegensatz zum Reichshofgericht, der bisherigen obersten Justizbehörde, die immer im Gefolge des Königs war, erhielt das Reichskammergericht einen festen Sitz, bis 1527 in Frankfurt, dann in Speyer, seit 1693 in Wetzlar[2].

Eine *Reichssteuer*, der »Gemeine Pfennig«, sollte die Unkosten des Gerichts decken. Da eine Reichsfinanzverwaltung fehlte, kehrte man wieder zu den Matrikularbeiträgen zurück. Da man niemals genügend Richter besolden konnte, blieben die meisten Prozesse unerledigt und der Geschäftsgang schleppend. Damit aber gewann dieses Gericht niemals eine Autorität. An der Unmöglichkeit, den »Gemeinen Pfennig« durchzuführen, scheiterte schließlich die ganze Reichsreform. Die Schweiz lehnte die Reichssteuer und die Zuständigkeit des Reichskammergerichts von vornherein ab.

Maximilian setzte der Bildung eines *Reichsregiments* einen hartnäckigen und zunächst erfolgreichen Widerstand entgegen, mußte aber 1500 auf einem Reichstag zu Augsburg schließlich doch zustimmen (Reichsregimentsordnung vom 2. VII. 1500). Das Reichsregiment sollte seinen Sitz in Nürnberg haben und aus 20 Mitgliedern bestehen, die unter dem Vorsitz des Königs oder eines von ihm bestellten Vertreters tagen sollten. Die Stände und die neu gebildeten Kreise sollten

41. Reichsreformbestrebungen im 15. Jahrhundert

die Mitglieder wählen. Das Reichsregiment sollte praktisch die königlichen Rechte ausüben und die oberste Regierungs- bzw. Verwaltungsinstanz unter Ausschaltung des Königs sein, der in allem an die Zustimmung des Reichsregiments gebunden wurde. Doch fehlte diesem eine eigene Exekutionsgewalt, eine eigene Verwaltungsorganisation, die die Entschließungen vollstreckt hätte. 1502 löste sich dieses erste Reichsregiment wieder auf.

Bedeutungsvoller war die Einteilung des Reiches in *Reichskreise*[3]. Davon waren die Gebiete der Kurfürsten und die kaiserlichen Erblande zuerst ausgenommen. Es gab sechs Kreise: Franken, Schwaben, Bayern, Oberrhein, Westfalen, Niedersachsen. Das Reich selbst sollte dadurch nachträglich gleichsam territorialisiert werden. Die dem Kaiser überlassenen Funktionen waren ganz bescheiden: Vertretung der Kreise im Reichsregiment (föderatives Landschaftsprinzip), seit 1507 das Vorschlagsrecht für die Beisitzer im Reichskammergericht. Erst 1512 wurden auch die kurfürstlichen Gebiete und die Erblande in die Kreiseinteilung mit einbezogen. Es entstanden vier weitere Kreise: Burgund, Österreich, Kurrhein und Obersachsen. Die Bedeutung wuchs, als den Kreisen die Wahrung des Landfriedens übertragen, eine besondere Kreisverfassung geschaffen und die Heeresverfassung des Reiches der Kreiseinteilung angeglichen wurde.

Das einzige positive Ergebnis der Reichsreform, die bereits in den Anfängen steckenblieb, war die *Konsolidierung der Reichsstände*. Freilich bezweckte sie nicht neuzeitliche Organisationsformen des Staates, auch nicht die Bildung einer Zentralregierung. Darum kann man sie nicht rundweg als gescheitert betrachten[4]. Und man muß auch feststellen, daß die Haltung der Stände mit Reichsfeindlichkeit vielfach nichts zu tun hat[5]. Bei der Wahl Karls V. hatten die Kurfürsten die entscheidende Macht in Händen. Zum erstenmal wurde von ihnen gemeinsam dem Kandidaten eine förmliche *Wahlkapitulation* auferlegt, durch die er sich im voraus auf ein bestimmtes Regierungsprogramm festlegen mußte[6]. Die Wahlkapitulation, eine Einrichtung des geistlichen Rechts seit dem 13. Jh. – die Domkapitel ließen sich von den Kandidaten bei der Bischofswahl bestimmte Rechte garantieren –, seit 1519 eine ständige Erscheinung der deutschen Verfassungsgeschichte, hat die Stellung des Kaisers verfassungsmäßig beschränkt. Fortan empfing er nicht nur seine Gewalt aus den Händen des Kurfürstenkollegiums, sondern es konnte auch die Richtung und Planung der kaiserlichen Staatsführung mitbestimmen. Damit standen sich Kaiser und Reichsstände ähnlich gegenüber wie in anderen Ständestaaten, jedoch mit dem Unterschied, daß der Kaiser als Erzherzog von Österreich und Herzog von Burgund, später auch als König von Böhmen selbst Mitglied des Reichstages war. Damit war das Reich eine Art ständisches Staatswesen geworden, wenn auch mit weitgehender Sonderung der kaiserlichen Erblande. In der Formel »Kaiser und Reich« kann dieser verfassungsrechtliche Tatbestand zum Ausdruck[7].

[1] Vgl. Bd. 6, Kap. 19 u. 25; E. MOLITOR, Die Reichsreformbestrebungen d. 15. Jh. bis zum Tode K. Friedrichs III. (1921); E. ZIEHEN, Mittelrhein u. Reich im ZA d. Reichsreform (2 Bde. 1934/37), auch HZ 151 u. 161 (1934/39); F. HARTUNG, Die Reichsreform von 1485 bis 1495. Ihr Verlauf u. ihr Wesen, HV 16 (1913).

[2] Reichskammergericht: DW[9] 2535 u. 8458; bes. R. SMEND, Das R. 1 (1911); J. POETSCH, Die Reichsjustizreform von 1495 (1912); H. SPANGENBERG, Die Entstehung d. Reichskammergerichts, ZRG GA 46 (1926). – V. v. KRAUS, Das Nürnberger Reichsregiment, Gründung u. Verfall 1500/02 (1883).

[3] Reichskreise: DW[9] 8401; F. HARTUNG, Gesch. d. fränk. Kreises 1 (1910) mit Einleitung: Die Entstehung d. Kreisverfassung bis 1521; A. NEUKIRCH, Der niedersächs. Kreis u. die Kreisverfassung bis 1542 (1909).

[4] H. ANGERMEIER, Begriff u. Inhalt d. Reichsreform, ZRG GA 75 (1958).

[5] K. S. BADER, Kaiserl. u. ständische Reformgedanken in der Reichsreform d. endenden 15. Jh., HJb 73 (1953).

[6] F. HARTUNG, Die Wahlkapitulationen d. dt. Kaiser u. Könige, HZ 107 (1911), auch in: ders., Volk u. Staat in der dt. Gesch. (1940).

[7] R. SMEND, Zur Gesch. d. Formel »Kaiser und Reich«, in: Hist. Aufs. f. K. Zeumer (1910).

Hilfsmittel, Quellensammlungen und allgemeine Darstellungen zur Geschichte des deutschen Mittelalters

Bibliographien: DAHLMANN-WAITZ, Quellenkunde der deutschen Geschichte, 9. Aufl. hg. v. H. HAERING (1932, Register-Bd. 1932 = DW⁹), 10. Aufl. hg. im Max-Planck-Inst. f. Gesch. v. H. HEIMPEL u. H. GEUSS (1965 ff. = DW¹⁰, Bd. 1 abgeschl. 1969, Bd. 2 abgeschl. 1971); Jahresberichte für dt. Gesch., hg. v. A. BRACKMANN u. F. HARTUNG (für 1925 bis 1939 15 Bde. 1927–1942), Neue Folge ab 1949 (1952 ff.); für die Zwischenzeit: Die dt. Geschichtswissenschaft im II. Weltkrieg, Bibliogr. des histor. Schrifttums dt. Autoren 1939–1945, hg. v. W. HOLTZMANN u. G. RITTER (1951); fortlaufend für 1926–1939 u. 1947 ff.: Internationale Bibliographie der Geschichtswissenschaften 1–14 u. 16 ff. (1928 bis 1941, 1949 ff.); International Medieval Bibliography (IMB), hg. v. R. S. HOYT u. P. H. SAWYER (Leeds 1968 ff.); Österreichische Histor. Bibliographie, hg. v. E. H. BOEHM u. F. FELLNER, bearb. v. H. PAULHART (1968 ff.); gute Jahres-Bibliogr. in Revue d'hist. ecclés. (seit 1900). – G. FRANZ, Bücherkunde zur dt. Gesch. (1951); ders., Bücherkunde zur Weltgesch. (1956); W. TRILLMICH, Kleine Bücherkunde zur Gesch.wiss. (1949); W. BAUMGART, Bücherverz. z. Dt. Gesch. (1971); G. M. DUTCHER, A Guide to Historical Literature (²1949); E. M. COULTER u. M. GERSTENFELD, Historical Bibliographies (1935); P. CARON u. M. JARYC, World List of Historical Periodicals and Bibliographies (²1939); Bibliographie histor. Zeitschriften 1939 bis 1951, bearb. v. H. KRAMM (3 Hefte 1952/53).

Zur Einführung: DW¹⁰ Bd. 1, Abschn. 1; J. G. DROYSEN, Historik, Vorlesungen über Enzyklopädie und Methodologie der Gesch., hg. v. R. HÜBNER (⁵1958); E. BERNHEIM, Lehrbuch der histor. Methode u. der Geschichtsphilosophie (⁶1908, Ndr. 1961); W. BAUER, Einführung in d. Studium der Gesch. (²1928, Ndr. 1961); E. KEYSER, Die Geschichtswissenschaft, Aufbau u. Aufgaben (1931); R. LORENZ, Grundriß der Geschichtslehre (1945); H. NABHOLZ, Einführung in das Studium der mittelalterl. u. der neueren Gesch. (1948); P. KIRN, Einführung in die Geschichtswiss. (Slg. Göschen ⁴1963); L. HALPHEN, Introduction à l'histoire (²1948); ders., Initiation aux études d'histoire du moyen âge (²1952); L'histoire et ses méthodes, hg. v. CH. SAMARAN (Encyclopédie de la Pléiade 1961); H. QUIRIN, Einführung in das Studium der mittelalterl. Gesch. (²1964); L.-E. HALKIN, Initiation à la critique historique (Cahiers des Annales 6, 1963); G. FASOLI, Guida allo studio della storia medievale, moderna, contemporanea (²1967); TH. SCHIEDER, Gesch. als Wissenschaft, Eine Einführung (1965); marxist.: W. ECKERMANN u. H. MOHR (Hg.), Einführung in d. Studium der Gesch. (1966).

Historisch-biographische Lexika und Sammelwerke: Allgemeine Deutsche Biographie (= ADB), hg. durch die Histor. Kommission bei d. Bayer. Akad. d. Wissensch. (56 Bde. 1875–1912), wird ergänzt bzw. ersetzt durch: Neue Deutsche Biographie (= NDB, 1953 ff.); H. RÖSSLER u. G. FRANZ, Biograph. Wörterbuch zur dt. Gesch. (1952); Die Großen Deutschen, hg. v. W. ANDREAS u. W. v. SCHOLZ (5 Bde. 1935 bis 1937), hg. v. H. HEIMPEL, TH. HEUSS u. B. REIFENBERG (5 Bde. ²1956/57); Meister der Politik, hg. v. E. MARCKS u. K. A. v. MÜLLER (3 Bde. ²1923/24); Landesgeschichtl. Biographien s. DW⁹ S. 988 f. – E. HABERKERN u. J. F. WALLACH, Hilfswörterbuch f. Historiker (²1964, auch als Taschenbuch, 2 Bde.); H. RÖSSLER u. G. FRANZ, Sachwb. z. dt. Gesch. (1958, Ndr. 1970); K. FUCHS u. H. RAAB, dtv-Wörterbuch zur Gesch. (2 Bde. 1972); E. BAYER, Wb. z. Gesch. Begr. u. Fachausdr. (1960); O. MEYER (Hg.), Clavis mediaevalis, Kleines Wb. zur MA-Forschung (1962). – Reallexikon der Vorgeschichte, hg. v. M. EBERT (15 Bde. 1924–1932); Reallex. der german. Altertums-

Hilfsmittel, Quellensammlungen und allgemeine Darstellungen

kunde, hg. v. J. HOOPS (4 Bde. 1911–1919; ²1968 ff.); Realenzyklopädie der class. Altertumswissenschaft, hg. v. A. PAULY, G. WISSOWA u. a. (1893 ff., noch unvollst.); dtv-Lexikon der Antike (13 Bde. 1969–1971); Reallex. für Antike u. Christentum, hg. v. TH. KLAUSER (1950 ff.); Realenzykl. für protestant. Theologie u. Kirche (= PRE), begr. v. J. J. HERZOG, hg. v. A. HAUCK (24 Bde. ³1896–1913); Die Religion in Geschichte und Gegenwart (= RGG), hg. v. K. GALLING (6 Bde. ³1957–1962); Lexikon für Theologie u. Kirche (= LThK), hg. v. M. BUCHBERGER (10 Bde. 1930 bis 1938), hg. v. J. HÖFER u. K. RAHNER (10 Bde. u. Register, ²1957–1965); Dictionnaire de théologie catholique, hg. v. A. VACANT u. a. (30 Bde. 1930–1950); Dictionnaire d'hist. et de géographie ecclésiastiques, hg. v. A. BAUDRILLART u. a. (1922 ff., unvollst.); Dictionnaire de spiritualité . . ., hg. v. M. VILLER (1937 ff.); Handwörterbuch der dt. Aberglaubens, hg. v. H. BÄCHTOLD-STÄUBLI (10 Bde. 1927–1942). – Hdwb. der Soziologie, hg. v. A. VIERKANDT (1931); Hdwb. der Staatswissenschaften, hg. v. L. ELSTER (9 Bde. ⁴1923–1929), neu bearb. als Hdwb. der Sozialwiss., hg. v. E. BECKERATH u. a. (12 Bde. 1956–1965); Deutsches Rechtswb., hg. v. R. SCHRÖDER u. E. FRHR. v. KÜNSSBERG (1932 ff.); Hdwb. zur dt. Rechtsgesch., hg. v. A. ERLER u. W. KAUFMANN (1964 ff.); Dictionnaire de droit canonique, hg. v. N. NAZ (1935 ff.). – Deutsches Städtebuch, Hdb. städtischer Gesch., hg. v. E. KEYSER (bisher 4 Bde. 1939 ff.); Österreich. Städtebuch, hg. v. A. HOFFMANN (1968 ff.); Hdb. der historischen Stätten Deutschlands (Kröners Taschenausg. 1958 ff.), Übersicht (auch für Österreich) s. in Bd. 13, vor Kap. 1; G. DEHIO, Hdb. d. dt. Kunstdenkmäler, 5 Bde., bearb. v. E. GALL (²1949 ff.), Neue Folge 1964 ff. ebd.; Reallex. zur dt. Kunstgesch., hg. v. O. SCHMITT u. a. (1937 ff.); Reallex. d. dt. Literaturgesch., hg. v. P. MERKER u. W. STAMMLER (4 Bde. 1925–1931), hg. v. W. KOHLSCHMIDT u. W. MOHR (²1955 ff.); Deutsche Philologie im Aufriß, hg. v. W. STAMMLER (3 Bde. u. Reg.-Bd. ²1957, Ndr. 1966–1969); Die dt. Lit. im MA, Verfasserlexikon, hg. v. W. STAMMLER u. K. LANGOSCH (5 Bde. 1933–1955).

Historische Hilfswissenschaften: A. v. BRANDT, Werkzeug des Historikers, Eine Einführung in die hist. Hilfswiss. (⁶1971); Grundriß der Geschichtswissenschaft, hg. v. A. MEISTER (1906 ff. in 15 Einzelbänden); H. BRESSLAU, Hdb. der Urkundenlehre für Dtld. u. Italien (Bd. I ²1912, Bd. II 1 1915, II 2 hg. v. H.-W. KLEWITZ 1931, ²1958 bis 1960 mit Register); L. SANTIFALLER, Urkundenforschung. Methoden, Ziele, Ergebnisse (1937); O. MEISNER, Urkunden- u. Aktenlehre der Neuzeit (1950); K. LÖFFLER, Einführung in d. Handschriftenkunde (1929); H. FOERSTER, Abriß der lat. Paläographie (1949). B. BISCHOFF, Paläographie, in: Dt. Philol. im Aufriß 1 (²1957); Monumenta Palaeographica, Denkmäler der Schriftkunst des MA, hg. v. A. CHROUST (1902–1940, Tafelwerk); Hdb. der Bibliothekswissenschaft, hg. v. F. MILKAU u. G. LEYH (4 Bde. ²1950–1957). – K. STRECKER, Einführung in das Mittellatein (⁵1939); K. LANGOSCH, Lat. Mittelalter, Einleitung in Sprache u. Literatur (1963). – H. GROTEFEND, Zeitrechnung des dt. MA u. der Neuzeit (2 Bde. 1891–1898); ders., Taschenbuch der Zeitrechnung des dt. MA u. d. NZ (¹⁰1960; H. LIETZMANN u. K. ALAND, Zeitrechnung der röm. Kaiserzeit, des MA u. der NZ (Slg. Göschen ³1956). – O. LORENZ, Lehrbuch der gesamten wissensch. Genealogie (1898); E. HEYDENREICH, Lehrbuch der prakt. Genealogie (2 Bde. 1913); O. FORST DE BATTAGLIA, Wissenschaftl. Genealogie, Eine Einführung in die wichtigsten Grundprobleme (1948); W. K. PRINZ V. ISENBURG, Histor. Genealogie (1941); ders., Stammtafeln zur Gesch. der europ. Staaten, hg. v. E. FREYTAG V. LORINGHOVEN (³1953–1957). – H. HASSINGER, Geograph. Grundlagen der Gesch. (²1953); H. OESTERLEY, Histor.-geograph. Wörterbuch des dt. MA (1881–1883); J. G. TH. GRAESSE, Orbis latinus, Verzeichnis der wichtigsten lat. Orts- u. Ländernamen (³1922, Neubearbeitung v. H. PLECHL im Druck). Geschichts-Atlanten: K. v. SPRUNER u. TH. MENKE, Handatlas für d. Gesch.

Hilfsmittel, Quellensammlungen und allgemeine Darstellungen

des MA u. der neueren Zeit (²1880); G. Droysen, Allgem. histor. Handatlas (1886); F. W. Putzger, Histor. Schulatlas, hg. v. A. Hansel u. W. Leisering (⁸⁹1965); Großer histor. Weltatlas, hg. v. Bayer. Schulbuchverlag (3 Tle. 1953 ff.); Westermanns großer Atlas zur Weltgesch., hg. v. H.-E. Stier u. a. (1966); dtv-Atlas zur Weltgesch. (2 Bde. ⁸/⁷1972). – K. Heussi, Atlas zur Kirchengesch. (³1937). – Geschichtl. Handatlas Niedersachsens, hg. v. G. Schnath (1939); W. Fabricius u. a., Geschichtl. Atlas d. Rheinprovinz (1894 ff.); Geschichtl. Handatlas der dt. Länder am Rhein, hg. v. J. Niessen (1950); Pfälzischer Geschichtsatlas (1935); Bayerischer Geschichtsatlas, hg. v. M. Spindler (1969); Histor. Atlas der österreich. Alpenländer (1906 ff.); Histor. Atlas der Schweiz, hg. v. H. Ammann u. K. Schib (1951); Geschiedkundige Atlas van Nederland, hg. v. A. A. Beekman (1912 ff.); über weitere Geschichts-Atlanten s. G. Franz, Historische Kartographie (²1962).

Handbücher: Hdb. für den Geschichtslehrer, hg. v. O. Kende, Bd. III: F. Schneider, MA bis z. Mitte d. 13. Jh. (1929, Ndr. 1967), Bd. IV 1: B. Schmeidler, Das spätere MA (1937, Ndr. 1962), Bd. V 1: F. Hartung, Neuzeit von d. Mitte d. 17. Jh. bis 1789 (1932, Ndr. 1965); Hdb. d. dt. Gesch., begr. v. O. Brandt, fortgef. v. A. O. Meyer, neu hg. v. L. Just (4 Bde. 1936 ff., unvollst.), dazu Bd. 5: Athenaion-Bilderatlas zur Dt. Gesch., hg. v. H. Jankuhn, H. Bookmann u. W. Treue (1968); Deutsche Gesch. im Überblick, hg. v. P. Rassow (²1962); marxist.: Deutsche Gesch., hg. v. J. Streisand u. a. (3 Bde. ²1967). – Hdb. d. Kulturgesch., hg. v. H. Kindermann (1934 ff.), neu hg. v. E. Thurnher (1960 ff.).

Gesamtdarstellungen und Weltgeschichten: L. v. Ranke, Weltgesch. (9 Bde. bis 15. Jh., ³/⁴1896/98 u. ö.); H. Delbrück, Weltgesch. (5 Bde. 1923–1928); Propyläen-Weltgesch., hg. v. W. Goetz (10 Bde. u. Register 1930–1933); Neue Propyläen-Weltgesch., hg. v. W. Andreas (nur Bd. 1–3 u. 5, 1940/43); Propyläen Weltgesch., hg. v. G. Mann u. a. (12 Bde. 1961–1965); Historia mundi, hg. v. F. Kern u. F. Valjavec (10 Bde. 1952–1961); Hdb. der Weltgesch., hg. v. W. v. Randa (1956); Saeculum Weltgesch., hg. v. H. Franke u. a. (7 Bde. 1965 ff.); Fischer-Weltgesch. (35 Tbb. 1965 ff.); H. Freyer, Weltgesch. Europas (2 Bde. 1949); The Cambridge Medieval History (8 Bde. 1911–1936, Ndr. 1964); E. W. Previté-Orton, The Shorter Cambr. Medieval Hist. (2 Bde. 1952); The Cambr. Modern Hist. (13 Bde. u. Atlas. 1902–1912); The New Cambr. Modern Hist. (1957 ff.); Histoire générale, hg. v. L. Lavisse u. A. Rambaud (12 Bde. ²1922–1924); Hist. générale, hg. v. G. Glotz (20 Bde. 1929 ff., bisher nur MA); Peuples et civilisations, Hist. gén., hg. v. L. Halphen u. Ph. Sagnac (20 Bde. 1929–1945, ²1946 ff.); Hist. gén. des civilisations, hg. v. M. Crouzet (7 Bde. 1953–1957); Collection Clio, Introduction aux études hist. (10 Bde. 1934 ff.); Storia universale, hg. v. E. Pontieri (8 Bde. 1959–1963); Weltgesch. in 10 Bänden, hg. v. d. Akad. d. Wiss. der UdSSR (dt. 1961–1968). – Histoire des relations internationales, hg. v. P. Renouvin, Bd. 1: F. L. Ganshof, Le moyen âge (1953), Bd. 2/3: G. Zeller, Les temps modernes (1953–1955). – Hdb. der Europ. Gesch., hg. v. Th. Schieder (7 Bde. 1968 ff.); C. J. H. Hayes, M. W. Baldwin, Ch. W. Cole, Hist. of Europe (2 Bde. ²1954–1956); H. A. L. Fisher, A Hist. of Europe (2 Bde. ²1952, dt.: Die Gesch. Europas, 1951); J. Bowle, The Unity of European Hist., A Political and Cultural Survey (1949); E. Kessel, Zeiten der Wandlung. Hauptepochen abendländ. Gesch. (1950).

Kirchengeschichte: A. Hauck, KiG Deutschlands (nur MA, 5 Bde. ³/⁶1911–1929, Ndr. 1953 u. ö.); Histoire de l'Eglise, hg. v. A. Fliche u. V. Martin u. a. (1934 ff., bisher 21 Bde.); Hdb. der KiG, hg. v. H. Jedin (1966 ff.), Die Kirche in ihrer Gesch.; Ein

Hilfsmittel, Quellensammlungen und allgemeine Darstellungen

Hdb., hg. v. K. D. SCHMIDT u. E. WOLF (4 Bde., 1961 ff. in Einzellieferungen); Gesch. der Kirche, hg. v. L. J. ROGIER u. a. (5 Bde. 1965/66 ff.); K. HEUSSI, Abriß der KiG (⁵1957); K. BIHLMEYER, KiG, neu besorgt v. H. TÜCHLE (2 Bde. ¹⁸1966/68); J. LORTZ, Gesch. der Kirche in ideengesch. Betrachtung (2 Bde. ²¹1962–1964); Atlas z. KiG, hg. v. H. JEDIN u. K. S. LATOURETTE (1969). – J. HALLER, Das Papsttum, Idee u. Wirklichkeit (5 Bde. ²1950–1953); F. X. SEPPELT, Gesch. der Päpste (5 Bde. ²1954–1959); ders. u. G. SCHWAIGER, Gesch. d. Päpste von d. Anfängen bis z. Gegenwart (⁴1964); G. BARRACLOUGH, The Medieval Papacy (1968).

Jahrbücher der deutschen Geschichte, hg. durch die Histor. Kommission bei der Bayer. Akad. d. Wiss. (1862 ff.), eingehende Darstellung von d. Anfängen der Karolinger bis 1158, 1190–1233 u. 1298–1308, nach Regierungszeiten gegliedert, mit Anführung aller Quellen, doch z. T. veraltet, wird fortgesetzt (z. T. Ndr.; s. zu den einzelnen Herrschern). – Nützliche Quellenzusammenstellung nach Jahren bis 1137: G. RICHTER u. H. KOHL, Annalen der dt. Gesch. im MA (4 Bde. 1873–1897).

Neuere Darstellungen deutscher Landesgeschichten (s. Bd. 13: Die dt. Territorien; vgl. DW ³1826 ff.); G. W. SANTE (Hg.), Gesch. der dt. Länder (Territorien-Ploetz, 1964); M. SPINDLER (Hg.), Hdb. der bayerischen Gesch. (4 Bde. 1967 ff.), B. HUBENSTEINER, Bayer. Gesch. (⁸1967). – J. SCHULTZE, Die Mark Brandenburg (5 Bde. 1961–1969); M. BRAUBACH, Der Aufstieg Brandenburg-Preußens (1933); H. HERZFELD u. G. HEINRICH, Gesch. Berlins u. der Mark Br. (bisher nur Bd. 3, 1968). – R. WACKERNAGEL, Gesch. des Elsaß (1919); H. BÜTTNER, Gesch. d. Elsaß 1 (1939). – K. E. DEMANDT, Gesch. des Landes Hessen (1959). – M. HAMANN, Gesch. Mecklenburgs (1969). – R. LEHMANN, Gesch. der Niederlausitz (1963). – H. LÜBBING, Oldenburgische Landesgesch. (1953). – K. u. M. UHLIRZ, Hdb. der Gesch. Österreichs u. seiner Nachbarländer Böhmen u. Ungarn (4 Bde. 1927–1944, Bd. 1 ²1961); A. HUBER u. O. REDLICH, Gesch. Österreichs (7 Bde. bis 1740, 1888–1938, Bd. I 1 neu bearb. v. A. LHOTSKY 1967); H. HANTSCH, Die Gesch. Österreichs (2 Bde. ³1962); E. ZÖLLNER, Gesch. Österreichs (³1966). – J. KÖNIG, Verwaltungsgesch. Ostfrieslands bis zum Aussterben s. Fürstenhauses (1955). – B. SCHUMACHER, Gesch. Ost- u. Westpreußens (²1957 u. ö.). – R. KÖTZSCHKE u. K. KRETZSCHMAR, Sächsische Gesch. (2 Bde. 1935). – Gesch. Schlesiens, hg. v. H. AUBIN u. a. (²1961, nur Bd. 1 bis 1526). – O. BRANDT, Gesch. Schleswig-Holsteins (⁴1949); Gesch. Schl.-Holsteins, hg. v. V. PAULS u. a. (4 Bde. 1934 ff., noch unvollst.). – K. WELLER, Gesch. des schwäbischen Stammes bis z. Untergang der Staufer (1944). – K. S. BADER, Der dt. Südwesten in seiner territorialstaatl. Entwicklung (1950). – H. PATZE u. W. SCHLESINGER, Gesch. Thüringens (1967 ff., bisher Bd. 1 u. 2); F. SCHNEIDER u. A. TILLE, Einführung in die thüring. Gesch. (1931). – H. ROTHERT, Westfälische Gesch. (bis 1815, 3 Bde. 1949–1951, erg. v. K. A. HÖMBERG, ²1962–1969). – A. DEHLINGER, Württembergs Staatswesen in s. gesch. Entwicklung 1 (1951).

Quellenkunde und Historiographie: A. POTTHAST, Bibliotheca historica medii aevi, Wegweiser durch die Geschichtswerke des europ. MA bis 1500 (2 Bde. ²1896, Ndr. 1957) wird ersetzt durch: Repertorium fontium historiae medii aevi (seit 1962, bisher 3 Bde.) U. CHEVALIER, Répertoire des sources hist. du moyen-âge, 1: Bio-Bibliographie (2 Bde. ²1905–1907, Ndr. 1959), 2: Topo-Bibliographie (2 Bde. 1894–1903, Ndr 1960). – W. WATTENBACH, Dtlds. Geschichtsquellen im MA bis z. Mitte d. 13. Jh (Bd. 1 ⁷1904, Bd. 2 ⁶1894), Neubearbeitung: Vorzeit u. Karolinger, bearb. v. W. LEVISON u. H. LÖWE (4 Hefte 1952–1963, Heft 5 in Vorb.; Beiheft: R. BUCHNER, Die Rechtsquellen, 1953); dass., Deutsche Kaiserzeit, hg. v. R. u. W. HOLTZMANN (4 Hefte

Hilfsmittel, Quellensammlungen und allgemeine Darstellungen

bis 1125, 1938–1943), Neuausgabe v. F.-J. SCHMALE (1967); O. LORENZ, Dtlds. Gesch.quellen im MA seit d. Mitte d. 13. Jh. (2 Bde. ²1886/87); M. JANSEN u. L. SCHMITZ-KALLENBERG, Historiographie u. Quellen der dt. Gesch. bis 1500 (²1914); H. VILDHAUT, Hdb. d. Quellenkunde zur dt. Gesch. (2 Bde., Bd. 1 ²1906, Bd. 2 1900; größtenteils veraltet); K. JAKOB, Quellenkunde der dt. Gesch. im MA ⁶1 (Karolinger) u. ⁵2 (Kaiserzeit), bearb. v. J. HOHENLEUTNER (Slg. Göschen 1959–1961), 3 (SpätMA) v. F. WEDEN (ebd. 1952, unzulänglich). A. LHOTSKY, Quellenkunde zur mittelalterl. Gesch. Österreichs (1963); ders., Österreich. Historiographie (1962); R. C. VAN CAENEGEM u. F. L. GANSHOF, Kurze Quellenkunde des Westeurop. MA (dt. 1964); H. GRUNDMANN, Geschichtsschreibung im MA (1965), aus: Dt. Philol. im Aufriß 3 (²1957), ebd. H. GOLLWITZER, Neuere dt. Geschichtsschreibung; G. WOLF, Quellenkunde der dt. Reformationsgesch. (3 Bde. 1915–1923); F. SCHNABEL, Dtlds. geschichtliche Quellen und Darstellungen in der Neuzeit 1: Das Zeitalter der Reformation (1931, Ndr. 1969); E. FUETER, Gesch. der neueren Historiographie (²1936, Ndr. 1968); H. v. SRBIK, Geist u. Geschichte vom dt. Humanismus bis zur Gegenwart (2 Bde. 1950/51, Ndr. 1964); G. v. BELOW, Die dt. Geschichtsschreibung von d. Befreiungskriegen bis zu unseren Tagen (²1924); G. P. GOOCH, History and Historians in the 19th Century (²1952); J. W. THOMPSON u. B. J. HOLM, A History of Historical Writing (2 Bde. 1942, Ndr. 1950); F. WAGNER, Geschichtswissenschaft (1951).

Quellensammlungen: Monumenta Germaniae Historica (= MGH), seit 1826 hg. von der Gesellschaft für ältere dt. Geschichtskunde (gegr. 1819 vom Frhr. vom Stein), 1875 umgewandelt in die (ksl.) Zentraldirektion, 1935 in das Reichsinstitut für ält. dt. Gesch., 1946 in das Dt. Inst. für Erforschung des MA, vgl. H. BRESSLAU, Gesch. der MGH (NA 42, 1921); H. GRUNDMANN, Mon. Germ. Hist. 1819–1969 (1969). – Hauptabteilungen der MGH: 1. *Scriptores:* Auctores antiquissimi (15 Bde. 4°), Scriptores rerum Merovingicarum (7 Bde. 4°), Script. rer. Langobardicarum (1 Bd. 4°), Script. rer. Germanicarum (= SS), Hauptreihe 30 Bde. 2°, 2 Bde. 4°, dazu Nova series (=n. s., bisher 13 Bde. 8°) und sogen. Schulausgaben (Script. rer. Germ. in usum scholarum, bisher 62 Bde. 8°), Deutsche Chroniken (6 Bde. 4°); Libelli de lite imperatorum et pontificum saec. XI et XII (= L. d. L., 3 Bde. 4°), Gesta pontificum Romanorum (1 Bd. 4°). – 2. *Leges* (= LL), 5 Bde. 2°, zumeist überholt durch: Leges nationum Germanicarum (bisher 6 Bde. 4°); Capitularia regum Francorum (2 Bde. 4°); Formulae Merovingici et Carolini aevi (1 Bd. 4°) Concilia (2 Bde. u. Suppl. 4°); Constitutiones et acta publica imperatorum et regum (= Const.), Bd. 1–6, 1 u. 8 in 4°; Fontes iuris Germanici antiqui, n. s. (5 Bde. in 8°), Fontes . . . in us. schol. (10 Bde. in 8°). – 3. *Diplomata* (= DD), 1 Bd. 2° (DD Merovingorum, unzulängl.), sonst 4°. Die Urkunden der Karolinger (= DD Karol., Bd. 1 u. 3), Die Urk. der deutschen Karolinger (4 Bde. für 829–911), Die Urk. der burgund. Rudolfinger 888–1032 (im Druck), Die Urk. der dt. Könige u. Kaiser = DD K. I., DD H. I. usw. (8 Bde. für 911–1106 u. 1152, Urk. Barbarossas in Vorb.), Die Urk. Heinrichs d. Löwen (1 Bd. gr. 8°). – 4. *Epistolae* (= Epp.): Register Gregors I. (2 Bde. 4°), Epp. Karolini aevi (bisher 6 Bde. 4°), Epp. saec. XIII e regestis pontificum Rom. selectae (3 Bde. 4°), Die Briefe der Deutschen Kaiserzeit (Bd. 1–3 u. 5 in gr. 8°), Epp. selectae (5 Bde. 8°). – 5. *Antiquitates* in 4°: Poetae latini medii aevi 1–6; Necrologia Germaniae (5 Bde.), Libri confraternitatum (1 Bd.), Libri memoriales (Bd. 1 im Druck). – Neue Reihen: Staatsschriften des späteren MA (bisher 4 Teilbde. in gr. 8°); Quellen zur Geistesgesch. des MA (bisher 6 Bde. 8°); Deutsches MA, krit. Studientexte der MGH (4 Hefte 8°); Schriften der MGH (bish. 23 Bde.). – Übersetzungen: Geschichtsschreiber der deutschen Vorzeit (= GdV, 3. Gesamtausg. 103 Bde. kl. 8°). – Texte mit Übersetzungen: Ausgewählte Quellen zur dt. Gesch. des MA u. der Neuzeit, hg. v. R. BUCHNER (Freiherr-vom-Stein-Gedächtnisausgabe 1955 ff.).

Hilfsmittel, Quellensammlungen und allgemeine Darstellungen

An MG Const. schließt an, 1376 beginnend: Deutsche Reichstagsakten (= RTA), hg. durch die Histor. Kommission bei d. Bayer. Akad. d. Wiss., Ältere Reihe (1868 ff., bisher 19 Bde. bis 1454); Jüngere Reihe (1893 ff., Bd. 1–4 für 1519–1524, Bd. 7 u. 8 für 1527–1530).

Die MG SS werden ergänzt durch: Die Chroniken der deutschen Städte vom 14. bis ins 16. Jh., hg. durch die Histor. Kommission bei d. Bayer. Akad. d. Wiss. (37 Bde. 1862–1968, Ndr. ält. Bde. seit 1961).

Ältere, noch unentbehrliche Quellensammlungen: J. F. Böhmer, Fontes rerum Germanicarum (4 Bde. 1843–1868); Ph. Jaffé, Bibliotheca rerum Germanicarum (6 Bde. 1864–1873); J. F. Böhmer, Acta imperii selecta (1870); E. Winkelmann, Acta imperii inedita (2 Bde. 1880–1885). – Für Kirchengeschichte: Migne, Patrologiae cursus latinus (= MPL) bis 1216, 221 Bde. 1844–1864; wird neubearb. u. ergänzt in: Corpus Christianorum, Series latina (1954 ff.); Acta Sanctorum (= AA. SS.), bisher 68 Bde. (1643 ff., Ndr. seit 1854); G. D. Mansi, Sacrorum conciliorum nova et amplissima collectio (31 Bde. 1759–1798, Ndr. 60 Bde. 1900–1927). – Für Italien: L. A. Muratori, Scriptores rerum Italicarum (25 Bde. 1723–1751, seit 1900 Neubearbeitung im Gang); ders., Antiquitates Italicae medii aevi (6 Bde. 1738–1741, Indices 1889–1892); Fonti per la storia d'Italia, hg. vom Istituto stor. Ital. (seit 1887). – Für Frankreich: M. Bouquet, Recueil des historiens des Gaules et de la France (24 Bde., neu hg. v. L. Delisle seit 1869); Collection de textes pour servir à l'étude et à l'enseignement de l'histoire (seit 1886); Collection de documents inédits sur l'hist. de France (seit 1835); Les classiques de l'hist. de France au moyen-âge (seit 1923, mit Übersetz.). – Für England: Rerum Britannicarum medii aevi scriptores (in Einzelausgaben seit 1858). – Andere Quellensammlungen vollständig im Repertorium fontium historiae medii aevi 1 (1962).

Urkunden-Bücher und -Regesten: H. Oesterley, Wegweiser durch die Literatur der Urkundensammlungen (2 Bde. 1885/86); DW⁹ 1289 f. – Reichsregesten: J. F. Böhmer, Regesta imperii (= RI), zuerst 1831, sind oder werden neu bearbeitet, s. zu den einzelnen Herrschern. Für die Regesten der Kaiserurkunden des 12. Jh. noch unentbehrlich K. Stumpf, Die Reichskanzler, Bd. 2 (1879 = St.). Papst-Regesten: Ph. Jaffé, Regesta pontificum Romanorum ab condita ecclesia ad annum 1198, hg. v. S. Loewenfeld (2 Bde. 1885/88 = JL), chronologisch; P. F. Kehr, Regesta pont. Rom. (bis 1198, nach Empfängergruppen geordnet): Italia pontificia, hg. v. P. F. Kehr u. W. Holtzmann (9 Bde. 1906 ff.); Germania pontificia, hg. v. A. Brackmann (4 Bde. 1906 ff., wird fortgeführt im Max-Planck-Inst. f. Gesch., Göttingen); d'A. Potthast, Regesta pontificum Romanorum 1198–1304 (2 Bde. 1874/75). Die päpstl. Register des 13./14. Jh. werden hg. in d. Bibliothèque des écoles franç. d'Athènes et de Rome, 2. sér. (1884 ff., noch unvollst., s. zu den einzelnen Päpsten). Deutschland betreffende Auszüge aus den päpstl. Registern seit 1378: Repertorium Germanicum (bisher 4 Bde. 1897 ff.). Nuntiaturberichte aus Dtld., 1. Abt. 1533–1559, hg. v. Preuß. bzw. Dt. Histor. Inst. in Rom (bisher 14 Bde. bis 1554, 1892–1965, 2 Erg.Bde. für 1530–1532, 1963–1969); 2. Abt. 1560–1572, hg. v. d. Histor. Kommission d. österreich. Akad. Wien (8 Bde. bis 1572, 1897–1967); 3. Abt. 1572–1585, hg. v. Preuß. Hist. Inst. Rom (bisher 5 Bde. für 1573–1584, 1892–1909), 1585–1592, hg. v. d. Görres-Gesellsch. (bisher 6 Bde. bis 1592, 1895–1969); 4. Abt. XVII. Jh. (bisher 3 Bde. für 1603–1606 u. 1628/29, 1895–1913); La nunziatura di Praga di Cesare Speciano 1592–1598 (5 Bde. 1966–1967); Nuntiaturberichte aus der Schweiz seit d. Concil v. Trient (3 Bde. für 1579–1581, 1906–1929, Einleitungsbd. 1910). – Urkunden- und Regestensammlungen für einzelne deutsche Bistümer, Klöster, Territorien, Dynastien u. Länder s. DW⁹ 1311 ff.

Die deutschen Inschriften, hg. v. den dt. Akademien (1942 ff., bisher 10 Bde.), dazu

Hilfsmittel, Quellensammlungen und allgemeine Darstellungen

R. M. Kloos, DA 15 (1959) u. 23 (1967). – P. E. Schramm, Herrschaftszeichen und Staatssymbolik (Schriften der MGH 13, 1–3, 1954–1956); ders. u. F. Mütherich, Denkmale der dt. Könige u. Kaiser (1962).

A. Schulte, Der deutsche Staat. Verfassung, Macht u. Grenzen 919–1914 (1933); P. Kirn, Politische Gesch. der dt. Grenzen (^{4}1958).

Übersicht der Taschenbuchausgabe des GEBHARDT

Die erste Auflage des ›Handbuchs der deutschen Geschichte‹, herausgegeben von dem Berliner Realschullehrer Bruno Gebhardt (1858–1905), erschien 1891/92 in zwei Bänden. Von der zweiten bis zur siebenten Auflage wurde das Handbuch unter seinen Herausgebern Ferdinand Hirsch, Aloys Meister und Robert Holtzmann unter immer stärkerer Heranziehung von Universitätslehrern jeweils nach dem erreichten Forschungsstand überarbeitet und ergänzt und fand im wachsenden Maße bei Lehrenden und Lernenden an den Universitäten Verwendung. Nach dem Zweiten Weltkrieg nahm Herbert Grundmann mit neuen Autoren eine völlige Neugestaltung des ›Gebhardt‹ in Angriff, und auf diese 1954 bis 1960 in vier Bänden erschienene achte Auflage geht die nun vorliegende, wiederum überarbeitete und ergänzte, 1970 bis 1976 erschienene neunte Auflage zurück.

Um das bewährte Studien- und Nachschlagewerk vor allem den Studenten leichter zugänglich zu machen, haben sich der Originalverlag und der Deutsche Taschenbuch Verlag im Einvernehmen mit den Autoren zu dieser Taschenbuchausgabe entschlossen. Das Handbuch erscheint ungekürzt und, von kleinen Korrekturen abgesehen, unverändert in folgender Bandaufteilung:

1. Ernst Wahle: Ur- und Frühgeschichte im mitteleuropäischen Raum
2. Heinz Löwe: Deutschland im fränkischen Reich
3. Josef Fleckenstein und Marie Luise Bulst-Thiele: Begründung und Aufstieg des deutschen Reiches
4. Karl Jordan: Investiturstreit und frühe Stauferzeit (1056 bis 1197)
5. Herbert Grundmann: Wahlkönigtum, Territorialpolitik und Ostbewegung im 13. u. 14. Jahrhundert (1198–1378)
6. Friedrich Baethgen: Schisma und Konzilszeit, Reichsreform und Habsburgs Aufstieg
7. Karl Bosl: Staat, Gesellschaft, Wirtschaft im deutschen Mittelalter
8. Walther Peter Fuchs: Das Zeitalter der Reformation
9. Ernst Walter Zeeden: Das Zeitalter der Glaubenskämpfe (1555–1648)
10. Max Braubach: Vom Westfälischen Frieden bis zur Französischen Revolution
11. Gerhard Oestreich: Verfassungsgeschichte vom Ende des Mittelalters bis zum Ende des alten Reiches
12. Wilhelm Treue: Wirtschaft, Gesellschaft und Technik in Deutschland vom 16. bis zum 18. Jahrhundert
13. Friedrich Uhlhorn und Walter Schlesinger: Die deutschen Territorien
14. Max Braubach: Von der Französischen Revolution bis zum Wiener Kongreß
15. Theodor Schieder: Vom Deutschen Bund zum Deutschen Reich
16. Karl Erich Born: Von der Reichsgründung bis zum Ersten Weltkrieg
17. Wilhelm Treue: Gesellschaft, Wirtschaft und Technik Deutschlands im 19. Jahrhundert
18. Karl Dietrich Erdmann: Der Erste Weltkrieg
19. Karl Dietrich Erdmann: Die Weimarer Republik
20. Karl Dietrich Erdmann: Deutschland unter der Herrschaft des Nationalsozialismus 1933–1939
21. Karl Dietrich Erdmann: Der Zweite Weltkrieg
22. Karl Dietrich Erdmann: Das Ende des Reiches und die Entstehung der Republik Österreich, der Bundesrepublik Deutschland und der Deutschen Demokratischen Republik

Namen- und Sachregister

Aachen 49, 92, 172, 224; – Krönungen 93; – Reichstage (802/03) 48, (817) 93; – »Aachener Reich« 159, 172

Acht 164, 186; s. Reichsacht

Adel 20, 28, 32–38, 40f., 44, 52–55, 59, 64, 70, 73f., 80, 85, 96–100, 103ff., 109f., 115, 117–123, 131–135, 142 bis 145, 147–158, 165, 167, 169, 173f., 176, 181, 192, 194–197, 206, 216ff., 223f., 227, 232f., 235; s. Amts-, Dienst-, Reichs-, Uradel

– germ. 40, 118; – langob. 54; – röm. 130; – senator. 43, 56, 70

– -Bannbezirke 96, 133, 152, 166; -Bauer 29f., 34, 37; – -Ethik 40, 143; – -Heiliger 54, 70; – -Herrschaft 17, 32f., 38f., 75f., 94, 96f., 108, 120, 123; – -Immunität 53; – -Vogtei 118

Admonitio ad omnes regni ordines (823 bis 825) 91

Admont, Kloster; s. Engelbert, Abt v. A.

Aeneas Silvius s. Enea S.

Afrika s. Nordafrika

Agilolfinger, Adelsfamilie 45

Ägypten 80

Akklamation 39, 93

Alamannen 26, 41, 44, 54, 82; – -Volksrecht s. Lex Alam; – Alamannien 46, 54

Albero, Eb. v. Trier (1131–1152) 178

Albrecht I., Kg. (1298–1308), Hg. v. Österreich 176f.

– II., Kg. (1438–1439) = A. V., Hg. v. Österreich (1404) 188

– V., Hg. v. Österreich (1404–1439) s. A. II. Kg.

– der Stolze, Mgf. v. Meißen (1190 bis 1195) 174

Alexander III., Papst (1159–1181) 164

– v. Roes († nach 1288) 158, 230

Alfred d. Große, Kg. in England (871 bis 901) 94f., 135

Alkuin, Abt v. St. Martin in Tours († 804) 54, 76, 92

Allmende 28f., 105f., 110, 112, 153

Allod(ialgut) 31, 57, 84

Allstedt, Pfalz 157

Altaich, s. Nieder-A.

Altenburg (Saale) 157, 174; – Münze 169

Althochdeutsch 22

Amiens 42, 46, 200

Amt 31, 85, 90, 96; – -Adel 43, 54, 80; – -Gedanke 75; – -Herzöge, -Hgt. 162; – -Lehen 96; – -Vogtei 116ff.; – Ämter, städt. 211

Andlau s. Peter v. A.

Andreas v. Isernia (Ritus dohanarum vor 1313) 136

Anerbenrecht 110

Angeln 48

Angelsachsen, Mission(are) 70; – Kleinreiche 94; – Kirchengesch. 30

Angilramn, Abt v. Sens, B. u. Eb. v. Metz (768–791) s. Capitula Angilramni

Anno, Eb. v. Köln (1056–1075) 154

Annweiler (Trifels) 166, 171; s. Markward v. A.

Anonymus v. York († nach 1104) 139

Anselm, Eb. v. Canterbury (1093–1109) 141

Antrustio(nat) 38, 60, 80, 83, 90

Antwerpen 213

Appellation an die Kurie 186

Aquileja, Patriarchat 69

Aquitanien 44, 82, 93

Araber 54, 80, 82

Arduin, Mgf. v. Ivrea, Kg. v. Italien (1002–1015) 131

Arelat s. Burgund, Kgr.

Aribert, Eb. v. Mailand (1019–1045) 131

Arimannie, langob. 51

Ariovist 27, 39

Aristokratie s. Adel, Reichsaristokratie

Arianer, Arianismus 43, 70

Arles 80

Arnulf, Hg. v. Bayern (907–937) 103

Arnulfinger 20

Arras 49, 207

Artusepik 32

Assisen v. Capua (1220) s. Capua

Asylrecht 71

Attila, Kg. der Hunnen († 453) 37

Aub b. Würzburg 173

Aueraufstand in Regensburg 192

Augsburg 173, 191f., 197, 200f.; – Reichstage (1500) 236; – Vogtei 171; s. Lechfeld

247

Namen- und Sachregister

Augustinus (354–430) 90
Austrien 48
Autonomie, städt. 223
Auxerre, Synode (595) 70

Baare (Huntare) 38
Babenberger 161, 163, 230
bailli 173
Baiowaren, Bajuwaren 82; s. Bayern
Balthilde, Mutter Chlotars III., Gem. Chlodowechs II. († 680) 74
Bamberg 173; – Bt. 124, 152; s. Meinhard
Bann, kirchl. 147, 186; – weltl. 53, 89, 105, 123, 149; – -Bezirke 123; s. Adelsbannbez. – -Leihe 156, 187; s. Blutbann, Königsbann
Barbarossa s. Friedrich I. Barbarossa
Bargilden (Biergelden) 52, 60, 155
Barschalken 60
Bartolo v. Sassoferrato, Jurist († 1357) 230
Basel 191, 224; – Konzil (1431–1449) 236
Bauern 28–31, 35–39, 58–61, 63–65, 104 bis 114, 144f., 154f., 160, 169f., 184, 187, 189f., 195, 197, 202, 205, 216, 218, 225, 233; – -krieg 190; – -legen 218; – -recht 220; s. Freibauern, Königsfreie, Rodungsbauern
Bautzen 199
Bayern, die 26, 41, 54, 103, 122; – Land, Hgt. 20, 38, 45 f., 54, 56, 93, 98, 103, 129, 136, 156, 159 ff., 164, 172 f., 182, 197, 225 f., 233; – Hge. 48, 54, 103; s. Hge. v. Ober- u. Niederbayern. – Nordgau 136, 172; – Reichskreis 237; – Volksrecht s. Lex Baiuar.
Beamte 36, 45, 55 f., 81, 83, 85 f., 98, 116, 118, 121, 124, 148, 153 f., 165, 170, 173 ff., 179, 182, 217, 226; – -staat 98, 163, 182
Beauvais 49
Beda Venerabilis († 735) 30, 37
Bede 227
Befestigungsrecht 95, 135, 152, 200, 208 f.
Benedictus Levita, Mainzer Kleriker (Mitte 9. Jh.) 91, 142
Benedikt, Abt v. Aniane u. v. Inden-Cornelimünster (779–821) 76
Benediktbeuern, Kloster 75

Benediktinerregel 70
Beneficium 31, 68, 82–86, 124; – -verbo regis 61, 68, 82, 84, 117, 127, 129; s. precaria v. r. – Benefizialleihe 82 ff.; – -recht 124
Benevent 130
Benno II., B. v. Osnabrück (1068–1088) 153 f.
Beowulf-Lied 37
Beratzhausen 173
Berchtesgaden, Prämonstratenserstift 166
Berengar I., Mgf. v. Friaul, Kg. v. Italien (888–924), K. (seit 915) 93
– v. Tours († 1088) 141
Berengaria v. Kastilien, Gem. 1. Konrads v. Rothenburg, 2. Alfons' IX. v. León († 1244) 172
Bergbau 175, 213; – -regal 167 f.
Bettelorden 216
Bilderstreit 76
Bischofs-Städte 196 f., 199 ff., 224; – -Wahl 73, 148, 164, 186, 237
Blutbann 152; – -Leihe 134, 151, 155
Blutgerichtsbarkeit 116, 134, 150, 155, 187
Blutrache 36
Bobbio, Kloster 70
Bodenregal 55, 109, 155, 167, 174
Bodfeld (Harz), Pfalz 156 f.
Böhmen 58, 174, 196, 226, 230, 233; – Kge. 180, 185, 238
Bologna, Rechtsschule, Universität 219
Bonifatius, B. u. Eb. v. Mainz (722–754) 71, 75, 92
Boppard 172
Bordeaux 43
Bornheimerberg, Gfsch. 172
Bourges 118
Boyneburg 172
Brabanzonen 223
Brandenburg, Mark 230; – Markgraf 180
Bregenzer Wald 171
Breisgau 171
Bremen, Ebf. 154
Brinno, Kg. d. Canninefaten (69 n.Chr.) 41
Britannien 31
Bronzezeit 27, 36
Bruderschaften 211 f.
Brügge 200, 207
Brun, B. v. Toul (1026–1051) s. Leo IX.

248

Namen- und Sachregister

Büdinger Reichsforst 172
Burgen, Burgbann 35f., 38, **123**, 153, 157, 170f.; – -bau 170, 186; – -bezirke 123, 130; – -städte 200f.; – -warde 123, 198; – -werk 111, 153
Bürger, Bürgertum 33, 63, 130f., 144ff., 190, 193–196, 200f., 205, 207ff., 216, 227, 233; – -eid 209
Burgund 85; – Niederburgund s. Provence; – Königreich 129, 143, 148, 159, 166; – Rektorat 171; – Reichskreis 237; – Könige 129; – Hge. 238
Burgunder 34, 45, 54; – Recht s. Lex Burgund.
Byzanz 76, 92, 94, 130, 159, 173, 200; – Kaiser 75, 92, 126; – Prinzessinnen 126; – Recht 161

Caen 230
Caesar 31, 39
Calixt II., Papst (1119–1124) 148
Campriche, Reichsgutbezirk b. Furth i. W. 159
Canninefaten 41
Canones s. Kanonisches Recht, Kanonistik
Canterbury s. Anselm v. C.
capitanei 163
Capitula Angilramni 142
– missorum (802) 62, 89f.
Capitulare s. Kapitularien
Capua 130
Centena 51; s. Zent
Châlons-sur-Marne, Synode (um 650) 74
Chamaven 48; s. Ewa Chamaworum
Chartres 118; – Schule 148; s. Ivo v. C.
Chemnitz 174
Chlodowech I., Frankenkg. (482–511) 34, 37, 40, 42–47, 52
Chlodwig s. Chlodowech
Chlotar II., Frankenkg. (584–629), Edictum (614) 53
Christianisierung 32, 69; s. Mission
Chur, Vogtei 171
civitas 44, 47, 55, 196f.
Cluny 125, 139, 142
Codex Eurici(anus) (469–475) 41, 45
– Udalrici 137
Collectio Dionysiana s. Dionysius Exiguus
coloni s. Kolonen

Columban, Abt v. Luxueil u. Bobbio (591–610; 614–615) 70
comites = Gefolgsleute 35, 38, 52; – = Grafen 46
Commune, städt. 194, 200, 205f., 209
Compiègne 49; – Forst 49
Confoederatio cum principibus ecclesiasticis (1220) 186, 223
coniuratio 145, 194, 202, 206, 209, 224; s. Eidgenossenschaften, Einungen, Schwurverbände
Constitutio de feudis (1037) 129, 131, 145; – de pace tenenda (1152) 146; – pacis (1158) 146; – contra incendiarios (1186) 146
Constitutum Constantini s. Konstant. Schenkung
Continuator Reginonis s. Adalbert, Eb. v. Magdeburg
Corpus iuris canonici 220; – civilis 219
Corvey s. Korvei
Cröver Reich 159
Cusanus s. Nikolaus v. Cues

Danegeld 133
Dante Alighieri (1265–1321) 230
Dekret, Gratian 220; s. Pseudo-Isidor
Deutschenspiegel 220
Deutscher Orden 175, 182, 190; s. Ordensstaat
Dictatus papae 140
Dienstadel 33, 40, 43, 52, 54; – -gut 85, 154; – -lehen 87, 135, 157, 165f.; – -recht 87, 135, 157, 165; s. Ministerialen, Ministerialität
Dietrich v. Nieheim, Publizist († 1418) 230
Dinkelsbühl 172f.
Dionysius Exiguus, Sammlung d. Kirchenrechts (ca. 500) 70
Domänen 42f., 56
Domesdaybook 136
Donauwörth 172f.
donjon (Turmhügelburg) 38, 157
Dorf 64f., 112; – -gemeinde 107, 111f.; –obrigkeit 105f.: – -recht 112
Dornbirn, Reichsdorf 171
Dornburg 123
Dortmund 172
Douai 200
Dreieich b. Frankfurt (Reichsforst) 157, 172

249

Namen- und Sachregister

Dreifelderwirtschaft 112
Dubois, Pierre, franz. Staatstheoretiker († nach 1321) 230

Eckartsberga, Burg (westl. Naumburg/Saale) 157
Edelvogt, Edelvogtei 117, 134
Edictum Chlotarii (614) 53
Eger 173; – Goldbulle (1213) 185; – Reichsburg, Pfalz 172
Egerland 173
Eidgenossen(schaft), Schweizer 230
Eidgenossenschaft, städt. 202, 206 ff.; s. coniuratio, Einungen, Schwurverbände
Eigenkirchen u. -klöster 48, 64, 73, 114, 119, 124, 140; – -herren 37, 117; – -recht 75, 115 ff., 119, 127, 148, 166
Einungen 145, 194, 198, 200, 205 f., 208 f., 211, 224 f., 227; s. coniuratio, Eidgenossenschaft, Schwurverbände
Eisenzeit 27
Elsaß 171, 217, 232
St. Emmeram, Kloster in Regensburg 42, 76, 125, 199
Enea Silvio Piccolomini (Papst Pius II.) 158, 230
Engelbert, Abt v. Admont († 1331) 158, 230
England 30, 32, 80, 86 f., 95, 133–136, 139, 148, 151, 162, 165, 178, 182, 190, 196, 225, 229; – Könige 86, 134, 164, 223
Erbfolge, -recht 29 f., 43, 95, 123, 129, 148, 161, 178, 185; – -leihe 60 f., 65, 110; – Erblichkeit d. Lehen 96 f., 179; – Erbreichspläne 178 f., 181
Erzämter 174
Erzgebirge 173
Erzkanzler s. Kanzler
Erzkapellane s. Kapellane
Eschwege 156
Etzel s. Attila
Eugen II., Papst (824–827) 93
Eurich, s. Codex Eurici(anus)
Ewa Chamaworum 48
Ewiger Landfrieden (1495) 188, 236
Exarchat s. Ravenna
Exemtion 53, 75, 142

Fahnlehen 162
Fährenrecht (Regal) 167

Fehde 134, 143 f.; – -recht 105, 143 ff. 150, 155; – -verbot 144, 236
Fernhandel s. Handel
Feudalismus 69–89, 104, 195
Feudum 80, 86; s. Lehenwesen
Fichtelgebirge 169, 173 f.
Fiskalgut 82; s. Domänen
Flächenstaat 103, 155, 161, 167
Flandern 117, 207, 213, 233; – Gfen. 83
Flurordnung 112; – -zwang 112
Forchheim 173; – Königswahl (1077) 147
Forstrecht 113; – -regal 115, 167; – -privilegien 19
Franche-Comté s. Burgund
Franken, germ. Stamm 26, 33, 42–46, 49 f., 54, 58, 65, 70, 90, 92; – Frankenreich 42, 44, 46, 52–55, 66, 70, 73 ff., 81 ff., 94
Franken, dt. Stamm, Land u. Hgt. 54, 58, 64, 98, 122, 133, 153, 157 f., 200, 205 ff., 217, 232; – Reichskreis 237
Frankenspiegel 220
Frankfurt 49, 157, 169, 172 f., 191, 236; – Synode (792) 76
Frankreich 42 f., 49 f., 57, 60, 62, 64, 66, 68, 80, 86 f., 94, 99 f., 109, 117 f., 129, 131, 133 ff., 144, 148, 150 f., 159, 161 f., 165, 173, 178, 185, 190, 194, 196, 225, 229 ff.; – Könige 134 f., 164, 166, 223
Freibauern 169 f., 182
Freiburg i. Br. 202
Freising, Bt. 38, 42; – B. s. Otto v. F.
Friaul 130, 136
Friedberg 172
Friedensbewegung s. Landfrieden, Gottesfrieden, Treuga Dei
Friedrich I. Barbarossa, K. (1152–1190) 87, 156, 158, 161 f., 164, 166 f., 169, 171 f., 174, 178, 184 ff., 223
– II., K. (1212–1250) 163, 165, 169, 172, 179, 185–188, 223 f., 230
– II. v. Staufen, Hg. v. Schwaben (1105 bis 1147) 178
– III., Hg. v. Schwaben (1147–1152) s. K. Friedrich I. Barbarossa
– d. Streitbare, Hg. v. Österreich (1230 bis 1246) 163
Friesland, Friesen 26, 82
Fronhof 60, 111; – -verband, -wirtschaft 63 f., 111, 190, 194, 196 f.
Fruchtbarkeitskult s. Umfahrt

Namen- und Sachregister

Frühkapitalismus 191, 193, 214f.
Fugger, Augsburger Familie 191, 214
Fulda, Kloster 75f., 172; – Traditionen 38, 64f.
Fürsten s. Reichsaristokratie, Reichsfürsten
Furth i. W. 159

St. Gallen, Kloster 38, 75, 171
Gallien 42ff., 46f., 49f., 58, 65, 69, 81, 92, 113, 196
Gau 56; – -graf 119; – -kirche 65; – -kgr. 38
Geblütsadel 33; s. Uradel; – -recht 40, 147f., 178
Gefolgschaft 26, 28, 32–35, 37f., 40, 60, 83, 89f.; – -kge. 29
Gegenkönige 147, 179
Gegenpäpste 130
Geislingen 173
Gelasius I., Papst (492–496) 69, 74
Geld 139, 141, 169, 195, 213f.; – -wirtschaft 131
Geleitrecht 152, 168, 187
Gelnhausen 172; – Münze 169
Gemeiner Pfennig 236
Gemeinfreie 36, 50ff., 110f., 113; s. Königsfreie
Generalkapitäne 163
Genossenschaft 32, 111f., 207
Gent 200, 207
gentes 26, 28f.
Genua 200
Gera 174
Gerhard, B. v. Florenz s. Nikolaus II., Papst
Gerichtsbarkeit 40, 53, 96, 99, 106, 115f., 120, 125, 134, 149, 167, 182, 200, 207, 209; s. Hoch-, Niedergerichtsbarkeit
Germanien 30, 92; – Germanen 14f., 24–33, 36, 39–44, 58f., 70, 89f., 98, 109f., 112, 147, 196
Geschworene 207
Gesellschaften, böse s. Söldner
Gewanndörfer 112
Gewerbe 14, 182, 198f., 206, 208, 211ff.
Gewere 105f., 108f., 121, 124, 152
Gilden 194, 198f., 205ff., 213
Glossatoren (Bologna) 219f.
Goldene Aue 175
Goldene Bulle (1356) 19, 180, 187, 192, 225, 230ff.; – (Eger 1213) 185

Goldmünzen, -währung 214; – -Augustalis 169
Gorze, Kloster 125, 128, 139
Goslar 152, 156ff., 175; – Reichsvogtei 175; – Recht 199
Goten 26, 30, 58; s. Ost- u. Westgoten
Gotik 193
Gotland 30
Gottesfrieden 143f., 150, 198
Gottesgnadentum 54, 75
Gotteshausleute 60
Gottesurteil 208
Göttingen 156
Grafen 50, 53ff., 83, 85, 98f., 106, 119, 133f., 155, 162f., 187, 200, 216, 225f., 232f.; – -gericht 84; – Grafschaft 49, 56, 96, 99f., 123, 125, 131, 133, 149; – -verfassung 44, 54
Gratian, Dekret (um 1140) 220
Gregor I. d. Gr., Papst (590–604) 70
– VII., Papst (1073–1085, vorher Kardinal Hildebrand) 138, 140, 147f., 164
– B. v. Tours (573–593/4) 37
Griechenland, Griechen 36; s. Byzanz
Grona, Pfalz (b. Göttingen) 156
Grundherrschaft 29f., 33ff., 50, 58, 65f., 83f., 104–114, 120f., 144, 170, 190, 194, 197, 200, 214, 218; – Grundholden 58, 105, 108, 110, 115, 121
Grünzgau (Bayer. Ostmark) 121
Gudrunlied 32
Guido, Eb. v. Vienne s. Calixt II.
Güterverzeichnisse 19, 21, 152, 156
Gutsherrschaft 84f., 111, 218; – -wirtschaft 108, 113

Habsburger 190, 230, 232
Hadrian I., Papst (772–795) 76
Hagen, Sagengestalt 37
Hagenau, Pfalz 171
Hallstatt 173
Hamaland 48
Hamburg 213
Hammerstein, Reichsburg 172
Handel 14, 29, 58, 139, 141, 169, 173, 182, 191, 194f., 197–201, 205f., 209, 212ff., 216, 221, 223f.
Handgemal 30f.
Hand- und Spanndienste 56, 153, 190
Handlungsbücher 191f.

251

Namen- und Sachregister

Handwerk 191, 197, 209, 211f.; – Handwerker 112, 145, 191, 194–198, 200, 205, 211f., 224, 227
Hanse 191, 213f., 225
Harald Schönhaar, Kg. v. Norwegen († 933) 30
Häresie, Häretiker s. Ketzer(ei)
Harz 152, 156, 175
Harzburg 175
Hausämter, germ. 52; – -gut 20, 129, 171, 178; – -herrschaft 65, 105f.
Hausmacht 35; – -politik 230
Hausmeier 44, 52, 75, 82f., 89
Hedenus, Hg. v. Thüringen († 717?) 45
Heerwesen 95f., 133ff.; – -bann 39, 50, 98, 125, 167; – -fahrt(pflicht) 116, 124, 209, 222; – -könig(tum) 29, 37, 39f., 90, 125; – -schild(ordnung) 87, 136, 162f., 165f.; – -verfassung 237
Hl. Krieg 143
Heimfallsrecht 97, 100, 164
Heimo »ministerialis« (Ende 9. Jh.) 121
Heinrich I., Kg. (919–936) 122f., 185, 197
– II., K. (1002–1024) 123f., 129, 131f., 172
– III., K. (1039–1056) 126, 130, 133, 136, 140, 144f., 152, 172
– IV., K. (1056–1106) 103f., 144–157
– V., K. (1106–1125) 32, 148f., 155, 178
– VI., K. (1190–1197) 163, 173, 176, 181, 229
– (VII.), Kg. (1220–1235, † 1242) 171, 183, 185f., 223f.
– IV., Hg. v. Bayern (995–1004) = K. H. II.
– VIII., Hg. v. Bayern (1053–1054) = K. H. IV.
– XII. d. Löwe, Hg. v. Bayern (1156 bis 1180) s. H. d. L., Hg. v. Sachsen
– d. Löwe, Hg. v. Sachsen (1142–1180), Hg. v. Bayern (1156–1180, † 1195) 87, 161, 164, 179, 223
– v. Kalden (Kallendin-Pappenheim), Reichsmarschall 174
Heldenlieder, -epik 32, 143
Heliand 37
Heller 169
Herminonen 26
Hersfeld, Kloster 75, 172

Herzog, -tum 39, 41, 44, 83, 96–103, 122f., 130, 133, 144
Hessen 156, 190; – Stamm 26
Hidolf, Eb. v. Köln (1076–1078) 154
Hildebrand, Kardinal, s. Gregor VII.
Hinkmar, Eb. v. Reims (845–882) 90f., 141f., 174
Hirsau, Kloster 149; – Kongregation 143, 166; – Baustil 143
Hispano-Gallica, Canonessammlung 142
Hochburgund s. Burgund
Hochgericht(sbarkeit) 53, 99, 130, 134, 149, 155f., 174, 187; – Hochrichter 106, 119
Hochmeister 182
Hochseegau 123
Hof i. B. 173
Hofämter 174, 177; – Hofgericht 164, 187f., 220; s. Königsgericht; – Hofkapelle 123; – Hofrecht 58, 105, 111, 135
höf. Kultur 216
Hohenstaufen, Burg 171
Hohenzollern s. Zollern
Holzschuher, Nürnberger Familie 191
Horde 24, 29
Horn (Waldviertel) 159
Hufe 29, 31, 59ff., 63, 67f., 84, 112, 114, 205; – -bauern 61, 63
Humbert v. Moyenmoutier, Kard.-B. v. Silva Candida (1050–1061) 140
Hunnen 30
Huntare 37
Hussiten 231

Immunität 53, 56, 71, 80, 96f., 102, 105, 112, 115f., 118, 120f., 124f., 133f., 149, 152, 154, 156, 165, 186, 198, 200; – -gerichtsbarkeit 118
Indien, Inder 80
Ingelheim, Pfalz 172
Ingväonen 26
Innichen, Kloster 75
Innocenz III., Papst (1198–1216) 179
– IV., Papst (1243–1254) 179
Innung 211; s. Einungen
Investitur 124, 148, 186; – -streit 87, 99, 133, 137, 147–151, 186
Irland 69; – Mission(are) 70
Irnerius, Jurist in Bologna († vor 1140) 219
Isidor, B. v. Sevilla (599/600–636) 90

Namen- und Sachregister

Islam 159, 196
Island 29f., 39, 41
Isle-de-France 161
Istrien, Mark 136
Istväonen 26
ius affectandi 185
– de non appellando et de non evocando 187
– instituendi et destituendi 108
Ivo, B. v. Chartres (1090–1116) 141
Ivrea, Mgfen. 131; – Mgfsch. 130

Jagdregal 167
Japan 80
Jastorfkultur 27
Jena 123, 175
Johann I. Ohneland, Kg. v. England (1199–1216) 86, 223
John Wyclyf s. Wyclyf
Jonas, B. v. Orleans (812–845) 91
Jordanus, Magister u. Kanoniker in Osnabrück (13. Jh.) 230
Judenregal 168
Juristen 167, 220, 230, 236
jus s. ius
Justinian I., K. v. Byzanz (527–565) 219f.

Kaichen, Freigericht 172
Kaiserkrone und -krönung 91–95, 125f., 159, 179, 229f.; – -titel 92
Kaiserslautern, Pfalz 166, 171
Kaiserswerth 172, 184
Kämmerer 52
Kammergericht s. Reichsk.
Kammergut 182
Kammerich 42
Kanonisches Recht, Kanonistik 72, 140, 142, 179, 219, 224
Kanzlei 158; – fränk. 53; – Reichs- 133, 158; Friedrichs II. 187; – ital. 131
Kanzler 174
Kapelle s. Hofkapelle; – Kapellane 124
Kapitularien 62, 83, 86, 89, 91, 134, 142; – Capitulare de villis (um 782) 44; – – v. Kiersy (877) 96
Kardinalskollegium 130, 140
Karl Martell, Hausmeier (714–741) 54, 60, 80, 82
– d. Gr., Kg. (768–814), K. (800) 19, 29, 44, 49, 53f., 60f., 63, 71, 76, 80, 83, 85, 89–94, 117, 119, 124f.

– II., d. Kahle, Kg. (840–877), K. (875) 93, 117, 130
– III., d. Dicke, Kg. (876–887, † 888), K. (881) 95
– IV., K. (1346–1378) 19, 180, 225, 227, 230
– V., K. (1519–1556, † 1558) 227, 237
Karlburg b. Karlstadt 38
Karlmann, Kg. (768–771) 92
Kärnten 113, 136, 159, 233
Karolinger 42f., 45, 49, 75f., 84f., 89, 91f., 98, 123; – -zeit 52, 54, 65, 79, 114, 116
Kastilien, Kg. 172
Katharer 216
Kaufleute s. Handel
Kaufmannsgesellschaften 213; – -recht 198f., 208; – -siedlung 197, 208
Kelten 31, 37, 89
Kempten 225, 233; – Kloster 67
Ketzer(ei) 125
Kiersy, Capitulare (877) 96
Kilian, Hl., ir. Missionar († 689) 71
Kipper u. Wipper 214f.
Kirchberg b. Jena 123
Kirchengut 20, 60, 82f., 117, 124, 127, 166, 186; – -recht s. kanon. Recht; – -vogt(ei) 116ff., 120, 125, 150, 162
Kirchenreform 128, 130, 137
Kirchenstaat 162
Kleriker (Stand) 72f., 77
Klientel 37, 39f.
Klostervogtei 96, 149
Kochem, Burg 172
Köln 42, 191, 197, 200, 208, 233; – Erzbischöfe 154, 179f., 207, 223
Kolonen, Kolonat 38, 58f., 61
Kommendation 58, 81, 84, 124
Kommunale Bewegung 139, 145
Kompagnien s. Gesellschaften, böse
Königsbann(bezirk) 125, 133, 166, 172; – -boten s. Missi; – -freie 57–62, 67, 114, 123, 155, 170, 201; – -gericht 45, 96, 125, 133f.; – -gut s. Reichsgut; – -heil 40, 54; – -höfe 49f., 57, 59, 127; – -landpolitik 103, 150, 152f., 155, 161, 166, 168–177; – -pfalz 38, 52, 152; – -recht 40, 134, 150, 199, 231; – -schutz 35
– -wahl 29, 40, 178–181
Königssundern 172

253

Namen- und Sachregister

Konkordat s. Wormser
Konrad I., (911-918) 95 f., 98
- II., K. (1024-1039) 104, 129, 131 f., 145, 152, 172
- III., Kg. (1138-1152) 126, 173, 178
- v. Rothenburg, Hg. v. Schwaben (1191-1196) 172
- v. Megenberg († 1374) 158, 230
Konstantin I., d. Gr. (306-337) 73
Konstantinische Schenkung 75
Konstantinopel s. Byzanz
konziliare Bewegung 222
Korvei, Kloster 38; Abt s. Widukind v.
Kreise s. Reichskreise
Kremsmünster, Kloster 75 f.
Kreuzzüge 143, 212, 216
Krongut 42, 44, 55, 86, 103, 124, 133, 152 f.; s. Reichsgut
Kronvasallen 84, 86, 148, 162
Kurfürsten 222, 225, 230 ff., 235, 237;
- -Kollegium 140, 178 ff., 231, 237 f.
Kurien (Reichstags-) 180, 232; - (Landtags-) 233
Kurrhein, Reichskreis 237
Kurvereine, Rhens (1338) 180, 231; -Bingen (1424) 180; - Kurfürstentage 180
Kyffhäuser 157

Lampert v. Hersfeld, Annalist († 1088) 153
Landesherren, -herrschaft 150, 159, 181 bis 226 f., 231, 233 f.
Landfrieden 19, 99, 134, 144, 146, 151, 155 f., 169, 184 f., 188, 222, 225 f., 236 f.; s. Reichs-L., Ewiger L.
Landgrafschaft 157, 170
Landrecht 19, 99, 104 f., 158 f., 164 f., 220, 224; - -gericht 182, 187; - -richter 106, 173
Landshut 226
Landstände 159, 183, 195 f., 225 f., 231, 233
Landtage 99, 218, 226 f.
Landvogtei 170, 173
Langobarden 26 f., 54, 75, 130
Lantfrid, Alamannenhg. (710-730) 48
Lateran, Synode (1059) 140
Lechfeld, Schlacht (955) 102
Lehenwesen 33, 38, 55, 61, 76-89, 104, 122 f., 133 ff.; - -eid 80 f., 84; - -gericht 96, 164, 185; - -höfe 87, 182; -

-kurien 183; - -recht 80, 86, 91, 122, 129, 131, 135, 154, 158, 161 f., 164 bis 168, 176, 185, 192, 219, 230; --staat 35, 167, 182; s. Erblichkeit d. Lehen
Leibeigene, Leibeigenschaft 37, 59, 62 f., 65, 73, 108 ff., 135, 170, 186, 194 ff., 205, 219; s. Unfreie
Leihezwang 97, 131, 162 ff., 171, 182
Leipzig 157
Leo III., Papst (795-816) 92
- IX., Papst (1048-1054) 130, 140
leudes 52, 55, 90; - leudesamio 55, 61
Lex Alamannorum 38, 45, 48; - Baiuariorum 38, 41, 45, 48; - Burgundionum 41; - Frisionum 48; - Ribuaria 48; - Salica 45; - Saxonum 45, 48; - Thuringorum 48
Libertas 138, 142, 149
Libri Carolini 92; - feudorum 219
Liemar, Eb. v. Bremen (1072-1101) 154
ligeitas (ligesse) 135, 154; s. Treuevorbehalt
Lille 200
Liutpold, Mgf. v. Bayern († 907) 98
Liutpoldinger 20
Lombardei, Lombarden 131, 200
London 223
Lorch (im Remstal), Kloster 171
Lorenzer Wald, Forst b. Nürnberg 173
Lorsch, Kloster 38, 75; - Annalen 62; - Codex 42
Lothar III., Gf. v. Supplin(gen)burg, Hg. v. Sachsen, K. (1125-1137) 157, 178
- v. Segni s. Innocenz III.
Lotharingien 49; s. Lothringen
Lothringen 85, 94, 103, 117; - Pfgfen. 123
Lübeck 198 f., 212, 224
Ludwig I. d. Fromme, K. (813-840) 62, 76, 85, 89 f., 92-95, 120, 124, 140
- II., K. (855-875) 93
- II., d. Dt., Kg. (840-876) 93
- IV., d. Kind, Kg. (900-911) 95 f.
- IV., d. Bayer, K. (1314-1347) 225
Lupold v. Bebenburg, B. v. Bamberg (1353-1363) 158, 230
Lüttich 178; - Bt. 144
Luxemburger 230
Luxueil, Kloster 70
Lyon 118

254

Namen- und Sachregister

Magdeburg, Ebfe. 232
Magna charta (1215) 86, 223
Mähren 230
Mailand, Ebt. 69; – Ebfe. 131
Mainz 42, 172, 191, 197, 200; – Reichs- u. Hoftage (1235) 187; – Bt. bzw. Ebt. 180; – Reichslandfrieden (1103) 144, 146, (1235) 187f.
Majordomus s. Hausmeier
mancipium 63ff., 68
Mark 112; s. Allmende
Markgenossenschaft 28, 36
Markgraf(schaft) 83, 96f.
Marklô 39
Marktrecht 125, 149, 167, 186, 195, 198f.
Markulf (Formelsammlung, um 700) 81
Markward v. Annweiler, Reichstruchseß, Mgf. v. Ancona (1195-1202) 174
Marschall, Hofamt 52; – -dienst s. Stratordienst
Marseille (Massilia) 43
Marsilius v. Padua († 1342/43) 158
Martin, B. v. Tours (ca. 371–ca. 400) 71
Matrikularbeiträge 236
Maximilian I., K. (1493-1519) 225, 227, 236
St. Maximin, Kloster in Trier 125
Mehrer-Gesellschaft in Augsburg 192
Meinhard, Bamberger Domscholaster (11. Jh.) 137
Meißen, Mark 163, 174; – Stadt 199
Meistersang 193
Merowinger 37, 42f., 45ff., 49, 52f., 70, 74, 89f., 92; – -zeit 26, 58, 82, 89f.
Militärsiedler 51
militia Christi 143
Ministerialen, Ministerialität 59, 63, 87f., 100, 103, 113, 129, 135, 145, 152-155, 163, 165f., 169, 173f., 176, 179, 182, 195, 212, 217, 219, 226f., 233
Missi dominici 45, 53, 62, 89f., 96, 123; – Missi in Italien 131
Mission(are) 72f., 76, 92; s. Christianisierung
Moguntiacum s. Mainz
Mohammed s. Islam
Mühlenrecht (Regal) 167
Mühlhausen (Thür.) 156, 172, 175; – Münze 165; – Reichsrechtsbuch 178, 187

Mundschenk 44, 47
Munizipialverfassung 44, 47
Munt 35, 37f., 60, 105f., 109, 115, 121
Münzwesen 14, 169, 175, 186f., 213ff.; – Münzregal (-recht) 125, 167, 186, 195, 200, 209, 213

Nassau, Gfen. v. 177
Naturalwirtschaft 17, 58
Naumburg a. d. Saale 157, 175
Neidhart v. Reuental († vor 1246) 190
Neuburg a. d. Donau 173
Neustadt = Kaufmannssiedlung 197
Neustrien 56
Nibelungen, -lied 32, 34
Nicaea, Glaubensbekenntnis 70
Nieder-Altaich, Kloster 75; – Annalen 157
Niederbayern, Hge. v. 226
Niederburgund s. Burgund
Niedergericht(sbarkeit) 53, 105, 120, 226
Niedersachsen, Reichskreis 237
Nikolaus I., Papst (858-867) 83, 140
– II., Papst (1058-1061) 130, 140
– v. Cues (Cusanus), Kard., B. v. Brixen (1450-1455) 185, 230, 235
Nimwegen (= Nymwegen) 172
Nithard, Geschichtsschreiber († 844) 37
Nona 84; s. Zehnt
Nordafrika 196
Nordalbingien 58
Nordgermanen 27
Nordhausen 157, 175
Nördlingen 172
Normannen 83, 95, 131f., 135, 139, 158, 182, 197, 200; s. Wikinger
Norwegen 29; – Kge. 30
Notare 124, 174, 188
Nürnberg, Stadt 49, 152, 173f., 177, 191, 196, 199, 236; – Reichstage (1438) 235, (1489) 235; – Burg 172; – Burggrafen 174, 177; – Reichssaalbüchlein 177

Oberbayern, Hgt. 226; – Hge. 225f.
Oberrhein, Reichskreis 234
Obersachsen, Reichskreis 234
Oberwesel 172
Odal 29f., 34f.
Odilo, Bayernhg. (737-748) 48
opus servile 63, 66, 195, 199, 201
Ordensstaat(-land) 182; s. Deutscher Orden

Namen- und Sachregister

Ordinatio imperii (817) 93, 95
Orléans 49, 118, 133; – Synoden (541) 74
Ortenau 171
Osmanen 80
Osnabrück, Bf. 153
Österreich 15, 46, 159, 161, 163, 182, 185, 226, 230, 233; – Herzöge 161, 163, 185, 238; – Landrecht 159, 165; – Reichskreis 237
Ostfranken(reich) 49, 56, 64, 71, 93–97, 113; – Hgt. 172
Ostgermanen 40
Ostgoten 44
Ostmark, bayer. 121, 161, 185; – Mgfen. 159
Ostrom s. Byzanz
Otnand v. Eschenau, Reichsministeriale (11. Jh.) 152
Otto I., d. Gr., K. (936–973) 93, 98, 116, 118, 122f., 125f., 128, 131, 149
– II., K. (973–983) 126, 136
– III., K. (983–1002) 126, 129
– IV., K. (1198–1218) 185
– B. v. Freising (1138–1158) 155, 171
– III., Hg. v. Niederbayern (1290–1312), Kg. v. Ungarn (1305–1307) 226
Ottonen 102, 121, 124f., 127f., 130f.; – -zeit 20, 102, 104, 151
Ottonische Handfeste (1311) 226

Pactus legis Alamannorum (613/23) 48; s. Lex Alam.
Pactus legis Salicae (507–511) s. Lex Salica
Padua 220
Pannonien 27
Papstwahl 126, 130; – -dekret (1059) 130, 140
Paris 49, 56, 81, 133f., 173
Parlamentum 225; – engl. 225; – v. Paris 134
Paschalis II., Papst (1099–1118) 150
Passau 173; – Bt. 42
Pataria 139, 141
Patrimonien 72, 117
Patriziat, städt. 131, 191, 195, 207, 212, 227
Patrizius Romanorum 130
patrocinium 37, 81; – Heiligen- 20
Pavia 131, 220
Personenverband (Staat) 32, 90, 99, 103, 133, 139

Perugia 220
Pest 189
Peter v. Andlau, Jurist († nach 1484) 158, 230
Petershausen, Kloster 152
Pfahlbürger 231
Pfalz (Kurpfalz) 161, 171; – Pfgfen. 180
Pfalzen 49f., 52, 76, 171, 175; s. Königspfalz. – Pfalzgericht 84; – Pfalzgraf 123
Pföring 173
Philipp, Hg. v. Schwaben (1196), Kg. (1198–1208) 179, 181
Piccolomini, Enea Silvio s. Enea
Piemont 130
Pierre Dubois s. Dubois
Pippin d. J., Hausmeier (741–751), Kg. († 768) 61, 75, 82f., 90, 92
Pisa, Pisaner 132, 220
Pius II., Papst (1458–1464) 230; s. Enea Silvio Piccolomini
Plauen 174
Pleißenland 173, 175
Pöhlde, Pfalz 156
Poigen-Rebgau, Gfen. v. (Poigreich) 159
Praesentia regis 148, 186
Prag 173
Prämonstratenser 166
precaria 82, 110, 113; – verbo regis 82f.
Privilegium maius (1358/59) 185, 188
Privilegium minus (1156) 161, 185, 188
Provence 82
Pseudo-Cyprian 90
Pseudo-Isidor, Dekretalen 140ff.

Quierzy, Capitulare (877) 96

Radegunde, Thüringerprinzessin, Gem. Chlotars I. († 587) 74
Radulf, thüring. Hg. (um 640) 44
Rammelsberg b. Goslar 152
Ravenna, Exarchat 69
Ravensburg 171, 191
Recht 19, 41, 96, 161, 185, 187; – fränk. 31, 41, 45, 200; – germ. 45; – röm. 45, 48, 56, 82, 90, 139, 219ff., 236; – sächs. 220; – westgot. 41, 45; s. Lex, Hof-, Kanon.-, Königs-, Lehen-, Reichs-, Stammes-, Volksrecht
referendarii 53
Reformatio Sigismundi 158, 235

Namen- und Sachregister

Regalien 20, 150, 152, 166f., 182, 200, 231; - -recht 127, 164, 186
Regensburg 14, 173, 191, 197, 199ff., 205, 224; - Bt. 42; s. St. Emmeram
Regina Castra s. Regensburg
Regnitzland 173
Reichenau, Kloster 75
Reichsacht 186
Reichsadel, Reichsaristokratie 20, 43, 49, 54, 62, 91, 98, 217
Reichsbischöfe 124f., 130, 150, 154
Reichsburgen 171f.; s. Burgen
Reichsfürsten 87, 124, 130, 148, 154, 162ff., 174, 185, 216, 224f., 227, 229, 231f.
Reichsgesetz(gebung) 144, 146, 155, 158, 161, 184f., 187
Reichsgut 20, 42ff., 49-52, 55f., 84, 95, 98, 122ff., 129, 133, 149-153, 156f., 159, 169, 171f., 175f., 230
Reichshofrichter (-hofgericht) 236
Reichskammergericht 220, 236ff.
Reichskirche 73, 75, 87, 119, 121, 123ff., 127, 130, 148f., 166; - -system 125; - -recht 120, 124
Reichskreise 237f.
Reichslandfrieden 144, 146, 187f.; s. Landfrieden, Ewiger L.
Reichslandpolitik s. Königslandpolitik
Reichsministerialität s. Ministerialen
Reichsprokurator 163
Reichsrecht(e) 45, 89, 131, 230f.
Reichsreform 225, 235-238
Reichsregiment 232, 236f.
Reichsritter 216f., 219, 232f.
Reichsstädte s. Städte
Reichsstände s. Stände
Reichssteuer 217, 230, 232, 236; - -verzeichnis (1241/42) 187f.
Reichstag 178, 180ff., 192, 225, 227, 231f., 238
Reichsteilung (= Herrschaftsteilung) 43, 81, 92ff.
Reichsvögte (-vogtei) 153, 166, 174ff.
Reims 42, 90, 141, 173
Reinigungseid 208
Reis s. Robot u. R.
Reliquientranslationen 196
Renovatio Imperii 92
Rentengrundherrschaft 111
Reuß (fürstl. Familie) 154
Revindikation 176, 230

Rheinau, Kloster 172
Rheinischer Bund (1254) 225, 232
Rhens, Kurverein (1338) 232
Richard Fitz Neal, B. v. London (1189 bis 1198) 136
Riga 213
Ritter(tum) 143, 165, 216-219, 232; s. Ministerialen, Reichsritter, höf. Kultur
Ritterbünde 217, 227
Rittergut 217, 219
Ritterorden 143
Robot u. Reis 105, 108, 115
Rodung 63, 103, 109f., 114, 133, 151, 154, 174, 182, 194; - -bauern 58, 109, 155, 157, 169f.; - -zins 153, 155
Rom 26, 69, 71, 91ff., 102f., 125f., 229; - Römer 30, 36, 126, 128; - Romzüge 225
Romanen 52
Roncaglia, Reichstag (1158) 146, 169
Rothenburg 172, 174, 196; - Hgt. 171
Rotten 223; s. Brabanzonen
Rudolf v. Habsburg, Kg. (1273-1291) 176, 180, 225
- v. Rheinfelden, Hg. v. Schwaben (1057-1080), Gegenkg. (1077-1080) 147
- III., Kg. v. Hochburgund (993-1032) 129
- I., Pfgf. bei Rhein u. Hg. v. Oberbayern (1294-1319) 226
Runtingerbuch, Regensburger 14, 191
Rußland, Russen 80

Saalfeld, Münze 169
Sachsen (Stamm) 26, 29, 37f., 54, 58, 82, 122; - Land, Hgt. 54, 98, 100, 103, 153, 155, 159, 161, 164, 174f., 182, 220; - Hge. 178, 180
Sachsenspiegel 19, 155, 163, 167, 180, 224
Sacrum Imperium 139
Sagas 27, 32
Sakkobarones 52
Säkularisation 20, 84, 117
Salbücher 111
Salerno, Fürstentum 130
Salhof 59, 63f., 111
Salier (Herrscherhaus) 103, 129, 132f., 149, 151f., 154f.; - -zeit 102, 104, 134, 151, 175

257

Namen- und Sachregister

Salzburg 68; Ebfe. 232; – Annalen 103
Sangerhausen 157
sanior pars 148
Sarazenen 83, 95, 130, 197
Sassoferrato s. Bartolo v.
Schäftlarn, Kloster 75
Schenefeld (Bonifatius-Kirche) 65
Schlesien 233
Schleswig-Holstein 220
Schöffen 207
Schutzherrschaft 115–119
Schwaben 103, 122, 129, 133, 153, 156, 171ff., 217, 225, 227, 232; – Hge. 147f., 155, 170f., 179; – Reichskreis 237; – Stammesrecht 164
Schwabenspiegel 220
Schwäbischer Landfriede (1108) 144; – Städtebünde 192, 225, 227
Schwäbisch-Hall, Münze 169
Schweden 30
Schweiz 14, 46, 171, 190, 217, 220, 233, 236; s. Eidgenossen(schaft)
Schwertleite 216
Schwurverbände 207; s. coniuratio, Eidgenossenschaft, Einungen
Schwyz 171
Sebalder Wald, Forst b. Nürnberg 173
Senat, röm.; senator. Adel s. Adel
Seneschall 52
Sens 49
Septimanien 58
Sigibert III., Frankenkg. (633/4–656) 44
Sigmund, K. (1410–1437) 225; s. Reformatio Sig.
Signorien 196
Sinibald Fiesco s. Innocenz IV.
Sinzig 172
Sippe 25, 27, 29, 35f., 39f.
Sizilien 139, 163, 174, 179, 182
Skalden (Skop) 32, 38
Skandinavien 205
Sklaven 29, 38, 59, 65, 81
Slaven 14, 58, 83, 102, 123, 159, 197
Soissons 42, 49
Söldner 145, 223
Spanien 69, 80, 196
Speyer 236; – Bt. 168
Spoleto, Hgt. 130
Spolien(recht) 127, 164, 186
Staatsgut s. Reichsgut
Staatskirche 102, 116, 148f., 158; s. Reichskirche

Staatslehre (-theorie) 139, 230
Städte, röm. 58, 70; – deutsche 145f., 161, 174, 180, 182f., 186f., 189–217, 223–227, 231ff.
– ital. 95, 130f., 200, 202f.
Städtebünde, – dt. 224f., 231; – rhein. 192, 224, 232; -schwäb. 192, 225, 227; – westf. 224
Stadtgemeinde 194, 212; – -gericht 207, 209, 220; – -herren, -herrschaft 95, 130, 139, 193f., 199f., 205, 207–211; – -recht 19, 158, 187, 192, 198, 201, 205, 208, 220, 231; – -staaten 196
Stamm 24f.; – -bewußtsein 25; – -bildung 24f., 28, 30
Stammesherzog(tum) 39, 54, 96–102, 122, 161, 197
Stammesrechte 43, 45, 48, 96, 99, 134, 164, 220; s. Lex, Recht, Volksrechte
Stände, sächs. 37; – Reichs- 180, 196, 225, 231–238; – Ständ. Bewegung 222 bis 229; – -staat 87, 180, 182, 232, 234; – -steuern 226; – -tage 225
Statutum in favorem principum (1231) 183, 186, 223
Staufer 151, 155, 158–178, 184–188, 223, 229; – -zeit 20, 146, 153, 165f., 168f., 173, 175, 187, 216
Steiermark 161, 230, 233
Stellinga-Aufstand (841) 37
Stephan IV., Papst (816–817) 93
– I., Kg. v. Ungarn (997–1038) 226
Stephanskrone 226
Steuern 19, 36, 56, 65, 105, 108, 115, 133, 182, 208f., 222–226; s. Reichssteuer
Stolzhirschaufstand in Augsburg 191
Straßburg 42
Stratordienst 178
Südgermanen 37
Sühnegerichtsbarkeit 207
Sulzbacher, Gfen. 172
Sutri, Synode (1046) 130, 140
Syagrius, röm. Statthalter in Gallien (464 bis 486) 42
Szepterlehen 148

Tacitus 28–31, 33, 35–38, 40
Tassilo III., Hg. v. Bayern (748–788) 48, 54
Taunus 157

Namen- und Sachregister

Territorium, Territorialstaat 161, 168 f., 181 ff., 230–234
Theophano, Gem. Ottos II. († 991) 126
Thing 27, 34, 39 f.
Thüringen 44, 48, 153, 155 ff., 163, 174 f.; – Hge. u. Lgfen. 44 f.
Thüringer 26, 122
Tilleda, Pfalz 157
Tirol 171, 184, 225, 233
Toledo, Patriarchat 69
Tolosanisches Reich d. Westgoten 42
Toskana s. Tuszien
Toul, Bf. 130
Tournai (Doornik) 49
Tours 130
Traditionen, Traditionsbücher 38, 42, 63 ff.
Translatio Alexandri 37
Treueid 80, 92, 124
Treuevorbehalt 86, 135 f., 154, 166
Treuga Dei 144
Trier, Bt. u. Ebt. 125, 197, 217; – Ebfe. 178, 180; s. St. Maximin
Trifels, Burg (b. Annweiler) 166, 171
Truchseß 52
trustis dominica 52
Türken 225, 231
Turnier 216
Tuszien 130

Udalrich v. Bamberg s. Codex Udalrici
Ukraine 30
Ulm 196, 213
Umfahrt, Umritt 126
Unfreie, Unfreiheit 30, 33 f., 38, 52, 59 bis 62, 64 ff., 77, 81, 100, 106, 109 ff., 113, 135, 144, 154, 157, 193, 195, 199, 201, 208; s. Leibeigene
Ungarn 83, 95 f., 102, 128, 226
Universitäten 217, 220
Untertaneneid 61; – -verband 61, 154, 164, 231
Uradel 33, 37, 40, 52
Urbar (Grund und Boden) 169; – -ämter 182
Urbare 21, 111, 177
Uri 171
Urkunden(wesen) 19, 37 f., 124

Valenciennes 200; – Gildestatut 205
Valvassoren 131
Vasallen, Vasallität 33, 38, 54, 79–87, 95 f., 127, 129, 131, 135, 148, 154, 162 f., 165, 182, 185, 223, 231; – -gericht 96; s. Kronvasallen, Valvassoren
Venedig, Venetianer 131, 200, 205
Verdun, Vertrag (843) 93 f.
Verona, Mark 136
villicatio 60, 63; – Villikationsverfassung 65, 111
Vilshofen, Vertrag (1293) 226
Vintschgau 171
Vogt(ei) 57, 75, 96, 99 f., 105–108, 115 bis 121, 133, 142 ff., 149, 200
Vogtland 173
Volksrechte 21, 37, 40, 42, 45, 89, 99, 104 f., 123, 156; – ribuar. 45; – sal. 45; s. Lex, Recht, Stammesrecht
Vorarlberg 233
Vulgarrecht, röm. 45

Wachszinser, Wachszinsigkeit 62, 170, 201
Wahlanzeigen 181
Wahlkapitulationen 233, 237
Waik s. Stephan I., Kg. v. Ungarn
Waldenser 216
Waldsassen, Zisterze 166
Waldviertel 159
Wallhausen, Pfalz 157
Warnen 48
Weida 174
Weißenburg i. B. 168, 173
Weistümer 19, 48, 112, 158, 221
Welfen 160, 171
Wenzel, Hl., Hg. v. Böhmen (921 bis 929/35) 226
– – = K. Karl IV.
Wergeld 21, 37, 134
Werla, Pfalz 157
Werner (III.) v. Bolanden, Reichstruchseß (1212) 174
– d. Gärtner (2. H. 13. Jh.) 190
Westfalen 51 f., 156, 224; – Reichskreis 237; – Westfäl. Frieden (1648) 192
Westfranken(reich) 85, 93, 96, 117
Westgermanen 34, 40
Westgoten 42, 44 f., 73
Wetterau 156, 169, 172
Wettiner 199, 232
Wetzlar 236
Wiclif s. Wyclyf
Widerstandsrecht 29, 145, 150, 222

Namen- und Sachregister

Widukind v. Korvei, Geschichtsschreiber († nach 973) 128
Wien 173
Wikinger 27f.; s. Normannen
Wilhelm, Gf. v. Holland, dt. Kg. (1247 bis 1256) 192, 224
Willebriefe 19, 180
Wimpfen, Pfalz 172f.
Wipo, Kaplan u. Geschichtsschreiber († nach 1046) 132
Wittelsbacher 225, 232
Wodan 40
Worms 173, 197; – Bt. 168; – Konkordat (1122) 131, 148, 162, 178; – Reichstage (1231) 224, (1495) 188
Württemberg 217, 233; – Hge. 227
Würzburg 45, 172f.; – Hgt. 161; – Bt. 76, 168; – Bf. 161; – W.-Heidingsfelder Markbeschreibung 59
Wyclyf, John (1320/30–1384) 190

Wynfrid s. Bonifatius

Ypern 200
Yssel 48

Zacharias, Papst (741–752) 69
Zähringer 157, 160, 171
Zehnt 37, 59, 83, 123, 153; s. Nona
Zeitz 157
Zent 50f.; s. Centena. – Zentenar 59
Zins 59, 62f., 65ff., 82, 85, 170, 193f., 199; – -bücher 111
Zinsverbot 141, 214
Zisterzienser 143, 166
Zoll 175, 187, 195; – -freiheit 209; – -rechte 125, 149, 167f., 186, 200
Zollern 177
Zünfte 191f., 194, 205, 208, 210f., 215, 224
Zwickau 174

Alfred Friese:
Studien zur Herrschaftsgeschichte des fränkischen Adels
Der mainländisch-thüringische Raum vom 7. bis 11. Jahrhundert.
Geschichte und Gesellschaft – Band 18
1979, 212 S., Ln., ISBN 3-12-913140-X

Carl L. Trüb:
Heilige und Krankheit
Geschichte und Gesellschaft – Band 19
1978. 307 S., Ln., ISBN 3-12-913150-7

Hans-Eberhard Hilpert:
Kaiser- und Papstbriefe in den Chronica majora des Matthaeus Paris
Veröffentlichung des Deutschen Historischen Instituts London, Band 9
Ca. 240 S., Register, ISBN 3-12-915510-4

Ernst Kantorowicz:
Kaiser Friedrich der Zweite
Hauptband: 5. Aufl. 1980. 651 S., Register, Ln.,
ISBN 3-12-915410-8
Ergänzungsband: 2. Aufl. 1980. 336 S. Register, Ln.,
ISBN 3-12-915420-5

Stauferzeit
Geschichte, Literatur, Kunst
Karlsruher Kulturwissenschaftliche Arbeiten – Band 1.
Hrsg. v. Rüdiger Krohn, Bernd Thum, Peter Wapnewski.
1978. 418 S., 36 Abb. auf Taf., Ln., ISBN 3-12-911770-9

Klett-Cotta

dtv-Weltgeschichte des 20. Jahrhunderts

Hrsg. von Martin Broszat und Helmut Heiber

Hans Herzfeld:
Der Erste Weltkrieg
dtv 4001

Gerhard Schulz:
Revolutionen und Friedensschlüsse 1917–1920
dtv 4002

Helmut Heiber:
Die Republik von Weimar
dtv 4003

Ernst Nolte:
Die faschistischen Bewegungen
dtv 4004

Hermann Graml:
Europa zwischen den Kriegen
dtv 4005

Erich Angermann:
Die Vereinigten Staaten von Amerika seit 1917
dtv 4007

Karl-Heinz Ruffmann:
Sowjetrußland 1917–1977
dtv 4008

Martin Broszat:
Der Staat Hitlers
dtv 4009

Lothar Gruchmann:
Der Zweite Weltkrieg
dtv 4010

Thilo Vogelsang:
Das geteilte Deutschland
dtv 4011

Wilfried Loth:
Die Teilung der Welt
Geschichte des Kalten Krieges 1941–1955
dtv 4012

Franz Ansprenger:
Auflösung der Kolonialreiche
dtv 4013

Geschichtswissenschaft
Universalgeschichte

**Hermann Kinder und
Werner Hilgemann:
dtv-Atlas
zur Weltgeschichte**
2 Bände
dtv 3001/3002

**Konrad Fuchs und
Heribert Raab:
dtv-Wörterbuch
zur Geschichte**
2 Bände
dtv 3036/3037

**Georg G. Iggers:
Neue Geschichtswissenschaft**
Vom Historismus zur
Historische Sozialwissenschaft
Ein internationaler Vergleich
dtv 4308

Theorie der Geschichte
Beiträge zur Historik

Band 1:
Objektivität und Parteilichkeit
in der Geschichtswissenschaft
dtv 4281

Band 2:
Historische Prozesse
dtv 4304

Band 3:
Theorie und Erzählung
in der Geschichte
dtv 4342